EL EQUILIBRIO ECONÓMICO EN LOS CONTRATOS PÚBLICOS

LIBARDO RODRÍGUEZ R.

Profesor de derecho administrativo. Exconsejero de Estado de Colombia.
Presidente del Instituto Internacional de Derecho Administrativo - IIDA.
Académico Honorario de la Real Academia de Jurisprudencia y Legislación
de España y Correspondiente de la Academia de Derecho y Ciencias Sociales
de Buenos Aires. Profesor Honorífico de la Universidad Complutense de Madrid.

EL EQUILIBRIO ECONÓMICO EN LOS CONTRATOS PÚBLICOS

Con la colaboración de
JORGE ENRIQUE SANTOS R.
Profesor de la Universidad Externado de Colombia.

Cuarta edición

EDITORIAL TEMIS S. A.

editorial jurídica venezolana

2021

Cuarta Edición Editorial Temis S. A.
ISBN 978-958-35-1811-9

© Libardo Rodríguez R., 2021.
    correo elec.: libardorr@outlook.com
© Editorial Temis S. A., 2021.
    Calle 17, núm. 68D-46, Bogotá.
    www.editorialtemis.com
    correo elec.: gerencia@editorialtemis.com

Cuarta Edición Editorial Jurídica Venezolana y Editorial Temis S.A.
ISBN 9789803652838

© Libardo Rodríguez R., 2021.
    correo elec.: libardorr@outlook.com
© Editorial Temis S. A., 2021.
    Calle 17, núm. 68D-46, Bogotá.
    www.editorialtemis.com
    correo elec.: gerencia@editorialtemis.com

© Editorial Jurídica Venezolana.

    Av. Francisco Solano, Torre Oasis. Sabana Grande. Caracas
    www.editorialjuridicavenezolana.com.ve
    correo elec.: fejv@gmail.com

Impreso por Lightning Source, an INGRAM Content company para
Editorial Jurídica Venezolana International Inc.
Panamá, República de Panamá
Correo electrónico: ejvinternational@gmail.com

PRÓLOGO A LA SEGUNDA EDICIÓN

Como apuntó, con acierto, AJA ESPIL "un prólogo es, con frecuencia, un extracto del pensar ajeno. Pero también es un discurrir sobre algunos de los tópicos de la obra que se presenta algo así como una tarea de meditación sobre los valores antagónicos o comparativos que siempre merodean en toda producción"[1].

En cambio, el oficio de escribir un libro jurídico constituye, en cierto modo, un arte en el que se amalgaman el conocimiento científico de la disciplina con el razonamiento fundado en premisas lógicas y reales a fin de formar la *"opinio iuris"* necesaria para la comprensión del derecho y lograr una interpretación justa. Esta obra del gran jurista colombiano LIBARDO RODRÍGUEZ es una muestra elocuente de lo expuesto.

Ella viene a cubrir un vacío existente en el estudio de la temática del equilibrio contractual en el contrato administrativo puesto que, como se advierte desde la introducción, salvo la excelente obra de ARIÑO ORTIZ, que aún mantiene interés científico, no se había abordado esta cuestión de manera integral hasta la aparición de este trabajo[2], que tiene el triple mérito de su claridad, sencillez y profundidad.

Como verdadero maestro, su autor no pretende erigirse en comparatista sino en un jurista comprometido con el derecho colombiano, a cuyos protagonistas destina, con una capacidad de persuasión poco común, una serie de trascendentes reflexiones sobre la materia que aborda.

Pero ese propósito resulta ampliamente excedido pues, quizás sin habérselo propuesto, Libardo RODRÍGUEZ ha construido una verdadera obra comparada cuyos cimientos descansan en una suerte de destilación de la cultura jurídica latinoamericana y europea. No hay que olvidar que, como ha dicho

---

[1] JORGE A. AJA ESPIL, en el prólogo a nuestro libro *La intervención administrativa,* 2ª ed. actualizada, Buenos Aires, Abeledo-Perrot, 1994, pág. 9.

[2] En efecto, en la doctrina vernácula el principio del equilibrio económico financiero del contrato administrativo se abordó dentro de la teoría general del contrato administrativo; vid, por ejemplo: MIGUEL S. MARIENHOFF, *Tratado de Derecho Administrativo,* Tº III-A, 4ª ed. actualizada, Buenos Aires, Abeledo-Perrot, 1994, págs. 469 y ss.; MIGUEL ÁNGEL BERÇAITZ, *Teoría general de los contratos administrativos,* 2ª ed., Buenos Aires, Depalma, 1980, págs. 387 y ss.

VARGAS LLOSA, América Latina con sus matices y peculiaridades "es una proyección ultramarina de Occidente"[3], aunque con una personalidad diferenciada.

Lo que nos une a Occidente es algo más profundo que las diferencias que tenemos y cuesta todavía que se reconozca, en el derecho público comparado, el valor de nuestra cultura jurídica, aplanada por los defectos de nuestras dirigencias políticas de turno. Pero no faltará el día en que se produzca ese reconocimiento al interior de una Europa que, hasta hace relativamente poco tiempo, tenía hasta su literatura encerrada en sus fronteras físicas, sin reconocer la calidad indiscutible de los grandes autores latinoamericanos (BORGES, OCTAVIO PAZ y GARCÍA MÁRQUEZ, CORTAZAR y VARGAS LLOSA, entre tantos otros).

En el campo jurídico, este libro de Libardo RODRÍGUEZ viene a reflejar, precisamente, la jerarquía que ha alcanzado la doctrina latinoamericana con sus infinitas proyecciones en temas poco explorados por la doctrina comparada. Por eso, merece ser calificado, con justicia, como un estudio modélico.

El eje de la concepción del libro que comentamos gira en torno de la teoría del contrato administrativo al cual concibe, dentro de la definición del contrato estatal propugnada en su país, como una regulación diferenciada del contrato privado (y aún del contrato de la Administración regido en forma prevaleciente, por el derecho civil o comercial). Su tesis, en el fondo, se adscribe a la línea doctrinaria que venimos sosteniendo en Argentina desde hace varios años.

De allí en más, el autor sistematiza y desgrana las diversas causales que producen la alteración del equilibrio económico del contrato administrativo a través del examen de las clásicas teorías del hecho del príncipe, de la "*potestas variandi*" y de la imprevisión sobre las que expone, en cada caso, conclusiones asentadas en juicios lógicos y reales. El estudio no elude la significación práctica que entraña la adopción de los distintos criterios para corregir el desequilibrio contractual, destacándose, en el último capítulo, el análisis que formula sobre los diversos instrumentos tendientes al restablecimiento del equilibrio en el contrato administrativo.

Particularmente novedoso y creativo nos ha resultado la visión expuesta en esta obra sobre la necesidad de considerar al incumplimiento contractual como causal de la alteración del equilibrio del contrato administrativo, en un escenario que respeta la observancia de la "lex contractus" y del "pacta sunt servanda".

En este aspecto, ha desarrollado la línea expuesta en Argentina por nuestro maestro MARIENHOFF[4]. En tal sentido, penetra de lleno en el campo de la

---

[3] MARIO VARGAS LLOSA, *Sueño y realidad de América Latina*, discurso al recibir el doctorado "Honoris Causa" de la Pontificia Universidad Católica del Perú, Lima, Fondo Editorial de la Pontificia Universidad Católica del Perú, 2009, p. 51.

[4] Miguel S. MARIENHOFF, *Tratado de Derecho Administrativo*, cit., Tº III-A, p. 469 y ss.

responsabilidad contractual y a través de una sistematización teórica impecable en el plano de la lógica jurídica, distingue acertadamente los dos tipos de responsabilidad contractual que cabe reconocer en materia de incumplimiento. Así, cuando se trata de una obligación de medios, en la que la conducta de la Administración es la clave para que se configure el incumplimiento estamos ante una típica responsabilidad subjetiva, basada en la culpa, mientras que en aquellos supuestos en que la violación del contrato reside en el incumplimiento de una obligación de resultado la responsabilidad es objetiva.

En suma, es altamente auspicioso que un jurista latinoamericano de la talla de Libardo Rodríguez haya escrito esta magnífica obra que contiene una adecuada conjunción de raíces europeas y latinoamericanas aglutinando, tras ellas, la experiencia y doctrina colombiana. No dudamos que se trata de un trascendente aporte al derecho público que resultará de gran utilidad para los profesionales del derecho al propio tiempo que abrirá nuevos rumbos en la doctrina y jurisprudencia de nuestros países.

Buenos Aires, 8 de marzo de 2011

Dr. Juan Carlos Cassagne
Profesor emérito de la Universidad Católica Argentina
y Titular Consulto de la Universidad de Buenos Aires

ÍNDICE GENERAL

PÁG.

Prólogo a la segunda edición VII
Introducción 1

CAPÍTULO I

ASPECTOS GENERALES DEL PRINCIPIO DEL EQUILIBRIO ECONÓMICO

1. El contenido del principio 8
2. Antecedentes y origen del principio 15
   A) El tránsito de los principios del pacta sunt servanda, de la lex contractus y de riesgo y ventura al equilibrio económico en el contrato público en la teoría general del derecho y en el derecho comparado... 15
      a) En el derecho romano 16
      b) En la Edad Media.. 17
      c) En el siglo XIX 18
      d) En el siglo XX 19
      e) En el derecho contemporáneo 20
   B) La aceptación y consolidación del principio en Colombia 22
3. Justificación de la existencia del principio 30
4. Condiciones generales para la procedencia de la aplicación del principio ... 34
   A) Primera condición: la alteración debe darse por acontecimientos que no puedan ser imputables a la parte que reclama el restablecimiento... 34
   B) Segunda condición: la alteración debe darse por acontecimientos posteriores a la presentación de la propuesta o la celebración del contrato 36
   C) Tercera condición: la alteración debe ser causada por un aleas anormal 37
   D) Cuarta condición: La alteración debe afectar la economía del contrato de forma grave y anormal 41
5. Efectos jurídicos generales de la aplicación del principio................. 44
6. Causales específicas que dan lugar a la ruptura del equilibrio económico del contrato 44
7. Conclusiones del capítulo 49

Capítulo II

LA "POTESTAS VARIANDI" O POTESTAD DE ACTUACIÓN UNILATERAL DE LA ADMINISTRACIÓN

PÁG.

1. El concepto de la "potestas variandi" o potestad de actuación unilateral de la administración en los contratos públicos 55
2. Antecedentes y origen de la teoría 59
3. Justificación de la aplicación de la teoría 64
4. Condiciones para la aplicación de la teoría 68
   A) El acontecimiento que produce la alteración de las condiciones contractuales debe consistir en el ejercicio legal de una potestad contractual por parte de la administración contratante 69
   B) El acto que altere las condiciones contractuales debe ser posterior a la presentación de la propuesta o a la celebración del contrato 72
   C) El contenido del acto que altere las condiciones contractuales debe constituir un aleas extraordinario 73
   D) El acto debe alterar la economía del contrato, haciéndolo más gravoso 74
5. Efectos jurídicos de la aplicación de la teoría 75
   A) En cuanto al carácter de orden público del deber de indemnizar ... 76
   B) En cuanto a la extensión de la indemnización 78
   C) En cuanto a la continuidad del contrato 82
6. Conclusiones del capítulo 84

Capítulo III

LA TEORÍA DEL HECHO DEL PRÍNCIPE

1. El contenido de la teoría del hecho del príncipe 88
2. Antecedentes y origen de la teoría 94
3. Justificación de la aplicación de la teoría 95
4. Condiciones para la procedencia de la aplicación de la teoría 100
   A) El hecho o acontecimiento que produce la alteración de las condiciones contractuales debe consistir en un acto o actuación de la entidad pública contratante en su calidad de autoridad pública 103
      a) La autoridad pública a la cual debe ser imputable la actuación..... 103
      b) El carácter con el cual actúa la entidad pública 109
      c) La clase de actuación 111
      d) El carácter de la actuación 111
   B) El acto o actuación que altere las condiciones contractuales debe ser posterior a la presentación de la propuesta o a la celebración del contrato 113

PÁG.

C) El contenido del acto o actuación que altere las condiciones contractuales debe constituir un aleas extraordinario 114
D) El acto o actuación debe alterar en forma extraordinaria y anormal la economía del contrato haciéndolo considerablemente más gravoso 116
5. Los efectos jurídicos de la aplicación de la teoría 119
A) En cuanto al carácter de orden público 119
B) En cuanto a la continuidad del contrato.................................... 122
C) En cuanto a la extensión de la indemnización 125
6. Conclusiones del capítulo.. 128

CAPÍTULO IV

LA TEORÍA DE LA IMPREVISIÓN

1. El contenido de la teoría de la imprevisión en el derecho administrativo 132
2. Antecedentes y origen de la teoría... 135
3. Justificación de la aplicación de la teoría en los contratos públicos.... 140
4. Condiciones para la procedencia de la aplicación de la teoría en los contratos públicos 146
A) El hecho o acontecimiento que produce la alteración de las condiciones contractuales debe ser extraño a las partes 150
B) El hecho o acontecimiento que altere las condiciones contractuales debe ser posterior a la presentación de la propuesta o la celebra ción del contrato 152
C) El hecho o acontecimiento que altere las condiciones contractuales debe constituir un aleas extraordinario................................. 154
D) La alteración debe afectar la economía del contrato de forma grave y anormal... 157
5. Las particularidades de la aplicación de la teoría en los contratos de concesión 159
A) Las particularidades a la luz de la teoría general de los contratos públicos y del derecho comparado 161
B) Las particularidades a la luz del derecho colombiano 165
6. Los efectos jurídicos de la aplicación de la teoría en los contratos públicos 172
A) En cuanto a la protección del orden público.............................. 172
B) En cuanto a la continuidad del contrato 174
C) En cuanto a la extensión de la compensación............................. 176
7. Conclusiones del capítulo 180

Capítulo V

EL INCUMPLIMIENTO

PÁG.

1. El incumplimiento como causal de ruptura del equilibrio económico de los contratos públicos 183
A) Los efectos de los contratos públicos 184
B) La fuerza obligatoria del contrato y el principio del equilibrio económico 185
2. El contenido de la figura del incumplimiento de las obligaciones contractuales 192
A) La noción de incumplimiento de las obligaciones en general y de las obligaciones contractuales en particular 193
B) Las diversas modalidades de incumplimiento de las obligaciones contractuales 197
3. Los elementos de la responsabilidad contractual por incumplimiento.... 199
A) La existencia del contrato 205
B) La existencia de un daño 207
C) El incumplimiento de una obligación contractual 211
D) La relación de causalidad entre el daño y el incumplimiento 216
E) Las teorías de la causalidad aplicables en la responsabilidad contractual 217
a) La teoría de la equivalencia de las condiciones 218
b) La teoría de la causalidad próxima 218
c) La teoría de la causalidad adecuada 218
d) La teoría de la causa eficiente 218
e) Las teorías preponderantes en la responsabilidad contractual..... 219
F) Las circunstancias de rompimiento del nexo causal 219
a) El caso fortuito o fuerza mayor 220
b) El hecho de un tercero 221
c) La culpa o hecho exclusivo de la víctima 222
4. Efectos del incumplimiento de las obligaciones contractuales 223
A) La ejecución forzada 224
B) La resolución del contrato 232
C) La indemnización de perjuicios 238
5. Conclusiones del capítulo 244

Capítulo VI

INSTRUMENTOS JURÍDICOS PARA HACER EFECTIVO EL RESTABLECIMIENTO DEL EQUILIBRIO ECONÓMICO EN LOS CONTRATOS PÚBLICOS

1. Instrumentos contractuales 249
A) La autonomía de la voluntad en los contratos públicos y el principio del equilibrio económico del contrato 250

PÁG.

B) La revisión o reajuste de precios.. 255
  a) Antecedentes históricos de la figura... 258
    a') La aparición de la revisión de precios en los contratos pú-
       blicos 258
    b') La incorporación y consolidación de la revisión de pre-
       cios en Colombia 261
  b) Justificación teórica de la figura.. 271
  c) Aplicación práctica de la figura... 275
C) Otras cláusulas relacionadas con el equilibrio económico del
   contrato 276
  a) Cláusulas de estabilización 277
    a') Cláusulas oro o plata 279
    b') Cláusulas moneda extranjera... 279
    c') Cláusulas de pago en especie o de valor en especie........... 279
    d') Cláusulas de escala móvil o a índice variable.................... 280
  b) Cláusulas de renegociación o de adaptación............................ 280
  c) Cláusulas de garantía de ingresos 283
2. Instrumentos de reclamación y arreglo directos 286
  A) El arreglo directo a través de modificaciones contractuales y re-
     conocimientos directos.. 286
  B) La utilización de mecanismos alternativos de solución de con-
     troversias 291
  C) El arreglo directo a través de la amigable composición 295
3. Instrumentos judiciales 297
4. Conclusiones del capítulo.. 302

Anexo. Análisis comparativo entre el principio general del equilibrio económico en los contratos públicos y las causales específica que dan
   lugar a la aplicación del principio 305

Bibliografía 311

Índice de autores 327

INTRODUCCIÓN

El principio del equilibrio económico o financiero de los contratos, junto con el de las cláusulas o poderes exorbitantes y el de los procedimientos de selección de contratistas, constituye uno de los temas que de mejor manera singularizan al régimen de los contratos públicos, lo cual refleja claramente su importancia dentro del estudio del régimen jurídico de esta clase de contratos.

Sin embargo, a pesar de esa importancia, que debería suscitar especial interés doctrinal por el estudio de dicho principio, a diferencia de lo que ha ocurrido con otros temas, como los citados de las cláusulas exorbitantes y los procedimientos de selección de contratistas, este aspecto no ha sido objeto de suficientes estudios sistemáticos y detallados por la doctrina especializada, sin que ello signifique que haya sido ignorado.

Así, en la escasa doctrina sobre el punto se destaca el estudio del profesor español GASPAR ARIÑO ORTIZ, que si bien fue publicado hace ya más de cincuenta años, se ha constituido en el principal punto de referencia, por lo menos para los países de habla hispana[1]. En el derecho francés, además de algunos estudios clásicos sobre expresiones específicas del principio, que se citarán en los lugares pertinentes, existen algunas tesis doctorales que han estudiado de manera sistemática la materia[2], algunas de las cuales han sido publicadas y constituyen referentes actualizados que suelen ser citados por los autores contemporáneos[3].

[1] Véase a GASPAR ARIÑO ORTÍZ, *Teoría del equivalente económico en los contratos administrativos*, Madrid, Instituto de Estudios Administrativos, 1968.

[2] Como ejemplos de las tesis doctorales que se refieren específicamente al citado principio, pueden consultarse las de RAGAB TAGEN, *L'équilibre financier des contrats administratifs: étude comparative des droits français et égyptien*, Universidad de París 1, 2004, y de THOMAS PEZ, *Le risque dans les contrats administratifs*, Universidad de París 2, 2006.

[3] En ese sentido, véase a LAURENT VIDAL, *L'équilibre financier du contrat dans la jurisprudence administrative*, Bruselas, Bruylant, 2005; a JOSEPH FRANK OUM OUM, *La responsabilité contractuelle en droit administratif*, Paris, LGDJ, 2014, y a NICOLAS GABAYET, *L'álea dans les contrats publics en droit anglais et droit français*, Paris, LGDJ, 2015.

En el derecho latinoamericano existen también algunas publicaciones específicas con la perspectiva de constituir estudios sistemáticos en relación con el principio del equilibrio económico del contrato administrativo[4].

También encontramos algunos artículos en revistas y publicaciones especializadas que tratan aspectos particulares del tema, los capítulos correspondientes en los tratados y manuales sobre contratos administrativos, y algunos desarrollos más limitados en los tratados y manuales generales sobre derecho administrativo, los cuales citaremos durante el transcurso de este libro en la medida de su pertinencia.

Este escaso análisis doctrinal constituye, por sí mismo, motivo suficiente para ensayar un nuevo estudio de este capítulo de los contratos del Estado. Además, el equilibrio económico de los contratos resulta de especial interés académico y profesional por la significación que tiene en la actualidad dentro del conjunto de problemas que suscita la ejecución de los contratos públicos. Al respecto, es evidente que buena parte de las controversias relacionadas con la ejecución de esta clase de contratos se refiere a la aplicación de este principio a casos concretos, aplicación que no ha sido sistemática ni coherente por los jueces administrativos ni mucho menos uniforme en los diversos ordenamientos jurídicos, motivo que refuerza el interés que suscita el tema.

Dentro de ese marco, este estudio pretende, en primer lugar, hacer una presentación sistemática y actualizada de la teoría general del principio del equilibrio económico en los contratos públicos, para lo cual haremos un análisis del contenido del concepto, así como del origen y antecedentes del principio, su justificación, las condiciones para su aplicación y los efectos del mismo. Lo anterior, no solo desde la perspectiva del principio en su concepción general, sino, especialmente, desde el punto de vista de las diferentes figuras que se han venido decantando como expresiones más específicas del mismo principio. Para ello, acudiremos a las fuentes que nos brinda la teoría general de los contratos, tanto de derecho privado como públicos, así como a ejemplos que nos ofrece el derecho comparado.

De otra parte, como es natural, dada la nacionalidad, la formación jurídica y la experiencia académica y profesional del autor, el estudio hace énfasis en los aspectos teóricos y prácticos del principio desde la perspectiva de su aplicación en el derecho colombiano, para lo cual acudiremos

[4] Véase a RAÚL ENRIQUE GRANILLO OCAMPO, *La distribución de los riesgos en la contratación administrativa*, Buenos Aires, Astrea, 1990.

a la escasa doctrina sobre la materia y, especialmente, a las aplicaciones de la jurisprudencia y a las normas vigentes sobre el particular.

Respecto de la terminología, debemos precisar que, consideradas las diversas denominaciones que reciben los contratos que celebran la administración pública y, en general, las entidades del Estado, denominaciones dentro de las cuales pueden identificarse, en diversos países, las de *contratos administrativos, contratos estatales, contratos públicos* y *contratos de la administración pública*, para efectos del presente trabajo haremos uso de la expresión *contratos públicos,* pues consideramos que es la que mejor comprende la idea actual de contratos celebrados por las diversas personas o entidades públicas, en el sentido de que hacen parte de la organización de un Estado.

Al respecto, debe advertirse que la denominación de *contrato administrativo* ha sido la más corrientemente utilizada en el derecho administrativo francés y en los derechos de los países que han adoptado el sistema francés del régimen de contratación del Estado, situación que explica que un buen número de manuales franceses y aún latinoamericanos continúen utilizando esa expresión. No obstante, a pesar de que actualmente en el derecho francés aún se encuentran manuales especializados que siguen utilizando la citada expresión de *contrato administrativo*[5], lo cierto es que, como consecuencia de las denominaciones adoptadas en el marco de la Unión Europea, se ha venido dando paso a la utilización de la expresión *contratos públicos*[6], la cual resulta más universal o, al menos, resulta actualmente común para los diversos Estados miembros de la Unión Europea. De manera semejante, en el derecho español, como efecto de la influencia europea, prácticamente todos los manuales de derecho administrativo y aún los libros especializados, utilizan las expresiones *contratos del sector público* y *contratos públicos*, la primera de las cuales corresponde a la expresión que recoge el derecho positivo en la ley de contratos del sector público de 2017[7].

---

[5] Véase a Laurent Richer y François Lichère, *Droit des contrats administratifs*, 10ème éd., Paris, LGDJ, 2016, y a Charles-André Dubreuil, *Droit des contrats administratifs*, Paris, Presses Universitaires de France, 2018.

[6] En ese sentido, véase a Stéphane Braconnier, *Précis du droit de la commande publique*, 5ème éd., Paris, Le Moniteur, 2017.

[7] Respecto de la expresión "*contratos del sector público*", véase a Eduardo Gamero Casado e Isabel Gallego Córcoles (dir.), *Tratado de los contratos del sector*

Puede decirse, entonces, que la incorporación de la denominación *contratos públicos* es consecuencia de las influencias del derecho europeo en las legislaciones internas. En ese sentido, si bien es cierto que, durante los años setenta del siglo xx, las directivas de la Comunidad Económica Europea (Directivas 70/32/CEE y 71/304/CEE) continuaban haciendo referencia a la expresión *contrato administrativo*, a partir de 1988 (Directivas 88/295/CEE y 89/440/CCE), en el derecho de la Unión Europea las Directivas se han referido sistemáticamente a la expresión *contrato público* para hacer referencia a los mecanismos contractuales de provisiones de obras, suministros y servicios de las entidades del Estado, buscando con ello eliminar cualquier referencia a discusiones sobre el alcance de la expresión y pretendiendo así generar la idea de que se trata de normas aplicables a toda forma de contratación del Estado, o lo que también se ha denominado *compras* públicas[8].

Por su parte, en el ámbito latinoamericano, a pesar de que en muchos países se sigue utilizando el concepto de *contrato administrativo* y que buena parte de la doctrina siga haciendo uso de esa denominación tradicional francesa, lo cierto es que las legislaciones han comenzado a adoptar otras expresiones como las de *contratos estatales*, en el caso de Colombia[9], de *contratos del Estado*, que la doctrina también denomina

---

público, 3 ts, Valencia, Tirant lo Blanch, 2018, y Santiago Muñoz Machado, *Tratado de derecho administrativo y público general*, t. XIII, Contratos del sector público, 2ª ed., Madrid, Boletín Oficial del Estado, 2018. Respecto de las expresiones "contratos públicos" y "contratación pública", puede verse a Luciano Parejo Alfonso, *Lecciones de derecho administrativo*, 9ª ed., Valencia, Tirant lo Blanch, 2018, págs. 855 y ss., y a Germán Fernández Farreres, *Sistema de derecho administrativo*, t. II, 4ª ed., Madrid, Thomson-Reuters Civitas, 2018, págs. 74 y ss.

[8] Sobre esta evolución, véase a David Ordóñez Solís, *La contratación pública en la Unión Europea*, Cizur Menor (Navarra), Aranzadi, 2002, págs. 51 y ss., Igualmente, sobre el alcance de la expresión "*contrato público*" en la Unión Europea, véase Comisión Europea, *Libro verde sobre la modernización de la política de contratación pública de la UE*. Hacia un mercado europeo de la contratación pública más eficiente, Bruselas, Comisión Europea, 2011, págs. 6 y ss.

[9] Véase a Libardo Rodríguez Rodríguez, *Derecho administrativo*. General y colombiano, t. II, 21ª ed., Bogotá, Edit. Temis, 2017, núms. 879 y ss.; a Jaime Orlando Santofimio Gamboa, *Compendio de derecho administrativo*, Bogotá, Universidad Externado de Colombia, 2017, págs. 589 y ss.; Luis Guillermo Dávila Vinueza, *Régimen jurídico de la contratación estatal*, 3ª ed., Bogotá, Legis Editores, 2016, y a José Luis Benavides, *El contrato estatal*, 2ª ed., Bogotá, Universidad Externado de Colombia, 2004.

"contratos estatales", en el caso de Perú[10], o de *"contratos públicos"*, en el caso de Chile[11]. Además, en general, como consecuencia de la falta de uniformidad en la denominación de los contratos de la administración pública y seguramente como expresión de cierta influencia del derecho europeo, en los ejercicios de derecho comparado en el medio latinoamericano se ha privilegiado la noción de *"contratos públicos"*[12].

Dentro de ese contexto y teniendo en cuenta la visión de derecho comparado y de teoría general que pretende tener esta obra, utilizaremos la expresión de *"contratos públicos"* para referirnos a los contratos celebrados por la administración pública y, en general, por las entidades del Estado. Estas mismas circunstancias explican la modificación del título del libro, que en las ediciones anteriores se titulaba *"El equilibrio económico en los contratos administrativos"*, para pasar a titularse *"El equilibrio económico en los contratos públicos"*.

Para terminar esta introducción, debe hacerse notar que el equilibrio económico del contrato público puede alterarse por diversas razones o causales, como lo analizaremos oportunamente, por lo cual, para efectos metodológicos y de presentación ordenada del trabajo, teniendo en cuenta esas diversas causales de ruptura del equilibrio económico del contrato, el presente trabajo se dividirá en seis capítulos. Así, en primer lugar, estudiaremos los aspectos generales del principio del equilibrio económico (Capítulo I). Posteriormente, procederemos a analizar los aspectos particulares de cada una de las causales de ruptura del equilibrio económico del contrato, comenzando por la *potestas variandi* (Capítulo II), para luego analizar la teoría del hecho del príncipe (Capítulo III), la teoría de la imprevisión (Capítulo IV) y el incumplimiento de los contratos (Capítulo V). Finalmente, presentaremos los diversos instrumentos jurídicos para hacer efectivo el derecho al restablecimiento del equilibrio económico (Capítulo VI).

---

[10] Véase a JORGE DANÓS ORDÓÑEZ, "El régimen de los contratos estatales en el Perú", en *Revista de Derecho Administrativo*, núm. 16, Lima, Pontificia Universidad Católica del Perú, 2016, págs. 9 y ss.

[11] Véase a CLAUDIO MORAGA KLENNER, *Tratado de derecho administrativo*, t. VII, La actividad formal de la administración del Estado, Santiago, Abeledo-Perrot, 2010, págs. 279 y ss.

[12] En ese sentido, véase a JUAN CARLOS CASSAGNE (dir.), *Tratado general de los contratos públicos*, 3 ts., Buenos Aires, La Ley, 2013.

CAPÍTULO I

ASPECTOS GENERALES DEL PRINCIPIO DEL EQUILIBRIO ECONÓMICO

El estudio del régimen de los contratos públicos suele dividirse por la doctrina en varias partes, de acuerdo con las diversas etapas que se presentan en la actividad contractual: la etapa precontractual o de formación del contrato, la etapa contractual o de ejecución del mismo y la de terminación o finalización del contrato[1]. La etapa contractual o de ejecución del contrato se identifica por el período de tiempo durante el cual los cocontratantes deben ejecutar las prestaciones estipuladas, y comprende desde el perfeccionamiento hasta su finalización, independientemente del motivo determinante de esta. Es precisamente en esta etapa en la cual se ubica el tema del equilibrio económico en los contratos.

En efecto, según una clasificación doctrinal clásica, esta etapa contractual o de ejecución del contrato público se encuentra regida por diversos criterios o nociones dominantes, todos ellos interrelacionados entre sí. Entre esos criterios o nociones pueden citarse los siguientes: a) la común intención de las partes; b) el servicio público que involucra la ejecución de un contrato público; c) el carácter de colaborador que tiene el contratista de la administración; d) las prerrogativas de derecho público y las relaciones entre el poder público y el contrato; e) el cambio de circunstancias y la mutabilidad del contrato público, y f) el equilibrio económico y financiero del contrato, como expresión de la obligación de mantener una *equivalencia honesta* en las prestaciones[2].

---

[1] Esta estructura metodológica para el estudio de los contratos administrativos es aplicada, entre otros, por GASTÓN JÈZE, *Principios generales del derecho administrativo*, ts. IV, V y VI, trad. de la 3ª ed. francesa, Buenos Aires, Ediciones Depalma, 1950; por JEAN RIVERO y JEAN WALINE, *Droit administratif*, 26ème éd., Paris, Dalloz, 2016, págs. 136 y ss., y por HÉCTOR JORGE ESCOLA, *Tratado integral de los contratos administrativos*, t. I, Buenos Aires, Ediciones Depalma, 1977. Esta misma metodología la utilizamos en nuestro manual de derecho administrativo: véase a LIBARDO RODRÍGUEZ RODRÍGUEZ, *Derecho administrativo. General y colombiano*, t. II, *op. cit.*, págs. 217 y ss.

[2] Véase a ANDRÉ DE LAUBADÈRE, FRANCK MODERNE y PIERRE DELVOLVÉ, *Traité des contrats administratifs*, vol. I, 2ème éd., Paris, LGDJ, 1983, págs. 699 y ss.

La última de las citadas nociones dominantes en la ejecución del contrato, esto es, la del equilibrio económico y financiero, hace relación a que durante la ejecución del contrato debe mantenerse una equivalencia o correspondencia entre las prestaciones que deben cumplir los cocontratantes. En ese orden de ideas, si tal correspondencia se rompe o resulta alterada, puede nacer el derecho para la parte afectada de que su cocontratante tome las medidas necesarias para restablecer el equilibrio. No obstante, no toda alteración en las condiciones contractuales genera el deber para una de las partes de restablecer el equilibrio económico del contrato, pues se requiere, además, que tal alteración reúna determinadas características específicas, las cuales serán objeto de análisis detenido en este escrito.

Sin embargo, para entender la razón de ser y la realidad que se encuentran detrás de la aplicación de este principio que domina la ejecución de los contratos públicos, también resulta indispensable presentar algunas reflexiones sobre su génesis, su permanencia y justificación en el derecho administrativo contemporáneo.

En tal orden de ideas, para efectos metodológicos, analizaremos el principio del equilibrio económico en los contratos públicos en siete apartados, como sigue: en primer lugar, precisaremos el contenido del principio (1); posteriormente expondremos los antecedentes históricos y el origen de la figura (2); más adelante, estudiaremos cuáles son las justificaciones que se han aducido para la aplicación de este principio (3); a continuación, veremos las condiciones generales para la procedencia de su aplicación (4); luego enunciaremos los efectos jurídicos generales de la aplicación del principio (5) y presentaremos las causales específicas que pueden dar lugar a la ruptura del equilibrio económico del contrato (6). Finalmente, expondremos las conclusiones de este capítulo (7).

1. EL CONTENIDO DEL PRINCIPIO

Los contratos públicos deben ser pactados de tal manera que exista una interdependencia entre las prestaciones, es decir, como contratos sinalagmáticos que son, debe existir una reciprocidad entre las obligaciones de cada una de las partes, de tal manera que exista una correspondencia de unas con otras, pudiendo considerarse como equivalentes las prestaciones pactadas. Entonces, en aplicación de esa idea, el principio del equilibrio contractual se refiere a la necesidad de que dicha correspondencia entre prestaciones, esto es, entre derechos y obligaciones, se mantenga hasta la finalización del contrato.

La doctrina especializada tradicional ha definido el principio del equilibrio económico o financiero del contrato en los siguientes términos:

"Esta idea de equilibrio o, como se dice aún, de ecuación financiera del contrato, consiste en considerar el contrato administrativo como un conjunto en el cual los intereses de las partes se condicionan; cuando, en algunas condiciones [...], el equilibrio inicialmente considerado se rompe en detrimento del particular cocontratante, este tiene derecho a que el equilibrio sea restablecido por la administración contratante en forma de una compensación pecuniaria[3]".

Igualmente, en el derecho francés actual se expresa que el principio del equilibrio económico del contrato "implica que, cuando la autoridad contratante afecta la equivalencia del contrato o ello se debe a un evento externo, la persona pública debe restablecerla para permitir la ejecución del contrato en nombre del interés general"[4].

De manera similar, en el derecho español, la doctrina ha explicado el contenido del principio al señalar que "aunque la regla general está constituida por la asunción por el contratista del aleas, tanto la legislación en materia de contratos, tradicionalmente, como la jurisprudencia y la doctrina administrativa, ha establecido fórmulas dirigidas a garantizar la equivalencia en las prestaciones, con el objeto de evitar que por decisiones impuestas por la administración en ejercicio de las prerrogativas reconocidas, o por riesgos imprevisibles, se produzca una sustancial alteración en las condiciones existentes al tiempo de contratar"[5].

También, en el derecho español, se ha explicado el contenido y alcance del principio en los siguientes términos:

"El contratista dispone de una serie de garantías que tienen por objeto mantener la ecuación económica originaria del contrato alterada ante la concurrencia de circunstancias muy diversas. La necesidad de mantener ese equilibrio aparece [...] ante las modificaciones de las que sea objeto o la existencia de daños provocados por sucesos de fuerza mayor en los contratos de obras. Y aparece también[...] en los casos en los que

---

[3] André de Laubadère e Yves Gaudemet, *Traité de droit administratif*, t. I, 16ème éd., Paris, LGDJ, 2001, pág. 706.

[4] Charles-André Dubreuil, *Droit des contrats administratifs*, Paris, Presses Universitaires de France, 2018, núm. 844.

[5] Ignacio Albendea Solís y Agustín León González, "El reequilibrio de los contratos públicos", en *Tratado de los contratos del sector público*, t. III, Valencia, Tirant lo Blanch, 2018, pág. 2314.

esa ecuación se rompe a consecuencia de circunstancias sobrevenidas e imprevisibles ajenas al contratista, de ahí que queden fuera de su ámbito de aplicación todos aquellos supuestos en los que la mayor onerosidad del contrato frente a lo inicialmente previsto sea imputable a su propia actuación.

"El mantenimiento del equilibrio económico del contrato salvaguarda, ante todo, la posición del contratista ante la concurrencia de determinadas situaciones que rompen la economía del contrato, aunque también sirve, en último término, a la defensa del interés público, en la medida en que contribuyen a garantizar que el contratista va a estar en condiciones de cumplir satisfactoriamente con el contrato[6]".

En cuanto al derecho latinoamericano, la doctrina tradicional ha definido el principio analizado, así:

"El equilibrio financiero, o la ecuación financiera del contrato, es una relación establecida por las partes contratantes en el momento de celebrar el contrato, entre un conjunto de derechos del cocontratante y un conjunto de obligaciones de este, considerados equivalentes: de ahí el nombre de ecuación (equivalencia-igualdad)[7]".

En el derecho colombiano, la doctrina ha señalado que "la equivalencia económica del contrato es la garantía que el derecho le otorga a la órbita patrimonial del contratista, como un justo límite a la supremacía que ostenta la administración pública en sus relaciones jurídicas, como titular del poder de *imperium* del Estado y gestora del interés público", de tal manera que esa equivalencia "es la contrapartida en favor del contratista de las prerrogativas de la administración y de la mutabilidad del contrato administrativo"[8].

Así mismo, aunque con una perspectiva diferente, la doctrina colombiana ha descrito el contenido y alcance del principio, en los siguientes términos:

---

[6] CONCEPCIÓN BARRERO RODRÍGUEZ, *Lecciones de derecho administrativo*, vol. II, 2ª ed., Madrid, Tecnos, 2015, págs. 280 y 281.

[7] MIGUEL S. MARIENHOFF, *Tratado de derecho administrativo*, t. III-A, Contratos administrativos. Teoría general, 4ª ed., Buenos Aires, Abeledo Perrot, 1998, pág. 469. En igual sentido, HÉCTOR JORGE ESCOLA, *Tratado integral de los contratos administrativos*, vol. I, *op. cit.*, pág. 452.

[8] RODRIGO ESCOBAR GIL, *Teoría general de los contratos de la administración pública*, Bogotá, Legis, 1999, pág. 401.

"Es cierto que el pacto de las partes recibe todo el poder que la ley le traslada en cuanto vehículo de regulación de las relaciones sociales. Sin embargo, ese acuerdo se estructura en unas determinadas y concretas situaciones que justifican, explican y condicionan los términos económicos que se convienen. En tanto esas situaciones se mantengan inalterables durante la ejecución, las condiciones económicas se conservarán. Pero la modificación de ellas, incluso por hechos no imputables a ninguna de las partes, comporta la alteración de la economía del contrato y el deber, generalmente a cargo del Estado, de recuperar esas condiciones a un nivel semejante al existente al momento del negocio[9]".

Por su parte, la jurisprudencia contencioso administrativa colombiana ha dicho enfáticamente que "[...]el contrato estatal debe entonces colmar las expectativas de uno y otro cocontratante, para lo cual se ha previsto la conservación de la ecuación financiera del contrato existente a la fecha en que surge la relación jurídico negocial". Además, en la misma providencia, ha afirmado que con el equilibrio contractual, "se pretende que la correspondencia existente entre las prestaciones correlativas que están a cargo de cada una de las partes del contrato, permanezca durante toda su vigencia, de tal manera que a la terminación de este, cada una de ellas alcance la finalidad esperada con el contrato". Finalmente, según la misma jurisprudencia, lo anterior implica que cuando las condiciones económicas pactadas a la celebración del contrato se alteran en perjuicio de una de las partes cocontratantes, a consecuencia de hechos que no le son imputables y que ocurren con posterioridad a la celebración del mismo, surge el deber de reparar la ecuación financiera del contrato[10].

A su vez, la jurisprudencia constitucional colombiana ha dicho que en el derecho administrativo,

"[...] es evidente que las prestaciones correlativas de las partes, en virtud del principio de la justicia conmutativa, tienen que mantener una equivalencia siguiendo el criterio objetivo de proporción o simetría en el *costo económico de las prestaciones*, lo que exige que el valor a recibir por el contratista, en razón de los bienes, obras o servicios que le entrega al Estado, deba corresponder al justo precio imperante en

---

[9] Luis Guillermo Dávila Vinueza, *Régimen jurídico de la contratación estatal*, *op. cit.*, pág. 697.

[10] C. de E., Sala de lo Contencioso Administrativo, Sección Tercera, sent. de 26 febrero 2004, exp. 1991-07391 (14.043). Esta providencia y las demás citadas del Consejo de Estado de Colombia, pueden ser consultadas en www.consejodeestado.gov.co, salvo indicación diferente.

el mercado. Con ello, se fija un límite al ejercicio del principio de la autonomía de la voluntad, en aras de racionalizar la posición dominante de la administración, mantener el equilibrio del contrato y, de este modo, garantizar los derechos del contratista que se constituye en la parte débil de la relación contractual[11]".

Más adelante, la misma providencia aclara que "la reciprocidad en las prestaciones contractuales comporta un principio connatural o esencial al contrato administrativo que corresponde a la categoría de los sinalagmáticos (en virtud del principio del gasto público, los negocios jurídicos unilaterales y gratuitos no se integran al régimen común u ordinario de contratación estatal). Su aplicación en el campo del derecho público surge inicialmente de la jurisprudencia y de la doctrina, ante la apremiante necesidad de *garantizar la estructura económica del contrato frente a las distintas variables que podrían afectar su cumplimiento y ejecución material*, buscando con ello equipar [sic] y armonizar las exigencias del interés público social con la garantía de los derechos del contratista"[12].

De manera más reciente, la jurisprudencia del Consejo de Estado ha expresado que "la conmutatividad del contrato estatal se edifica sobre la base del equilibrio, de la igualdad o equivalencia proporcional y objetiva de las prestaciones económicas y por consiguiente las condiciones existentes al momento de la presentación de la propuesta y de la celebración del contrato deben permanecer durante su ejecución, e incluso su liquidación, manteniéndose en estas etapas las obligaciones y derechos originales así como las contingencias y riesgos previsibles que asumieron las partes, de tal suerte que de llegar a surgir fenómenos que rompan el equilibrio que garantiza el legislador, debe de inmediato restablecerse"[13].

Igualmente, la jurisprudencia administrativa reciente, ha explicado el funcionamiento del principio, así: "El equilibrio económico del contrato corresponde a la ecuación contractual que surge una vez las partes celebran el negocio jurídico, de conformidad con la cual las prestaciones a cargo de cada una de las partes se miran como equivalentes a las de la otra. Así,

---

[11] Corte Const., sent. C-892 de 2001. Esta providencia y las demás citadas de la Corte Constitucional de Colombia, pueden ser consultadas en www.corteconstitucional. gov.co, salvo indicación diferente.

[12] *Ibidem*.

[13] C. de E., Sala de lo Contencioso Administrativo, Sección Tercera, Subsección C, sent. de 22 junio 2011, exp. 18.836.

el contratista cuya propuesta fue acogida por la administración, considera que las obligaciones que asume en virtud del contrato que suscribe, resultan proporcionales al pago que por las mismas pretende recibir, toda vez que al elaborar dicha oferta, ha efectuado un análisis de costo-beneficio, fundado en los estudios y proyecciones que realizó en relación con los factores determinantes del costo de ejecución de las prestaciones a su cargo y la utilidad que pretende obtener a partir de la misma"[14].

De todo lo dicho resulta claro que en los contratos públicos las partes contratantes pactan unas determinadas prestaciones que son correspondientes entre sí, las cuales deben mantenerse durante toda la ejecución del contrato y hasta la finalización del mismo. La modificación de estas condiciones, incluso por razones ajenas a los cocontratantes, puede generar una alteración o una ruptura en el equilibrio económico del contrato y originar el deber de restablecimiento de las condiciones previstas al momento de proponer, en caso de licitación o concurso público, o de contratar, en caso de contratación directa.

En este sentido, el Consejo de Estado de Colombia ha dicho:

"Ha sido una constante en el régimen jurídico de los contratos que celebra la administración pública, reconocer el derecho del contratista al mantenimiento del equilibrio económico del contrato, como quiera que la equivalencia de las prestaciones recíprocas, el respeto por las condiciones que las partes tuvieron en cuenta al momento de su celebración y la intangibilidad de la remuneración del contratista, constituyen principios esenciales de esa relación con el Estado[15]".

Debe hacerse notar que en las anteriores definiciones es evidente que algunas de ellas señalan que el mantenimiento del equilibrio económico del contrato público es un derecho exclusivo del cocontratante de la administración, mientras que de otras se deduce que incluyen a la administración como beneficiaria de dicho principio.

Al respecto, aunque en la realidad y, en términos generales, excluyendo la responsabilidad por incumplimiento, solo se conocen aplicaciones del principio a favor de los particulares, ello no puede significar, en manera alguna, que eventualmente dicho principio no pueda aplicarse a favor

[14] C. de E., Sala de lo Contencioso Administrativo, Sección Tercera, Subsección B, sent. de 27 marzo 2014, exp. 20.912.

[15] C. de E., Sala de lo Contencioso Administrativo, Sección Tercera, sent. de 29 mayo 2003, exp. 14.577 (R-4028).

de la administración pública, de tal manera que debe reconocerse una concepción amplia del principio en el sentido de que beneficia a las dos partes del contrato, aunque con particularidades de acuerdo con cada una de las causales de ruptura del equilibrio económico del contrato.

La aplicación de la noción amplia propuesta se justifica, en nuestro criterio, en las siguientes razones:

De una parte, si se trata de un principio propio de una relación contractual y no de una mera garantía desarrollada por el derecho administrativo en favor del administrado colaborador de la administración, resultaría ilógico entender que solo una de las partes de la relación negocial pudiera verse beneficiada con la aplicación del principio. Es decir, que la formulación de los principios básicos que regulan las relaciones contractuales lleva a concluir fácilmente que la aplicación del equilibrio económico del contrato puede darse en beneficio de ambas partes de dicha relación.

De otra parte, teniendo en cuenta que las razones que contemporáneamente sustentan la aplicación del principio no son simplemente la garantía del servicio público y la garantía frente a las actuaciones unilaterales de la administración, sino el carácter conmutativo de los contratos públicos y la justicia contractual, las cuales desarrollaremos con rigor más adelante en este capítulo, es imperativo reconocer que se trata de un principio aplicable tanto en favor de la administración pública como de su cocontratante.

Podemos concluir, entonces, que el principio del equilibrio económico de los contratos públicos consiste en que las prestaciones que las partes pactan de acuerdo con las condiciones tomadas en consideración al momento de presentar la propuesta o celebrar el contrato, deben permanecer equivalentes hasta la terminación del mismo, de tal manera que si se rompe esa equivalencia, nace para el afectado el derecho a que se adopten medidas que la restablezcan, incluyendo, si es del caso, la compensación pecuniaria a que haya lugar.

Como precisión final, en relación con la situación particular del derecho positivo colombiano, debe hacerse notar que la ley 80 de 1993, a la cual haremos referencia con frecuencia en este estudio, utiliza la expresión *ecuación contractual*. Esta expresión debe entenderse equivalente al concepto general de equilibrio económico del contrato público, pues al utilizar esa expresión las normas se refieran reiteradamente a la necesidad de ajustar los precios y tomar otras medidas de tipo financiero o económico para conservar la equivalencia entre las prestaciones pactadas u ofrecidas. Es decir, que la denominada *"ecuación contractual"* en la ley 80 de 1993, debe ser correctamente entendida como sinónimo del equilibrio económico y financiero del contrato, como lo ha reconocido la doctrina[16].

2. ANTECEDENTES Y ORIGEN DEL PRINCIPIO

La anterior forma de definir y comprender el principio del equilibrio económico del contrato es el fruto de una evolución, como es propio de las instituciones jurídicas, que comienza con la aplicación del *principio de riesgo y ventura* como principio característico de los contratos públicos y concluye con la configuración del principio del equilibrio económico en los términos en que lo conocemos actualmente. En ese orden de ideas, conviene presentar la evolución histórica del principio, tanto desde la perspectiva de la teoría general del derecho y del derecho comparado (A), como desde el punto de vista del derecho colombiano (B).

A) *El tránsito de los principios del pacta sunt servanda, de la lex contractus y de riesgo y ventura al equilibrio económico en el contrato público en la teoría general del derecho y en el derecho comparado*

La construcción de la teoría general del contrato siempre ha estado marcada por los principios del *pacta sunt servanda* y de la *lex contractus*, en virtud de los cuales las partes de un contrato se encuentran obligadas al cumplimiento exacto de las prestaciones asumidas, esto es, al cumplimiento en los términos y condiciones estrictamente pactados[17]. Como una aplicación concreta del citado principio del *pacta sunt servanda* en los contratos públicos, se ha sostenido que dichos contratos se ejecutan a riesgo y ventura del particular cocontratante[18]. Es decir, que la aplicación del principio del *pacta sunt servanda*, propio de los contratos en general, en relación con los contratos públicos genera como consecuencia la aplicación del principio del *riesgo y ventura*.

---

[16] En este sentido, véase a JOSÉ LUIS BENAVIDES, *El contrato estatal, op. cit.*, núm. 156.

[17] Sobre el alcance de la noción de *pacta sunt servanda*, véase a FERNANDO HINESTROSA, *Tratado de las obligaciones*, t. II, vol. II, El negocio jurídico, Bogotá, Universidad Externado de Colombia, 2015, págs. 465 y ss.

[18] Al respecto, véase a EDUARDO GARCÍA DE ENTERRÍA, "Riesgo y ventura y fuerza mayor en el contrato administrativo", en *Revista de Administración Pública*, núm. 2, mayo-agosto de 1950, Madrid, Instituto de Estudios Políticos, págs. 84 y ss.

No obstante, esos principios de respeto a lo pactado y esa obligación de cumplimiento estricto no pueden ser entendidos como principios absolutos, pues lo cierto es que los mismos han venido sufriendo limitaciones a su rigidez[19], las cuales, en buena medida, constituyen antecedentes para el surgimiento y consolidación del principio del equilibrio económico en los contratos públicos. Esa evolución puede ser presentada a partir del derecho romano y hasta la actualidad, así:

a) *En el derecho romano*

La evolución comienza desde el derecho romano, el cual se caracterizó por no formular soluciones generales a los problemas jurídicos sino por dar soluciones a los casos concretos, a partir de las cuales los comentaristas modernos han podido extraer reglas para soluciones más generales aplicables a diversos casos del derecho romano y que constituyen antecedentes de las instituciones del derecho moderno. Al respecto, el tema de la equivalencia de prestaciones en los contratos conmutativos no fue la excepción. En efecto, los juristas romanos se limitaron a dar ejemplos de cómo distribuir los riesgos en algunas situaciones específicas que acaecen en el desarrollo de ciertos tipos contractuales. A partir de esos ejemplos, la doctrina pudo construir soluciones para algunos tipos contractuales: así, en la compraventa no se exigía la equivalencia de las prestaciones asumidas por las partes del contrato, en la medida en que se empezó a aplicar, aunque excepcionalmente y solo para este tipo contractual, la figura de la lesión; en el arrendamiento, bajo el principio de la buena fe se construyeron técnicas de distribución de la responsabilidad por la pérdida de la cosa y, en el contrato de obra, bajo la noción de equidad, se dedujo que los riesgos de la obra no debían ser soportados íntegramente por una sola de las partes sino que se debían distribuir uniformemente entre ellas[20].

Se observa, entonces, que ya en el derecho romano se encuentran antecedentes de la búsqueda de la idea básica de equilibrio económico del contrato mediante la posibilidad de introducir ajustes como efectos de

[19] Aunque con una visión fundamentalmente de derecho privado, una evolución de las limitaciones generales al principio del *pacta sunt servanda*, puede verse en CRISTINA DE AMUNATEGUI RODRÍGUEZ, *La cláusula rebus sic stantibus*, Valencia, Tirant lo Blanch, 2003, págs. 31 y ss.

[20] Véase a GASPAR ARIÑO ORTÍZ, *Teoría del equivalente económico en los contratos administrativos*, *op. cit.*, págs. 19 y ss., así como las diversas fuentes de derecho romano allí citadas.

vicios originarios o situaciones sobrevinientes, aunque sin una vocación general, sino en relación con algunos contratos específicos[21].

b) *En la Edad Media*

El siguiente paso en la evolución hacia la aparición del principio del equilibrio económico del contrato se encuentra en el derecho de la Edad Media. En efecto, en dicha época, bajo la influencia del derecho canónico, se aplicó la idea de San AGUSTÍN del *iustum pretium* (precio justo), que permitió a los juristas de esa época extender la solución de la lesión a toda clase de contratos, como un dolo objetivo que constituye un vicio del consentimiento. Así, por ejemplo, en el contrato de obra, si el valor de ejecución superaba en más de la mitad el valor pactado, el contratista podía pedir que el contratante pagara el valor completo de la obra. En otras palabras, en el derecho canónico, cuando acaecía un riesgo y se presentaba una disconformidad entre el precio pactado y el *iustum pretium*, se imponía el precio justo modificándose el pacto contractual[22].

Este antecedente del derecho canónico resulta trascendental para el derecho administrativo contemporáneo, en la medida en que, como la administración pública actual, la Iglesia en la Edad Media gozaba de una posición de prevalencia respecto de los particulares, por lo cual las soluciones y técnicas adoptadas por ese derecho pueden servir de referencia, en algunos casos, a las del actual derecho administrativo[23]. El derecho canónico, en últimas, pretendía restar rigor al principio del *pacta sunt servanda*, según el cual los contratos son ley para las partes y deben ser cumplidos en los estrictos términos en que fueron pactados, considerando que en los contratos de tracto sucesivo se debía entender pactada la cláusula *rebus sic stantibus*, conforme a la cual los contratos se entienden celebrados bajo la condición de que subsistan las circunstancias bajo las cuales se contrató[24].

[21] Una evolución detallada del modelo de derecho romano para el ajuste de las prestaciones como consecuencia de eventos sobrevenidos, puede verse en JOSÉ FÉLIX CHAMIE GANDUR, *La adaptación del contrato por eventos sobrevenidos*, Bogotá, Universidad Externado de Colombia, 2013, págs. 29 y ss.

[22] Sobre estos antecedentes del derecho canónico y el derecho medieval, véase *ibídem*, págs. 75 y ss.

[23] GASPAR ARIÑO ORTÍZ, *Teoría del equivalente económico en los contratos administrativos*, op. cit., págs. 36 y ss.

[24] Sobre la cláusula *rebus sic stantibus*, véase a LUIS CORSI, "Alteraciones económicas y obligaciones contractuales: la cláusula *rebus sic stantibus* en la contratación administrativa", en *El derecho público a comienzos del siglo XXI. Estudios en homenaje*

c) *En el siglo XIX*

El derecho privado de comienzos del siglo XIX, bajo la concepción individualista y liberal del contrato, se nutrió tanto del derecho romano como del derecho canónico, pero configuró un sistema en el cual el imperio de la *lex contractus* y del principio del *pacta sunt servanda* era poco menos que absoluto, resultando limitada, en términos generales, la posibilidad de que un contrato pudiera, en la etapa de su ejecución, ser sometido a modificaciones por causa de haber variado las circunstancias tenidas en cuenta al momento de su celebración y por haberse afectado, como consecuencia de esa alteración, la conmutatividad o equivalencia inicial de las prestaciones[25]. Es así como la mayoría de legislaciones civiles basadas en el *Code Civil* francés de 1804, establecieron que a falta de norma legal que expresamente lo permitiera, la ruptura de la llamada ecuación o equilibrio financiero del contrato conmutativo, producida sorpresivamente por causas sobrevinientes a la formación del mismo, no podía llevar a restablecer entre las partes el equilibrio de esa manera perturbado y, por lo mismo, no era posible la revisión de las prestaciones estipuladas.

El contrato de la administración, que nace al amparo del contrato de derecho privado en la medida en que se trataba de un típico acto de gestión de la administración, toma originalmente del derecho privado esta idea de estricta aplicación del principio *pacta sunt servanda* y de la obligación de que los contratos deben ejecutarse de buena fe, a lo cual le suma el ingrediente del interés general, que obliga a la administración a tener certeza sobre su propio presupuesto y le permite exigir una diligencia especial a su cocontratante y adoptar una mayor severidad para lograr el cumplimiento del cometido del contrato[26]. La consecuencia de esta concepción del contrato de la administración en el siglo XIX, especialmente en relación con el contrato de obra pública pactado a precio fijo o alzado, fue la aplicación del principio del riesgo y ventura —el cual, a su vez, no es más que una aplicación al contrato público de los

---

al profesor Allan R. Brewer Carías, Madrid, Civitas, 2003, págs. 1779 y ss. Así mismo, puede verse a CRISTINA DE AMUNATEGUI RODRÍGUEZ, *La cláusula rebus sic stantibus*, *op. cit.*, págs. 31 y ss.

[25] Véase a RODRIGO ESCOBAR GIL, *Teoría general de los contratos de la administración pública, op. cit.*, págs. 409 y ss.

[26] Véase a JOSÉ LUIS VILLAR PALASÍ, *Lecciones sobre contratación administrativa*, Madrid, Sección de Publicaciones de la Universidad de Madrid, 1969, págs. 161 y ss.

principios generales de la *lex contractus* y del *pacta sunt servanda*[27]—, conforme al cual el cocontratante de la administración tenía la carga de ejecutar el contrato en los términos económicos en que fue pactado, sin importar que la concreción de los riesgos, sin distinción alguna entre ellos, le hiciera más onerosa la ejecución. En palabras de Eduardo García de Enterría y Tomás-Ramón Fernández, "como el constructor ha de entregar la obra conclusa a cambio de un precio alzado, asume la mayor (riesgo) o menor (ventura) onerosidad que pueda significar la obtención del resultado; lo único que importa es el resultado"[28]. El riesgo y ventura constituye, en consecuencia el criterio de general aplicación a todos los supuestos de aumento del costo del contrato por cualquier causa, y la posibilidad de reconocer el efecto de las modificaciones en las condiciones contractuales se limitaba a casos excepcionales derivados del aumento de las prestaciones por orden de la administración.

d) *En el siglo XX*

Más tarde, con el advenimiento de la teoría del servicio público, junto con el reconocimiento de la necesidad de imponer un contrapeso a los poderes exorbitantes de que gozaba la administración en los contratos públicos, justificados en la necesidad de lograr la prestación efectiva, regular y continua de los servicios públicos, la jurisprudencia francesa comenzó a aceptar la idea de la necesidad de mantener el equilibrio económico en los contratos administrativos.

El primer antecedente conocido se encuentra en las conclusiones del comisario Léon Blum, previas al fallo del Consejo de Estado francés de 21 de marzo de 1910, *Compagnie Générale Française des Tramways*, en el cual se acoge el cambio de jurisprudencia propuesto por el comisario de gobierno. El citado comisario, después de recordar la necesidad de mantener una prestación eficiente y continua del servicio público y de que el contratista, como colaborador, tiene derecho a una compensación por la utilización de los poderes exorbitantes por parte de la administración, concluyó que "en todo contrato de concesión está implícita, como un cálculo, la honesta equivalencia entre lo que se concede al concesionario

---

[27] Véase a Eduardo García de Enterría, "Riesgo y ventura y fuerza mayor en el contrato administrativo", *op. cit.*, págs. 87 y 88.

[28] Eduardo García de Enterría y Tomás-Ramón Fernández, *Curso de derecho administrativo*, t. I, 18ª ed., Madrid, Thomson-Reuters Civitas, 2017, pág. 769 (edición colombiana: Bogotá, Edit. Temis, 2008, pág. 706).

y lo que se le exige. Es lo que se llama la equivalencia comercial, la ecuación financiera del contrato de concesión"[29].

En relación con ese antecedente, la doctrina ha señalado que "la noción de equilibrio financiero del contrato administrativo como una condición inherente en la concesión de servicio público, en la cual se halla comprendida la denominada equivalencia honesta de las prestaciones, es decir, aquella que debe mediar entre las ventajas que se le otorgan al contratista y lo que se le exige fue establecida por primera vez en Francia"[30], haciendo mención del citado fallo del Consejo de Estado francés.

A partir de ese antecedente, la doctrina y jurisprudencia francesas continuaron construyendo la noción del equilibrio económico del contrato público, hasta el punto de que en la actualidad no se habla del principio de riesgo y ventura como principio rector de esa clase de contratos, sino de la necesidad de mantener la equivalencia entre las prestaciones pactadas, de tal manera que el cocontratante de la administración tiene derecho a un precio cierto en la ejecución del contrato, a la intangibilidad de su remuneración. Podemos afirmar, entonces, que es en Francia donde nace y se consolida el principio del equilibrio económico como noción dominante de la fase de ejecución de los contratos públicos[31].

e) *En el derecho contemporáneo*

Con fundamento en esa construcción y experiencia francesas, otros países en los cuales se aplica el régimen del derecho administrativo y se consagran normas especiales para los contratos que celebra la administración pública, han venido dando aplicación sistemática al principio del equilibrio económico como pieza fundamental del régimen jurídico especial de los contratos públicos.

En ese sentido, en el derecho francés contemporáneo se sigue aplicando el principio del equilibrio económico del contrato, aunque aún como un principio de origen jurisprudencial y sin que existan normas que

---

[29] El texto de las conclusiones del comisario de gobierno, así como del fallo del Consejo de Estado, pueden consultarse en Marceau Long *et al.*, *Les grands arrêts de la jurisprudence administrative*, 21ème éd., Paris, Dalloz, 2017, págs. 132 y ss.

[30] Juan Carlos Cassagne, *El contrato administrativo*, 3ª ed., Buenos Aires, Abeledo-Perrot, 2009, pág. 101.

[31] Idéntica conclusión es expuesta por Gaspar Ariño Ortíz, *Teoría del equivalente económico en los contratos administrativos*, op. cit., pág. 241.

expresamente lo consagren de forma general[32], hasta el punto de afirmar que "la obligación para la administración de restablecer el equilibrio del contrato resulta de la aplicación de una cláusula tácita"[33].

De manera semejante, en el derecho español se reconoce la aplicación del principio sin que exista una norma general que lo consagre, aunque sí expresiones específicas del mismo en la ley de contratos del sector público de 2017, algunas relacionadas con la *potestas variandi* de la administración y otras ligadas a contratos específicos como el contrato de concesión de obras públicas[34].

Igualmente, en el ámbito latinoamericano encontramos diversos países en los cuales se da clara aplicación al principio en los contratos públicos, así: en Argentina, se ha reconocido tradicionalmente su aplicación y en la actualidad se consagra legalmente la figura en el artículo 13 del decreto delegado 1023 de 2001, como derecho del cocontratante[35]; en Uruguay, también ha existido una larga tradición de aplicación de la figura, sin que existan normas legales expresas que lo consagren[36] y, en Brasil, además de que la doctrina tradicionalmente ha reconocido el principio, en los artículos 40 y 65 de la ley 8666 de 1993 (modificados por la ley 8883 de 1994) se consagran algunas expresiones concretas en cuanto a la revisión de precios y la *potestas variandi*[37], mientras que en el artículo

---

[32] En ese sentido, véase a CHARLES-ANDRÉ DUBREUIL, *Droit des contrats administratifs*, *op. cit*, núm. 844, y a JACQUELINE MORAND-DEVILLER, *Droit administratif*, 15ème éd., Paris, LGDJ, 2017, págs. 504 y 505 (edición colombiana: *Derecho administrativo*, trad. de la 15ª ed., Bogotá, Universidad Externado de Colombia, 2015, págs. 444 y 445).

[33] JOSEPH FRANK OUM OUM, *La responsabilité contractuelle en droit administratif*, *op. cit.*, pág. 242.

[34] Sobre la aplicación del principio del equilibrio económico del contrato público en el derecho español luego de la ley de contratos del sector público de 2017, véase a IGNACIO ALBENDEA SOLÍS y AGUSTÍN LEÓN GONZÁLEZ, "El reequilibrio de los contratos públicos", *op. cit.*, págs. 2263 y ss.

[35] En relación con la figura del equilibrio económico en el derecho argentino, véase a JULIO RODOLFO COMADIRA, HÉCTOR JORGE ESCOLA y JULIO PABLO COMADIRA, *Curso de derecho administrativo*, t. I, Buenos Aires, Abeledo-Perrot, 2012, págs. 907-909, y a JUAN CARLOS CASSAGNE, *El contrato administrativo*, *op. cit.*, págs. 101 y ss.

[36] Al respecto, puede verse a CARLOS E. DELPIAZZO, *Derecho administrativo general*, vol. 1, 2ª ed., Montevideo, Amalio M. Fernández, 2015, págs. 441-444.

[37] En ese sentido, véase a CELSO ANTÔNIO BANDEIRA DE MELLO, *Curso de derecho administrativo*, trad. de la 17ª ed., México, Porrúa y UNAM, 2006, págs. 562-565 y

35 de la ley 9074 de 1995 se consagra el principio específicamente para los contratos de concesión[38].

Finalmente, es preciso destacar que la evolución y situación actual del principio del equilibrio económico del contrato público, como lo veremos más adelante en la presentación de sus justificaciones y, como lo vimos al analizar su contenido, ha llevado a entender, en contra de lo dicho tradicionalmente por la doctrina en el sentido de que el equilibrio económico es un derecho propio y exclusivo del cocontratante de la administración pública, respecto del cual la administración tendría únicamente obligaciones, que el mencionado principio puede beneficiar a las dos partes del contrato público, según la causal que genere la ruptura del equilibrio económico del contrato, de tal manera que de acuerdo con la causal específica que dé lugar a la aplicación del principio, dicha aplicación a las partes presentará matices diferentes, pero lo cierto es que puede ser invocada por ambas partes de la relación negocial.

B) *La aceptación y consolidación del principio en Colombia*[39]

Durante el siglo XIX y buena parte del siglo XX, los contratos celebrados por la administración pública colombiana fueron regidos por el derecho privado, salvo en algunos aspectos puntuales, como la cláusula de caducidad, introducida en el derecho colombiano a comienzos del siglo XX, aspectos a los cuales se aplicaban regulaciones especiales, expresamente consagradas por el legislador. En este orden de ideas, hasta bien entrado el siglo XX, en Colombia no existían verdaderos contratos públicos sino contratos de derecho privado de la administración con algunas normas de derecho público aplicables[40]. En lo que tiene que ver con el régimen jurídico del precio que debía pagar la administración a su cocontratante

---

568-574. Igualmente, puede verse a DIOGO DE FIGUEIREDO MOREIRA NETO, *Curso de direito administrativo*, 15ª ed., Rio de Janeiro, Forense, 2009, págs. 198-199.

[38] Al respecto, véase a ANTÔNIO CARLOS CINTRA DO AMARAL, *Concessão de serviços públicos*, São Paulo, Quartier Latin, 2012, págs. 17 y ss.

[39] Un estudio sobre la evolución de esta figura en el derecho colombiano, puede verse en RODRIGO ESCOBAR GIL, *Teoría general de los contratos de la administración pública*, *op. cit.*, págs. 417 y ss.

[40] En relación con algunos aspectos históricos de los contratos administrativos en Colombia, puede verse a JAIME VIDAL PERDOMO, "La noción de contrato estatal en derecho colombiano", en *Homenaje a Dalmacio Vélez Sarsfield*, t. V, Córdoba, Academia Nacional de Derecho y Ciencias Sociales de Córdoba, 2000, págs. 457 y ss., y

por la ejecución de las prestaciones pactadas, que es el tema central del presente trabajo, la solución dada por el ordenamiento jurídico colombiano se traducía en la aplicación del derecho privado que, según lo señalamos atrás, se encontraba guiado por una concepción liberal e individualista del contrato, conforme a la cual el imperio de la *lex contractus* y el principio del *pacta sunt servanda* hacían que fuera poco menos que imposible la revisión de los contratos por alteración en las circunstancias tomadas en consideración al momento de celebrarlos.

Los primeros intentos normativos por romper con los principios de la *lex contractus* y del *pacta sunt servanda*, que en la teoría de los contratos administrativos se habían traducido en el principio de *riesgo y ventura,* empezaron en la década de 1960. En primer lugar, con la expedición de la ley 4ª de 1964, cuyo artículo 11 previó que en los contratos de obra, tanto a precio global como a precios unitarios, era imperativo pactar el reajuste de precios, teniendo en cuenta la variación de cualquiera de los factores determinantes de los costos previstos al momento de contratar. Posteriormente, la ley 36 de 1966, que consagraba normas relacionadas con los contratos adicionales, dispuso que cuando "por reajuste de precios, cambio de especificaciones y otras causas imprevistas" hubiere necesidad de modificar el valor pactado inicialmente, debía celebrarse un contrato adicional que así lo estipulara.

Desde el punto de vista jurisprudencial, la institución del equilibrio económico en los contratos públicos empieza a tener auge en Colombia a partir de la década de los setenta del siglo XX. En efecto, fue necesario esperar hasta 1972, para que la Sala de Consulta y Servicio Civil del Consejo de Estado, en ejercicio de su función meramente consultiva, con fundamento en las normas citadas y siguiendo las teorías francesas sobre la materia, manifestara que tal institución podía ser perfectamente aplicable en los contratos administrativos.

En este sentido manifestó: "el régimen jurídico del contrato administrativo descansa sobre dos ideas fundamentales: si de una parte afirma la existencia en favor de la administración de prerrogativas exorbitantes del derecho común de los contratos, de otra reconoce el derecho del contratante al respeto del equilibrio financiero considerado en el contrato"[41].

---

a LIBARDO RODRÍGUEZ RODRÍGUEZ, *Derecho administrativo. General y colombiano*, t. II, *op. cit.*, núms. 867 y ss.

[41] C. de E., Sala de Consulta y Servicio Civil, concepto de 11 marzo 1972, en *Anales del Consejo de Estado*, t. LXXXII, núms. 433-434, primer trimestre de 1972, pág. 25.

Hasta donde se tienen noticias, la primera aplicación práctica de esta figura se produjo también en 1972, aunque no fue la jurisprudencia de lo contencioso administrativo quien la hizo, sino la jurisprudencia arbitral. En efecto, en esa ocasión, el tribunal de arbitramento descartó la aplicación de las normas de derecho privado a un contrato de obra pública, considerando que no obstante que conforme al derecho común una vez perfeccionado el contrato este era absolutamente inmutable, a la luz de las estipulaciones del contrato de obra pública el equilibrio económico podía ser restablecido cuando ello fuere justo y cuando la alteración de las condiciones contractuales no obedeciera a causas imputables al propio contratista, condenando a la entidad pública demandada al restablecimiento del equilibrio económico del contrato[42].

A partir de entonces se consolida, tanto jurisprudencial como normativamente, la aplicación de la teoría del equilibrio económico en los contratos públicos[43]. Así, el decreto-ley 150 de 1976, uno de los primeros estatutos de contratación de la administración pública en Colombia, en su artículo 74 previó para los contratos de obra, a precio alzado o a precios

[42] Tribunal de Arbitramento de *Imprese Italiane all «Estero SPA», Impresit del Pacífico S. A., Octavio Bertolero Cía., y Contratistas Generales S.C. de R.L* contra *Empresa de Energía Eléctrica de Bogotá.* laudo de 11 de diciembre de 1972. Este y los demás laudos citados, salvo indicación en contrario, pueden ser consultados en www. multilegis.com .

[43] Como expresiones de la jurisprudencia sobre el principio del equilibrio económico, véanse Tribunal de Arbitramento de *Termocolombia* contra *Instituto Colombiano de Energía Eléctrica –ICEL.* Laudo de 16 de marzo de 1979; C. de E., Sala de lo Contencioso Administrativo, Sección Tercera, sent. de 18 junio 1979, exp. 1.694-1.677, en *Anales del Consejo de Estado*, t. xcvi, núms. 461-462, segundo semestre de 1979, págs. 561 y ss, y especialmente, C. de E., Sala de lo Contencioso Administrativo, Sección Tercera, sent. de 20 septiembre 1979, exp. 2.742, en la cual se hace una presentación general de las normas y la jurisprudencia administrativa y arbitral relacionadas con el equilibrio económico del contrato identificadas por el Consejo de Estado hasta ese momento, citando para el efecto el concepto de 11 marzo 1972 de la Sala de Consulta y Servicio Civil del Consejo de Estado; el laudo arbitral que dirimió las controversias entre el arquitecto Rojas Alvarez y el Instituto Colombiano de los Seguros Sociales (respecto del cual no indica la fecha); el laudo arbitral de 16 junio 1976 que dirimió las controversias entre Mitsubishi Heavy Industries y el Instituto Colombiano de Energía Eléctrica –ICEL, y el laudo arbitral de 3 diciembre 1977 que dirimió las controversias entre Konstruktor Split Yugoeslavia y Empresa de Acueducto y Alcantarillado de Bogotá.

unitarios, la revisión periódica de precios "en función de las variaciones que ocurran en los factores determinantes de los costos"[44].

Posteriormente, la ley 19 de 1982, en sus artículos 6° y 8°, consagró de forma más expresa la figura, al disponer que, de una parte, en caso de modificación de los contratos administrativos, ordenada por la misma administración por razones de interés general, que le generara mayores costos al contratista, este tendría derecho a que la administración se los reembolsara y, de otra, que en caso de terminación unilateral por inconveniencia o inoportunidad de los contratos, el contratista tendría derecho al pago de los perjuicios causados por esta decisión.

A su vez, el decreto-ley 222 de 1983, expedido con base en las facultades extraordinarias conferidas por la ley 19 de 1982, avanzó aún más en la consolidación de la aceptación del principio del equilibrio económico del contrato público. En este sentido, eran varias las disposiciones que consagraban su aplicación: a) cuando se terminaba unilateralmente el contrato por razones de orden público o coyuntura económica crítica, el contratista tenía derecho a la indemnización de los daños que tal decisión le comportara (art. 19); b) cuando por interés público se hiciere indispensable la modificación de los contratos administrativos, entre otros requisitos, las entidades estatales debían respetar las ventajas económicas que hubieren otorgado al contratista, guardar el equilibrio financiero del contrato y reconocer al contratista los nuevos costos provenientes de la modificación (art. 20); c) cuando hubiere necesidad de modificar el valor contractualmente pactado, debía celebrarse un contrato adicional que así lo estipulara (art. 58), y d) en los contratos de obra, a precio global o a precios unitarios, debía pactarse la revisión periódica de precios teniendo en cuenta las variaciones que ocurrieran en los factores determinantes de los costos (art. 86).

La importancia de este estatuto de contratación de 1983, en cuanto al tema del equilibrio económico de los contratos, radica en que, por una parte, amplió los supuestos con fundamento en los cuales podían adoptarse las decisiones específicas que dispusieran el restablecimiento de ese equilibrio y, por otra, dejó claro que el equilibrio es una figura que se aplica a toda clase de contratos públicos de tracto sucesivo y no solamente a los contratos de concesión y de obra pública, como parecía deducirse

---

[44] Una exposición del estatuto de contratación de 1976 puede consultarse en PEDRO A. LAMPREA, *Contratos administrativos: tratado teórico y práctico*, Bogotá, Fondo de Cultura Jurídica, 1979.

de la normativa anterior[45]. Además, con fundamento en las normas del decreto-ley 222 de 1983, la jurisprudencia contencioso administrativa aceptó sin vacilaciones que uno de los derechos del cocontratante de la administración, en su calidad de colaborador de la misma, se traduce en el mantenimiento de las condiciones económicas pactadas, es decir, en el mantenimiento del equilibrio económico del contrato[46].

Con posterioridad, siguiendo un mandato constitucional y con la finalidad de mejorar la normativa consagrada en el decreto-ley 222 de 1983, el Congreso de Colombia expidió la ley 80 de 1993, como nuevo estatuto de contratación de la administración pública[47]. Entre los aportes que es preciso resaltar, esta ley reconoció ampliamente el derecho de los cocontratantes, no solo del contratista, a que se mantenga la equivalencia en las prestaciones pactadas. En efecto, la citada ley consagra, de manera amplia en su artículo 27, como un verdadero principio de la contratación administrativa, el de la *ecuación contractual* en los siguientes términos: "en los contratos estatales se mantendrá la igualdad o equivalencia entre derechos y obligaciones surgidos al momento de proponer o contratar, según el caso. Si dicha igualdad o equivalencia se rompe por causas no imputables a quien resulte afectado, las partes adoptarán en el menor tiempo posible las medidas necesarias para su restablecimiento".

En concordancia con ese principio de la ecuación contractual, los numerales 8 y 9 del artículo 4° de la misma ley 80 de 1993, entre los deberes de las entidades estatales contratantes establecen que estas "adoptarán las medidas necesarias para mantener durante el desarrollo y ejecución del contrato las condiciones técnicas, económicas y financieras existentes al momento de proponer, [y] actuarán de tal modo que por causas a ellas imputables, no sobrevenga una mayor onerosidad en el cumplimiento de las obligaciones a cargo del contratista".

---

[45] Una exposición del sistema contractual administrativo de 1983, incluido el principio del equilibrio económico del contrato, puede consultarse en GUSTAVO HUMBERTO RODRÍGUEZ, *Contratos administrativos*, 3ª ed., Bogotá, Librería Jurídica Wilches, 1988, y en MIGUEL GONZÁLEZ RODRÍGUEZ, *La contratación administrativa en Colombia*, Bogotá, Librería Jurídica Wilches, 1990.

[46] Véase, por ejemplo, C. de E., Sala de lo Contencioso Administrativo, Sección Tercera, sent. de 4 septiembre 1986, exp. 1.677.

[47] Véase la exposición de motivos del proyecto de ley 149 de 1992, que dio lugar a la expedición de la ley 80 de 1993, en JAIME BETANCUR CUARTAS, *Nuevo estatuto general de la contratación administrativa*, Medellín, Biblioteca Jurídica Diké, 1993, págs. 97 y ss.

A su vez, el numeral 1 del artículo 5º ibídem señala que los contratistas

"[...] tendrán derecho a recibir oportunamente la contraprestación pactada y a que el valor intrínseco de la misma no se altere o se modifique durante la vigencia del contrato. En consecuencia tendrán derecho, previa solicitud, a que la administración les restablezca el equilibrio de la ecuación económica del contrato a un punto de no pérdida por la ocurrencia de situaciones imprevistas que no sean imputables a los contratistas. Si dicho equilibrio se rompe por incumplimiento de la entidad estatal contratante, tendrá que restablecerse la ecuación surgida al momento del nacimiento del contrato".

Finalmente, desde el punto de vista del derecho positivo, vale decir que de conformidad con el artículo 28 de la citada ley, "en la interpretación de las normas sobre contratos estatales [...] se tendrán en consideración los fines y principios de que trata esta ley, los mandatos de la buena fe y *la igualdad y el equilibrio entre prestaciones y derechos que caracteriza los contratos conmutativos*" (cursiva fuera del texto).

Resulta, pues, evidente que en la actualidad la normativa positiva colombiana reconoce, con precisión incuestionable, el derecho de las partes de un contrato público al mantenimiento de su equilibrio económico, esto es, al mantenimiento de la equivalencia entre las prestaciones pactadas. Igualmente, como lo veremos más adelante, la jurisprudencia, además de aplicar consistentemente la figura del equilibrio económico, la ha ido modelando y transformando para darle la fisonomía de la cual goza hoy en día, al punto de reconocer que se trata de un imperativo legal que no puede ser dejado simplemente a la voluntad contractual de las partes, es decir, que se aplica en todos los eventos en que se suscriban contratos públicos conmutativos de tracto sucesivo o de ejecución diferida, que son precisamente los negocios jurídicos respecto de los cuales tiene vigencia el principio del equilibrio económico y financiero.

Esta postura ha sido ampliamente desarrollada por el Consejo de Estado en su jurisprudencia, en la cual se ha sostenido al respecto:

"La ecuación financiera del contrato es una figura de imperativo legal, que se aplica con independencia de que las partes la hubieran pactado o no. En otros términos la Sala reitera que es el propio legislador quien fija las reglas tendientes a procurar el equilibrio financiero del contrato conmutativo cuando este se rompa por aquellos casos no imputables al contratista, por distintas circunstancias [...]".

Y más adelante afirma:

"Tiene entonces, suficiente sustento, en legislación y jurisprudencia, el concepto de equilibrio financiero del contrato y, por consiguiente, no podía resultar extraño para el tribunal de arbitramento la aplicación de dicha figura, bajo la óptica fundamental que el Estado pudiera cumplir con los fines previstos y que el consorcio contratista, a su vez, por no tener obligación legal ni contractual de trabajar a pérdida, lograra obtener el lucro inherente y previsto para su actividad. Si el fallador encontraba rota o alterada la ecuación financiera del contrato por causas imputables y de especial consideración, ajenas al contratista, le corresponde acudir a dicha figura, no solo por el mandato legal, sino por motivaciones de justicia y equidad inherentes al equilibrio financiero contractual[48]".

En concordancia con lo anterior, la jurisprudencia constitucional también ha manifestado que

"[...] la relación sinalagmática del contrato se asume como un mero desarrollo del principio de justicia conmutativa que, con carácter de derecho imperativo —se ha dicho ya— justifica la traslación de los riesgos extraordinarios que operan durante la vigencia del negocio jurídico a la Administración Pública, con independencia de que estos se hubieren pactado o no en el texto formal del acuerdo de voluntades[49]".

De los anteriores pronunciamientos se desprende claramente que el mantenimiento del equilibrio financiero del contrato es hoy una obligación que se impone a las partes desde el mismo ámbito legislativo, razón por la cual no puede supeditarse, por razones de justicia y equidad, la búsqueda de herramientas que pretendan este objetivo a la existencia de previo acuerdo entre las partes y mucho menos a la liberalidad de la entidad contratante.

Ahora bien, en cuanto a la extensión de la aplicación del principio en el derecho colombiano, con la expedición del actual Estatuto General de Contratación de la Administración Pública (ley 80 de 1993) se pretendió eliminar la distinción tradicional de la teoría general entre contratos administrativos y contratos de derecho privado de la administración, creando una supuesta categoría única de los contratos de la administración pública bajo la denominación de *contratos estatales*.

---

[48] C. de E., Sala de lo Contencioso Administrativo, Sección Tercera, sent. de 24 octubre 1994, exp. 11.632. Ver en igual sentido: C. de E., Sala de lo Contencioso Administrativo, Sección Tercera, sent. de 2 febrero 1996, exp. 8.385.

[49] Corte Const., sent. C-892 de 2001.

Sin embargo, esta categoría, como lo hemos hecho notar en nuestro manual de derecho administrativo[50] y lo han reconocido otros autores[51], realmente corresponde a los que la teoría general del derecho administrativo ha denominado *contratos administrativos*, en la medida en que si bien tienen un régimen jurídico mixto, lo cierto es que ese régimen está formado en buena parte por reglas especiales que los diferencia de los contratos entre particulares.

Además, a pesar de la pretensión inicial de la ley, en el sentido de que todos los contratos del Estado colombiano estarían sometidos al estatuto contenido en ella y que, por lo mismo, todos tendrían la categoría de *estatales*, la realidad ha mostrado que ello no es así, hasta el punto de que la jurisprudencia se ha visto en la necesidad de diferenciar los *contratos estatales propiamente dichos*, sometidos al régimen especial del estatuto legal, y los *contratos estatales especiales* que, aunque son celebrados por la administración pública, se encuentran sometidos en términos generales al régimen común[52].

En ese marco, el principio del equilibrio económico, en los términos estudiados en esta obra, no sería aplicable a la totalidad de los contratos que celebra el Estado, sino únicamente a aquellos sometidos al régimen especial de derecho público, es decir, a los *contratos administrativos* o *contratos estatales propiamente dichos* y aún a algunos *contratos estatales especiales*, pero con régimen preponderante de derecho administrativo. No obstante, es preciso anotar que, en lo que tiene que ver con la aplicación del principio, la jurisprudencia administrativa colombiana había venido sosteniendo que el mismo se aplica solo a los *contratos estatales*

---

[50] Véase a LIBARDO RODRÍGUEZ RODRÍGUEZ, *Derecho administrativo. General y colombiano*, t. II, *op. cit.* núms. 880 y ss.

[51] Véase a JAIME VIDAL PERDOMO, "La noción de contrato estatal en derecho colombiano", *op. cit.*, págs. 465 y ss.; a JOSÉ LUIS BENAVIDES, *El contrato estatal, op. cit.*, págs. 489 y ss.; y a JUAN CARLOS EXPÓSITO VÉLEZ, *La configuración del contrato de la administración pública en el derecho colombiano y español*, Bogotá, Universidad Externado de Colombia, 2003, págs. 253 y ss., y 329 y ss.

[52] Sobre la distinción entre "*contratos estatales propiamente dichos*" y "*contratos estatales especiales*", véase C. de E., Sala de lo Contencioso Administrativo, Sección Tercera, auto de 20 agosto 1998, exp. 14.202; auto de 8 febrero 2001, exp. 16.661; sent. de 6 junio 2002, exp. 20.634; auto de 1° agosto 2002, exp 21.041; sent. 2 marzo 2006, exp. 29.703; sent. de 20 febrero 2008, exp. 33.670; sent. de 28 enero 2009, exp. 35.362, y sent. de 23 abril 2009, exp. 16.372.

propiamente dichos, pero más recientemente ha generalizado su aplicación al sostener que se trata de un principio transversal a todos los contratos de la administración pública, independientemente del régimen jurídico que los gobierna, dado *"el interés general y la utilidad social"* enmarcado en todo contrato estatal[53].

En ese sentido, el Consejo de Estado expresó recientemente que "el instituto del equilibrio económico del contrato no corresponde a una figura privativa de los negocios jurídicos gobernados por el derecho público, dado que, por vía de principio, que a su turno cristaliza las reglas de la conmutatividad y de la equidad, está llamado a imperar todas las relaciones negociales bilaterales, con independencia del régimen jurídico que las informe"[54].

3. Justificación de la existencia del principio

Teniendo en cuenta que el principio del equilibrio económico de los contratos públicos nació como un derecho exclusivo del cocontratante de la administración, las primeras justificaciones de su existencia, las cuales aun mantienen vigencia, se orientaron a demostrar la razón de ser de ese derecho del cocontratante particular.

En primer lugar, desde la misma formulación del principio por el comisario de gobierno Léon Blum, la teoría del servicio público ha jugado un papel trascendental. En efecto, frente a la necesidad de una prestación continua y eficiente del servicio público, que obligaba al cocontratante de la administración a no suspender la ejecución del contrato en aquellos casos en que por circunstancias de hecho sobrevinientes e imprevistas se alteraran las condiciones tenidas en cuenta al momento de configurar el negocio, el contratista debía tener el derecho a ser resarcido por los mayores valores en que debió incurrir para la efectiva colaboración en la prestación del servicio público[55].

---

[53] Al respecto, puede verse C. de E., Sala de lo Contencioso Administrativo, Sección Tercera, Subsección B, sent. de 26 julio 2012, exp. 22.756. En el mismo sentido, C. de E., Sala de lo Contencioso Administrativo, Sección Tercera, Subsección A, sent. de 27 noviembre 2013, exp. 31.431, y C. de E., Sala de lo Contencioso Administrativo, Sección Tercera, Subsección C, sent. de 20 febrero 2017, exp. 56.562.

[54] C. de E., Sala de lo Contencioso Administrativo, Sección Tercera, Subsección A, sent. de 1º octubre 2018, exp. 57.897.

[55] Véase a Gaston Jèze, *Principios generales del derecho administrativo*, t. v, *op. cit.*, págs. 16 y ss. En este sentido también puede verse Gaspar Ariño Ortíz,

A lo anterior se sumó el hecho de que la administración, en los contratos públicos, goza de ciertas prerrogativas y de una posición de prevalencia sobre su cocontratante, lo cual debe tener como contrapartida el derecho del contratista a una indemnización por el ejercicio, aún legal, de tales prerrogativas, de tal manera que no se altere la equivalencia material en las prestaciones pactadas[56]. El fundamento jurídico del derecho a conservar el equilibrio económico, desde esta perspectiva y sin perjuicio del derecho positivo, se encuentra en los fines de interés público que tienen los contratos administrativos que justifican la existencia de esas prerrogativas y en el carácter de colaborador del cocontratante de la administración, que obligan a concluir que su patrimonio no puede ser sacrificado y debe haber una equivalencia honesta entre las prestaciones[57].

El derecho del cocontratante al mantenimiento del equilibrio económico del contrato también ha encontrado una justificación en principios constitucionales. En efecto, se ha sostenido que el deber general que tiene el Estado de reparar los daños antijurídicos generados por sus actuaciones, la obligación de mantener la igualdad ante las cargas públicas, la garantía del patrimonio de los particulares, y el deber de garantizar la vida, honra y bienes de las personas, permiten sostener que el cocontratante de la administración tiene el derecho a que su remuneración en un contrato administrativo se mantenga intangible, a pesar que ocurran acontecimientos que alteren las condiciones tenidas en cuenta al momento de proponer o contratar, según el caso[58]. En ese sentido, alguna doctrina francesa ha

---

Teoría del equivalente económico en los contratos administrativos, op. cit., t. v, pág. 243, y a JUAN CARLOS CASSAGNE, "El equilibrio económico-financiero del contrato administrativo", en *Estudios de derecho público*, Buenos Aires, Ediciones Depalma, 1995, pág. 136.

[56] Véase a ANDRÉ DE LAUBADÈRE e YVES GAUDEMET, *Traité de droit administratif*, t. I, op. cit., núm. 1466, y a LAURENT RICHER y FRANÇOIS LICHÈRE, *Droit des contrats administratifs*, 10ème ed., Paris, LGDJ, 2016, págs. 295 y ss.

[57] Véase a HÉCTOR JORGE ESCOLA, *Tratado integral de los contratos administrativos*, vol. I. op. cit., núm. 104. En igual sentido, puede consultarse Corte Const., sent. C-892 de 2001.

[58] Esta fundamentación es expuesta por RODRIGO ESCOBAR GIL, *Teoría general de los contratos de la administración pública*, op. cit., págs. 427 y ss. La doctrina argentina comparte parcialmente esta justificación, específicamente en cuanto a la aplicación del principio de igualdad en las cargas públicas: véase a JUAN CARLOS CASSAGNE, "El equilibrio económico-financiero del contrato administrativo", op. cit., pág. 137, y a MIGUEL S. MARIENHOFF, *Tratado de derecho administrativo*, t. III-A, op. cit., núm. 761.

encontrado el fundamento al principio del equilibrio económico del contrato en el respeto al derecho de propiedad y a los derechos adquiridos[59].

No obstante la trascendencia y vigencia actual de las justificaciones expuestas, si se tiene en cuenta que a pesar de que tradicionalmente el derecho a conservar el equilibrio económico del contrato se ha reconocido solo al cocontratante de la administración, pero que en estricto sentido también puede reconocerse a la administración, es preciso buscar una justificación más amplia, que comprenda la totalidad de situaciones que permiten aplicar el principio del equilibrio económico del contrato. En ese sentido puede considerarse que los argumentos que fundamentan el derecho al mantenimiento del equilibrio económico del contrato público son, de una parte, la conmutatividad propia de estos contratos, que por definición son sinalagmáticos y, de otra, el deber de aplicar una cierta justicia contractual.

La relación intrínseca entre el principio del mantenimiento de la ecuación financiera en los contratos estatales y su carácter conmutativo fue expresada por la jurisprudencia francesa desde principios del siglo XX al afirmar: "Es de la esencia de toda concesión el buscar y realizar, en la medida de lo posible, una igualdad entre las ventajas que le son procuradas al concesionario y las cargas que le son impuestas. Las ventajas y las cargas deben balancearse de manera de contrapesar los beneficios probables y las pérdidas previstas"[60].

De tal manera que la necesaria equivalencia entre las prestaciones y el deber que tienen las partes de un contrato conmutativo de mantenerla, igualmente permite fundamentar la consagración legal de la figura del equilibrio económico del contrato. Teniendo en cuenta ese carácter conmutativo de los contratos públicos, la doctrina ha reconocido que existen intereses divergentes de las partes que merecen la tutela del ordenamiento jurídico, lo cual se hace a través de la aplicación del principio del equilibrio económico y financiero del contrato[61].

---

[59] Véase a NICOLAS GABAYET, L'aléa dans les contrats publics en droit anglais et droit français, op. cit., págs. 159-160

[60] Consejo de Estado francés, fallo de 21 de marzo de 1910, Compagnie Générale Française des Tranways, en MARCEAU LONG et al., Les grands arrêts de la jurisprudence administrative, op. cit., págs. 132 y ss.

[61] Véase a NICOLAS GABAYET, L'aléa dans les contrats publics en droit anglais et droit français, op. cit., págs. 156 y ss; a DIOGO DE FIGUEIREDO MOREIRA NETO, Curso de direito administrativo, op.cit., págs. 191-192, y a JOSÉ LUIS BENAVIDES, El contrato estatal, op. cit., núms. 565 y ss.

Al carácter conmutativo del contrato público para justificar el reconocimiento del derecho de las partes, no simplemente del contratista, a conservar el equilibrio económico del contrato, la doctrina ha añadido el elemento de la justicia contractual, el cual, en todo caso, es un concepto estrechamente ligado al de la conmutatividad. Este concepto se refiere, en primer lugar, al de justicia en las prestaciones, lo cual implica que el juicio de justicia no puede hacerse de manera aislada, sino de manera comparativa entre las prestaciones pactadas, realizando una comparación entre las obligaciones a cargo de cada una de las partes, con la finalidad de encontrar un necesario equilibrio o una equivalencia material entre las prestaciones contractuales. El principio de justicia contractual implica también la búsqueda de un equilibrio entre la posición de las partes, pues no cabe duda de que en ocasiones la administración se encuentra en una posición de prevalencia respecto de su cocontratante, pero también es cierto que se presentan otros casos en los que es el cocontratante quien ejerce una posición de superioridad respecto de la administración por gozar de una posición dominante en el mercado. En estos casos, para mitigar las consecuencias de la superioridad de alguna de las partes, el ordenamiento jurídico ofrece como solución la del equilibrio económico del contrato público, con fundamento en el cual las prestaciones de cada una de ellas corresponderán a las prestaciones de la otra, logrando una equivalencia material entre las mismas. En este sentido, tanto la doctrina internacional[62] como la jurisprudencia colombiana[63], al hacer referencia al fundamento

---

[62] Sobre la justicia contractual como fundamento del equilibrio económico del contrato administrativo, puede verse a JUAN PABLO CÁRDENAS MEJÍA, "La justicia contractual", en *Ensayos jurídicos. Liber amicorum en homenaje al profesor Carlos Holguín Holguín*, Bogotá, Ediciones Rosaristas, 1996, págs. 301 y ss. Igualmente, puede verse a EDUARDO O. EMILI, "El equilibrio contractual", en ISMAEL FARRANDO (H.) (coord.), *Contratos administrativos*, Buenos Aires, Abeledo-Perrot, 2002, pág. 621, y a JOSÉ ROBERTO DROMI, *Derecho administrativo*, t. I, 13ª ed., Buenos Aires, Ediciones Ciudad Argentina, 2015, pág. 698. A su vez, la doctrina francesa ha señalado que la noción de justicia conmutativa no solo fundamenta el equilibrio económico del contrato, sino todo el sistema de responsabilidad contractual: véase a JOSEPH FRANK OUM OUM, *La responsabilité contractuelle en droit administratif*, op. cit., págs. 150 y ss.

[63] En este sentido, puede consultarse Corte Const., sent. C-892 de 2001, y Consejo de Estado, Sala de lo Contencioso Administrativo, Sección Tercera, sents. de 24 octubre 1994, exp. 11.632, y de 2 de febrero de 1996, exp. 8.385. De manera más reciente, con la finalidad de justificar la aplicación del principio del equilibrio económico a toda clase de contratos estatales, la jurisprudencia administrativa ha utilizado las ideas de la conmutatividad, la equidad y la justicia contractual: véanse C. de E., Sala de lo

mismo del deber de restablecimiento del equilibrio económico del contrato, se han referido a la necesidad de que la actividad contractual administrativa se guíe por un principio de justicia conmutativa.

En consecuencia, la justicia contractual y la conmutatividad del contrato público también permiten fundamentar el principio del equilibrio económico en esta clase de contratos como derecho de los dos cocontratantes y no simplemente como derecho del cocontratante particular.

4. CONDICIONES GENERALES PARA LA PROCEDENCIA DE LA APLICACIÓN DEL PRINCIPIO

No obstante lo expresado hasta ahora, no toda alteración en las condiciones previstas al momento de proponer o de contratar configura jurídicamente la ruptura del equilibrio económico del contrato. En efecto, de acuerdo con la teoría general en la materia, se requiere que la alteración cumpla con ciertas condiciones que analizaremos en este acápite.

Sin embargo, ante la existencia de causales específicas para la aplicación del principio del equilibrio económico, que veremos más adelante, debe entenderse que la utilidad de las condiciones generales radica, de una parte, en servir de guía para la aplicación de las condiciones particulares de cada una de las citadas causales específicas y, de otra, en constituir los requisitos necesarios para resolver los casos en los cuales las circunstancias particulares no permitan configurar concretamente una de las causales específicas de ruptura.

A) ***Primera condición:*** *la alteración debe darse por acontecimientos que no puedan ser imputables a la parte que reclama el restablecimiento*

De acuerdo con la teoría tradicional, para que una alteración en las condiciones contractuales comporte una ruptura en el equilibrio económico del contrato, se requiere, en primer lugar, que la parte que reclama su restablecimiento no haya causado con su propia conducta tal alteración. Esta es una consecuencia lógica de lo expresado atrás, en el sentido de que el deber de restablecer el equilibrio contractual nace como consecuencia de hechos ajenos a las partes o de hechos que provienen de la conducta del cocontratante que no se ha perjudicado[64].

Contencioso Administrativo, Sección Tercera, Subsección A, sent. de 27 noviembre 2013, exp. 31.431; C. de E., Sala de lo Contencioso Administrativo, Sección Tercera, Subsección C, sent. de 20 febrero 2017, exp. 56.562, y C. de E., Sala de lo Contencioso Administrativo, Sección Tercera, Subsección A, sent. de 1º octubre 2018, exp. 57.897.

[64] En relación con esta condición, véase a SANTIAGO GONZÁLEZ-VARAS IBÁÑEZ, *El contrato administrativo*, Madrid, Civitas, 2003, pág. 274, y a ERNESTO BUSTELO, "De-

En otras palabras, para que una circunstancia que altera las condiciones contractuales genere la obligación de restablecimiento de la ecuación contractual, dicha circunstancia no puede ser imputable a la parte perjudicada, ya sea porque se trata de un hecho ajeno al contrato y a la voluntad de los cocontratantes, como es el caso de un cambio en las variables macroeconómicas, o porque se trate de un hecho de su cocontratante, como es el caso del incumplimiento de obligaciones contractuales o de una modificación unilateral dispuesta por la administración[65].

Bajo esta idea de que la parte perjudicada no puede obtener el restablecimiento del equilibrio económico si ella misma es quien ha dado lugar a su afectación, la doctrina ha resaltado que cuando el perjuicio proviene de un error de cálculo en la preparación de su oferta, aquel no puede ser reparado. En ese sentido, se ha expresado que "si el contratista erró en el cálculo, por ejemplo, del absentismo, no puede pretender ahora que sea la administración quien cubra ese riesgo empresarial"[66].

Igualmente, la doctrina ha dicho que un presupuesto para la aplicación del principio consiste en la prueba de "una ausencia de culpa por parte de los contratantes (administración y contratista) quienes, aun habiendo actuado dentro de unas previsiones razonables y con la debida diligencia, se encuentran de forma sorpresiva ante una situación imprevisible"[67].

Este presupuesto necesario para que la alteración en las condiciones contractuales genere el derecho al restablecimiento del equilibrio económico del contrato, es una expresión concreta de la máxima del derecho conforme a la cual nadie puede alegar su propia culpa en su favor: *nemo audiatur propiam turpitudinem allegans*. Reconocer lo contrario implicaría premiar la conducta negligente del cocontratante que en virtud de

rechos y obligaciones del contratante particular", en Ismael Farrando (h.) (coord.), *Contratos administrativos*, Buenos Aires, Abeledo-Perrot, 2002, pág. 602.

[65] Sobre este punto, véase a René Chapus, *Droit administratif général*, t. i, 15ème éd., Paris, Montchrestien, 2001, núms. 1382 y 1383, quien distingue los eventos en que la ruptura proviene de un hecho externo a las partes y de un hecho externo al cocontratante de la administración.

[66] Francisco Javier Vásquez Matilla, "El contrato de concesión de obras", en Alberto Palomar Ojeda y Mario Garcés Sanagustín (coord.), *Comentarios a la Ley de Contratos del Sector Público*, Madrid, Wolters Kluwer, 2018, pág. 723.

[67] Jesús Punzón Moraleda y Francisco Sánchez Rodríguez, "El equilibrio económico de los contratos públicos", en José María Gimeno Feliú (dir.), *Observatorio de contratos públicos 2011*, Madrid, Civitas Thomson Reuters, 2012, pág. 518.

sus propias actuaciones alteró las condiciones con fundamento en las cuales se estipularon las obligaciones contractuales.

En relación con esta exigencia, el Consejo de Estado de Colombia ha sido enfático en afirmar que

> "[...] el mantenimiento de esas condiciones de ejecución fijadas desde el perfeccionamiento del negocio jurídico, en un momento dado puede resultar especialmente lesivo para una de las partes por la ocurrencia de sucesos imprevistos, posteriores, *ajenos a su voluntad* y no imputables a incumplimiento del otro contratante, pero que le reportan una mayor onerosidad en el cumplimiento de sus obligaciones, y en consecuencia, se pierde esa equivalencia que se había formado a partir de la celebración del contrato[68]".

En una ocasión anterior, el mismo Consejo de Estado había manifestado lo siguiente:

> "Recuerda esta Sala que tienen la doctrina y la jurisprudencia una gran fortaleza en el desarrollo de las teorías que propenden al mantenimiento del equilibrio económico de los contratos que celebran las entidades públicas con los particulares contratistas como colaboradores del Estado, y es ya mandato legal que los contratantes deben mantener la igualdad y equivalencia entre derechos y obligaciones surgidos al momento de contratar, *cuando estas se rompen por causas no imputables a quien resultare afectado* (cursivas fuera del texto)[69].

No obstante lo anterior, como lo veremos detenidamente en relación con las particularidades de las diversas causales de ruptura del equilibrio económico, pueden presentarse excepciones a esta condición, específicamente en los casos de la *potestas variandi* y la teoría del hecho del príncipe.

B) *Segunda condición: la alteración debe darse por acontecimientos posteriores a la presentación de la propuesta o la celebración del contrato*

La segunda condición para que una alteración en las condiciones contractuales produzca la ruptura del equilibrio económico del contrato

---

[68] C. de E., Sala de lo Contencioso Administrativo, Sección Tercera, sent. de 18 septiembre 2003, exp. 1996-05631 (15.119).

[69] C. de E., Sala de lo Contencioso Administrativo, Sección Tercera, sent. de 20 febrero 1998, exp. 11.101. En el mismo sentido, puede consultarse: C. de E., Sala de lo Contencioso Administrativo, Sección Tercera, sent. de 2 febrero 1996, exp. 8.385.

estatal, consiste en que el hecho determinante de la ruptura de ese equilibrio debe haber acaecido con posterioridad a la presentación de la propuesta o a la celebración del contrato, según el caso. En otras palabras, el hecho determinante de la alteración de las condiciones contractuales no puede ser anterior al proceso de configuración del negocio jurídico, esto es, a la presentación de la propuesta o a la celebración del contrato, pues, en tal caso, esa circunstancia debió haber sido prevista por las partes al momento de presentar la propuesta o de celebrar el contrato. En ese sentido, la doctrina francesa ha expresado que "durante la ejecución del contrato administrativo se pueden presentar *nuevos* hechos que impidan o simplemente obstaculicen esa ejecución o que, de manera más general, modifiquen las condiciones de ejecución", que es precisamente la segunda condición que se analiza en este estudio[70].

En relación con esta exigencia, es útil la jurisprudencia del Consejo de Estado colombiano que se ha pronunciado en el sentido de que

> "[...] solo puede afirmarse que hay desequilibrio financiero en presencia de contratos conmutativos y de tracto sucesivo, cuando se alteren las condiciones económicas pactadas al momento de su celebración en perjuicio de una de las partes, *cuando la alteración sea fruto de hechos ocurridos con posterioridad a la celebración del contrato* y cuando estos hechos no sean imputables a quien alega el desequilibrio (resaltado fuera del texto)[71]".

C) *Tercera condición: la alteración debe ser causada por un aleas anormal*

Los contratos públicos, como toda forma contractual, constituyen un acto de previsión de riesgos, por lo cual los aleas que eventualmente afectan las relaciones contractuales constituyen un elemento muy importante en su configuración. En ese sentido, según la doctrina, "el contrato es acto

---

[70] ANDRÉ DE LAUBADÈRE e YVES GAUDEMET, *Traité de droit administratif*, t. I, *op. cit.*, núm. 1482. La doctrina latinoamericana también ha resaltado el carácter posterior del hecho que altera las condiciones contractuales, en el sentido de que debe ocurrir durante la ejecución del contrato: véase a ENRIQUE SAYAGUÉS LASO, *Tratado de derecho administrativo*, t. I, 8ª ed., Montevideo, Fundación de Cultura Universitario, 2002, pág. 564.

[71] C. de E., Sala de lo Contencioso Administrativo, Sección Tercera, sent. de 4 septiembre 2003, exp. 1989-05337 (10883).

de previsión", por lo cual "tiene la vocación de anticipar el futuro más aún cuando el contrato se debe ejecutar en una larga duración"[72].

Al respecto, debe precisarse que existen dos tipos de aleas fundamentales en los contratos públicos: los aleas normal u ordinario y anormal o extraordinario, cuya comprensión es indispensable para la aplicación del principio del equilibrio económico del contrato.

En primer lugar, el aleas normal u ordinario corresponde, de una parte, a las situaciones que de manera común pueden afectar la ejecución de una determinada prestación contractual y, de otra, a las consecuencias naturales de las decisiones adoptadas por el contratista o de los riesgos asumidos por él para lograr la adjudicación del contrato. En ese sentido, aunque refiriéndose concretamente al contrato de concesión, la doctrina ha expresado que "el contratista asume el riesgo de sus decisiones empresariales: del cálculo de costes realizado para presentar la oferta, de las incidencias ordinarias de la ejecución del contrato (más o menos bajas laborales, rechazo de unidades de obra por mala ejecución, mayor consumo de combustibles, reparaciones de maquinarias defectuosas) y, paralelamente, asume la ventaja de una mayor ganancia si sus cálculos fueron acertados y si las incidencias tienen un impacto mínimo en sus costes. El contratista asume el «aleas» normal del contrato"[73]. En consecuencia, el aleas normal u ordinario forma parte del riesgo y ventura asumido por las partes al momento de celebrar el contrato público.

Por su parte, el aleas extraordinario o anormal corresponde a las circunstancias fácticas que ocurren durante la ejecución del contrato que rebasan todas las previsiones que las partes hubieran podido tener al momento de planificar y estructurar la relación contractual. En ese sentido, según MARIENHOFF, dicho aleas "es el acontecimiento que frustra o excede todos los cálculos que las partes pudieron hacer en el momento de formalizar el contrato"[74]. Precisamente como efecto del hecho de que se trate de situaciones que rebasan las previsiones razonables de las partes, comúnmente se ha sostenido que tal aleas extraordinario o anormal no debe ser asumido por los cocontratantes, especialmente por el contratis-

[72] NICOLAS GABAYET, *L'aléa dans les contrats publics en droit anglais et droit français, op. cit.,* pág. 357.
[73] FRANCISCO JAVIER VÁSQUEZ MATILLA, "El contrato de concesión de obras", *op. cit.,* pág. 723.
[74] MIGUEL S. MARIENHOFF, *Tratado de derecho administrativo,* t. III-A, *op. cit.,* núms. 761 y 789.

ta[75], pues lo cierto es que precisamente por ese hecho de rebasar lo que ordinariamente esperan las partes de la ejecución contractual, estaremos frente a circunstancias que no forman parte de las previsiones contractuales iniciales y, por lo mismo, que son extrañas al equilibrio material de prestaciones presente desde el comienzo de la relación negocial.

Con base en las anteriores precisiones, debe señalarse que para que una alteración en las condiciones contractuales genere una ruptura en el equilibrio económico del contrato, se requiere que la alteración supere el aleas normal propia de los contratos sinalagmáticos, ya que solo el aleas anormal o extraordinario da lugar al derecho al restablecimiento del equilibrio. En efecto, mientras los aleas normales son una carga que deben asumir las partes del contrato, no sucede así con los anormales, esto es, aquellos que no entraron dentro de las previsiones de las partes al momento de contratar o de proponer. En otras palabras, las partes del contrato deben soportar el riesgo normal de la ejecución, pero no el anormal que, en el caso del particular cocontratante de la administración, lo privarían de las ganancias razonables que habría obtenido de mantenerse las condiciones iniciales o, para el caso de la administración, haría que el bien o servicio fuera adquirido en condiciones más onerosas que aquellas que ordinariamente ofrecería el mercado[76].

Sobre este aspecto, la doctrina ha dicho:

"El derecho al restablecimiento de la ecuación contractual se funda en circunstancias anormales y excepcionales. Álea [*sic*] extraordinaria o anormal es el acontecimiento que frustra o excede de todos los cálculos que las partes pudieron hacer al momento de formalizar el contrato. No está instituido, entonces, para amparar las contingencias normales que ordinariamente se presentan durante la ejecución del contrato. De hecho la realización de cualquier negocio implica unos riesgos normales [...] Por lo tanto, la ecuación no se erige en una protección a ultranza de todos los riesgos del negocio ni por tanto una garantía absoluta de

---

[75] En ese sentido, LAURENT RICHER y FRANÇOIS LICHÈRE, *Droit des contrats administratifs*, *op. cit.*, págs. 275 y ss.

[76] Sobre el deber de soportar el riesgo normal, pero no el anormal o extraordinario, que supone la ejecución de un contrato público, aunque limitado a la perspectiva del particular, véase a HÉCTOR JORGE ESCOLA. *Tratado integral de los contratos administrativos*, t. I, *op. cit.*, núm. 104, y a RAMÓN PARADA, *Derecho administrativo*, t. II, Régimen jurídico de la actividad administrativa, 21ª ed., Madrid, Open Ediciones Universitarias, 2014, págs. 246-247.

utilidades. Lo será para eventos anormales que escapan a lo habitual del negocio según la especialidad del contratista, las circunstancias internas y externas que rodean la ejecución, la imprevisión de los efectos, etc.[77]".

En similar sentido, la jurisprudencia administrativa colombiana ha entendido que "en todo contrato con el Estado, el contratista debe soportar a su propio costo el álea [*sic*] normal de toda negociación pero no el álea [*sic*] anormal, y por lo tanto en este último evento las consecuencias deben serle resarcidas o atenuadas"[78].

Por supuesto, el carácter anormal o extraordinario del aleas debe ser acreditado debidamente por el cocontratante perjudicado. En efecto, quien alega un daño y pretende que el mismo sea resarcido tiene la carga de probar la existencia de los elementos que jurídicamente se requieren para su resarcimiento[79].

Este presupuesto para que se configure el derecho al restablecimiento del equilibrio financiero y económico del contrato consiste, entonces, en que las circunstancias que se presentan como fundamento del desequilibrio de la economía del contrato no sean de aquellas que se inscriben dentro de los riesgos normales de todo negocio jurídico. El contratista, en el desarrollo de su actividad, se debe enfrentar a determinadas contingencias, que son previsibles desde el ejercicio de su actividad como profesional, por lo cual se dice que no puede pretenderse que se cubran absolutamente todos los riesgos a los que tienen que enfrentarse las partes en el desarrollo contractual[80].

Empero, cuando dichas circunstancias, con independencia de que sean internas o externas a la ejecución, no se enmarcan dentro del cauce de normalidad sino que, al contrario, son excepcionales, anormales y extraordinarias, no nos encontramos ante eventos que deba enfrentar la especialidad de quien contrata con la administración. Estas eventualidades

---

[77] LUIS GUILLERMO DÁVILA VINUEZA, *Régimen jurídico de la contratación estatal, op. cit.*, pág. 700.

[78] C. de E., Sala de lo Contencioso Administrativo, Sección Tercera, sent. de 2 septiembre 2004, exp. 1996-04029 (14.578).

[79] En relación con la carga probatoria en materia de responsabilidad del Estado, véase a JUAN CARLOS HENAO, *El daño*, Bogotá, Universidad Externado de Colombia, 1998, págs. 39 y ss.

[80] En este sentido puede verse a EDUARDO GARCÍA DE ENTERRÍA y TOMÁS-RAMÓN FERNÁNDEZ, *Curso de derecho administrativo*, t. I, *op. cit.*, pág. 765 (edición colombiana: Bogotá, Edit. Temis, 2008, pág. 712).

adversas escapan de todas las previsiones razonables que se tuvieron en cuenta al momento de formular la propuesta y de celebrar el contrato. Por ello, de acuerdo con los valores superiores de equidad, justicia e igualdad, las partes no tienen la obligación de soportar aquellas cargas económicas que se desprenden de este tipo de situaciones y el ordenamiento jurídico abre la posibilidad de utilizar los instrumentos que ofrece él mismo para lograr el restablecimiento. Por ello, la doctrina más tradicional, aunque limitada a la perspectiva del particular, sostiene al abordar esta temática: "En consecuencia, si el cocontratante debe soportar, como en todo contrato, el riesgo normal propio de cualquier negocio, *no debe cargar con un riesgo anormal*, que lo privaría de las ganancias razonables que hubiera obtenido si la relación contractual hubiera podido cumplirse en las condiciones tenidas en cuenta inicialmente"[81].

Como corolario de lo anterior y en estrecha vinculación con la condición citada en el literal precedente, desde la simple perspectiva del particular, la calidad de colaborador del cocontratante de la administración no puede supeditarse a un riesgo constante de ganancia o pérdida. Aunque el valor fijado como contraprestación a que tenía derecho el contratista estuviera establecido y delimitado dentro del acuerdo de voluntades, este no puede mantenerse invariable frente a supuestos que obedecen a circunstancias extraordinarias que le son ajenas, y menos aun a circunstancias que son imputables a su cocontratante, pues el precio se fija de acuerdo con las condiciones inicialmente consideradas y, por lo mismo, tampoco puede obligarse a la administración a pagar necesariamente el precio inicialmente pactado, pues si las condiciones de ejecución varían en perjuicio suyo, esta también tiene derecho a que se ajuste el precio al que razonablemente debería pagar de acuerdo con las nuevas circunstancias de ejecución[82].

D) ***Cuarta condición:*** *La alteración debe afectar la economía del contrato de forma grave y anormal*

Además de que las circunstancias que producen la alteración de las condiciones económicas del contrato, es decir, las causas de esa alteración,

---

[81] HÉCTOR JORGE ESCOLA, *Tratado integral de los contratos administrativos*, vol. I, *op. cit.*, núm. 104.

[82] Véase C. de E., Sala de lo Contencioso Administrativo, Sección Tercera, sent. de 29 abril 1999, exp. 14.855.

deben ser anormales o excepcionales (aleas anormal o excepcional), el cocontratante que pide el restablecimiento debe probar la manera como la alteración en las condiciones de la propuesta o el contrato generó una afectación sobre la economía del mismo. En otras palabras, además de la anormalidad del aleas, es decir, de la causa, se requiere que el cocontratante perjudicado demuestre que el efecto de esa causa, como es la afectación de la economía del contrato, es también anormal y grave, por lo cual su ejecución se hace mucho más gravosa.

Es decir, que no basta la presencia de un aleas anormal o extraordinario para afirmar que existe una ruptura en el equilibrio económico del contrato, sino que ese aleas debe haber producido como efecto una alteración notable en la situación económica del contrato, haciendo su ejecución más gravosa[83]. En ese sentido, ha dicho la doctrina que, como condición para la procedencia del restablecimiento del equilibrio económico del contrato, "la situación imprevista que ha aparecido de forma imprevisible debe gozar de un cariz económico de importancia pues esta situación pone gravemente en peligro el equilibrio económico-financiero del contrato y a las prestaciones a las que se han obligado los contratantes"[84]. Por ello, la misma doctrina ha reconocido que, en caso de que apenas uno de los elementos necesarios para la ejecución haya sufrido un aumento aislado de costos, no es posible dar aplicación al deber de restablecimiento del equilibrio económico del contrato o a una revisión contractual, pues lo cierto es que dicho deber solo surge si el aumento de costos es significativo de cara al valor total del contrato[85].

La anterior afirmación es confirmada por la jurisprudencia administrativa colombiana, que si bien algunas veces se ha limitado a expresar que "solo puede afirmarse que hay desequilibrio financiero [...] cuando se alteren las condiciones económicas pactadas al momento de su celebración en perjuicio de una de las partes"[86], en otros casos manifiesta que "debe, pues, el contratista [...] acreditar los riesgos que se hicieron efectivos y

---

[83] En relación con esta condición, véase HÉCTOR JORGE ESCOLA, *Tratado integral de los contratos administrativos*, vol. I, *op. cit.*, núm. 104.

[84] JESÚS PUNZÓN MORALEDA y FRANCISCO SÁNCHEZ RODRÍGUEZ, "El equilibrio económico de los contratos públicos", *op. cit.,* pág. 518.

[85] Al respecto, véase a SANTIAGO GONZÁLEZ-VARAS IBÁÑEZ, *El contrato administrativo, op. cit.*, pág. 275.

[86] C. de E., Sala de lo Contencioso Administrativo, Sección Tercera, sent. de 4 septiembre 2003, exp. 1989-05337 (10883).

los sobrecostos asumidos y cuantificarlos frente al valor del contrato, incluidas las sumas que haya presupuestado en el factor imprevistos; es decir, demostrar la realidad económica del contrato que permita reclamar a la entidad pública contratante el restablecimiento del equilibrio financiero del mismo"[87].

Pero en otras ocasiones ha sido expresamente más estricta al afirmar:

"En el *sublite*, el demandante no demostró que las utilidades obtenidas fueron *muy inferiores* a las programadas cuando contrató, con *grave* detrimento de sus intereses, como tampoco se acreditó cuál es la real situación económica del contrato en cuanto a cargas y beneficios después de los descuentos que por concepto de contribución especial, le fueron practicados en algunos pagos. En tales condiciones, se evidencia la falta de prueba de la *excepcional onerosidad* que supuestamente representó el cumplimiento de la medida estatal frente a las condiciones generales del contrato pactadas al momento de su celebración, es decir que no se acreditó en realidad, el elemento indispensable para condenar a la entidad demandada, esto es, el rompimiento del equilibrio económico del contrato, toda vez que no hay manera de establecer, frente al total de gastos que implicó la ejecución del contrato, cuál fue el resultado en materia de utilidades o pérdidas del contratista, para deducir a partir de estos datos, la real condición de la ecuación económica del negocio jurídico y si la misma mantenía el equilibrio creado al momento de contratar, *o si este verdaderamente se afectó de manera grave*[88]" (cursivas fuera del texto).

En ese mismo sentido, de manera más reciente, el mismo Consejo de Estado colombiano ha sido categórico en afirmar que "cualquiera que sea la causa que se invoque, se observa que el hecho mismo por sí solo no equivale a un rompimiento automático del equilibrio económico del contrato estatal, sino que deberá analizarse cada caso particular, para determinar la existencia de la afectación grave de las condiciones económicas del contrato. Bien ha sostenido esta Corporación que no basta con probar que el Estado incumplió el contrato o lo modificó unilateralmente, sino que, además, para que resulte admisible el restablecimiento del equilibrio económico del contrato, debe probar el contratista que representó un

---

[87] C. de E., Sala de lo Contencioso Administrativo, Sección Tercera, sent. de 11 noviembre 2003, exp. 1998-15988 (19.478).

[88] C. de E., Sala de lo Contencioso Administrativo, Sección Tercera, sent. de 18 septiembre 2003, exp. 1996-05631 (15.119).

quebrantamiento grave de la ecuación contractual establecida *ab initio*, que se sale de toda previsión y una mayor onerosidad de la calculada que no está obligado a soportar "[89].

5. EFECTOS JURÍDICOS GENERALES DE LA APLICACIÓN DEL PRINCIPIO

Como lo veremos en los capítulos siguientes, la aplicación del principio del equilibrio económico, de acuerdo con las diferentes causales específicas que dan lugar a la ruptura del citado equilibrio, produce efectos jurídicos relacionados con:

• El carácter de orden público del principio, que no admite pacto en contrario, con excepciones por situaciones específicas;

• El deber de la parte perjudicada de continuar con la ejecución del contrato, esto es, debe cumplir con sus obligaciones contractuales, salvo fuerza mayor, y

• El derecho de la misma parte a la reparación de los daños sufridos como consecuencia de la alteración en las condiciones de ejecución, cuya naturaleza y cuantificación varían según la parte afectada y la causal específica.

Dichos efectos, así enunciados, son apenas generales, pues la realidad es que los mismos presentan particularidades muy específicas en relación con cada una de las causales que dan lugar a la ruptura del equilibrio económico, por lo cual su análisis lo realizaremos al desarrollar cada una de esas causales.

6. CAUSALES ESPECÍFICAS QUE DAN LUGAR A LA RUPTURA DEL EQUILIBRIO ECONÓMICO DEL CONTRATO

Como lo expresamos desde la introducción, debe hacerse notar que el equilibrio económico del contrato puede alterarse por diversas razones o causales, sobre las cuales no existe uniformidad ni acuerdo en la doctrina, no obstante lo cual, como lo expondremos más adelante, es posible establecer una clasificación que comprenda las diferentes situaciones que pueden dar lugar a esa ruptura.

[89] C. de E., Sala de lo Contencioso Administrativo, Sección Tercera, Subsección C, sent. de 22 junio 2011, exp. 18.836, posición reiterada en C. de E., Sala de lo Contencioso Administrativo, Sección Tercera, Subsección C, sent. de 29 enero 2018, exp. 52.666.

Al respecto, debe señalarse que la importancia de realizar un análisis detallado y específico de las mismas radica, no solo en su concepto, origen, evolución y justificación, sino, especialmente, en las particularidades que cada una presenta en relación con las condiciones que debe comportar la alteración de las circunstancias existentes al momento de contratar, y en la diversidad de efectos jurídicos que su aplicación genera.

Para comprender la diversidad de tesis que se han expuesto, debemos comenzar por un primer sector de la doctrina que clasifica las casuales según la clase de aleas que afecte la ejecución del contrato: de una parte, los aleas administrativos, que son aquellos originados en la acción unilateral de la administración, ya sea por la expedición de un acto general (*factum principis* o *fait du prince*) o de un acto contractual (*potestas variandi* o *ius variandi*); de otra parte, puede tratarse de aleas empresariales, que son los riesgos internos del negocio, entre ellos los errores de cálculo (*error calculi*), los daños o destrucción de las cosas (*periculum rei*) o las dificultades materiales de ejecución del proyecto (*sujetions materiales imprevues*), y finalmente, los aleas económicos, que se refieren a las alteraciones en las condiciones económicas externas que hacen más gravosa la ejecución del contrato (teoría de la imprevisión)[90].

Dentro del marco anterior, otros doctrinantes han simplificado la presentación de los eventos que generan el rompimiento de la equivalencia económica en las prestaciones, identificando como causales de ruptura del equilibrio económico del contrato únicamente el incumplimiento, la *potestas variandi*, el hecho del príncipe, la teoría de la imprevisión y las sujeciones materiales imprevistas[91], sin incluir expresamente los errores de cálculo y los daños o destrucción de las cosas.

Por su parte, un sector de la doctrina argentina ha señalado que los factores que alteran el equilibrio económico del contrato son el incumplimiento y las teorías del hecho del príncipe y la imprevisión[92]. A su vez, la doctrina francesa ha limitado aún más la presentación de los eventos que dan lugar a la ruptura del equilibrio económico del contrato, haciendo

---

[90] Esta clasificación es presentada por GASPAR ARIÑO ORTÍZ, *Teoría del equivalente económico en los contratos administrativos, op. cit.*, págs. 7 y 8.

[91] Véase a LUIS GUILLERMO DÁVILA VINUEZA, *Régimen jurídico de la contratación estatal, op. cit.*, págs. 700 y ss.

[92] Véase a HÉCTOR JORGE ESCOLA, *Tratado integral de los contratos administrativos*, t. I, *op. cit.*, núm. 104, y a MIGUEL S. MARIENHOFF, *Tratado de derecho administrativo*, t. III-A, *op. cit.*, núms. 761 y ss.

referencia solamente a las teorías del hecho del príncipe, de la imprevisión y de las sujeciones materiales imprevistas[93]. En sentido semejante, la doctrina más reciente ha expresado que puede existir ruptura del equilibrio económico del contrato por situaciones de hecho ligadas al aleas administrativo, que es el caso del hecho del príncipe, o por situaciones de hecho que están por fuera del aleas administrativo, que son los casos de las sujeciones materiales imprevistas y la imprevisión[94].

La jurisprudencia colombiana, sin referirse al incumplimiento ni los errores de cálculo y la destrucción de las cosas, ha dicho que "[...] el equilibrio económico del contrato puede verse alterado durante su ejecución, por las siguientes causas: 1°) por actos o hechos de la administración contratante; 2°) por actos de la administración como Estado, y 3°) por factores exógenos a las partes del negocio jurídico"[95]. Estas causales de ruptura del equilibrio económico del contrato señaladas por la jurisprudencia colombiana corresponden, en términos generales, respecto de las categorías elaboradas por la doctrina, a la *potestas variandi* (la identificada en el ord. 1°); al hecho del príncipe (la del ord. 2°), y a la teoría de la imprevisión y las sujeciones materiales imprevistas (la del ord. 3°).

Frente a esa falta de uniformidad en las clasificaciones de las causales que dan lugar a la ruptura del equilibrio económico del contrato, aparece la conveniencia de precisar cuáles de ellas realmente forman parte de la teoría del equilibrio económico del contrato. Al respecto, a nuestro juicio, como a continuación lo sustentaremos y por las razones que veremos en su oportunidad al hacer la exposición individual de las causales, las mismas se limitan a la *potestas variandi*, el hecho del príncipe, la teoría de la imprevisión y el incumplimiento del contrato. Esta clasificación excluye las sujeciones materiales imprevistas, los errores de cálculo (*error calculi*) y la destrucción de las cosas (*periculum rei*), por cuanto dichas circunstancias no generan en estricto sentido la ruptura del equilibrio económico del contrato pues, en realidad, forman parte de otra

---

[93] Véase a ANDRÉ DE LAUBADÈRE, FRANCK MODERNE y PIERRE DELVOLVÉ, *Traité des contrats administratifs*, vol. II, *op. cit.*, núms. 1273 y ss., y a LAURENT RICHER y FRANÇOIS LICHÈRE, *Droit des contrats administratifs*, *op. cit.*, págs. 295 y ss.

[94] Al respecto, véase a JOSEPH FRANK OUM OUM, *La responsabilité contractuelle en droit administratif*, *op. cit.*, págs. 228 y ss. y 256 y ss.

[95] C. de E., Sala de lo Contencioso Administrativo, Sección Tercera, sent. de 2 septiembre 2004, exp. 1996-04029 (14.578).

de las causales indicadas o, más bien, impiden o limitan la aplicación del derecho al restablecimiento de la equivalencia de prestaciones.

En efecto, como lo veremos en detalle en su oportunidad, las sujeciones materiales imprevistas en realidad forman parte de la teoría de la imprevisión[96] pues, como lo reconoce la propia doctrina francesa, en realidad no es una teoría autónoma, sino que se trata de una aplicación especial de la imprevisión en los contratos asociados a un trabajo público[97]. No se trata de una teoría con fundamentos, condiciones de existencia y efectos propios, sino que es apenas la aplicación de la teoría de la imprevisión a unos hechos o situaciones concretos relacionados con las dificultades materiales que pueden presentarse en la ejecución de obras públicas, para cuya aplicación práctica se deben tener en cuenta los mismos fundamentos y requisitos de la teoría de la imprevisión, lo cual impide que sea considerada como una causal autónoma de ruptura del equilibrio económico del contrato.

De otra parte, como parece aceptarlo el propio GASPAR ARIÑO, a pesar de que tanto el *periculum rei* como el *error calculi* pueden incluirse dentro de los aleas que afectan la ejecución del contrato público, dichas circunstancias, en estricto sentido, no dan lugar a una ruptura del equilibrio económico del mismo[98], a lo cual puede agregarse que, en realidad, constituyen mecanismos que limitan o impiden la aplicación del principio.

En particular, el *periculum rei* no lleva a la aplicación directa del principio del equilibrio económico del contrato, sino que, por el contrario, constituye un claro impedimento o un límite a la procedencia de la aplicación de cualquiera de las técnicas de restablecimiento del equilibrio económico del contrato, en tanto que supone la asunción de los mayores costos por la parte que asumió el riesgo cuya consolidación dio lugar a la mayor onerosidad en la ejecución del contrato, de tal manera que su aplicación se basa en figuras distintas al principio que es objeto de estudio de esta obra, como son la teoría de los riesgos de la cosa o, incluso, el caso fortuito o fuerza mayor. Es decir, que este concepto puede incidir en la aplicación de alguna de las causales que dan lugar a la aplicación de la teoría del equilibrio, pero no constituye una causal específica.

---

[96] Véase *infra*, cap. IV, núm. 1.

[97] En ese sentido, véase a LAURENT RICHER y FRANÇOIS LICHÈRE, *Droit des contrats administratifs*, *op. cit.*, págs. 276-278

[98] Véase a GASPAR ARIÑO ORTÍZ, *Teoría del equivalente económico en los contratos administrativos*, *op. cit.*, págs. 133 y ss. y 146 y ss.

A su vez, respecto del *error calculi* ocurre algo similar que en el caso del *periculum rei*, toda vez que dicha figura no se basa en el principio del equilibrio económico del contrato sino en otras figuras jurídicas como son la responsabilidad por el hecho propio o la culpa de la víctima, las cuales no dan lugar al derecho al restablecimiento del equilibrio económico por ser directamente imputables al afectado, quien deberá asumir los mayores costos que se derivan del error que cometió en la formación del contrato o en su ejecución. Esta figura, según la doctrina, impide la aplicación de las garantías propias del principio del equilibrio económico del contrato para "el eventual ajuste de cálculos económicos previstos erróneamente *ab origine*"[99]. Es decir, en relación con esta figura también podemos afirmar, como lo hicimos respecto del *periculum rei,* que si bien puede incidir en la aplicación de alguna de las causales que dan lugar a la teoría del equilibrio, en el sentido de impedir que nazca el derecho al restablecimiento, realmente no constituye una causal específica.

Al respecto, debe hacerse notar que a nuestro juicio, la exclusión del *error calculi* como causal de ruptura del equilibrio económico del contrato en los anteriores términos, simplemente se limita a la perspectiva del caso en el cual quien comete el error es la misma parte perjudicada, pero no analiza la posibilidad de que sea la otra parte del contrato quien resulte perjudicada. En este caso, sí podría hablarse eventualmente de una afectación en la equivalencia de las prestaciones, que podría dar lugar al restablecimiento del equilibrio económico, pero el sustento jurídico para la aplicación del principio del equilibrio económico del contrato sería alguna otra de las causales que dan lugar a su ruptura, como el incumplimiento, de tal manera que, desde esta perspectiva, el *error calculi* debe ser entendido como una forma específica de incumplimiento del contrato, pues comparte las mismas condiciones y efectos que dicha forma de ruptura de la ecuación contractual.

Finalmente, se discute si el incumplimiento puede reconocerse como causal de ruptura del equilibrio económico del contrato, pues algunos consideran que esta figura del incumplimiento, por su régimen especial y distinto al de las demás causales de ruptura del equilibrio económico, forma parte de la responsabilidad contractual con falta o con culpa y no del principio del equilibrio económico. A pesar de esa discusión, hemos decidido incluirlo por las razones que expresaremos en el capítulo v de

---

[99] CONCEPCIÓN BARRERO RODRÍGUEZ, *Lecciones de derecho administrativo*, vol. II, *op. cit.*, pág. 281, con cita de la jurisprudencia relevante del Tribunal Supremo español.

esta obra, lo cual permite afirmar que la figura de la ruptura del equilibrio económico de los contratos administrativos puede tener dos acepciones diferentes. Una restringida, que comprende únicamente aquellas situaciones en las cuales se produce una alteración de la equivalencia de las prestaciones como consecuencia de las teorías de la *potestas variandi*, el hecho del príncipe y la imprevisión. Y una amplia, que incluye toda situación en la cual pueda verse alterada la equivalencia material de las prestaciones a cargo de las partes, es decir, que comprende tanto la alteración producida por la aplicación de las teorías mencionadas, como la alteración que obedece al incumplimiento de las obligaciones contractuales.

En todo caso, puede afirmarse que la aplicación del principio del equilibrio económico en el contrato público, originada específicamente en cada una de esas causales o teorías indicadas, que han sido denominadas por otro sector de la doctrina como "técnicas de garantía del equilibrio financiero del contrato"[100], debe hacerse dentro del marco de las condiciones o criterios generales que expusimos en el punto 4 de este capítulo. Sin embargo, la aplicación de cada una de esas causales o teorías presenta particularidades específicas, las cuales serán analizadas detalladamente en los capítulos II a V de este estudio.

7. Conclusiones del capítulo

Como resultado de los análisis y comentarios expresados en precedencia, podemos extraer las siguientes conclusiones:

1. El equilibrio económico es un principio de los contratos públicos que consiste en que las prestaciones que las partes pactan de acuerdo con las condiciones tomadas en consideración al momento de presentar la propuesta o celebrar el contrato, deben permanecer equivalentes hasta su terminación, de tal manera que si se rompe esa equivalencia nace para el afectado el derecho a que se adopten medidas que la restablezcan, incluyendo, si es del caso, la compensación pecuniaria a que haya lugar.

2. A pesar de que tradicionalmente la doctrina ha entendido que el principio es solo aplicable al cocontratante de la administración y de que, en términos generales, en la práctica solo se conocen aplicaciones del

---

[100] En este sentido, Eduardo García de Enterría y Tomás-Ramón Fernández, *Curso de derecho administrativo*, t. I, *op cit.*, págs. 758 y ss. (edición colombiana: *op. cit.*, págs. 723 y ss.).

principio a favor de los particulares, ello no significa que dicho principio no pueda aplicarse a favor de la administración pública, por lo cual el concepto expuesto en el numeral anterior debe entenderse como una concepción amplia del principio, en el sentido de que puede beneficiar a ambas partes del contrato, aunque con particularidades de acuerdo con cada una de las causales que dan lugar a su aplicación.

3. La aplicación sistemática de este principio es un aporte del derecho administrativo a la teoría general de los contratos, en la medida en que ha venido a limitar la aplicación de los principios del *pacta sunt servanda*, de la *lex contractus* y del *riesgo y ventura*, propios de la institución jurídica de los contratos, de acuerdo con los cuales, en aplicación estricta de los conceptos de autonomía de la voluntad y del contrato como ley para las partes, el cambio en las condiciones contractuales no permite la revisión del mismo ni la condena a compensación o indemnización algunas.

4. La aplicación del principio del equilibrio económico en los contratos de la administración encuentra su origen en Francia a comienzos del siglo XX, época a partir de la cual ha venido siendo adoptado, en mayor o menor medida, por los diversos países que aplican la teoría clásica del contrato administrativo. En Colombia, la aplicación de este principio se remonta a la década de los setenta del siglo XX.

5. El principio del equilibrio económico de los contratos públicos encuentra su justificación en las necesidades de prestación continua y eficiente del servicio público; como contrapartida a las prerrogativas del poder público de que goza la administración en un contrato público; en los principios constitucionales del deber general que tiene el Estado de reparar los daños antijurídicos generados por sus actuaciones, la obligación de mantener la igualdad ante las cargas públicas y la garantía del patrimonio de los particulares; en la justicia contractual, y en la conmutatividad del contrato público.

6. A pesar de la aparente generalidad del principio, no toda alteración de las condiciones previstas al momento de presentación de la propuesta o de la celebración del contrato conlleva su aplicación, pues para que ella sea procedente se requiere que se haya producido por acontecimientos que no sean imputables a la parte que reclama el restablecimiento; que los acontecimientos sean posteriores a la presentación de la propuesta o la celebración del contrato; que la alteración sea causada por un aleas anormal, y que la afectación de la economía del contrato sea grave y anormal.

7. Los efectos jurídicos de la aplicación del principio se concretan en que se trata de una teoría de orden público, que el cocontratante perjudicado debe continuar con la ejecución del contrato y que la parte perjudicada tiene derecho a la reparación de los perjuicios sufridos por la ruptura del equilibrio. Sin embargo, esos efectos varían respecto de cada una de las causales que dan lugar a la ruptura del equilibrio económico del contrato.

8. No obstante la falta de uniformidad en las clasificaciones de las causales que dan lugar a la ruptura del equilibrio económico del contrato, elaboradas por la doctrina y la jurisprudencia, a nuestro juicio ellas se concretan en la *potestas variandi*, el hecho del príncipe, la teoría de la imprevisión y, desde una perspectiva amplia, el incumplimiento del contrato.

CAPÍTULO II

LA "POTESTAS VARIANDI" O POTESTAD
DE ACTUACIÓN UNILATERAL DE LA ADMINISTRACIÓN

Como consecuencia de su especial posición dentro de la relación contractual y, especialmente, como mecanismo para garantizar la satisfacción del interés general y la continua y eficiente prestación del servicio público, a la administración pública le suelen ser reconocidas al menos tres prerrogativas en materia contractual que se ejercen de manera unilateral, y mediante la expedición de un acto administrativo: la de interpretación de las cláusulas de los contratos públicos para efectos de solventar las inquietudes sobre la forma en que debe ser cumplido el contrato; la modificación del contenido de las obligaciones del contrato por razones de interés general, y la terminación o resolución anticipada del contrato, sea motivada en el incumplimiento de su cocontratante o sea como mecanismo para la garantía del interés general[1].

Esa diversidad de poderes de actuación unilateral que le permiten a la administración pública alterar la interpretación, el contenido o la duración del contrato público, integran la denominada *potestas variandi,* cuyo contenido no se agota en la mera existencia y ejercicio del poder de alteración unilateral, sino que también se extiende a las consecuencias

---

[1] Sobre la variedad de potestades unilaterales que se reconocen a la administración en el marco de un contrato público, véase a JAIME RODRÍGUEZ-ARANA MUÑOZ, "Las prerrogativas de la administración en los contratos de las administraciones públicas", en *Anuario de la Facultad de Derecho de la Universidade da Coruña*, núm. 12, A Coruña, Universidade da Coruña, 2008, págs. 795 y ss. Igualmente, sobre los actos mediante los cuales se ejercen estas potestades unilaterales, llamados *actos separables o actos administrativos contractuales*, aunque con referencia al estatuto de contratación anterior en Colombia, puede verse a LIBARDO RODRÍGUEZ RODRÍGUEZ, "El acto administrativo contractual", en *Contratos administrativos, nuevo régimen legal*, Biblioteca de la Cámara de Comercio de Bogotá, núm. 6, 1983, págs. 103 y ss., y "Los actos separables en la contratación administrativa", en *El nuevo procedimiento administrativo*, Universidad de los Andes y Cámara de Comercio de Bogotá, 1989, págs. 153 y ss.

de dicho ejercicio y, especialmente, a los mecanismos de protección de los derechos de las partes del contrato involucrados[2].

Según lo tiene entendido la doctrina especializada, la fase contractual o de ejecución de las prestaciones del contrato público se encuentra enmarcada por diversos principios o nociones generales[3], frente a los cuales la cuestión de la *potestas variandi* en los contratos públicos, que, en términos generales, corresponde a la potestad de alteración unilateral del contenido y alcance contractual por parte de la administración, tiene la particularidad de involucrar prácticamente a todos ellos. En efecto, en la *potestas variandi* resultan incluidos, de una parte, aspectos como las limitaciones a la voluntad común de las partes, las prerrogativas contractuales de la administración y la mutabilidad del contrato y, de otra, el equilibrio económico y financiero del mismo y el servicio público que conlleva la ejecución del contrato.

En virtud de esta interrelación con las diversas nociones dominantes en la fase de ejecución, la institución de la *potestas variandi* puede tener múltiples aplicaciones en la contratación pública, desde muy diversas perspectivas. No obstante, para efectos del presente estudio, analizaremos la *potestas variandi* exclusivamente desde la perspectiva del equilibrio económico del contrato.

Al respecto, debe recordarse que la ruptura del equilibrio económico y financiero del contrato público puede darse durante su ejecución por diversas razones, sin que la doctrina se haya puesto de acuerdo sobre cuáles son esas causales que dan lugar a la ruptura. Pero a pesar de esa incertidumbre, prácticamente en todas las clasificaciones planteadas se encuentra la relacionada con la acción unilateral de la administración, vertida específicamente en actos administrativos contractuales, que hacen más onerosa la ejecución del negocio jurídico[4].

---

[2] Al respecto, véase a ESTELA VÁZQUEZ LACUNZA, *El equilibrio económico en los contratos de servicios*, Cizur Menor (Navarra), Aranzadi, 2016, págs. 232 y 233.

[3] Sobre estos principios generales, véase a ANDRÉ DE LAUBADÈRE, FRANCK MODERNE y PIERRE DELVOLVÉ, *Traité des contrats administratifs*, vol. I, *op. cit.*, págs. 699 y ss.

[4] Véase, entre otros, a GEORGES VEDEL, *Derecho administrativo*, Madrid, Biblioteca Jurídica Aguilar, 1980, págs. 209 y ss.; a FRANCK MODERNE, "La contratación pública en el derecho administrativo francés contemporáneo", en JUAN CARLOS CASSAGNE y ENRIQUE RIVERO YSERN (dirs.), *Contratación pública*, vol. I, Buenos Aires, Hammurabi, 2006, págs. 272 y ss; a JUAN CARLOS CASSAGNE, "El equilibrio económico-financiero del contrato administrativo", *op. cit.*, pág. 139; a EDUARDO GARCÍA DE ENTERRÍA y TOMÁS-RAMÓN FERNÁNDEZ, *Curso de derecho administrativo*, t. I, *op. cit.*, pág. 786 y

En este capítulo nos proponemos estudiar esa causal, conocida como la *potestas variandi* o el *ius variandi*, tanto desde el punto de vista de la teoría general de los contratos públicos y el derecho comparado como en relación con su aplicación en el derecho colombiano, para lo cual dividiremos la exposición en cinco partes: en primer lugar, precisaremos el concepto de la *potestas variandi* (1); posteriormente analizaremos los antecedentes históricos y el origen de la figura (2); más adelante estudiaremos la manera como se ha justificado la aplicación de la figura en los contratos públicos (3); a continuación, explicaremos las condiciones para la procedencia de la aplicación de la institución (4) y, finalmente, veremos los efectos jurídicos que genera su aplicación (5).

1. El concepto de la "potestas variandi" o potestad de actuación unilateral de la administración en los contratos públicos

En el estudio del principio del equilibrio económico de los contratos públicos, es frecuente en la doctrina encontrar referencias a tres tipos de aleas que pesan sobre el cocontratante de la administración durante la fase de ejecución del contrato: el aleas administrativo, el aleas empresarial y el aleas económico, de los cuales se derivan las diversas figuras que desarrollan en particular el citado principio del equilibrio económico[5].

Para efectos del presente capítulo, solamente nos interesa el aleas administrativo, que hace referencia a las eventuales modificaciones en las condiciones de ejecución de un contrato público producidas por la acción unilateral de la administración pública que es parte en el respectivo contrato, ya sea a través de medidas adoptadas por la entidad contratante actuando como autoridad pública (*hecho del príncipe*) o por medio de actos administrativos contractuales (*potestas variandi*).

De acuerdo con lo anterior, el aleas administrativo tiene dos expresiones concretas en relación con el deber de mantenimiento del equilibrio

ss., y a Luis Guillermo Dávila Vinueza, *Régimen jurídico de la contratación estatal*, *op. cit.*, págs. 712 y ss.

[5] Esta metodología de presentación del principio del equilibrio económico del contrato es utilizada por Gaspar Ariño Ortíz, *Teoría del equivalente económico en los contratos administrativos*, *op. cit.*, págs. 7 y ss.; por Allan Randolph Brewer-Carìas, "La evolución del concepto de contrato administrativo", en *Estudios de derecho administrativo*, Bogotá, Ediciones Rosaristas, 1986, págs. 85 y 86, y por Rodrigo Escobar Gil, *Teoría general de los contratos de la administración pública*, *op. cit.*, págs. 404 y ss.

económico del contrato: las alteraciones producidas como consecuencia de medidas tomadas por la administración como autoridad pública y no como parte del contrato, las cuales suelen ser de alcance general, caso en el cual nos encontramos frente a la *teoría del hecho del príncipe*, y las alteraciones producidas como consecuencia de un acto administrativo de carácter particular, expedido en ejercicio de potestades administrativas existentes dentro del contrato, evento en el cual estaremos en presencia de la hipótesis necesaria para la aplicación de la teoría de la *potestas variandi*[6].

Cuando ocurre cualquiera de estas dos situaciones, el cocontratante de la administración tiene el derecho a que se le reparen los perjuicios sufridos como consecuencia de la utilización de los poderes que el ordenamiento otorga a la administración.

De las dos situaciones que comprende el aleas administrativo, para el presente capítulo resulta relevante la *potestas variandi*, respecto de la cual la doctrina ha señalado:

> "Así, pues, frente a los poderes exorbitantes de la administración a lo largo de la vida del contrato, con facultad para modificarlo, suspenderlo, recederlo, incumplirlo en el pago, etc., surge una obligación general de indemnizar, que aparece reconocida en el contrato administrativo para todos estos supuestos y que es justamente lo que permite seguir llamándole contrato, ya que, como dice ZWAHLEN, «de esta forma se concilian en su seno las exigencias del interés público —cambiante— con la rigidez y obligatoriedad propias de esta figura, conciliación que se realiza sin atentar contra el efecto esencial de los contratos que es el de crear derechos, los cuales no se pueden desconocer sin una plena y justa indemnización»"[7].

---

[6] En relación con este aspecto, ha dicho la jurisprudencia administrativa colombiana, aunque limitando la teoría del hecho del príncipe a actos de contenido general: "el acto de modificación unilateral del contrato es de contenido particular y concreto, en tanto que el acto que hace procedente la aplicación de la teoría del hecho del príncipe, debe ser general y abstracto" [C. de E., Sala de lo Contencioso Administrativo, Sección Tercera, sent. de 5 mayo 2005, exp. 2000-3756 (15.236)]. También ha dicho la jurisprudencia: "Los hechos determinantes del rompimiento de la ecuación financiera del contrato son: el hecho del príncipe, los actos particulares de la administración en ejercicio de la potestad de dirección y control (particularmente del ius variandi) y los factores sobrevinientes y exógenos a las partes del negocio" [C. de E., Sala de lo Contencioso Administrativo, Sección Tercera, sent. de 26 febrero 2004, exp. 1991-7391 (14.043)].

[7] JOSÉ LUIS VILLAR PALASÍ, *Lecciones sobre contratación administrativa, op. cit.*, 1969, pág. 215.

Sobre el mismo punto ha coincidido la doctrina al referirse específicamente al caso de la modificación unilateral de los contratos administrativos:

"La teoría de las modificaciones unilaterales implica un compromiso entre el interés del servicio público y el interés del cocontratante; este último interés es legítimo; además si se sacrificara pura y simplemente, la administración no encontraría particulares que acepten contratar con ella; por eso este interés resulta proporcionado, por la norma esencial del derecho del cocontratante a una indemnización para las nuevas obligaciones que se le imponen y que romperían el equilibrio financiero del contrato[8]".

Igualmente, sobre la *potestas variandi* en el marco de la aplicación del principio del equilibrio económico de los contratos públicos, ha dicho la doctrina:

"El reconocimiento de una indemnización o compensación económica al contratista por los daños que padezca como consecuencia de las modificaciones contractuales introducidas unilateralmente por la administración pública, es una exigencia de la lógica, de los valores superiores de justicia, equidad y seguridad jurídica, y de los principios de la buena fe y la reciprocidad de las prestaciones que orientan el derecho de contratos. De ahí que la indemnización al contratista por el ejercicio de la *potestas variandi*, fue considerada en un principio por la jurisprudencia y doctrina francesa y española, como el supuesto típico de aplicación de la teoría de la ecuación financiera del contrato[9]".

En este orden de ideas, la teoría de la *potestas variandi*, más que haber sido definida por la doctrina especializada, ha sido objeto de descripciones sobre su funcionamiento y consecuencias, así:

"Cuando la persona pública usa legítimamente sus prerrogativas de tal forma que impone nuevas cargas a su cocontratante, debe indemnizarle por la totalidad de estas cargas. No se trata de daño y perjuicios que deben pagarse en razón de una falta contractual consistente en el incumplimiento de sus obligaciones, sino de una indemnización fundada

[8] ANDRÉ DE LAUBADÈRE e YVES GAUDEMET, *Traité de droit administratif*, t. I, *op. cit.*, núm. 1466. En igual sentido, entre otros, ANDRÉ DE LAUBADÈRE, "Du pouvoir de l'administration d'imposer unilatéralement des changements aux dispositions des contrats administratifs", en *Pages de doctrine*, t. II, Paris, LGDJ, 1980, págs. 253 y ss., y JEAN RIVERO y JEAN WALINE, *Droit administratif, op. cit.*, núm. 120.

[9] RODRIGO ESCOBAR GIL, *Teoría general de los contratos de la administración pública, op cit.*, pág. 480.

en la necesidad de conservar el equilibrio de gastos y beneficios según fue previsto por los contratantes[10]".

En el mismo sentido de una descripción de la forma en que opera la figura, ha dicho la doctrina:

"En efecto, en caso de modificación e incluso, de rescisión unilateral del contrato por la administración cocontratante por razones de interés público, la administración debe indemnizar al cocontratante, por lo que la equivalencia de prestaciones, cuyo equilibrio puede ser roto por la decisión unilateral, se restablece con el derecho a la indemnización[11]".

De manera más escueta, igualmente ha dicho la doctrina: "Si la administración modifica el objeto del contrato es de toda lógica que deba compensar el contratista por todas las consecuencias de la modificación"[12].

De acuerdo con lo expresado, ante la utilización de una potestad administrativa que afecte de manera directa el contrato, el cocontratante de la administración tiene el derecho a que se le restablezca el equilibrio económico del mismo, mediante el pago de todos los perjuicios sufridos como consecuencia de la intervención administrativa sobre el contrato y, específicamente, sobre sus condiciones de ejecución.

No obstante lo anterior, vale la pena hacer notar que a pesar de que la doctrina tradicional, como consecuencia de la *potestas variandi*, suele hacer referencia exclusivamente al derecho del cocontratante de la administración al restablecimiento del equilibrio económico del contrato, lo cierto es que el ejercicio de una potestad administrativa también puede tener como efecto que la ejecución del contrato sea menos gravosa para el contratista y más gravosa para la administración, como lo veremos más adelante, por lo cual esta también eventualmente puede tener derecho a que se restablezca el equilibrio económico a su favor.

Lo anterior podría ocurrir en un caso en el cual, a título de ejemplo, la administración, a través de un acto administrativo unilateral, modifica el contrato disminuyendo la cantidad de obra que debe ejecutar su

---

[10] GEORGES VEDEL, *Derecho administrativo, op. cit.*, pág. 209. Así también: LUIS GUILLERMO DÁVILA VINUEZA, *Régimen jurídico de la contratación estatal, op. cit.*, págs. 712 y 713.

[11] ALLAN RANDOLPH BREWER-CARÍAS, "La evolución del concepto de contrato administrativo", *op. cit.*, 1986, pág. 85.

[12] EDUARDO GARCÍA DE ENTERRÍA y TOMÁS-RAMÓN FERNÁNDEZ, *Curso de derecho administrativo*, t. I, *op. cit.*, pág. 786 (edición colombiana, *op. cit.*, pág. 725).

cocontratante. En ese caso, la sola disminución de la cantidad de obra implicaría un desequilibrio de la equivalencia en las prestaciones, pues si no se aplicara el principio a favor de la administración, en virtud de los principios de la *lex contractus* y del *pacta sunt servanda*, esta debería pagar el precio inicialmente pactado en su totalidad. De tal manera que debe entenderse que la aplicación del principio conlleva a que, en un caso como el indicado, ante la disminución de la cantidad de obra, la administración tendrá derecho a pagar un precio equivalente a la cantidad de obra que efectivamente recibirá, sin perjuicio de la reparación de los daños que, a su vez, pueda sufrir el cocontratante como consecuencia de la citada disminución, como podrían ser los derivados de los mayores valores en los precios de los materiales necesarios para la ejecución de la obra como efecto del hecho de adquirir una menor cantidad de materiales de la inicialmente prevista y negociada con sus proveedores, entre otros.

En consecuencia, podemos decir que la *potestas variandi* o potestad de actuación unilateral de la administración en los contratos públicos, como causal de rompimiento del equilibrio económico de los contratos administrativos, consiste en que la administración pública, actuando como parte de un contrato, al hacer uso legal de poderes conferidos por una cláusula exorbitante, una potestad excepcional o un poder legal o contractual unilateral, genera una alteración anormal en la economía del contrato, haciendo más gravosa su ejecución para una de las partes.

2. Antecedentes y origen de la teoría

Como ya lo hemos expresado, la teoría del equilibrio económico del contrato público nace a partir del reconocimiento de la obligación de la administración de reparar los perjuicios que puede sufrir su cocontratante como consecuencia del ejercicio de sus poderes unilaterales sobre el contrato. En efecto, las conclusiones del comisario de gobierno Léon Blum, previas al fallo del Consejo de Estado francés de 21 de marzo de 1910, *Compagnie Générale Française des Tramways*, así como el propio fallo, dan cuenta de la obligación de garantizar el equilibrio económico y financiero del contrato público que puede eventualmente verse afectado a partir de las nuevas condiciones en que debe ser ejecutado como consecuencia del ejercicio de poderes unilaterales por parte de la administración[13].

---

[13] En relación con el origen histórico de la garantía del mantenimiento del equilibrio económico frente al ejercicio de poderes unilaterales de la administración en el con-

En particular, manifestó el comisario de gobierno BLUM:

"[...] en todo contrato de concesión está implícita, como un cálculo, la honesta equivalencia entre lo que se concede al concesionario y lo que se le exige. Es lo que se llama la equivalencia comercial, la ecuación financiera del contrato de concesión. Si la economía financiera del contrato resulta destruida, si por el uso que ha hecho la autoridad concedente de su poder de intervención, algo se ha perturbado en ese equilibrio de ventajas y cargas, de obligaciones y derechos, nada impedirá al concesionario iniciar una acción en demanda de justicia. Demostrará que la intervención, regular en sí misma, obligatoria para él, le ha causado un daño cuya reparación se le debe[14]".

De lo anterior se deduce que la teoría de la *potestas variandi*, así como el propio principio del equilibrio económico del contrato administrativo, tienen claramente origen en el derecho administrativo francés, pues al reconocerse expresamente el equilibrio económico como un principio dominante de la ejecución del contrato, también se reconoció que, en virtud de ese principio, el cocontratante de la administración tenía derecho a ser resarcido por los perjuicios nacidos como consecuencia del ejercicio de poderes contractuales unilaterales de la administración, que es precisamente el contenido de la teoría de la *potestas variandi*.

A partir de ese reconocimiento inicial de la figura en el derecho francés, su evolución ha sido permanente y tanto la jurisprudencia como la doctrina francesas y de otros países han logrado sistematizar los principios que gobiernan la aplicación de esta particular teoría de los contratos administrativos.

En ese sentido, en el derecho francés se suelen reconocer dos clases de poderes de la administración pública para la alteración unilateral del contrato público: de una parte, la resciliación o terminación unilateral, sea por motivos de interés general o como consecuencia de una falta o culpa del cocontratante, cuya aplicación siempre es admitida para toda

trato, véase a EDUARDO GARCÍA DE ENTERRÍA y TOMÁS-RAMÓN FERNÁNDEZ, *Curso de derecho administrativo*, t. I, *op. cit.*, págs. 784 y ss. (edición colombiana, *op. cit.*, págs. 723 y ss.); a HÉCTOR JORGE ESCOLA, *Tratado integral de los contratos administrativos*, t. I, *op. cit.*, núm. 89, y a MIGUEL ÁNGEL BERÇAITZ, *Teoría general de los contratos administrativos*, 2ª ed., Buenos Aires, Depalma, 1980, núm. 182.

[14] El texto de las conclusiones del comisario de gobierno, así como del fallo del Consejo de Estado, pueden consultarse en MARCEAU LONG [*et. al.*], *Les grands arrêts de la jurisprudence administrative*, *op. cit.*, págs. 141 y ss.

clase de contratos y, de otra, la modificación unilateral por razones de interés general, cuya aplicación en ciertos contratos públicos es discutida por la doctrina[15].

Igualmente, la doctrina ha reconocido que el surgimiento de esas potestades unilaterales en el marco de los contratos públicos tiene origen en el mencionado fallo del Consejo de Estado francés de 21 de marzo de 1910, *Compagnie Générale Française des Tramways*, pero su evolución ha dado lugar a que se reconozca la existencia de un principio general de mutabilidad del contrato público con miras a garantizar que la ejecución del mismo sea coherente con las exigencias del servicio público y con el interés general[16].

Ahora bien, la doctrina francesa es unánime en el sentido de expresar que, respecto de cualquiera de los dos poderes que se reconocen a la administración pública, una de las exigencias para la legitimidad o un límite para el ejercicio de esos poderes, es la de indemnizar los perjuicios causados a su cocontratante como efecto de su ejercicio, como lo ha expresado la doctrina:

> "La idea de equilibrio marca una las premisas de la acción unilateral. Si bien la legitimidad de la autoridad de la administración para introducir en cualquier momento y mediante decisión unilateral los cambios que considere necesarios para el buen funcionamiento de los servicios públicos al contenido del contrato es indiscutible, se acuerda que el ejercicio de este poder hace recaer en la administración la obligación de respetar y, en su caso, restaurar mediante una indemnización concedida a la parte privada lo que se denomina como la ecuación financiera de la operación que tienden a realizar[17]".

De manera semejante, siguiendo estrictamente el concepto francés, en el derecho español se han venido reconociendo a la administración, de manera general y para toda clase de contratos públicos, diversas potestades unilaterales, concretamente las potestades de interpretación,

---

[15] Sobre estos poderes en el derecho francés, véase a LAURENT RICHER y FRANÇOIS LICHÈRE, *Droit des contrats administratifs*, *op. cit.*, págs. 250 y ss.

[16] Al respecto, véase a ANDRÉ DE LAUBADÈRE, "Du pouvoir de l'administration d'imposer unilatéralement des changements aux dispositions des contrats administratifs", *op. cit.*, págs. 253 y ss.

[17] JOSEPH FRANK OUM OUM, *La responsabilité contractuelle en droit administratif*, *op. cit.*, pág. 136.

modificación y terminación unilaterales[18]. Actualmente, tales prerrogativas de la administración se encuentran reconocidas de manera general para toda clase de contratos en el artículo 190 de la Ley 9 de 2017, y desarrolladas en los artículos 203 y siguientes (modificación unilateral) y 211 y siguientes (terminación unilateral) de la misma ley, sin que existan normas especiales para la interpretación unilateral[19].

En el derecho español, tales potestades se han justificado por el principio de autotutela administrativa y por la especial posición que se reconoce a la administración en el marco de un contrato público[20], lo cual ha permitido que se consideren verdaderas prerrogativas administrativas y, por lo mismo, aplicables a toda clase de contratos públicos.

El ejercicio de esas potestades unilaterales, de manera idéntica a lo que ocurre en el derecho administrativo francés, da lugar a que surja la obligación para la administración pública de compensar los perjuicios sufridos por su cocontratante como efecto de tal intervención unilateral del contrato. Sobre el punto ha dicho la doctrina:

> "La ejecución de las prestaciones objeto del contrato deben efectuarse en los términos convenidos originariamente, conforme a las estipulaciones establecidas en los pliegos y en el contrato, por el precio ofertado por el contratista, que fue considerado adecuado para su cumplimiento por la Administración. En caso de que fuese necesario que el contrato se efectuase de manera distinta a lo pactado, alterándose por el ejercicio del *ius variandi*, si la prestación resultase más gravosa para el contratista se le deberá indemnizar para mantener el equilibrio económico del contrato[21]".

---

[18] En ese sentido, véase a JAIME RODRÍGUEZ-ARANA MUÑOZ, "Las prerrogativas de la administración en los contratos de las administraciones públicas", *op. cit.*, págs. 795 y ss.

[19] Sobre las prerrogativas en la ley 9 de 2017, puede verse a JUAN ANTONIO HERNÁNDEZ CORCHETE, "Prerrogativas, derechos y obligaciones en la ejecución de los contratos administrativos", en EDUARDO GAMERO CASADO e ISABEL GALLEGO CÓRCOLES (coord.), *Tratado de los contratos del sector público*, Valencia, Tirant lo Blanch, 2018, págs. 2133 y ss.

[20] Sobre esas justificaciones, véase a GASPAR ARIÑO ORTIZ, *La reforma a la ley de contratos del Estado*, Madrid, Unión Editorial, 1984, págs. 95 y 96, y a JAIME RODRÍGUEZ-ARANA MUÑOZ, "Las prerrogativas de la administración en los contratos de las administraciones públicas", *op. cit.*, págs. 802 y 803.

[21] ESTELA VÁZQUEZ LACUNZA, *El equilibrio económico en los contratos de servicios*, *op. cit.*, págs. 255 y 256.

En el derecho colombiano, la jurisprudencia del Consejo de Estado, desde la década de los setenta del siglo xx, incorporó al ordenamiento jurídico esa teoría del derecho administrativo francés y reconoció esa relación estrecha que existe entre las prerrogativas exorbitantes al derecho común y el derecho del cocontratante de la administración a que se mantenga el equilibrio económico del contrato administrativo. Al respecto manifestó:

> "La facultad del poder público para modificar unilateralmente las situaciones legales o reglamentarias no significa que en el contrato administrativo el particular esté a la merced de la administración y el interés privado no encuentre amparo legal suficiente. Por el contrario, si el régimen jurídico del contrato administrativo impone la prevalencia del interés público sobre el privado, lo hace sin menoscabo de la protección que este requiere. Ciertamente el interés privado no puede paralizar la acción administrativa que busca satisfacer el interés general, pero si en este proceso resultan lesionados legítimos intereses patrimoniales de particulares, la administración está obligada a reparar el daño causado, dentro del marco de disposiciones legales y principios jurídicos, que establecen en el derecho colombiano la oportunidad, razón y cuantía de estas reparaciones [...] *El régimen del contrato administrativo descansa sobre dos ideas fundamentales: si de una parte afirma la existencia a favor de la administración de prerrogativas exorbitantes del derecho común de los contratos, de otra reconoce el derecho del contratante respecto del equilibrio financiero considerado en el contrato.* Es en este equilibrio en el que se expresa realmente la existencia del contrato[22]" (cursivas fuera del texto).

Desde el punto de vista normativo, la ley 19 de 1982 reconoció por primera vez el deber de indemnización de los perjuicios sufridos por el cocontratante de la administración como efecto del ejercicio de los poderes exorbitantes. En este sentido, los artículos 6º y 8º de la citada ley reconocieron expresamente al cocontratante de la administración el derecho a ser resarcido por los daños sufridos por el ejercicio de los poderes de modificación y terminación unilaterales del contrato por razones de interés general. Posteriormente, el decreto-ley 222 de 1983, en sus artículos 19 y 20, confirmó ese deber de restablecimiento del equilibrio económico del contrato en los eventos de terminación y modificación unilaterales.

A su vez, el estatuto de contratación de la administración pública vigente, contenido en la ley 80 de 1993, en el numeral 1 del artículo 14

---

[22] C. de E., Sala de Consulta y Servicio Civil, concepto de 11 marzo 1972.

consagró de manera más general la garantía de indemnización del cocontratante de la administración en el evento de que se den los presupuestos para la aplicación de la teoría de la *potestas variandi*, en los siguientes términos:

> "En los actos en que se ejerciten algunas de estas potestades excepcionales deberá procederse al reconocimiento y orden de pago de las compensaciones e indemnizaciones a que tengan derecho las personas objeto de tales medidas y se aplicarán los mecanismos de ajuste de las condiciones y términos contractuales a que haya lugar, todo ello con el fin de mantener la ecuación o equilibrio inicial".

Así, a partir del estatuto de contratación estatal de 1993 se encuentra claramente reconocida en el derecho colombiano la obligación de las entidades públicas contratantes de mantener el equilibrio económico cuando hagan uso de cualquiera de las potestades excepcionales, pues la ley no limita esa obligación al caso de modificación unilateral, como lo ha pretendido ver algún sector de la doctrina[23], sino que la redacción de la norma es amplia y permite entender que el ejercicio de cualquier cláusula excepcional da lugar a la aplicación de la teoría del equilibrio económico del contrato[24].

3. Justificación de la aplicación de la teoría

La *potestas variandi*, como todas las demás causales de ruptura del equilibrio económico de los contratos públicos, debe tener una justificación teórica que permita sustentar su aplicación en la práctica y su consagración en los ordenamientos jurídicos.

Al respecto, el concepto de servicio público ha desempeñado un papel trascendental en el razonamiento jurídico que ha permitido dar aplica-

---

[23] Véase a Myriam Guerrero de Escobar, "Compensaciones de la ruptura del equilibrio financiero del contrato", en *Estudios de profundización en contratación estatal*, Bogotá, Pontificia Universidad Javeriana y Cámara de Comercio de Bogotá, 1997, págs. 243 y ss., quien señala que solo la modificación unilateral permite aplicar la teoría del equilibrio económico del contrato, mientras que la interpretación y terminación unilaterales generan el deber de indemnizar pero en cumplimiento del principio de responsabilidad del Estado.

[24] En concordancia con este argumento, véase a Rodrigo Escobar Gil, *Teoría general de los contratos de la administración pública*, op. cit., págs. 481 y 482, y a Luis Guillermo Dávila Vinueza, *Régimen jurídico de la contratación estatal*, op. cit., págs. 712 y 713.

ción a esta teoría. En este sentido, debemos recordar que el principio mismo del equilibrio económico de los contratos públicos encuentra en la prestación eficiente y continua de los servicios públicos, uno de sus principales fundamentos teóricos, como lo sostiene claramente la doctrina en el derecho comparado[25]. De esta manera, no cabe duda de que la *potestas variandi*, en tanto aplicación particular del citado principio que gobierna la ejecución de los contratos públicos, también encuentra fundamento en la obligación de la administración pública de prestar los servicios públicos de forma eficiente y continua.

Esta particular forma de sustentar teóricamente la procedencia de la aplicación de la teoría de la *potestas variandi* tiene pleno respaldo en el derecho positivo colombiano. En efecto, el numeral 1 del artículo 14 de la ley 80 de 1993 dispone que entre el ejercicio de las prerrogativas contractuales excepcionales por parte de la administración pública y el servicio público, existe un vínculo indisoluble, al punto que es el servicio público la causa para el ejercicio de esta clase de potestades[26].

Dispone la citada norma que las entidades públicas,

> "[...] con el exclusivo objeto de evitar la paralización o la afectación grave de los servicios públicos a su cargo y asegurar la inmediata, continua y adecuada prestación, podrán, en los casos previstos en el numeral 2 de este artículo, interpretar los documentos contractuales y las estipulaciones en ellos convenidas, introducir modificaciones a lo contratado y, cuando las condiciones particulares de la prestación así lo exijan, terminar unilateralmente el contrato celebrado".

Por otra parte, para sustentar la existencia de este particular derecho del cocontratante de la administración a ser resarcido como consecuencia de los actos administrativos contractuales, debemos recordar uno de los principios cardinales del derecho administrativo: el equilibrio entre prerrogativas administrativas y garantías ciudadanas.

---

[25] Véase a GASTON JÈZE, *Principios generales del derecho administrativo*, t. V, *op. cit.*, págs. 16 y ss. También puede verse a GASPAR ARIÑO ORTÍZ, *Teoría del equivalente económico en los contratos administrativos*, *op. cit.*, pág. 243, y a JUAN CARLOS CASSAGNE, "El equilibrio económico-financiero del contrato administrativo", *op. cit.*, pág. 136.

[26] Sobre el vínculo directo entre las cláusulas excepcionales y el servicio público en el derecho colombiano, véase a JOSÉ LUIS BENAVIDES, *El contrato estatal, op. cit.*, núms. 458 y 459, y a JORGE PINO RICCI, *El régimen jurídico de los contratos estatales*, Bogotá, Universidad Externado de Colombia, 2005, pág. 364.

De conformidad con este principio, debemos señalar que si bien es cierto que el ordenamiento jurídico otorga a la administración pública unas especiales prerrogativas jurídicas de las cuales no gozan los particulares en su actividad común, también lo es que el ciudadano, en su posición de administrado, a la par de esas prerrogativas y poderes de la administración tiene unas garantías que deben serle respetadas[27].

La aplicación de este principio general del derecho administrativo al caso específico de la *potestas variandi* permite, sin lugar a dudas, justificar teóricamente la existencia de esta institución en el ordenamiento jurídico. En efecto, si de una parte, se reconocen exclusivamente a la administración, y no a su cocontratante, unos poderes excepcionales para la dirección, control y vigilancia de la idónea ejecución del contrato y la adecuada satisfacción del interés general, es decir, se reconocen unas prerrogativas administrativas en el contrato público, resulta lógico que como contrapartida de ellas se reconozca el derecho y la garantía al cocontratante de la administración a que se le mantenga intacto el patrimonio, en caso de que la administración las utilice.

En ese orden de ideas, la compensación económica por la utilización de la *potestas variandi* constituye una de las garantías que consagra el ordenamiento jurídico a favor de los cocontratantes de la administración, la cual resulta necesaria para lograr un equilibrio frente a los poderes contractuales que el ordenamiento reconoce a las entidades públicas que son parte de un contrato público[28].

Junto a las anteriores justificaciones, aparece la de la conmutatividad del contrato público. Como lo señalamos en el capítulo I de este estudio, los contratos públicos se celebran sobre la base de que exista una reciprocidad entre las prestaciones a cargo de cada una de las partes, de tal manera que ellas puedan verse como semejantes o equivalentes y sean las de una parte causa de la existencia de las de la otra. Al respecto, también

---

[27] En relación con el principio de equilibrio entre prerrogativas públicas y garantías ciudadanas, véase a EDUARDO GARCÍA DE ENTERRÍA y TOMÁS-RAMÓN FERNÁNDEZ, *Curso de derecho administrativo*, op. cit., págs. 49 y ss. (edición colombiana: op. cit., págs. 25 y ss.), y a FERNANDO GARRIDO FALLA. *Tratado de derecho administrativo*, vol. I, 14ª ed., Madrid, Edit. Tecnos, 2007, págs. 21 y 22.

[28] Sobre esta justificación, véase a LAURENT RICHER y FRANÇOISE LICHÈRE, *Droit des contrats administratifs*, op. cit., núm. 333. La jurisprudencia colombiana también ha reconocido la necesidad de este equilibrio: C. de E., Sala de Consulta y Servicio Civil, concepto de 11 marzo 1972.

expresamos que esta equivalencia entre las prestaciones contractuales fijada desde la planeación y el surgimiento de la relación jurídica debe mantenerse vigente hasta el final de la misma.

En consecuencia, si la *potestas variandi* de la administración implica que ella puede modificar las condiciones de ejecución del contrato, resulta evidente que su ejercicio puede comportar una alteración en el equilibrio entre las prestaciones que debe estar presente hasta el final del contrato, en tanto se trata de un contrato conmutativo. En otras palabras, la expedición de los actos administrativos contractuales que desarrollan estos especiales poderes, puede generar una alteración en la conmutatividad del contrato.

De esta manera, siempre que la administración utilice alguno de sus singulares poderes contractuales, con el fin de mantener la conmutatividad del contrato, resulta indispensable que adopte todas las determinaciones que sean del caso para resarcir los efectos perjudiciales que la medida tomada en interés general haya podido producir a la parte afectada. Entonces, claramente puede afirmarse que la conmutatividad del contrato también permite sustentar la existencia de la figura de la *potestas variandi*[29], justificación que se aplica tanto para el caso en que el perjuicio sea sufrido por el cocontratante de la administración, como para el evento en que esta sea la afectada.

Ligada de manera estrecha con la conmutatividad, aparece la justicia contractual como otra de las justificaciones para el reconocimiento de la figura de la *potestas variandi*, como causal para la aplicación del principio del equilibrio económico del contrato. En efecto, como lo expresamos detalladamente en el capítulo anterior, en virtud de la justicia contractual se busca que exista un cierto equilibrio entre las posiciones de las partes del contrato, de tal manera que la aplicación de esta particular causal de ruptura del equilibrio económico no es otra cosa que el mecanismo que el ordenamiento jurídico provee para lograr esa igualdad de las partes, frente a la posible desigualdad derivada de la utilización unilateral por parte de la administración de las potestades contractuales que hagan más onerosa la ejecución del contrato para cualquiera de ellas.

Finalmente, en concordancia con las justificaciones generales de la aplicación del principio que presentamos en el capítulo I, debe recordarse que las constituciones contemporáneas suelen reconocer, de una parte, la

---

[29] En relación con este punto, véase a JOSÉ LUIS VILLAR PALASÍ. *Lecciones sobre contratación administrativa, op. cit.*, págs. 215 y 216, y a GASPAR ARIÑO ORTÍZ, *Teoría del equivalente económico en los contratos administrativos, op. cit.*, pág. 248 y ss.

obligación del Estado de reparar los perjuicios causados a los particulares por sus acciones u omisiones y, de otra, la garantía del respeto al patrimonio de los particulares, a la propiedad privada y a los derechos adquiridos[30], principios constitucionales que, sin lugar a dudas, justifican la existencia de la obligación de restablecer el equilibrio económico en los contratos públicos como efecto de la alteración unilateral del contenido y alcance contractual por parte de la administración[31].

En el caso del ordenamiento jurídico colombiano, diversas normas constitucionales (entre otras, los arts. 2º, 58 y 90) garantizan el deber del Estado de respetar el patrimonio de los ciudadanos y, a su vez, el derecho de estos a que el Estado responda por los daños antijurídicos que el Estado les irrogue. Frente a este punto, como en todos los demás casos de responsabilidad patrimonial del Estado, la *potestas variandi* implica la existencia de un daño antijurídico puesto que el ejercicio, aun legítimo de los poderes del Estado, no puede autorizarlo a causar lesiones o menoscabo en el patrimonio de los ciudadanos.

Así las cosas, la lesión a su patrimonio que pueda sufrir el cocontratante de la administración como consecuencia de la utilización de las cláusulas excepcionales por parte de la administración, no debe ser soportada por aquel. Por el contrario, si bien se reconoce que la administración puede llegar a causar esta clase de daño, también es cierto que tiene el deber de resarcirlo[32].

4. Condiciones para la aplicación de la teoría

Para efectos de determinar las condiciones específicas para la procedencia de la aplicación de la teoría de la *potestas variandi*, como causal generadora de desequilibrio económico en los contratos públicos, debemos

---

[30] Al respecto, puede verse a Fernando Garrido Falla, "La constitucionalización de la responsabilidad patrimonial del Estado", en *Revista de Administración Pública*, núm. 119, Madrid, Centro de Estudios Constitucionales, mayo-agosto 1989, págs. 7 y ss.

[31] En ese sentido, véase a Eduardo García de Enterría y Tomás-Ramón Fernández, *Curso de derecho administrativo*, t. i, *op. cit.*, pág. 786 (edición colombiana, *op. cit.*, pág. 725).

[32] Sobre esta justificación, véase a Rodrigo Escobar Gil, *Teoría general de los contratos de la administración pública*, *op. cit.*, págs. 432 y ss., y a Celso Antonio Bandeira de Mello, *Curso de derecho administrativo*, trad. de la 17ª ed. brasileña, México, Editorial Porrúa y Universidad Nacional Autónoma de México, 2006, pág. 571.

recordar que, de manera general, para que se considere que una alteración en las condiciones iniciales del contrato comporta una ruptura en su equilibrio económico, deben cumplirse las siguientes condiciones: a) debe producirse por hechos o acontecimientos que no puedan ser imputables a la parte que reclama el restablecimiento, sea porque son hechos extraños a las dos partes del negocio o porque se trate de un hecho del cocontratante; b) debe ser consecuencia de hechos o acontecimientos posteriores a la presentación de la propuesta o la celebración del contrato; c) debe ser causada por un álea anormal, y d) debe afectar la economía del contrato de forma grave y anormal[33].

Teniendo en cuenta lo anterior y los análisis que haremos en este acápite, consideramos que para poder afirmar que se presenta la ruptura del equilibrio económico de un contrato público, específicamente en aplicación de la teoría de la *potestas variandi*, deben concurrir las siguientes condiciones: a) que el acontecimiento que produzca la alteración de las condiciones contractuales consista en el ejercicio legal de una potestad contractual por parte de la administración contratante; b) que el acto que altere las condiciones contractuales sea posterior a la presentación de la propuesta o la celebración del contrato; c) que el contenido del acto que altere las condiciones contractuales constituya un aleas extraordinario, es decir, que por su carácter excepcional no pudiere haber sido razonablemente previsto por la parte afectada, y d) que el acto altere la economía del contrato, haciéndolo más gravoso, lo cual debe ser probado por el cocontratante afectado. Veamos, entonces, detalladamente, cada una de las condiciones indicadas para la aplicación de la teoría de la *potestas variandi*:

A) *El acontecimiento que produce la alteración*
   de las condiciones contractuales debe consistir
   en el ejercicio legal de una potestad contractual
   por parte de la administración contratante

El primer requisito que debe cumplirse para poder dar aplicación en un caso concreto a la teoría de la *potestas variandi* se refiere a la legalidad de la actuación administrativa. En efecto, como hemos sostenido de manera insistente en este estudio, la *potestas variandi* implica la expedición, por la entidad administrativa contratante, de un acto administrativo que desarrolle un poder o potestad contractual, una cláusula excepcional.

---

[33] Véase *supra* cap. I, num. 4.

Ahora bien, para considerar que la expedición de ese acto administrativo contractual permite dar aplicación a esta particular técnica de garantía de equilibrio económico del contrato, resulta indispensable que la manifestación unilateral de la voluntad de la administración cumpla con todos los requisitos que el ordenamiento jurídico exige para la validez de dicha actuación administrativa, diferentes de los relacionados con el deber de mantener el equilibrio económico del contrato. En el evento de que el acto administrativo mediante el cual se ejerciera un poder exorbitante fuera ilegal por razones diferentes a la equivalencia de las prestaciones, no nos encontraríamos en estricto sentido frente a un caso de ruptura del equilibrio económico del contrato por la aplicación de la teoría de la *potestas variandi*, sino ante un caso de responsabilidad administrativa por la ilegalidad del acto administrativo o, incluso, por incumplimiento, cuyos presupuestos y consecuencias, serían diferentes[34].

De esta manera, el primer requisito para la aplicación de la teoría de la *potestas variandi* se encuentra en el hecho de que la alteración en las condiciones de ejecución del contrato administrativo se produzca como consecuencia de un acto administrativo unilateral, que sea reflejo de los poderes contractuales excepcionales que ostenta la administración. Pero, además, para la procedencia de la aplicación de la teoría de la *potestas variandi*, tal ejercicio de poder debe hacerse sin contradecir las normas superiores, es decir, que el acto administrativo contractual debe cumplir con todos los requisitos de legalidad, diferentes de los relacionados con la equivalencia de las prestaciones[35].

Frente al entendimiento tradicional en el sentido de que el equilibrio económico del contrato es un principio aplicable únicamente a favor del cocontratante de la administración, debemos recordar que desde la introducción hemos sostenido que este principio debe entenderse de forma amplia en el sentido de que beneficia a las dos partes de un contrato administrativo.

Ahora bien, dentro del anterior contexto de comprensión amplia del principio, específicamente en relación con la condición que venimos

---

[34] En el mismo sentido, véase a Jessica Tatiana Güechá Torres, *Equilibrio económico y potestades excepcionales en los contratos del Estado*, Bogotá, Grupo Editorial Ibáñez, 2019, págs. 206 y ss.

[35] En relación con este requisito, véase a Santiago González-Varas Ibáñez, *El contrato administrativo*, *op. cit.*, pág. 282, y a Juan Carlos Cassagne, *El contrato administrativo*, 3ª ed., Buenos Aires, Abeledo Perrot, 2009, pág. 105.

estudiando, debe señalarse que si bien la regla general expresa que la circunstancia que afecta la economía del contrato no puede ser imputable a la parte que reclama el restablecimiento, en el caso específico de la *potestas variandi* debe considerarse que existe una excepción para su aplicación a favor de la administración pública. En efecto, como el acto que es expresión de la *potestas variandi* proviene directamente de la administración, y esta, como parte del contrato, podría sufrir una afectación económica derivada de ese acto administrativo contractual, según lo explicado atrás, la consecuencia de esa primera condición general implicaría que no sería aplicable la teoría respecto de la administración.

Por lo tanto, debe entenderse que en esa particular situación se presenta una excepción a la regla general, en el sentido de que, a pesar de que el acto perturbador de la economía del contrato proviene de la parte afectada, se permite a esta lograr el restablecimiento del equilibrio a su favor, dentro del mismo acto administrativo mediante el cual se ejerce la potestad o a través de cualquiera de los otros mecanismos que analizaremos en el capítulo vi de este estudio, aunque con ciertas particularidades en sus efectos.

Además, debe señalarse que si bien esta excepción a la regla citada, pareciera también implicar el desconocimiento del principio general del derecho según el cual nadie puede alegar su propia culpa o torpeza a su favor: *nemo auditur propriam turpitudinem alegans*, la realidad es que dicho principio no se desconoce, pues las actuaciones unilaterales legítimas de la administración en el marco de la ejecución de un contrato público no constituyen ni pueden entenderse como una actuación culposa, sino más bien como la respuesta a las exigencias del interés general y del servicio público vinculado al contrato, en la medida en que la alteración del contenido y alcance contractual se produce a efectos de lograr la adecuada satisfacción del mencionado interés general[36]. Por eso alguna doctrina ha expresado que "el *ius variandi* no se fundamenta en razones de equidad o de humanización del contrato, sino en la necesidad de dar satisfacción permanente al interés público involucrado en el contrato"[37].

---

[36] En relación con las finalidades de las actuaciones unilaterales contractuales, véase a RENÉ CHAPUS, *Droit administratif général*, t. 1, *op. cit.*, págs. 1203 y ss., y a LAURENT RICHER y FRANÇOISE LICHÈRE, *Droit des contrats administratifs*, *op. cit.*, págs. 250 y ss.

[37] JOSÉ IGNACIO MONEDERO GIL, *Doctrina del contrato del Estado*, Madrid, Instituto de Estudios Fiscales, 1977, pág. 390.

B) *El acto que altere las condiciones contractuales debe ser posterior a la presentación de la propuesta o a la celebración del contrato*

Este segundo presupuesto para la aplicación de la teoría de la *potestas variandi* se refiere a que la expedición del acto administrativo contractual que altere las circunstancias de ejecución del contrato administrativo debe ser proferido por la administración con posterioridad al momento en que tanto la administración como su cocontratante han hecho la planeación económica del contrato, es decir, con posterioridad a la celebración del contrato o a la presentación de la propuesta, según el caso.

Lo anterior se traduce en que el acto perturbador de las condiciones de ejecución del contrato debe ser expedido durante la fase o período de ejecución de las prestaciones contractuales, lo cual implica también que la facultad debe ser ejercida antes de que el cocontratante de la administración finalice el cumplimiento de sus obligaciones, situación que es coherente con el hecho de que el ejercicio de esa facultad por parte de la administración debe producirse en el marco de la ejecución contractual y, por lo tanto, no puede ser ejercida cuando el contrato ha dejado de estar vigente[38].

En cuanto hace a este requisito, la jurisprudencia colombiana ha resaltado que las cláusulas excepcionales deben ser ejercidas durante el período de vigencia del contrato, así: "Los límites temporales que tiene la Administración para la aplicación de las cláusulas excepcionales en los contratos estatales, son los establecidos por la ley. En particular, los previstos para hacerlas efectivas durante su vigencia a fin de garantizar la oportuna y continua prestación del servicio o ejecución de la obra, tales como los casos de interpretación, modificación y terminación unilaterales del contrato"[39].

En oportunidad más reciente, expresó el Consejo de Estado colombiano con referencia especial a la terminación unilateral del contrato mediante la figura de la caducidad:

> "En este contexto, al examinar nuevamente los límites temporales de este poder exorbitante, la Sala concluye que la caducidad del contrato solo

---

[38] Al respecto, véase a JAIME RODRÍGUEZ-ARANA MUÑOZ, "Las prerrogativas de la administración en los contratos de las administraciones públicas", *op. cit.*, págs. 800 y 801.

[39] C. de E., Sala de Consulta y Servicio Civil, concepto de 14 diciembre 2000, rad. 1.293.

puede declararse durante el plazo de ejecución y mientras se encuentre este vigente, y no durante la etapa de la liquidación, teniendo en cuenta: en primer lugar, los elementos de su definición legal; en segundo lugar, la finalidad de protección del interés público de esta medida excepcional; en tercer lugar, que la etapa de liquidación del contrato no está concebida para la adopción de la caducidad del contrato; y en cuarto lugar, que el hecho de que se pueda recibir o aceptar en mora el cumplimiento de la obligación, no puede ser entendida como una extensión regular del plazo previsto en el contrato para ejecutarlo"[40].

C) *El contenido del acto que altere las condiciones contractuales debe constituir un aleas extraordinario*

Este tercer requisito se encuentra íntimamente relacionado con el anterior y se refiere a que el contenido del acto administrativo contractual que perturbe las circunstancias de ejecución del contrato no debe ser normalmente previsible, de acuerdo con las condiciones fácticas y jurídicas tomadas en consideración al momento de presentar la propuesta o celebrar el contrato, según el caso.

Al respecto, no debemos olvidar que cuando se habla de aleas extraordinario también se quiere hacer referencia a la imposición de cargas sobre alguna de las partes cocontratantes que no tiene por qué soportar dentro del tráfico jurídico normal, porque se trata de hechos que exceden cualquier cálculo o previsión que el perjudicado haya podido hacer al momento de estructurar su negocio[41].

Así las cosas, a pesar de que las partes tengan conocimiento de que la entidad pública puede alterar las condiciones de ejecución del contrato de forma unilateral cuando el interés general así lo exija, el contenido del acto administrativo contractual siempre será imprevisto. Es decir, el carácter imprevisto de la medida administrativa en la teoría de la *potestas variandi*, debe ser entendido, no como la imposibilidad de prever la expedición de ese acto, sino como el cambio imprevisible en las

---

[40] C. de E., Sala de lo Contencioso Administrativo, Sección Tercera, sent. de 20 noviembre 2008, exp. 17.031. En el mismo sentido, puede verse C. de E., Sala de lo Contencioso Administrativo, Sección Tercera, sent. de 24 octubre 2013, exp. 24.697.

[41] Como muy bien apunta MARIENHOFF, el aleas extraordinario o anormal "es el acontecimiento que frustra o excede todos los cálculos que las partes pudieron hacer en el momento de formalizar el contrato" (MIGUEL S. MARIENHOFF, *Tratado de derecho administrativo*, t. III-A, *op. cit.*, núms. 761 y 789).

situaciones fácticas o económicas en que se desarrolla el contrato administrativo, que obliga a la entidad pública contratante a imponer modificaciones al contenido o forma de ejecutar las prestaciones por parte del cocontratante de la administración. En ese sentido, es preciso hacer notar que la doctrina ha expresado que la *potestas variandi* persigue "el acoplamiento del pago de prestaciones a las necesidades cambiantes del interés general sin perjuicio económico del contratante privado"[42].

De esta manera, si bien es lógico que las partes podían prever el ejercicio de las potestades excepcionales por cuanto ellas están previstas en el régimen contractual, lo imprevisible son los cambios en las circunstancias fácticas, jurídicas o económicas que obligan a la administración a tomar la decisión de modificar, interpretar o terminar unilateralmente el contrato, en atención a una nueva forma de satisfacer el interés general[43].

D) *El acto debe alterar la economía del contrato, haciéndolo más gravoso*

Finalmente, el cuarto requisito para que opere la teoría de la *potestas variandi* es el requisito común para el surgimiento de cualquier deber de indemnización: se trata del daño o perjuicio sufrido por el cocontratante afectado como consecuencia de la alteración unilateral de las condiciones de ejecución del contrato administrativo[44].

Siempre que el cocontratante de la administración busque una indemnización como consecuencia de la aplicación de la *potestas variandi*, es indispensable que pruebe que el acto administrativo contractual que modificó las condiciones de ejecución del contrato le generó perjuicios directamente relacionados con el mismo.

Al respecto, debe señalarse que, en aplicación de esta causal, no es indispensable probar que el contrato haya pasado a ser excesivamente gravoso. Basta que el cocontratante de la administración que resulta

---

[42] JOSÉ IGNACIO MONEDERO GIL, *Doctrina del contrato del Estado, op. cit.*, pág. 391.

[43] En relación con el carácter imprevisto de la medida administrativa, véase a GASPAR ARIÑO ORTIZ, "El equilibrio financiero del contrato administrativo", en JUAN CARLOS CASSAGNE y ENRIQUE RIVERO YSERN (dirs.), *Contratación pública*, vol. II, Buenos Aires, Hammurabi, 2006, pág. 735.

[44] Sobre el daño como requisito *sine qua non* para el nacimiento del deber de indemnización, véase a JUAN CARLOS HENAO, *El daño, op. cit.*, págs. 35 y ss.

perjudicado acredite que existió un daño cualquiera, no importa su monto o extensión[45].

Se trata, entonces, de una excepción al requisito general estudiado en el capítulo I de esta obra en el sentido de que para la configuración del rompimiento del equilibrio económico, la alteración en la economía del contrato debe ser grave y anormal, precisamente por el hecho de que la circunstancia que da lugar a la aplicación de la *potestas variandi* resulta imputable a una sola de las partes del contrato, como lo es la administración pública y, por lo mismo, da lugar a una indemnización plena, como lo veremos más adelante.

Ahora bien, como lo hemos expresado en varias ocasiones en este estudio, también es posible que la administración sea la perjudicada como consecuencia del acto administrativo que constituye el ejercicio de la *potestas variandi* y que, por lo mismo, se presente una ruptura del equilibrio económico en perjuicio suyo. Tal es el caso de una disminución del objeto del contrato dispuesta por un acto administrativo contractual, situación en la cual, si no se aplicara el principio a su favor, la administración tendría que pagar el valor inicialmente pactado a pesar de recibir una menor cantidad del objeto.

En ese caso, la situación es distinta a la que ocurre en relación con el cocontratante de la administración, pues debe entenderse que el restablecimiento del equilibrio se limita a que esta debe pagar únicamente el valor del objeto efectivamente recibido, pero no tendrá derecho a que se le reparen otros factores que pudieran ser considerados como perjuicios indemnizables, toda vez que, en últimas, el desequilibrio fue producido por ella misma.

5. EFECTOS JURÍDICOS DE LA APLICACIÓN DE LA TEORÍA

La aplicación de la teoría de la *potestas variandi* para efectos del equilibrio económico en los contratos públicos genera consecuencias jurídicas muy específicas:

---

[45] En relación con la existencia genérica de un perjuicio para el cocontratante de la administración como condición para la ruptura del equilibrio económico en virtud de la *potestas variandi*, véase a MIGUEL ÁNGEL BERÇAITZ, *Teoría general de los contratos administrativos*, *op. cit.*, pág. 405 y ss.

A) *En cuanto al carácter de orden público del deber de indemnizar*

Dentro del contexto del presente trabajo, el análisis del carácter de orden público de la aplicación de la teoría de la *potestas variandi* debe hacerse únicamente desde la perspectiva de la protección del patrimonio del cocontratante de la administración y no frente a la posibilidad que tiene la administración de ejercer sus prerrogativas dentro de sus contratos.

De acuerdo con lo anterior, la doctrina ha señalado que el deber de indemnizar los daños sufridos por el cocontratante de la administración pública como efecto de los poderes contractuales unilaterales, constituye una circunstancia de orden público. Esta situación apareja como primera consecuencia que no admite pacto en contrario, es decir, que una cláusula contractual en la cual se exonerara a la administración del deber de indemnizar por el ejercicio de sus poderes exorbitantes estaría viciada de invalidez en el grado señalado en cada ordenamiento jurídico. De esta manera, como regla general, resulta obligatorio para las entidades públicas indemnizar a su cocontratante los daños que sufra como efecto del ejercicio de los poderes derivados de las cláusulas excepcionales[46].

En concordancia con lo anterior, para reforzar el carácter de orden público de la indemnización como consecuencia del ejercicio de los poderes contractuales exorbitantes, debemos hacer notar que en el derecho colombiano el numeral 1 del artículo 14 de la ley 80 de 1993, dispone:

> *"De los medios que pueden utilizar las entidades estatales para el cumplimiento del objeto contractual.* Para el cumplimiento de los fines de la contratación, las entidades estatales al celebrar un contrato:
>
> "[...]
>
> "En los actos en que se ejerciten algunas de estas potestades excepcionales deberá procederse al reconocimiento y orden de pago de las compensaciones e indemnizaciones a que tengan derecho las personas objeto de tales medidas y se aplicarán los mecanismos de ajuste de las condiciones y términos contractuales a que haya lugar, todo ello con el fin de mantener la ecuación o equilibrio inicial".

Como se aprecia, la legislación positiva de la contratación pública en Colombia condiciona la validez del ejercicio de las potestades excepciona-

---

[46] El carácter de orden público del deber de indemnizar en el caso de la *potestas variandi* es sostenido de manera general por JOSÉ LUIS VILLAR PALASÍ y JOSÉ LUIS VILLAR EZCURRA, *Principios de derecho administrativo*, t. III, Contratación administrativa, Madrid, Universidad de Madrid, 1983, págs. 265 y ss.

les, cualquiera que ella sea, al restablecimiento del equilibrio económico del contrato mediante la indemnización de todos los perjuicios que haya podido sufrir el cocontratante de la administración como consecuencia directa del ejercicio del poder contractual[47].

En consecuencia, no cabe duda de que el deber de indemnizar por la aplicación de la teoría de la *potestas variandi* en el derecho administrativo comparado y, aun en el derecho colombiano, tiene un carácter de orden público en tanto se obliga a las entidades estatales al restablecimiento del equilibrio económico cuando quiera que se ejerzan las potestades excepcionales.

No obstante, esta conclusión no puede entenderse en el sentido de que en el evento en que se den los presupuestos para la aplicación de la teoría, el cocontratante de la administración no pueda renunciar a la indemnización de los daños. En efecto, como dicha indemnización es un derecho de contenido patrimonial y, por ende, puede ser objeto de renuncia, una vez configurados los elementos para dar aplicación a la *potestas variandi*, bien podría el cocontratante de la administración voluntariamente renunciar a la indemnización de la cual es titular[48].

En este caso, la renuncia debe referirse únicamente a la indemnización de un evento en particular luego de que el mismo haya tenido lugar pues, como lo señalamos atrás, no sería válida una cláusula en la cual el cocontratante renunciara anticipadamente al derecho a solicitar el restablecimiento del equilibrio económico por la configuración de los presupuestos de la *potestas variandi*.

Ahora bien, debe señalarse en todo caso que si no existe renuncia expresa del cocontratante a la indemnización de la cual es titular, la administración tendrá el deber de restablecer el equilibrio económico mediante el pago de las indemnizaciones a que haya lugar.

---

[47] Sobre la obligatoriedad del restablecimiento del equilibrio económico del contrato cuando se ejercen poderes excepcionales, véase a JUAN ÁNGEL PALACIO HINCAPIÉ, *La contratación de las entidades estatales*, 8ª ed., Medellín, Librería Jurídica Sánchez R., 2015, págs. 433 y 434.

[48] En relación con la posibilidad de renunciar a derechos patrimoniales, véase a MIGUEL BETANCOURT REY, *Derecho privado: categorías básicas*, Bogotá, Universidad Nacional de Colombia, 1996, págs. 113 y ss., y a ARTURO VALENCIA ZEA y ÁLVARO ORTIZ MONSALVE, *Derecho civil*, t. I, Parte general y personas, 18ª ed., Bogotá, Edit. Temis, 2016, pág. 384.

B) *En cuanto a la extensión de la indemnización*

A partir de lo expuesto hasta ahora, no cabe duda que cuando la administración pública contratante decide utilizar alguna potestad excepcional, para su validez es necesario que en el acto administrativo que la disponga se ordenen igualmente todas las medidas necesarias para efectos del restablecimiento del equilibrio económico del contrato, roto en perjuicio de una de las partes. Al respecto, debe definirse la extensión de la indemnización o compensación a la cual tiene derecho el perjudicado con la medida administrativa contractual.

En este punto se trata de establecer si la indemnización a la que tiene derecho la parte perjudicada es una verdadera indemnización integral, lo cual incluye el pago del daño emergente y el lucro cesante, o si se trata de una mera compensación que se limita al pago del daño emergente.

A este respecto, un sector de la doctrina ha manifestado que como la *potestas variandi* se fundamenta en principios similares a los de la expropiación por causa de utilidad pública, y como en la expropiación se suele reparar únicamente el daño emergente, en la *potestas variandi* se debe entender excluida la indemnización del lucro cesante, es decir, se trata simplemente de una reparación[49].

Un segundo sector de la doctrina señala que en algunos casos de terminación unilateral del contrato no procede la indemnización por lucro cesante, específicamente cuando la terminación se ha dado como consecuencia de guerra y cuando el cumplimiento de las obligaciones contractuales no habría generado beneficio alguno al contratista, lo cual supone una evaluación del juez en cada caso concreto[50].

Finalmente, un tercer sector de la doctrina ha manifestado que cuando se dan los elementos para la aplicación de la teoría de la *potestas variandi* procede la indemnización integral, es decir, procede la reparación de las erogaciones en que debió incurrir el cocontratante de la administración como consecuencia del ejercicio de la potestad excepcional (daño emergente), así como de los dineros que el cocontratante dejó de obtener como efecto de la ejecución de la medida unilateral (lucro cesante). Diversas

---

[49] Véase a MIGUEL S. MARIENHOFF, *Tratado de derecho administrativo*, t. III-A, *op. cit.*, núm. 772-1.

[50] En este sentido, ANDRÉ DE LAUBADÈRE, FRANCK MODERNE y PIERRE DELVOLVÉ, *Traité des contrats administratifs*, vol. II, *op. cit.*, núm. 1328, quienes citan diversos ejemplos de la jurisprudencia administrativa francesa que sustentan esta particular posición.

razones ha dado la doctrina sobre la motivación de esta posición en cuanto a la extensión de la indemnización. Sin embargo, buena parte de ellas apuntan a señalar que el cocontratante de la administración no tiene por qué soportar ninguna de las consecuencias económicas de una medida administrativa tomada para la mejor satisfacción del interés general y de los servicios públicos[51].

Frente a este problema, la legislación colombiana, en el numeral 1 del artículo 14 de la ley 80 de 1993, al referirse al deber de la administración de restablecer el equilibrio económico del contrato como consecuencia del ejercicio de poderes excepcionales o exorbitantes, se refiere "al reconocimiento y orden de pago de las *compensaciones* e *indemnizaciones* a que tengan derecho las personas objeto de tales medidas". Con fundamento en esta norma, algunos consideran que con esas expresiones la ley no determina con la precisión deseable en qué casos procede el reconocimiento de una indemnización integral ni en cuáles procede una simple compensación[52].

---

[51] Esta posición resulta mayoritaria en la doctrina. Véase, entre otros, a GASTON JÈZE, *Principios generales del derecho administrativo*, t. IV, *op. cit.*, págs. 268 y 269; a JOSÉ LUIS VILLAR PALASÍ, *Lecciones sobre contratación administrativa*, *op. cit.*, págs. 218 y ss.; a RODRIGO ESCOBAR GIL, *Teoría general de los contratos de la administración pública*, *op. cit.*, págs. 485 y ss.; a MIGUEL ÁNGEL BERÇAITZ, *Teoría general de los contratos administrativos*, *op. cit.*, núms. 183 a 185, y a RAÚL ENRIQUE GRANILLO OCAMPO, *Distribución de riesgos en la contratación administrativa*, Buenos Aires, Editorial Astrea, 1990, núm. 53-b.

[52] La jurisprudencia administrativa colombiana también ha hecho notar esta imprecisión legislativa: "Finalmente la Sala, en desarrollo de su función pedagógica, encuentra necesario precisar que respecto de las diferencias existentes entre los supuestos y los efectos del desequilibrio financiero del contrato y la responsabilidad contractual del Estado, no hay unidad normativa, jurisprudencial, ni doctrinal. En efecto, del análisis de la regulación legal contenida en la ley 80 de 1993, se advierte que el tema no está claro; muestra de ello es que las disposiciones relativas al *ius variandi*, por la modificación o interpretación unilateral del contrato, prevén como efecto de su ocurrencia la obligación de reconocer y pagar las compensaciones e indemnizaciones a que hubiera lugar (ley 80 de 1993, arts. 14 a 16), de lo cual se infiere que, para el legislador, este evento puede producir tanto el desequilibrio financiero del contrato —que conduzca la compensación del afectado, como de responsabilidad— que conduzca a la indemnización plena de los perjuicios causados" [C. de E., Sala de lo Contencioso Administrativo, Sección Tercera, sent. de 14 abril 2005, exp. 2004-0043 (28.616)]. Desde el punto de vista doctrinal, véase a JESSICA TATIANA GÜECHÁ TORRES, *Equilibrio económico y potestades excepcionales en los contratos del Estado*, *op. cit.*, págs. 201 y ss.

No obstante, la jurisprudencia colombiana también ha señalado que una vez adoptada la modificación unilateral del contrato, la administración debe proceder a la indemnización de todos los mayores costos que dicha modificación suponga para el cocontratante. En particular, manifestó el Consejo de Estado:

> "Resulta entonces que el contratante sí dispuso de manera unilateral el cambio de la fuente de material, prevista contractualmente, aduciendo la necesidad de obtener balasto más idóneo para la destinación que debía darle Ferrovías, cual era la reparación de los tramos de la vía férrea [...]. Se desprende de lo aquí expuesto que sí hubo un cambio unilateral de fuente de material de suministro; que ese cambio obedeció a la necesidad de obtener un material de mejor calidad para la reparación de las vías férreas; que el material extraído de la nueva fuente presenta mayor dificultad en su laboreo y trituración por la dureza que lo caracteriza lo que implica la necesidad de mayor tiempo para este procedimiento; y, que la mina la Bocana está a mayor distancia de la estación correspondiente, lo que aumentó el costo en el transporte. Conforme con la ley (decr. 222/83, art. 20 y ley 80/93, art. 14) la administración podía modificar unilateralmente el contrato, tal como lo hizo, pero debiendo compensar al contratista de los mayores costos que ello traía consigo para su cocontratante[53]".

De manera más precisa, el Consejo de Estado colombiano ha acogido la tesis de que cuando la ruptura del equilibrio se produce como efecto de un hecho imputable a la administración contratante, procede la indemnización integral del cocontratante, al señalar: "Si el desequilibrio se produce por circunstancias imputables o atribuibles a la administración pública contratante en ejercicio de una cláusula excepcional o en ejercicio de su *imperium*, será procedente no solo equilibrar el contrato en relación con los costos y gastos en que se haya incrementado la prestación, sino también indemnizar al contratista"[54].

Para nosotros, no cabe duda de que la aplicación de la teoría de la *potestas variandi* debe llevar a una indemnización integral al cocontratante de la administración, que incluya tanto el daño emergente como el lucro cesante. En efecto, si la *potestas variandi* y la teoría del hecho del príncipe tienen como fundamento común que ambas son aplicaciones

---

[53] C. de E., Sala de lo Contencioso Administrativo, Sección Tercera, sent. de 21 junio 1999, exp. 14.943.

[54] C. de E., Sala de lo Contencioso Administrativo, Sección Tercera, sent. de 1° agosto 2016, exp. 36.359.

del aleas administrativo, resulta lógico que tengan consecuencias jurídicas similares en este aspecto[55]. En este sentido, si como lo veremos en el capítulo III de esta obra, en la teoría del hecho del príncipe la indemnización es integral, no encontramos razones para que en la *potestas variandi* no lo sea.

En consecuencia, el carácter integral de la reparación debe ser entendido en el sentido de que incluya los mayores costos en que incurrió el cocontratante de la administración y el lucro cesante corresponderá, como regla general, al "beneficio legítimo" que el cocontratante de la administración podía normal y razonablemente prever. En ese sentido, la doctrina ha precisado, con razón, que el lucro cesante indemnizable debe limitarse a las ganancias que normalmente habría obtenido si el contrato se hubiese ejecutado cabalmente y en la forma pactada[56].

La doctrina francesa ha coincidido en esta conclusión, al señalar lo siguiente sobre el contenido de la indemnización por el ejercicio de los poderes exorbitantes de los cuales goza la administración dentro del marco de un contrato administrativo:

> "La indemnización debe, a falta de toda cláusula especial, reparar todo el daño. Por consiguiente, cuando la rescisión sigue al aplazamiento, puede haber dos indemnizaciones: una por el aplazamiento y otra por rescisión. El empresario puede haber sufrido, en efecto, dos perjuicios distintos: 1º) el aplazamiento de las obras le ha obligado a continuar a disposición de la administración y le ha impedido, así, aprovechar su tiempo y su material inmovilizado; hay, también, pérdida de intereses sobre la caución y sobre los capitales; 2º) la rescisión le ha hecho perder, además, el beneficio descontado. Corresponde al empresario suministrar la prueba de la realidad de ambos perjuicios[57]".

Finalmente, debe señalarse que la anterior conclusión únicamente es válida para el caso en que sea el cocontratante de la administración el perjudicado con el acto administrativo que es expresión de la *potestas variandi*. En el caso contrario, esto es, cuando el desequilibrio se produce

---

[55] Véase a LAURENT RICHER y FRANÇOISE LICHÈRE, *Droit des contrats administratifs*, *op. cit.*, núm. 333.

[56] Al respecto, véase a GASPAR ARIÑO ORTÍZ, *Teoría del equivalente económico en los contratos administrativos*, *op. cit.*, págs. 250 y ss.

[57] GASTON JÈZE, *Principios generales del derecho administrativo*, t. IV, *op. cit.*, págs. 268 y 269. En igual sentido, LAURENT RICHER y FRANÇOIS LICHÈRE, *Droit des contrats administratifs*, *op. cit.*, núm. 333.

en contra de la administración, consideramos que no debe operar la regla de la indemnización integral, sino que el restablecimiento del equilibrio se limita a que esta debe pagar únicamente el valor del objeto efectivamente recibido, pero no tendrá derecho a que se le reparen otros factores que pudieran ser considerados como perjuicios indemnizables. Lo anterior, porque dicho daño es consecuencia de un acto que es imputable a la misma administración, pero que no constituye una actuación culposa ni negligente suya, sino que obedece a las necesidades del servicio público y de satisfacción del interés general. Por lo tanto, debe entenderse que procede a favor de ella la reparación, pero no de igual forma que para el particular, en la medida en que es la administración la gestora del interés general, de tal manera que no puede gravarse al contratista con la carga de asumir otros factores que podrían ser objeto de indemnización derivados de una medida tomada en beneficio de dicho interés.

C) *En cuanto a la continuidad del contrato*

El tema de la continuidad o terminación del contrato, una vez ocurrida una situación que permita dar aplicación a la teoría de la *potestas variandi* en un contrato público, depende del tipo de prerrogativa o cláusula excepcional que utilice la administración contratante en cada caso concreto.

Para el efecto, debemos partir de que un presupuesto general de la institución del equilibrio económico del contrato público consiste en que el cocontratante de la administración debe continuar con la ejecución del contrato. No obstante, el ejercicio de cada una de las cláusulas excepcionales comportará consecuencias diferentes respecto de la vigencia del contrato.

Así, si se trata de la terminación unilateral anticipada del respectivo contrato, resulta obvio que la consecuencia sobre el negocio jurídico será que este desaparece del mundo del derecho, y aún así la administración tendrá el deber de indemnizar al cocontratante de la administración.

Particularmente interesante resulta la prerrogativa de modificación unilateral del contrato. En virtud de este poder, la administración puede aumentar o disminuir el objeto del contrato o, como lo dispone el artículo 16 de la ley 80 de 1993, puede ordenar "la supresión o adición de obras, trabajos, suministros o servicios". Frente a una decisión de esta clase por parte de la administración, como regla general su cocontratante tiene el deber jurídico de continuar con la ejecución de las prestaciones contractuales que se encuentran a su cargo y solo de esta manera puede llegar a tener derecho al resarcimiento de los daños que la medida administrativa le pudo haber generado.

Sin embargo, en determinados casos, el cocontratante de la administración tiene derecho a oponerse a la continuación del cumplimiento del contrato y solicitar, en consecuencia, la terminación anticipada del mismo. Así, por ejemplo, en el derecho español, el artículo 206 de la Ley 9 de 2017 prevé que, si la modificación del contrato excede el 20 por ciento del precio inicial del contrato, el contratista no está obligado a aceptarla y puede optar por su terminación[58]. En el caso colombiano, de manera semejante al español, este derecho surge, de conformidad con lo dispuesto en el artículo 16 de la ley 80 de 1993, cuando las modificaciones al objeto del contrato implican un aumento o disminución del valor del mismo en un 20 por ciento o más frente a su valor inicial. En estos casos, el cocontratante de la administración no tendrá la obligación de continuar con la ejecución del contrato, sino que podrá renunciar a ella. Al respecto, ha dicho la Corte Constitucional colombiana:

"[...] la modificación unilateral no es discrecional ya que debe adoptarse solamente cuando dentro de la ejecución de un contrato se presenten circunstancias que puedan paralizar o afectar la prestación de un servicio público que se deba satisfacer con este instrumento. Ahora bien, cuando las modificaciones alteran el valor del contrato en un 20 por ciento o más del valor inicial, el artículo 16 permite que el contratista pueda renunciar a la continuación de la ejecución, evento en el cual la entidad contratante debe ordenar la liquidación del contrato y adoptar de manera inmediata las medidas que fueren necesarias para garantizar la terminación del objeto contractual, determinación que se juzga razonable si se tiene en cuenta que, de un lado, no parece justo que frente a esta circunstancia se constriña al contratista para que culmine una obra que pueda acarrearle consecuencias económicas desfavorables. De otro lado, también es razonable y lógico que en caso de que el contratista haya renunciado a la continuación de la ejecución, las entidades estatales estén habilitadas para actuar de manera inmediata tomando las medidas indispensables que aseguren la terminación del objeto del contrato, tanto más si se tiene presente que conforme a lo prescrito en

---

[58] Al respecto, véase a CONCEPCIÓN HORGUÉ BAENA, "Modificación de los contratos", en EDUARDO GAMERO CASADO e ISABEL GALLEGO CÓRCOLES (coord.), *Tratado de los contratos del sector público*, Valencia, Tirant lo Blanch, 2018, pág. 2295.

el artículo 14 de la ley 80 de 1993, ellas tienen a su cargo la dirección general y responsabilidad del [sic] ejercer el control y vigilancia de la ejecución del contrato"[59].

Finalmente, la interpretación unilateral del contrato también implica el deber del cocontratante de la administración de continuar con la debida ejecución del contrato público. Si la administración toma unilateralmente una decisión sobre el alcance y forma de entender una determinada cláusula, su cocontratante tendrá el deber de ajustar su conducta contractual a la manera particular en que la administración entendió el contenido y alcances de la cláusula, es decir, el cocontratante de la administración se encuentra en el deber de continuar la ejecución del contrato de acuerdo con los alcances que el acto administrativo le pudo haber dado a su contenido.

Las anteriores situaciones deben entenderse, obviamente, sin perjuicio de la posibilidad que conserva el cocontratante de la administración de ejercer los recursos administrativos que sean del caso, con la finalidad de oponerse a las medidas administrativas o de lograr el reconocimiento de toda la indemnización a que tiene derecho.

Igualmente, la obligatoriedad de cumplimiento del contrato con la alteración impuesta unilateralmente por la administración se produce, naturalmente, sobre la base de que la obligación sea susceptible de ser cumplida, esto es, que no se presenten circunstancias extraordinarias de fuerza mayor que impidan el cumplimiento adecuado de la prestación en los términos alterados por la administración.

6. CONCLUSIONES DEL CAPÍTULO

De los análisis y reflexiones anteriores, podemos extraer las siguientes conclusiones:

1. Desde la perspectiva del principio del equilibrio económico del contrato público, la *potestas variandi* puede ser definida como una de las causales de rompimiento de dicho equilibrio, consistente en que la administración pública contratante, al hacer uso legal de poderes conferidos por una cláusula exorbitante, genera una alteración anormal en la economía del contrato, haciendo más gravosa su ejecución para una de las partes.

2. La teoría de la *potestas variandi*, como causal de aplicación del principio del equilibrio económico del contrato público, tuvo origen

[59] Corte Const., sent. C-949 de 2001.

en el derecho administrativo francés a comienzos del siglo xx, época a partir de la cual ha sido aplicada y desarrollada en diversos países, con fundamento en el deber de prestación eficiente y continua de los servicios públicos, el principio del equilibrio entre prerrogativas administrativas y garantías ciudadanas, la justicia contractual, la conmutatividad de los contratos públicos y el deber del Estado de reparar los daños antijurídicos causados, así sea por actuaciones legítimas, y de respetar el patrimonio de los administrados. En Colombia, se aplica a partir de la década de los setenta del siglo xx.

3. Para dar aplicación a la teoría de la *potestas variandi* es necesario que la administración contratante, con posterioridad a la celebración del contrato, ejerza legalmente una potestad contractual, y que dicho ejercicio constituya un aleas extraordinario y produzca como consecuencia que sea más gravosa la ejecución del contrato.

4. Las consecuencias de la aplicación de esta teoría se traducen, de una parte, en que es de orden público y por lo tanto no se admite pacto en contrario; de otra, en que si el cocontratante de la administración sea el perjudicado, esta se encuentra en el deber de indemnizarlo integralmente, mientras que cuando el desequilibrio es en contra de la administración, su restablecimiento se limita a que ella pague únicamente el valor del objeto efectivamente recibido y, finalmente, en que el cocontratante de la administración deberá seguir cumpliendo con sus obligaciones contrac- tuales, salvo en el caso de la terminación unilateral y, en algunos casos, cuando se trata de la modificación unilateral que afecta excesivamente el valor del contrato o en situaciones de fuerza mayor que impidan el cumplimiento del contrato en las nuevas circunstancias resultantes de la aplicación de las facultades de modificación o interpretación unilaterales.

CAPÍTULO III

LA TEORÍA DEL HECHO DEL PRÍNCIPE

La teoría del hecho del príncipe, dentro del contexto del principio del equilibrio económico y financiero en los contratos administrativos, resulta de especial interés y de permanente actualidad para el estudio del régimen jurídico de los citados contratos, en tanto que, como lo ha expresado la doctrina más autorizada, "la teoría del hecho del príncipe es una de las más confusas del derecho de los contratos administrativos"[1].

Como se encuentra comúnmente aceptado y ya lo hemos expresado en este trabajo, la ruptura del equilibrio económico y financiero del contrato administrativo puede darse durante su ejecución por diversas razones. No obstante, ni la doctrina ni la jurisprudencia se han puesto de acuerdo sobre cuáles son específicamente esas causales que dan lugar a la citada ruptura. Sin embargo, a pesar de la incertidumbre en la enumeración y tipificación de las causales, en todas las clasificaciones planteadas por la doctrina una de las causales de ruptura del equilibrio económico se encuentra referida a la acción unilateral de la administración, vertida específicamente en actos o actuaciones administrativas ajenas al contrato, que hacen más onerosa la ejecución del negocio jurídico[2].

En este capítulo nos proponemos estudiar los pormenores de esa causal, conocida como la teoría del hecho del príncipe, la cual, no obstante su

[1] ANDRÉ DE LAUBADÈRE, FRANCK MODERNE y PIERRE DELVOLVÉ, *Traité des contrats administratifs*, vol. II, *op. cit.*, núm. 1291.

[2] Véase, entre otros, a JULIO A. PRAT, *Derecho administrativo*, t. 3, vol. 2, Actos y contratos administrativos, Montevideo, Acali Editorial, 1978, págs. 306 y ss.; a MIGUEL S. MARIENHOFF, *Tratado de derecho administrativo*, t. III-A, *op. cit.*, núm. 762, y a LUIS GUILLERMO DÁVILA VINUEZA, *Régimen jurídico de la contratación estatal*, *op. cit.*, págs. 704 y ss. Desde el punto de vista de la jurisprudencia administrativa colombiana, véanse, por ejemplo, C. de E., Sala de lo Contencioso Administrativo, Sección Tercera, sents. de 26 febrero 2004, exp. 1991-07391 (14.043), y de 2 de septiembre de 2004, exp. 1996-04029 (14.578).

escasa aplicación en la práctica de la actividad contractual de la administración, reviste gran interés para la definición del régimen específico al cual se encuentran sujetos los contratos públicos.

En tal orden de ideas, para efectos metodológicos, presentaremos la exposición en cinco partes, a saber: en primer lugar, precisaremos el contenido de la teoría del hecho del príncipe (1); posteriormente analizaremos los antecedentes históricos y el origen de la misma (2); más adelante estudiaremos la manera como se ha justificado la aplicación de la teoría en los contratos públicos (3); a continuación explicaremos las condiciones para la procedencia de la aplicación de la teoría (4) y, finalmente, veremos los efectos que genera su aplicación (5).

1. El contenido de la teoría del hecho del príncipe

Como se dijo en la introducción, el estudio de la teoría del hecho del príncipe es quizás uno de los capítulos más complejos en el derecho de los contratos públicos. La complejidad del estudio de esta teoría proviene principalmente de la incertidumbre en el contenido de la expresión, sobre lo cual la doctrina ha expresado que "el término «hecho del príncipe» no corresponde en derecho administrativo a una categoría jurídica netamente individualizada"[3]. En el mismo sentido, Hauriou manifestó que "la categoría del hecho del príncipe es tal vez una de esas categorías provisionales, en las que se tienen que clasificar inicialmente los casos que sorprenden porque constituyen excepciones a las reglas fijadas, y luego, más tarde, uno se da cuenta que son casos heterogéneos, y que sería mejor estudiarlos cada uno en sus particularidades"[4].

En su formulación más antigua, la expresión *fait du prince* o *hecho del príncipe* se circunscribía a una medida arbitraria y violenta, expedida con base en la fuerza coercitiva que ostenta el titular de la autoridad pública[5]. Sin embargo, como pasamos a explicar, dicha noción no corresponde con lo que actualmente se denomina hecho del príncipe en el contexto de los contratos públicos.

---

[3] Saroit Badaoui, *Le fait du prince dans les contrats administratifs en droit français et en droit égyptien*, Paris, LGDJ, 1954, pág. 219.

[4] Maurice Hauriou, note au S. 1902, 3, 13, citado por André de Laubadère, Franck Moderne y Pierre Delvolvé, *Traité des contrats administratifs*, vol. II, *op. cit.*, pág. 517, nota 4.

[5] Véase a José Luis Benavides, *El contrato estatal, op. cit.*, núm. 536, con cita de la doctrina que sostiene esta posición.

Al respecto, resulta indispensable precisar que la expresión *hecho del príncipe* no es completamente ajena a los autores de derecho privado. En efecto, la doctrina de este derecho considera al *hecho del príncipe* como una de las especies de la causa extraña que exime de responsabilidad al deudor que incumple su obligación, por romperse el nexo de causalidad entre su comportamiento antijurídico y el daño. Se trata, en la perspectiva de algunos, de una variante de la fuerza mayor y, en otros casos, de una especie de hecho de un tercero, siempre con la consecuencia de eximir, al deudor afectado, del cumplimiento fiel de la obligación contraída[6]. En ese sentido, es preciso hacer notar que, en el derecho colombiano, según lo establecido en el artículo 1° de la ley 95 de 1890, que define la noción de *fuerza mayor*, los *actos de autoridad* constituyen una de las formas en que puede manifestarse esa fuerza mayor[7].

Incluso, sobre la misma base, en el derecho administrativo algunos autores han calificado al *hecho del príncipe* como un supuesto de aplicación de la fuerza mayor, en el cual se entienden incluidas las situaciones relacionadas con las guerras en las que existen decisiones de las autoridades administrativas que afectan la ejecución de los contratos públicos[8].

En la actualidad, dentro del contexto del derecho de los contratos públicos, la expresión *hecho del príncipe*, desde un punto de vista genérico, alude a "medidas administrativas generales que, aunque no modifiquen directamente el objeto del contrato, ni lo pretendan tampoco, inciden o repercuten sobre él haciéndole más oneroso para el contratista sin culpa de este"[9], de tal manera que, junto con la *potestas variandi*, forma parte del aleas administrativo[10].

---

[6] Véase a Françoise Terré, Philippe Simler e Yves Lequette, *Droit civil: les obligations*, 11ème éd., Paris, Dalloz, 2013, pág. 468, y a Georges Ripert y Jean Boulanger, *Traité de droit civil*, t. II, Paris, LGDJ, 1957, pág. 301

[7] Véase a Carlos Darío Barrera Tapias y Jorge Santos Ballesteros, *El daño justificado*, 2ª ed., Bogotá, Pontificia Universidad Javeriana, 1997, pág. 28.

[8] En ese sentido, puede verse a Laurent Vidal, *L'équilibre financier du contrat dans la jurisprudence administrative*, op. cit., págs. 358 y 359.

[9] Eduardo García de Enterría y Tomás-Ramón Fernández, *Curso de derecho administrativo*, t. I, op. cit., pág. 787. (edición colombiana, op. cit., pág. 726).

[10] En ese sentido, véase a Joseph Frank Oum Oum, *La responsabilité contractuelle en droit administratif*, op. cit., págs. 228 y ss.

En el mismo sentido general, la doctrina francesa contemporánea ha definido el hecho del príncipe, así: "El hecho del príncipe consiste en una decisión o incluso un comportamiento de la administración que no puede ser previsto en la suscripción del contrato y que tiene sus consecuencias sobre la ejecución de este"[11].

En igual sentido general, la doctrina española ha definido al hecho del príncipe de la siguiente manera:

> "En términos generales hablamos de *factum principis* o *«hecho del príncipe»* cuando la mayor onerosidad sobrevenida del contrato se produce por una decisión de la Administración que no deriva de una modificación contractual impuesta unilateralmente, sino de una decisión voluntaria de esta que, aunque se origina al margen de la relación contractual y no persigue modificar su objeto, altera indirectamente las condiciones de ejecución del contrato haciéndolo más gravoso para el contratista, sin que medie culpa de este, lo que produce la ruptura del equilibrio financiero inicial del contrato y, en consecuencia, requiere de una compensación económica[12]".

Sin embargo, de manera más precisa, la noción de *hecho del príncipe* en el marco de los contratos públicos es utilizada comúnmente con diversas acepciones: una en sentido lato y otra en sentido estricto[13]. En sentido lato, la expresión *hecho del príncipe* se refiere a toda intervención de los poderes públicos, es decir, de cualquier órgano del Estado que afecte de cualquier forma, ya sea de manera directa o indirecta, la ejecución del contrato. La doctrina que sostiene esta posición ha definido la figura en los siguientes términos:

> "La teoría del hecho del príncipe [...] nació para corregir las consecuencias de aquellas intervenciones de los poderes públicos que tuvieran por efecto afectar, con medidas generales, las condiciones jurídicas o

---

[11] LAURENT RICHER y FRANÇOISE LICHÈRE, *Droit des contrats administratifs*, *op. cit.*, núm. 392.

[12] ESTELA VÁZQUEZ LACUNZA, *El equilibrio económico en los contratos de servicios*, *op. cit.*, pág. 261.

[13] Al respecto, véase a ANDRÉ DE LAUBADÈRE, FRANCK MODERNE y PIERRE DEL-VOLVÉ, *Traité des contrats administratifs*, vol. II, *op. cit.*, núms. 1292 y 1293, y a JOSÉ LUIS BENAVIDES, *El contrato estatal*, *op. cit.*, núms. 537 y 538. La justicia arbitral colombiana también ha resaltado estas dos formas de entender el significado de la teoría del hecho del príncipe: véase Tribunal de Arbitramento de *Cables de Energía y de Telecomunicaciones "Centelsa S. A."* contra *Empresa de Energía de Bogotá*, laudo de 30 de septiembre de 1996.

de hecho conforme a las cuales el contratista ejecuta su contrato [...] el hecho del príncipe concierne a las medidas que no tienen por objeto realizar directamente la prerrogativa modificatoria, pero que inciden o repercuten sobre el contrato, haciendo que su cumplimiento sea más oneroso[14]".

En cambio, en sentido estricto, la expresión, que también se conoce como *"hecho de la administración"*, designa los actos provenientes de la autoridad pública contratante que, sin tener por objeto el contrato, generan efectos sobre el mismo en cuanto a las condiciones de su ejecución. La doctrina partidaria de concebir la expresión en este sentido más restringido, encabezada por DE LAUBADÈRE, ha manifestado:

"El hecho del príncipe es una medida tomada por la autoridad contratante que afecta las condiciones de ejecución del contrato. Pero, como medida tomada por la administración contratante, el hecho del príncipe parece duplicarse. La administración contratante puede, en primer lugar, tomar una medida que tiene por objeto directo y, en consecuencia, al mismo tiempo por efecto, modificar las condiciones de ejecución del contrato [...] en segundo lugar, la administración puede tomar una medida que si bien no tiene por objeto propio la ejecución del contrato, tiene un efecto sobre esta ejecución [...] podríamos reservar para la segunda hipótesis la expresión «hecho del príncipe»[15]."

Igualmente, la doctrina ha dicho que "por hecho del príncipe conviene entender los actos jurídicos y las operaciones materiales que tienen repercusiones sobre el contrato, y que han sido efectuadas por la colectividad que ha concluido el contrato, pero actuando en calidad distinta de la de contratante"[16].

En similar sentido, la jurisprudencia administrativa colombiana ha apoyado esta posición manifestando: "en el derecho vernáculo la doctrina y jurisprudencia mayoritaria han efectuado una distinción, para señalar que los eventos de desequilibrio generados a partir de un acto de imperio expedido por la entidad contratante son los únicos que se enmarcan den-

[14] JUAN CARLOS CASSAGNE, "El equilibrio económico-financiero del contrato administrativo", *op. cit.*, pág. 140.

[15] ANDRÉ DE LAUBADÈRE, FRANCK MODERNE y PIERRE DELVOLVÉ, *Traité des contrats administratifs*, vol. II, *op. cit.*, núm. 1293.

[16] FRANCIS-PAUL BENOÎT, *El derecho administrativo francés*, Madrid, Instituto de Estudios Administrativos, 1977, pág. 775. Así también, JOSEPH FRANK OUM OUM, *La responsabilité contractuelle en droit administratif, op. cit.*, págs. 138 y ss.

tro de la denominada teoría del hecho del príncipe (*fait du prince*) (tesis *strictu sensu*)"[17]. Igualmente, ha dicho el Consejo de Estado:

> "[...] se presenta un hecho del príncipe cuando el Estado expide una medida de carácter general y abstracto que era imprevisible al momento de la celebración del contrato y que incide en forma directa o indirecta en el mismo, alterando en forma extraordinaria o anormal la ecuación financiera surgida al momento de proponer el contratista su oferta o celebrar el contrato, precisando sin embargo, que solo resulta aplicable la teoría del hecho del príncipe cuando la norma general que tiene incidencia en el contrato es proferida por la entidad contratante[18]".

Lo propio ha hecho una decisión arbitral al señalar que

> "[...] por «hecho del príncipe» en sentido estricto y preciso, ha de entenderse —y tal es la postura que adopta este tribunal— toda decisión o conducta proveniente de la misma autoridad que celebró el contrato, cumplida o realizada por ella en ejercicio de atribuciones suyas, propias del poder público, distintas de aquellas de que disfruta o es titular en cuanto contratante, que sobreviniendo durante la ejecución de un contrato administrativo, sea susceptible de causar un perjuicio real, cierto, directo y especial al contratista, porque produzca una alteración anormal de la ecuación económico financiera del contrato y que este no haya podido prever al momento de celebrarlo[19]".

[17] C. de E., Sala de lo Contencioso Administrativo, Sección Tercera, sent. de 6 mayo 2015, exp. 31.837. En el mismo sentido, puede verse C. de E., Sala de lo Contencioso Administrativo, Sección Tercera, auto de 10 abril 2019, exp. 61.409.

[18] C. de E., Sala de lo Contencioso Administrativo, Sección Tercera, sent. de 18 septiembre 2003, exp. 1996-05631. Con la misma idea, el Consejo de Estado ha expresado: "El denominado hecho del príncipe corresponde a una actuación legítima de la Administración, aunque no como parte del contrato. En efecto, consiste esta teoría, en el rompimiento del equilibrio económico del contrato que se presenta con ocasión de la expedición, imprevista y posterior a la celebración del contrato estatal, de medidas de carácter general y abstracto por parte de la entidad estatal contratante, que de manera indirecta o refleja afectan la ecuación contractual y hacen más gravosa la situación del contratista; se trata de actos que profiere la Administración, en su calidad de autoridad estatal, en ejercicio de sus propias funciones, y no como parte contratante en el negocio jurídico, pero que, sin embargo, tienen incidencia indirecta en el contrato y afectan su ecuación, ocasionando una alteración extraordinaria o anormal de la misma, que se traduce en un detrimento de los intereses económicos del contratista. Debe tratarse de una afectación grave, que sobrepase el álea normal de todo negocio, para que surja el derecho de la parte afectada a obtener el restablecimiento del equilibrio económico del contrato, en tal forma, que se restituya la equivalencia de prestaciones que existía originalmente" (C. de E., Sala de lo Contencioso Administrativo, Sección Tercera, sent. de 31 enero 2019, exp. 37.910)

[19] Tribunal de Arbitramento de *Cables de Energía y de Telecomunicaciones "Centelsa S. A."* contra *Empresa de Energía de Bogotá*, laudo de 30 de septiembre de 1996.

Para los partidarios de esta comprensión del "hecho de príncipe" en sentido estricto las intervenciones de otras autoridades administrativas diferentes de la entidad pública contratante o de otros poderes públicos afectan el aleas económico y no el aleas administrativo, de manera que permiten dar aplicación a la teoría de la imprevisión, si se cumplen todas las condiciones para la procedencia de esta causal de ruptura del equilibrio económico del contrato. Sobre este punto, la jurisprudencia administrativa colombiana ha dicho que "si la decisión administrativa que impactó el contrato de manera negativa fue proferida por una entidad estatal distinta a la contratante, será aplicable la teoría de la imprevisión, de conformidad con las consecuencias que de la misma se desprenden, tal y como se analizará en el acápite siguiente, esto es, supuestos en los que la economía del contrato se altera en virtud de un hecho externo a las partes contratantes"[20].

A su vez, las medidas de la misma entidad contratante, actuando no como autoridad pública sino como parte del contrato, que afecten las condiciones de ejecución del mismo, es decir, que afecten el aleas administrativo, pueden dar lugar a la aplicación de la teoría de la *potestas variandi* o de la responsabilidad de la administración por incumplimiento[21].

En relación con las anteriores citas, aquí también vale la pena hacer notar que a pesar de que la doctrina tradicional suele hacer referencia a que el restablecimiento del equilibrio económico del contrato es un derecho exclusivo del cocontratante de la administración, lo cierto es que, teniendo en cuenta la comprensión amplia del principio que hemos planteado en este trabajo, debe entenderse que el ejercicio de una medida de la entidad estatal contratante, tomada como autoridad pública, también puede tener como efecto que la ejecución del contrato sea menos gravosa para el contratista y más gravosa para la administración, caso en el cual, como lo veremos más adelante, esta también tendrá derecho a que se restablezca el equilibrio económico a su favor.

Podemos concluir, entonces, que no existe en la doctrina una noción única de *hecho del príncipe*. Sin embargo, por las razones que expondremos más adelante, consideramos que el hecho del príncipe es una de las

[20] C. de E., Sala de lo Contencioso Administrativo, Sección Tercera, sent. de 6 mayo 2015, exp. 31.837.

[21] Sobre las diversas situaciones que integran el aleas administrativo, véase a JOSEPH FRANK OUM OUM, *La responsabilité contractuelle en droit administratif, op. cit.*, págs. 228 y ss.

causales de ruptura del equilibrio económico de los contratos públicos que se presenta por la expedición de actos jurídicos o por actuaciones materiales, generales o particulares, de la entidad administrativa contratante, en ejercicio de atribuciones como autoridad pública y no como parte del contrato, que lo afectan haciendo considerablemente más oneroso para una de las partes su fiel cumplimiento.

2. Antecedentes y origen de la teoría

Uno de los aspectos al cual la doctrina ha prestado menos atención en la exposición de la teoría del hecho del príncipe es el relacionado con su formación histórica. En efecto, son muy aisladas y escasas las referencias al origen y antecedentes de esta teoría, y lo son más aún en el derecho colombiano, en el cual no se encuentran antecedentes concretos de la formación de la teoría en el derecho administrativo distintos a su aplicación en el marco del principio del equilibrio económico en los contratos administrativos y a algunas referencias aisladas en el derecho civil dentro del análisis del concepto de fuerza mayor.

Como lo expresamos atrás, la doctrina especializada ha hecho notar que, en su formulación más antigua, la expresión *fait du prince, factum principis* o *hecho del príncipe* se circunscribía a una medida arbitraria y violenta, expedida con base en la fuerza coercitiva que ostenta el titular de la autoridad pública[22].

Igualmente, la doctrina de los contratos públicos ha presentado algunos antecedentes históricos referidos a hechos específicos en los cuales se aplicaban soluciones similares a las del moderno hecho del príncipe. Así, por ejemplo, en la doctrina se hace referencia a las disposiciones del antiguo derecho español relacionadas con los contratos de riesgo celebrados por la Corona, que eran los contratos suscritos por la administración española con el objeto de realizar la oportuna recaudación de los impuestos y demás fondos fiscales. En estos contratos se reconocía a la Corona una especie de prerrogativa de modificación unilateral indirecta de sus contratos de riesgo, a través de una medida general de buen gobierno que resultaba afectando las condiciones de su ejecución[23].

---

[22] Véase a José Luis Benavides, *El contrato estatal, op. cit.*, núm. 536, con cita de la doctrina que sostiene esta posición.

[23] En este sentido puede verse a Gaspar Ariño Ortíz, *Teoría del equivalente económico en los contratos administrativos, op. cit.*, págs. 255 y ss., quien cita los documentos

No obstante esta ausencia de atención a este aspecto de la teoría y de la referencia a técnicas remotas de derecho interno que pueden indicarse como antecedentes, la doctrina es unívoca en reconocer que es a la jurisprudencia del Consejo de Estado francés, junto con la doctrina gala del derecho administrativo, a quienes se les debe el desarrollo moderno y la sistematización de esta teoría dentro de la figura del contrato administrativo[24]. En este sentido, la propia doctrina francesa ha aceptado que quien enuncia por primera vez esta teoría del hecho del príncipe dentro del contexto de su formulación moderna, como una de las expresiones de la responsabilidad administrativa sin falta, es MAURICE HAURIOU en 1902, pero reconoce que ha sido trascendental la labor de la jurisprudencia del Consejo de Estado, a la par con la doctrina que la comenta, para delimitar la noción moderna y sus condiciones de aplicación[25].

3. JUSTIFICACIÓN DE LA APLICACIÓN DE LA TEORÍA

Como ya lo hemos expresado, los contratos públicos, como cualquier otro contrato conmutativo o bilateral oneroso, son celebrados por los cocontratantes con base en determinadas previsiones económicas que se realizan teniendo en cuenta una situación coyuntural específica, tanto desde el punto de vista económico, como del político y jurídico. No obstante, es posible que tales circunstancias dentro de las cuales se enmarcaron las previsiones económicas de las partes, resulten alteradas por decisiones o por comportamientos de la administración pública, sean de naturaleza contractual —como ocurre en el caso de la teoría de la *potestas variandi*— o de naturaleza extracontractual —como en el caso de la teoría del hecho del príncipe—, de tal manera que el fundamento para la aplicación de ambas teorías resulta común.

Ante tales circunstancias y no obstante haber variado las condiciones económicas, políticas y jurídicas de ejecución del contrato, en aplicación del principio del *pacta sunt servanda* —propio de la institución contrac-

_____
históricos que respaldan esta posición.

[24] Véase a HÉCTOR JORGE ESCOLA, *Tratado integral de los contratos administrativos*, vol. I, *op. cit.*, núm. 104, y a RAÚL ENRIQUE GRANILLO OCAMPO, *Distribución de los riesgos en la contratación administrativa*, *op. cit.*, págs. 108 y 109.

[25] ANDRÉ DE LAUBADÈRE, FRANCK MODERNE y PIERRE DELVOLVÉ, *Traité des contrats administratifs*, vol. II, *op. cit.*, núms. 1291 y ss., con abundantes referencias a la jurisprudencia administrativa francesa.

tual privada—, el cocontratante de la administración se encontraría en la obligación de continuar ejecutando el contrato con las mismas condiciones económicas pactadas al momento de suscribirlo, en detrimento de su propio patrimonio y de sus expectativas de utilidades.

No obstante, ante esta clase de situaciones, la construcción jurídica de los contratos públicos ha desarrollado, entre otros, un mecanismo específico que pretende proteger el patrimonio del cocontratante de la administración: se trata de la teoría del hecho del príncipe que, en contraposición a la aplicación estricta del principio del *pacta sunt servanda* en el contrato de derecho privado, con fundamento en los principios que rigen la contratación administrativa y especialmente en aquellos de la responsabilidad administrativa sin falta, plantea una solución jurídica basada además en la necesidad de justicia en las relaciones contractuales, la buena fe y la reciprocidad de las prestaciones, que permite reducir la rigidez del citado principio del *pacta sunt servanda*, el cual, sin duda, también tiene vigencia en los contratos administrativos.

De otra parte, la base de la aplicación de la teoría del *hecho del príncipe* se encuentra en la verificación de que la administración, en los contratos públicos, goza de ciertas prerrogativas y de una posición de prevalencia sobre su cocontratante, lo cual debe tener como contrapartida el derecho del contratista a una indemnización por el ejercicio, aun legal, de tales prerrogativas, de tal manera que no se altere la equivalencia material en las prestaciones pactadas[26]. Se trata de una expresión concreta del principio que inspira al derecho administrativo mismo: el equilibrio o balance entre las prerrogativas de la administración y las garantías ciudadanas[27]. El fundamento jurídico del derecho al mantenimiento del equilibrio económico, desde esta perspectiva y sin perjuicio del derecho positivo, se encuentra en los fines de interés público que tienen los contratos públicos y en el carácter de colaborador del cocontratante de la administración, que obligan a concluir que el patrimonio del cocontratante no puede ser

---

[26] Véase a ANDRÉ DE LAUBADÈRE e YVES GAUDEMET, *Traité de droit administratif,* t. I, *op. cit.*, núm. 1466, y a LAURENT RICHER y FRANÇOISE LICHÈRE, *Droit des contrats administratifs, op. cit.*, núm. 333.

[27] Sobre este principio, véase a FERNANDO GARRIDO FALLA, *Tratado de derecho administrativo*, vol. I, *op. cit.*, pág. 18.

sacrificado por actos de la propia administración y debe haber una equivalencia honesta entre las prestaciones[28].

Además, la teoría del hecho del príncipe, como toda la construcción de la teoría del equilibrio económico de los contratos públicos, nace al amparo de la doctrina del servicio público. En efecto, en la formulación de la teoría del hecho del príncipe, la doctrina y la jurisprudencia francesas plantearon que la necesidad de que el servicio público a cargo de la administración sea prestado con eficiencia, regularidad y continuidad, se traduce en que esta debe ser responsable por los mayores costos que sus decisiones unilaterales generen sobre el cocontratante de la administración. De tal manera que la necesidad de la prestación continua y eficiente de los servicios públicos, igualmente justifica la existencia y aplicación de la teoría del hecho del príncipe en los contratos públicos[29]. Así, según la doctrina, "si bien la administración tiene el derecho de velar por la buena marcha de los servicios públicos, por el progreso de los intereses sociales y de intervenir con miras a lograr su objetivo, no puede atentar contra los derechos adquiridos y romper el equilibrio de los convenios que ha celebrado, sin pagar"[30].

En la fundamentación de la teoría del hecho del príncipe también resultan trascendentales los principios que gobiernan la responsabilidad extracontractual sin falta, específicamente aquel que se relaciona con la igualdad de los ciudadanos ante las cargas públicas, conforme al cual, si un administrado soporta las cargas que pesan sobre los demás, nada puede reclamar al Estado, pero si en un momento dado debe soportar individualmente una carga anormal y excepcional, esa carga constituye un

[28] Véase a HÉCTOR JORGE ESCOLA, *Tratado integral de los contratos administrativos*, vol. I, *op. cit.*, núm. 104. En igual sentido, desde el punto de vista de la jurisprudencia colombiana, puede consultarse Corte Const., sent. C-892 de 2001.

[29] Sobre el servicio público y su relación con la teoría del equilibrio económico del contrato administrativo, véase a GASTON JÈZE, *Principios generales del derecho administrativo*, t. V, *op. cit.*, págs. 16 y ss. En este sentido también puede verse a LAURENT VIDAL, *L'équilibre financier du contrat dans la jurisprudence administrative*, *op. cit.*, págs. 358 y ss; a GASPAR ARIÑO ORTÍZ, *Teoría del equivalente económico en los contratos administrativos*, *op. cit.*, 1968, pág. 243, y a JUAN CARLOS CASSAGNE, "El equilibrio económico-financiero del contrato administrativo", *op. cit.*, pág. 136.

[30] LAURENT VIDAL, *L'équilibre financier du contrat dans la jurisprudence administrative*, *op. cit.*, pág. 847

daño especial que la administración debe indemnizar[31]. En consecuencia, la teoría del hecho del príncipe resulta aplicable a los contratos públicos por las disposiciones constitucionales relacionadas con la obligación de mantener una igualdad en las cargas públicas, la garantía del patrimonio de los particulares y el consecuente deber de indemnizar los daños antijurídicos generados por el Estado[32].

En este sentido, debe hacerse notar que los actos que permiten dar aplicación a la teoría del hecho del príncipe forman parte del llamado *aleas administrativo*, en tanto que siempre tienen origen en un hecho de la administración[33]. Sin embargo, esos hechos de la administración no necesariamente son ilícitos sino que pueden ser ajustados a derecho y, además, su ejercicio no corresponde a actuaciones de la administración como cocontratante sino al ejercicio de las potestades propias extracontractuales o institucionales de la administración pública, razón por la cual la doctrina ha señalado que la teoría del hecho del príncipe es una de las aplicaciones concretas de la responsabilidad de la administración sin falta[34]. En conclusión, también los principios que gobiernan la responsabilidad objetiva de la administración permiten dar un fundamento teórico a la aplicación de la teoría del hecho del príncipe en los contratos públicos[35].

Además, de una parte, la conmutatividad propia de los contratos administrativos, que por definición son sinalagmáticos, así como, de otra, el deber de aplicar cierta justicia contractual, constituyen de igual

[31] Sobre el principio de igualdad ante las cargas públicas, véase a RENÉ CHAPUS, *Droit administratif général*, t. I, *op. cit.*, núms. 1506 y ss.

[32] Véase, en este sentido a MIGUEL S. MARIENHOFF, *Tratado de derecho administrativo*, t. III-A, *op. cit.*, núm. 766. En similar sentido, puede verse a RODRIGO ESCOBAR GIL, *Teoría general de los contratos de la administración pública*, *op. cit.*, pág. 479.

[33] Véase a JULIO A. PRAT, *Derecho administrativo*, t. III, vol. II, *op. cit.*, pág. 308.

[34] En este sentido, véase a MAURICE HAURIOU, *Précis élémentaire de droit administratif*, 4ème éd., Paris, Sirey, 1938, pág. 300; a JACQUES MOREAU, *Droit administratif*, Paris, PUF, 1989, núm. 310, y a JOSEPH FRANK OUM OUM, *La responsabilité contractuelle en droit administratif*, *op. cit.*, págs. 142 y ss. Igualmente véase a HÉCTOR JORGE ESCOLA, *Tratado integral de los contratos administrativos*, vol. I, *op. cit.*, núm. 104, y a MIGUEL S. MARIENHOFF, *Tratado de derecho administrativo*, t. III-A, *op. cit.*, núm. 774.

[35] Véase a EDUARDO GARCÍA DE ENTERRÍA y TOMÁS-RAMÓN FERNÁNDEZ, *Curso de derecho administrativo*, t. I, *op. cit.*, pág. 787 (edición colombiana: *op. cit.*, pág. 726), y a CARLOS E. DELPIAZZO, *Contratación administrativa*, Montevideo, Universidad de Montevideo, 1999, pág. 224.

manera argumentos que fundamentan el derecho a la conservación del equilibrio económico del contrato público por situaciones constitutivas del hecho del príncipe. En efecto, el carácter sinalagmático de los contratos públicos se traduce en el deber de las partes, ante la presencia de decisiones administrativas que alteren las condiciones de ejecución, de mantener la equivalencia material entre las prestaciones pactadas hasta la finalización de la ejecución de los contratos, lo cual ha llevado a la jurisprudencia francesa, desde principios del siglo xx, a destacar la relación intrínseca entre el principio del mantenimiento de la ecuación financiera en los contratos estatales y el carácter conmutativo de los mismos, así: "Es de la esencia de toda concesión el buscar y realizar, en la medida de lo posible, una igualdad entre las ventajas que le son procuradas al concesionario y las cargas que le son impuestas. Las ventajas y las cargas deben balancearse de manera de contrapesar los beneficios probables y las pérdidas previstas"[36].

De forma complementaria al carácter conmutativo del contrato público y como consecuencia del mismo, la justicia contractual, entendida como justicia en las prestaciones, conduce al nacimiento del deber de la administración de indemnizar a su cocontratante por los mayores costos que implique la expedición de decisiones que alteren las condiciones de ejecución de los contratos[37].

En consecuencia, la justicia conmutativa, propia de los contratos bilaterales sinalagmáticos y conmutativos, como lo son los contratos públicos, igualmente impone a la administración la responsabilidad objetiva por sus hechos y actuaciones que hagan más oneroso para su cocontratante la ejecución de las prestaciones contractuales, de tal manera que si una actuación legal suya genera un daño al contratista, la administración tiene el deber de reparar, de manera integral, el daño causado[38]. En este

[36] Consejo de Estado francés, fallo de 21 de marzo de 1910, *Compagnie Générale Française des Tranways*, en MARCEAU LONG *et al.*, *Les grands arrêts de la jurisprudence administrative*, *op. cit.*, págs. 141 y ss.

[37] Sobre la justicia contractual como fundamento del equilibrio económico del contrato administrativo, puede verse a JUAN PABLO CÁRDENAS MEJÍA, "La justicia contractual", *op. cit.*, págs. 301 y ss. Igualmente, puede verse a EDUARDO O. EMILI, "El equilibrio contractual", *op. cit.*, pág. 621.

[38] Sobre la justicia conmutativa como fundamento del derecho al mantenimiento del equilibrio económico y financiero del contrato, véase a ROBERTO DROMI, *Derecho administrativo*, *op. cit.*, pág. 758.

sentido, vale la pena hacer notar que la jurisprudencia constitucional colombiana ha expresado que

> "[...] la reciprocidad en las prestaciones contractuales comporta un principio connatural o esencial al contrato administrativo que corresponde a la categoría de los sinalagmáticos (en virtud del principio del gasto público, los ne gocios jurídicos unilaterales y gratuitos no se integran al régimen común u ordinario de contratación estatal). Su aplicación en el campo del derecho público surge inicialmente de la jurisprudencia y de la doctrina, ante la apremiante necesidad de *garantizar la estructura económica del contrato frente a las distintas variables que podrían afectar su cumplimiento y ejecución material*, buscando con ello equipar [*sic*] y armonizar las exigencias del interés público social con la garantía de los derechos del contratista[39]".

4. Condiciones para la procedencia de la aplicación de la teoría

A pesar de lo que podría pensarse a partir de los conceptos y justificaciones expresados anteriormente, no toda decisión o actuación de los poderes públicos que altere las condiciones de ejecución de un contrato público permite dar aplicación a la teoría del hecho del príncipe. La decisión o actuación debe estar revestida de determinadas características y generar unas consecuencias específicas para que nazca la obligación de restablecer el equilibrio económico. Esas características y consecuencias determinadas que permiten dar aplicación a la teoría del hecho del príncipe son las que a continuación pasamos a analizar detenidamente.

Según la tradicional formulación de la institución por parte de De Laubadère, las condiciones de aplicación de la teoría del hecho del príncipe pueden resumirse en las siguientes: a) la existencia de un daño o perjuicio sufrido por el contratista; b) la imprevisibilidad del hecho dañino o lesivo; c) la imputabilidad del hecho dañino a la autoridad pública, específicamente a la persona pública contratante, y d) la existencia de una intervención administrativa jurídica o material de naturaleza extracontractual, que puede ser general o particular, siempre que altere las condiciones contractuales[40].

---

[39] Corte Const., sent. C-892 de 2001. En igual sentido, C. de E., Sala de lo Contencioso Administrativo, Sección Tercera, sents. de 24 octubre 1994, exp. 11.632, y de 2 febrero 1996, exp. 8.385.

[40] Véase a André de Laubadère, Franck Moderne y Pierre Delvolvé, *Traité des contrats administratifs*, vol. II, *op. cit.*, núms. 1296 y ss.

En el contexto latinoamericano, la doctrina de los contratos públicos ha precisado las condiciones de aplicación de la teoría del hecho del príncipe, siendo enfática en afirmar que las condiciones que debe reunir el hecho perturbador que permite dar aplicación a esta teoría son las siguientes: a) que provenga de la autoridad pública que celebró el contrato; b) que haya ocasionado en el contratista un perjuicio especial, cierto y directo, sea una pérdida o una disminución de las utilidades esperadas; c) que constituya una circunstancia que el cocontratante no pudo haber previsto en el momento en que celebró el contrato con la administración, y d) que haya ocasionado una alteración extraordinaria de la ecuación económica del contrato, haciéndolo más oneroso, pues los perjuicios comunes forman parte del aleas normal que debe soportar el contratista[41].

En el derecho colombiano, un sector de la doctrina ha manifestado que los requisitos necesarios para poder dar aplicación a la teoría del hecho del príncipe, son los siguientes: a) una medida general y abstracta imputable al Estado; b) una alteración extraordinaria de la equivalencia económica del contrato; c) la existencia de un daño antijurídico sufrido por el contratista; d) un vínculo de causalidad entre la medida del Estado y el daño antijurídico sufrido por el contratista, y e) la ausencia de mora del contratista en el cumplimiento de sus prestaciones contractuales[42].

Por su parte, el Consejo de Estado colombiano, con fundamento en la doctrina francesa, considera que son cuatro los presupuestos fundamentales que estructuran la aplicación en un caso concreto de la teoría del hecho del príncipe, como causal de ruptura del equilibrio económico del contrato. Al respecto, indicó:

> "El hecho del príncipe como fenómeno determinante del rompimiento de la ecuación financiera del contrato, se presenta cuando concurren los siguientes supuestos:
>
> "a. La expedición de un acto general y abstracto.
>
> "b. La incidencia directa o indirecta del acto en el contrato estatal.
>
> "c. La alteración extraordinaria o anormal de la ecuación financiera del contrato como consecuencia de la vigencia del acto.

---

[41] Véase a HÉCTOR JORGE ESCOLA, *Tratado integral de los contratos administrativos*, vol. I. *op. cit.*, núm. 104.

[42] En este sentido, puede consultarse a RODRIGO ESCOBAR GIL, *Teoría general de los contratos de la administración pública*, op. cit., págs. 492 y ss.

"d. La imprevisibilidad del acto general y abstracto al momento de la celebración del contrato[43]".

Posteriormente, el Consejo de Estado ha señalado los requisitos para la procedencia del restablecimiento del equilibrio económico en aplicación de la teoría del hecho del príncipe, así:

"(i) Que exista un acto de carácter general expedido por el órgano o autoridad pública contratante (ley o acto administrativo) en ejercicio de una competencia diferente a la contractual que afecte gravemente la ecuación financiera de un contrato; es decir que no se dirija en forma particular, concreta o directa al contrato, aun cuando incida en él tornándolo excesivamente oneroso;

"(ii) Que el acto que genera el daño sea sobreviniente, súbito, anormal, extraordinario e imprevisible al momento de celebrar el contrato y no imputable al contratista que resulte afectado;

"(iii) Que, como consecuencia de lo anterior, exista una relación causal entre el acto y el daño o perjuicio resarcible; y

"(iv) Que quien alegue como motivo o causa el «hecho del príncipe», pruebe objetivamente el desequilibrio económico del contrato y la existencia de un perjuicio cierto y directo[44]".

Nótese que en otro lugar señalamos que, de manera general, para que una alteración en las condiciones iniciales del contrato comporte una ruptura en su equilibrio económico, deben cumplirse las siguientes condiciones: a) debe producirse por hechos o acontecimientos que no puedan ser imputables a la parte que reclama el restablecimiento, sea porque son hechos extraños a las dos partes del negocio o porque se trate de un hecho del cocontratante; b) debe ser consecuencia de hechos o acontecimientos posteriores a la presentación de la propuesta o la celebración del contrato; c) debe ser causada por un aleas anormal, y d) la economía del contrato debe afectarse de forma grave y anormal[45].

Teniendo en cuenta las diferentes perspectivas anteriores, las cuales contienen algunos elementos en común y otros contradictorios, conside-

---

[43] C. de E., Sala de lo Contencioso Administrativo, Sección Tercera, sent. de 29 mayo 2003, exp. 14.577.

[44] C. de E., Sala de lo Contencioso Administrativo, Sección Tercera, sent. de 28 julio 2012, exp. 21.990. Estos mismos requisitos son mencionados en C. de E., Sala de lo Contencioso Administrativo, Sección Tercera, sent. de 23 noviembre 2016, exp. 52.161.

[45] Véase *supra* cap. I, num. 4.

ramos que para poder afirmar que se presenta la ruptura del equilibrio económico de un contrato público, específicamente en aplicación de la teoría del hecho del príncipe, deben concurrir las siguientes condiciones: a) que el hecho o acontecimiento que produce la alteración de las condiciones contractuales consista en un acto o actuación de la entidad pública contratante en su calidad de autoridad pública; b) que el acto o actuación que altere las condiciones contractuales sea posterior a la presentación de la propuesta o la celebración del contrato; c) que el contenido del acto o actuación que altere las condiciones contractuales constituya un aleas extraordinario, es decir, que por su carácter excepcional no pudiere haber sido razonablemente previsto por las partes, y d) que el acto o actuación altere en forma extraordinaria y anormal la economía del contrato haciéndolo considerablemente más gravoso. Veamos, entonces, detalladamente, cada una de las condiciones indicadas para la aplicación de la teoría del hecho del príncipe:

A) *El hecho o acontecimiento que produce la alteración de las condiciones contractuales debe consistir en un acto o actuación de la entidad pública contratante en su calidad de autoridad pública*

La primera condición que debe verificarse para dar aplicación a la teoría del hecho del príncipe en un caso concreto, se refiere a que el hecho o acontecimiento que modifica las condiciones de ejecución del contrato debe ser imputable a la entidad pública contratante. Sin embargo, en relación con esta condición deben precisarse cuatro aspectos, a saber: la autoridad pública a la cual debe ser imputable la actuación; el carácter con el cual actúa la entidad pública; la clase de actuación, en el sentido de si debe tratarse de una actuación jurídica o si puede ser también una actuación material, y el carácter de la actuación, en el sentido de si debe tratarse de una medida de carácter general o si también puede ser una medida de carácter particular.

a) *La autoridad pública a la cual debe ser imputable la actuación.* En cuanto a la imputabilidad de la intervención administrativa, existen tres posiciones divergentes. En primer lugar, un sector de la doctrina considera que la intervención perturbadora puede provenir de cualquier órgano del Estado, incluso de poderes públicos diferentes de la administración, como puede ser el poder legislativo mediante la expedición de una ley[46]. En ese sentido, ha dicho la doctrina que, en el hecho del príncipe, la "administración contratante no es la causante directa de la ruptura, sino que es la actuación de un poder público (que puede ser la propia administración, u otro poder público), decidiendo sobre cuestiones ajenas al contrato, la que produce unas consecuencias económicas que repercuten en el contrato alterando su ecuación financiera "[47].

La jurisprudencia colombiana ha sostenido esta posición al manifestar: "Es bien sabido que el equilibrio financiero de un contrato administrativo puede sufrir alteración por un hecho imputable al Estado, como sería, entre otros, el conocido doctrinariamente como hecho del príncipe y determinante del álea [sic] administrativa. Hecho, siempre de carácter general, que puede emanar o de la misma autoridad contratante o de cualquier órgano del Estado"[48]. Posteriormente, la misma jurisprudencia administrativa expresó que "dicho equilibrio económico puede verse alterado durante la ejecución del contrato [...] por actos de la administración como Estado y es aquí donde recobra aplicación la teoría conocida como «el hecho del príncipe», según la cual cuando la causa de la agravación deviene de un acto de la propia administración contratante, o de un acto, hecho u operación atribuibles al poder público en cualquiera de sus ramas que perturben la ecuación contractual en perjuicio del contratista, debe esta restablecerse"[49], así como que "la causa que hace referencia a los actos de la administración como Estado, se refiere fundamentalmente al denominado 'hecho del príncipe', entendido como expresión de la potestad normativa, constitucional y legal, que se traduce en la expedición de leyes o actos administrativos de carácter general, los cuales pueden provenir de la misma autoridad contratante o de cualquier órgano del Estado"[50].

[46] Véase, en este sentido, a RODRIGO ESCOBAR GIL, *Teoría general de los contratos de la administración pública, op. cit.*, págs. 492 y 493; a EDUARDO O. EMILI, "El equilibrio contractual", en ISMAEL FARRANDO (H.) (coord.), *Contratos administrativos*, Buenos Aires, Abeledo-Perrot, 2002, pág. 628, y a CARLOS HOLGUÍN HOLGUÍN, "El equilibrio contractual", en *Comentarios al nuevo régimen de contratación administrativa*, 2ª ed., Bogotá, Ediciones Rosaristas y Biblioteca Jurídica Diké, 1995, pág. 122.

[47] LUIS COSCULLUELA MONTANER, *Manual de derecho administrativo*, 26ª ed., Pamplona, Civitas -Aranzadi, 2015, p. 455.

[48] C. de E., Sala de lo Contencioso Administrativo, Sección Tercera, sent. de 27 marzo 1992, exp. 6.353.

[49] C. de E., Sala de lo Contencioso Administrativo, Sección Tercera, sent. de 15 de febrero de 1999, exp. 11.194.

[50] Consejo de Estado, Sala de lo Contencioso Administrativo, Sección Tercera, auto de 7 de marzo de 2002, exp. 21.588.

Como matización de esa primera posición, la doctrina ha dicho que si bien es cierto que la actuación perturbadora no puede provenir de cualquier autoridad pública, pero sí de cualquier autoridad administrativa y no necesariamente la que es parte del contrato, "lo relevante no es de quien proceda la medida, sino que se trate de un acto de autoridad suficiente para imponerse a la ejecución del contrato, y que sin pretenderlo tenga una incidencia negativa y relevante en su presupuesto económico, sin que existan otros mecanismos previstos para compensar el daño"[51].

En oposición a la doctrina expuesta, otro sector considera que el requisito de imputabilidad de la medida estatal perturbadora debe ser más estricto, en tanto que no puede provenir de cualquier órgano del poder público sino que necesariamente debe tener origen en una entidad que pertenezca a la misma esfera u orden jurídico de la entidad pública contratante. Así, por ejemplo, un acto de una entidad del orden nacional no puede dar lugar a la aplicación de la teoría del hecho del príncipe respecto de un contrato celebrado por un municipio o un departamento. El fundamento para la imputación a las entidades del mismo orden administrativo está dado, según esa doctrina, por la consideración de que, dentro del contexto jurídico en el cual se expone la teoría, el contrato siempre es celebrado por el Estado y no por un órgano administrativo en particular, ya que los órganos administrativos carecen de personalidad jurídica[52]. Alguna jurisprudencia arbitral colombiana ha apoyado esta posición, creemos que de manera equivocada, en cuanto que en el derecho colombiano se distinguen claramente diversas entidades públicas, con su propia personalidad jurídica, tanto al interior del orden o esfera nacional como de los órdenes o esferas departamental o municipal. Al respecto ha manifestado:

> "Las citas anteriores sirven para precisar cómo las decisiones o hechos de la administración pueden influir en la ejecución de un contrato administrativo de tres maneras diferentes: si provienen de la misma entidad contratante y tienen el carácter particular, que solo afecta al contratista, quedan comprendidas dentro de la responsabilidad contractual; si emanan de la misma entidad contratante o de autoridades

[51] ESTELA VÁZQUEZ LACUNZA, *El equilibrio económico en los contratos de servicios*, *op. cit.*, pág. 261.

[52] Véase a MIGUEL S. MARIENHOFF, *Tratado de derecho administrativo*, t. III-A, *op. cit.*, núm. 769 y 770, y a RAÚL ENRIQUE GRANILLO OCAMPO, *Distribución de los riesgos en la contratación administrativa*, *op. cit.*, págs. 110 y 111.

de su misma esfera configuran el hecho del príncipe; y si corresponden a autoridades de una esfera diferente quedan encuadradas dentro de la teoría de la imprevisión[53]".

No podemos compartir lo expresado por la doctrina y jurisprudencia expuestas en el sentido de que la intervención administrativa debe provenir de una entidad del mismo orden administrativo porque, según lo sustenta esa posición, siempre es una misma persona jurídica pública quien contrata. En efecto, tal posición no se compadece con la realidad del ordenamiento jurídico de la mayoría de los países, entre ellos el colombiano, pues, como lo explicamos con suficiencia en nuestro manual de derecho administrativo[54], son muchas las personas jurídicas que componen la administración pública, de tal manera que, en concordancia con el principio constitucional de imputación del daño a la persona jurídica pública que debe responder, cada una de ellas debe ser responsable por los perjuicios antijurídicos que sus actuaciones, aun legales, puedan causar a los particulares, en este caso, a los cocontratantes de la administración.

Finalmente, en contradicción con las posiciones doctrinales que se acaban de exponer, la jurisprudencia y doctrina francesas sostienen que la medida administrativa pertubadora debe provenir única y exclusivamente de la entidad pública contratante. Si la intervención proviene de una autoridad diferente, nos encontraremos frente a un supuesto que permite dar aplicación a la teoría de la imprevisión, siempre y cuando se reúnan los demás requisitos que permiten darle aplicación. La principal razón de ser de esta imputación restringida se refiere a la necesidad de separar la teoría de la imprevisión y la teoría del hecho del príncipe como causales de ruptura del equilibrio económico del contrato administrativo, autónomas y con consecuencias diversas[55].

[53] Tribunal de Arbitramento de *Ingenieros Civiles Asociados S. A. ICA de México* contra *Empresa de Acueducto y Alcantarillado de Bogotá, EAAB*, laudo de 27 de julio de 1981.

[54] Véase a LIBARDO RODRÍGUEZ RODRÍGUEZ, *Derecho administrativo. General y colombiano*, t. I, *op. cit.*, núms. 148 y ss.

[55] Véase, especialmente, a ANDRÉ DE LAUBADÈRE, FRANCK MODERNE y PIERRE DELVOLVÉ, *Traité des contrats administratifs*, vol. II, *op. cit.*, núm. 1300 y ss. y a JOSEPH FRANK OUM OUM, *La responsabilité contractuelle en droit administratif, op. cit.*, págs. 234 y ss. En igual sentido, entre otros, FRANCIS-PAUL BENOÎT, *El derecho administrativo francés, op. cit.*, pág. 775; LAURENT RICHER y FRANÇOISE LICHÈRE, *Droit des contrats administratifs, op. cit.*, núm. 334, y JEAN RIVERO y JEAN WALINE, *Droit administratif, op. cit.*, núm. 124. Un importante sector de la doctrina latinoamericana ha seguido la

En cuanto a la jurisprudencia colombiana, que en un principio acogió la posición amplia, esto es, la imputación del acto perturbador a cualquier órgano del poder público, en la actualidad acoge la posición francesa de imputabilidad restringida. Fue la jurisprudencia arbitral quien primero se apartó de la posición jurisprudencial de imputación amplia, al decir:

"1.1. En cuanto a lo primero, es decir, en lo tocante a qué debe entenderse por 'poder' o 'autoridad pública', valga destacar desde ahora que ello es de suma importancia puesto que se relaciona fundamentalmente con el concepto de imputabilidad del hecho que se reputa constitutivo del *factum principis.*

"En este sentido, el tribunal destaca cómo tan crucial tema no fue objeto de análisis alguno por parte de la sentencia proferida el 27 de marzo de 1992 por la Sección Tercera del Consejo de Estado ("Anales", T. 126, segunda parte, págs. 606 y ss.) que Centelsa invoca como respaldo de sus pretensiones. Por el contrario, en el fallo aludido el máximo Tribunal de lo Contencioso Administrativo, sin profundizar en el tema, expresa que el 'hecho del príncipe' puede emanar de la misma autoridad 'o de cualquier órgano del Estado', afirmación que el tribunal no comparte porque la generalidad de su formulación desconoce el principio de la imputabilidad, conforme al cual para que las consecuencias nocivas o perjudiciales de un hecho cualquiera puedan ser puestas a cargo de una persona, pública o privada, deben ante todo poder serles jurídicamente achacadas, máxime cuando, como en el caso presente, se está en presencia de una eventual responsabilidad derivada, en una u otra forma, de un contrato administrativo, y ello por virtud del artículo 90 de la Constitución Política que instituyó la imputabilidad como factor determinante de la responsabilidad de los poderes públicos, sea ella contractual o extracontractual.

"En consecuencia, una primera precisión indispensable al concepto de hecho del príncipe es la de que la circunstancia en que se hace consistir, para que pueda ser tenida como tal, ha de estar referida en todo caso a una decisión o conducta que pueda ser jurídicamente atribuible, vale decir, imputable a la misma autoridad pública que celebró el contrato[56]".

posición francesa: véase, entre otros, a HÉCTOR JORGE ESCOLA, *Tratado integral de los contratos administrativos*, vol. I, *op. cit.*, núm. 104, y a JULIO A. PRAT, *Derecho administrativo*, t. III, vol. II, *op. cit.*, págs. 308 y 309.

[56] Tribunal de Arbitramento de *Cables de Energía y de Telecomunicaciones "Centelsa S. A."* contra *Empresa de Energía de Bogotá*, laudo de 30 de septiembre de 1996.

Posteriormente, la jurisprudencia administrativa acogió el mismo criterio, así:

> "En relación con la condición de la autoridad que profiere la norma general, para la doctrina y la jurisprudencia francesa el hecho del príncipe (*le fait du prince*) se configura cuando la resolución o disposición lesiva del derecho del cocontratante emana de la misma autoridad pública que celebró el contrato, lo cual permite afirmar que constituye un caso de responsabilidad contractual de la administración sin culpa. La justificación de esta posición radica en la ausencia de imputación del hecho generador del perjuicio cuando este proviene de la ley, por cuanto el autor del acto (Nación, Congreso de la República) puede ser distinto de la administración contratante. No obstante no se priva al contratista de la indemnización, ya que podrá obtenerla a través de la aplicación de la teoría de la imprevisión[57]".

Consideramos que la posición jurisprudencial actual, esto es, la imputación de la intervención administrativa perturbadora exclusivamente a la entidad pública contratante debe ser mantenida[58]. Respaldamos esa posición, en primer lugar, porque, como acertadamente lo sostuvo la sentencia arbitral citada, el criterio constitucional para la aplicación de la responsabilidad del Estado es el de la imputabilidad del daño a la persona pública que tiene el deber de responder. No obstante, si bien este principio de imputabilidad es útil no es suficiente por sí solo para sostener la posición restringida.

A nuestro juicio, esta posición resulta acertada en el derecho colombiano ya que también permite diferenciar el aleas administrativo —propio de la teoría del hecho del príncipe— y el aleas económico —propio de la teoría de la imprevisión—, como lo ha reconocido la justicia arbitral al decir que "carece de toda trascendencia que la medida perturbadora del contrato provenga o no de una autoridad de la misma órbita jurídica de

---

[57] C. de E., Sala de lo Contencioso Administrativo, Sección Tercera, sent. de 29 mayo 2003, exp. 14.577. Esta posición ha sido ratificada por la misma Sala: véase, C. de E., Sala de lo Contencioso Administrativo, Sección Tercera, sents. de 28 agosto 2003, exp. 17.554; 4 septiembre 2003, exp. 16.102; 18 septiembre 2003, exp. 15.119; 11 noviembre 2003, exp. 19.478; 11 diciembre 2003, exp. 19.217, y 11 diciembre 2003, exp. 16.433.

[58] En relación con la posición actual del Consejo de Estado colombiano, pueden verse: C. de E., Sala de lo Contencioso Administrativo, Sección Tercera, sents. de 19 febrero 2009, exp. 19.055; 4 febrero 2010, exp. 15.665; 19 agosto 2011, exp. 20.006; 28 julio 2012, exp. 21.990; 6 mayo 2015, exp. 31.837, y 23 noviembre 2016, exp. 52.161, y auto de 10 abril 2019, exp. 61.409.

la entidad contratante, pues lo que caracteriza a una u otra de las teorías es la naturaleza del álea [*sic*]"[59], correspondiendo el aleas administrativo al hecho del príncipe y el aleas económico a la teoría de la imprevisión, en la medida en que mientras el segundo se refiere a todos los hechos externos que afecten las condiciones, también externas, de ejecución del respectivo contrato, el primero se circunscribe a actuaciones de la entidad pública contratante que afecten también las condiciones de ejecución de las prestaciones contractuales, ya en su condición de cocontratante mediante decisiones que modifiquen el objeto del contrato o las prestaciones a cargo del cocontratante particular —caso de la *potestas variandi*— o en su condición de administración pública mediante la adopción de medidas que también afecten las condiciones externas del contrato —caso del hecho del príncipe—. En consecuencia, no debe caber duda de que la imputación de la intervención administrativa perturbadora debe estar referida a la entidad pública contratante.

b) *El carácter con el cual actúa la entidad pública.* La necesidad de establecer una distinción entre la teoría del hecho del príncipe y la de la *potestas variandi*, como causales diferentes de ruptura del equilibrio económico de los contratos públicos, obliga a concluir que si bien la intervención administrativa perturbadora debe provenir en ambos casos de la entidad pública contratante, para el caso del hecho del príncipe esta intervención no puede imputarse a la administración en su calidad de cocontratante sino que le debe ser imputada como administración pública, esto es, como autoridad pública. De ahí que la doctrina se refiera al ejercicio de "prerrogativas extracontractuales o institucionales"[60] como carácter de la actuación administrativa que da lugar a la aplicación de la teoría del hecho del príncipe.

En efecto, la *potestas variandi* se refiere a modificaciones directas en el objeto y contenido de las prestaciones a cargo del cocontratante de la administración, dispuestas unilateralmente por la entidad pública contratante, en su calidad de parte en el contrato público. En cambio, la teoría del hecho del príncipe se refiere a intervenciones administrativas que no

---

[59] Tribunal de Arbitramento de *Consorcio Impreglio S.P.A-Estruco S. A.* contra *Empresa de Acueducto y Alcantarillado de Bogotá, EAAB*, laudo de 2 de septiembre de 1992, en HERNÁN FABIO LÓPEZ (coord.), *La jurisprudencia arbitral en Colombia*, t. II, Bogotá, Universidad Externado de Colombia, 1996, pág. 229.

[60] JOSEPH FRANK OUM OUM, *La responsabilité contractuelle en droit administratif,* op. cit., pág. 139.

tengan como objeto exclusivo la afectación del contrato en particular, pero que afecten de una u otra manera las condiciones externas de ejecución, de tal manera que no se altera el contenido mismo de las prestaciones pactadas sino las condiciones exteriores en que deben ser ejecutadas las obligaciones a cargo del contratista[61]. En ese sentido, la doctrina ha afirmado: "Si el ejercicio por la administración contratante del llamado *ius variandi* implica una actuación específicamente dirigida a modificar directamente el objeto contractual alterando así, también directamente, la economía del contrato, el *factum principis* o 'hecho del príncipe' alude a medidas administrativas que, aunque no modifiquen directamente el objeto del contrato, ni lo pretendan tampoco, inciden o repercuten sobre él haciéndole más oneroso para el contratista sin culpa de este"[62].

Por ejemplo, si una persona pública entrega en concesión el mantenimiento y explotación de una carretera a una sociedad en particular y, durante el período de ejecución de ese contrato de concesión, otorga en concesión a otra sociedad la construcción, mantenimiento y operación de una vía alterna a la primera carretera entregada en concesión, disminuyendo el tráfico y, con ello, las utilidades del primer concesionario, se estará frente al ejercicio de una competencia propia de la entidad concedente, como autoridad, que si bien no pretende afectar directamente el primer contrato de concesión, incide sobre sus condiciones de ejecución, haciéndolo más oneroso.

Otro ejemplo puede encontrarse en el caso de un contrato de prestación de servicios celebrado con una autoridad pública encargada de la regulación de los precios de un servicio que se ofrece en el mercado —como puede ser el servicio de vigilancia privada—. En caso de que dicha autoridad pública decida efectivamente ejercer esa competencia en el sentido de disminuir el precio tope, haciendo que el contratista que le presta ese mismo servicio con precio regulado vea afectados sus ingresos contractuales como consecuencia de esa decisión administrativa lícita, podría darse aplicación a la teoría del hecho del príncipe. En efecto, en la situación descrita, nos encontraríamos ante el ejercicio de una competencia propia de la persona pública cocontratante, que a pesar de que no busca

---

[61] Sobre esta distinción, véase a JOSÉ LUIS VILLAR PALASÍ, *Lecciones sobre contratación administrativa, op. cit.*, pág. 221, y a RODRIGO ESCOBAR GIL, *Teoría general de los contratos de la administración pública, op. cit.*, págs. 492 y 493.

[62] EDUARDO GARCÍA DE ENTERRÍA y TOMÁS-RAMÓN FERNÁNDEZ, *Curso de derecho administrativo*, t. I, *op. cit.*, pág. 757 (edición colombiana, *op. cit.*, pág. 726).

afectar directamente el contrato del cual es parte, sí resulta afectando indirectamente la economía del mismo.

c) *La clase de actuación.* En cuanto al carácter exclusivamente jurídico —actos administrativos— o también material —hechos, omisiones y operaciones administrativas— de la intervención administrativa que afecta las condiciones de ejecución del contrato, la doctrina parece haber llegado a la conclusión de que no solo las decisiones jurídicas sino también las medidas materiales permiten dar aplicación a la teoría del hecho del príncipe, siempre y cuando afecten las condiciones externas de ejecución del contrato público[63]. No obstante, como también lo ha hecho notar la doctrina, es difícil encontrar ejemplos que permitan demostrar cómo las intervenciones materiales pueden dar lugar a la aplicación de la teoría del hecho del príncipe, lo cual no excluye la posibilidad de que actuaciones materiales den lugar al restablecimiento del equilibrio económico del contrato con fundamento en la citada teoría[64].

Un ejemplo de esta situación se encontraría en una operación administrativa que por razones de orden público implique el cierre por algún tiempo de una vía pública que constituía el acceso más sencillo y directo a unas obras contratadas por la misma autoridad que lleva a cabo la operación administrativa, actuación que hace considerablemente más costoso el transporte de los materiales a la obra y, por lo mismo, altera el equilibrio económico del contrato.

d) *El carácter de la actuación.* Como lo apuntamos atrás, uno de los principales sustentos teóricos de la aplicación de la teoría del hecho del príncipe en los contratos públicos se encuentra en el principio de igualdad de los ciudadanos ante las cargas públicas. La aplicación de este principio del derecho público implica la existencia de actos que tengan por destinatario a la colectividad en general pero que afecten de manera grave y especial a un administrado en particular, los cuales, por supuesto y necesariamente, deben ser actos de contenido general y abstracto. En consecuencia, podemos afirmar que las medidas administrativas que son objeto de la teoría del hecho del príncipe son, en principio, aquellas de

---

[63] Véase a FRANCIS-PAUL BENOÎT, *El derecho administrativo francés, op. cit.,* 1977, pág. 775, y a MIGUEL S. MARIENHOFF, *Tratado de derecho administrativo,* t. III-A, *op. cit.,* núm. 777 y 779.

[64] Al respecto, véase a ANDRÉ DE LAUBADÈRE, FRANCK MODERNE y PIERRE DELVOLVÉ, *Traité des contrats administratifs,* vol. II, *op. cit.,* núm. 1322.

contenido general que afectan las condiciones externas de ejecución del contrato administrativo.

En este sentido, la jurisprudencia colombiana, con el argumento de la necesidad de hacer distinción entre la teoría del hecho del príncipe y la de la *potestas variandi*, como causales autónomas de ruptura del equilibrio económico del contrato, concluye que para la aplicación de la primera la intervención administrativa perturbadora debe ser de carácter general, con un sentido positivo como la creación de una exigencia ambiental, o negativo como la eliminación de un beneficio tributario. Esta conclusión la sustenta en que, en caso de ser una medida particular dispuesta unilateralmente por la entidad pública contratante, que implique modificaciones directas en el objeto y contenido de las prestaciones a cargo del cocontratante de la administración, se tratará de la aplicación de la teoría de la *potestas variandi* y no de la teoría del hecho del príncipe[65].

Al respecto, si bien compartimos la preocupación de la jurisprudencia por hacer una distinción práctica entre la teoría del hecho del príncipe y la *potestas variandi*, consideramos que no es en este aspecto en que debe fundarse dicha distinción, sino en cuanto al carácter con el cual actúa la entidad pública contratante, como ya lo expresamos. En efecto, si actúa como parte del contrato estaremos frente a la *potestas variandi*, mientras que, si actúa como autoridad pública, nos encontraremos ante el hecho del príncipe.

En consecuencia, consideramos que las medidas administrativas que permiten dar aplicación a la teoría del hecho del príncipe no necesariamente deben ser actos generales. Si bien es cierto que es más sencillo comprender la manera en que una medida general de la administración contratante puede afectar las condiciones de ejecución de un contrato, también lo es que existen actos particulares que pueden dar lugar a la

---

[65] Véase, por ejemplo, C. de E., Sala de lo Contencioso Administrativo, Sección Tercera, auto de 7 marzo 2002, exp. 21.588, y sents. de 27 marzo 1992, exp. 6.353, de 29 mayo 2003, exp. 14.577; de 18 septiembre 2003, exp. 1996-05631 (15.119); de 7 marzo 2007, exp. 15.799, y 23 noviembre 2016, exp. 52.161. Igualmente, puede verse Tribunal de Arbitramento de *Ingenieros Civiles Asociados S. A. ICA de México* contra *Empresa de Acueducto y Alcantarillado de Bogotá, EAAB*, laudo de 27 de julio de 1981, y Tribunal de Arbitramento de *Santafé de Bogotá, D.C. SOP-IDU* contra *Sociedad Ingenieros Civiles Asociados S. A de C. V., ICA*, laudo de 30 de noviembre de 2000, los cuales negaron parcialmente las pretensiones del demandante con fundamento en que no se configuraban los elementos para dar aplicación a la teoría del hecho del príncipe por tratarse de actos de carácter particular.

aplicación de la citada teoría. Por ejemplo, también permiten dar aplicación a la teoría del hecho del príncipe las medidas de policía particulares que sin tener por objeto directo el respectivo contrato, sino la protección del orden público, pueden resultar afectando su ejecución, haciéndola más gravosa[66].

Un ejemplo más preciso sobre la posibilidad de que las actuaciones administrativas de contenido particular puedan dar lugar a la aplicación de la teoría del hecho del príncipe, se encuentra en la situación descrita anteriormente relacionada con el contrato de concesión para el mantenimiento y explotación de una carretera, pues en ese caso, la expedición del acto de adjudicación del segundo contrato, que es un acto administrativo de contenido particular, junto con la celebración y ejecución del mismo, son las razones que dan lugar a la alteración del equilibrio económico del primer contrato.

En conclusión, en nuestro concepto, la primera condición para dar aplicación a la teoría del hecho del príncipe se refiere a que la alteración de las condiciones contractuales debe producirse por una intervención administrativa, jurídica o material, general o particular, que sea imputable a la misma entidad pública contratante, no como parte del contrato sino como autoridad pública.

B) *El acto o actuación que altere las condiciones contractuales debe ser posterior a la presentación de la propuesta o a la celebración del contrato*

Esta segunda condición o presupuesto para la aplicación de la teoría del hecho del príncipe en los contratos públicos se refiere a que, al momento de tener ocurrencia la intervención administrativa que genera la alteración en las condiciones contractuales, debe encontrarse presentada la propuesta, en los casos de licitación o concurso público, o celebrado el contrato, en caso de contratación directa. En otras palabras, la relación contractual específica frente a la cual se pretende aplicar la teoría del hecho

---

[66] En este sentido, con múltiples ejemplos jurisprudenciales, ANDRÉ DE LAUBADÈRE, FRANCK MODERNE y PIERRE DELVOLVÉ, *Traité des contrats administratifs*, vol. II, *op. cit.*, núms. 1315 y ss, , y JOSEPH FRANK OUM OUM, *La responsabilité contractuelle en droit administratif, op. cit.*, págs. 239 y ss. Igualmente, al respecto puede consultarse a HÉCTOR JORGE ESCOLA, *Tratado integral de los contratos administrativos*, vol. I, *op. cit.*, núm. 104.

del príncipe debe encontrarse trabada al momento de acaecer la intervención administrativa lesiva del patrimonio de una las partes del contrato. Lo anterior significa que el hecho perturbador debe tener ocurrencia durante la fase de ejecución contractual, es decir, después de haberse trabado la relación y antes de que termine la ejecución del contrato[67].

C) *El contenido del acto o actuación que altere las condiciones contractuales debe constituir un aleas extraordinario*

La medida administrativa perturbadora no debe ser normalmente previsible, de tal manera que debe constituir un aleas extraordinario. En concordancia con lo explicado en el capítulo I, cuando se habla de aleas extraordinario se hace referencia a la imposición de cargas sobre alguna de las partes contratantes que no tiene por qué soportar dentro del tráfico jurídico normal, porque se trata de hechos que exceden cualquier cálculo o previsión que el cocontratante perjudicado haya podido hacer al momento de estructurar su negocio[68]. Por ello, la doctrina insiste en que "solo alternaciones anormales de la ecuación económico financiera del contrato quedan a cargo del Estado por aplicación de la teoría del hecho del príncipe", pues "el álea [*sic*] ordinaria, determinante de perjuicios comunes u ordinarios, está siempre a cargo del contratante, como riesgo natural de toda actividad económica"[69].

Esta tercera condición para la procedencia de la aplicación del hecho del príncipe se refiere a que las intervenciones administrativas que afectan las condiciones de ejecución del contrato respectivo no pudieron haber sido tenidas en cuenta al momento de celebrar el mismo o de formular la propuesta porque, aun contando con el comportamiento diligente de las

---

[67] En este sentido, José Luis Villar Palasí, *Lecciones sobre contratación administrativa, op. cit.*, pág. 222, y Juan Ángel Palacio Hincapié, *La contratación de las entidades estatales, op. cit.*, pág. 629. Igualmente, puede verse a Enrique Sayagués Laso, *Tratado de derecho administrativo*, t. I, *op. cit.*, pág. 564.

[68] Como muy bien apunta Marienhoff, el aleas extraordinario o anormal "es el acontecimiento que frustra o excede todos los cálculos que las partes pudieron hacer en el momento de formalizar el contrato" (Miguel S. Marienhoff, *Tratado de derecho administrativo*, t. III-A, *op. cit.*, núms. 761 y 789).

[69] Raúl Enrique Granillo Ocampo, *Distribución de los riesgos en la contratación administrativa, op. cit.*, pág. 112.

partes en la fase de formación del contrato en cuanto a la identificación precisa de los eventuales riesgos que podrían acaecer en la fase de ejecución, específicamente aquellos provenientes del aleas administrativo, no podían ser previstos por ellas[70].

En la teoría del hecho del príncipe, como en todos los demás eventos que generan la ruptura del equilibrio económico del contrato público (*potestas variandi*, teoría de la imprevisión)[71], la determinación de la imprevisibilidad de la intervención administrativa que altera las condiciones de ejecución del contrato no puede hacerse en abstracto sino que deben ser siempre tenidas en cuenta las circunstancias específicas de cada caso concreto[72].

Finalmente, debe hacerse notar aquí que, al igual que en el caso de la *potestas variandi*, en la teoría del hecho del príncipe lo imprevisible de la medida perturbadora no es en sí misma la potestad que tiene la entidad estatal contratante para tomarla, pues desde antes de la celebración del contrato o de la presentación de la propuesta las partes pueden conocer que la entidad estatal puede tomar esta clase de decisiones. Lo imprevisible, entonces, será el contenido de dicha medida perturbadora.

[70] En relación con este requisito, véase a HÉCTOR JORGE ESCOLA, *Tratado integral de los contratos administrativos*, vol. I, *op. cit.*, núm. 104, y a SANTIAGO GONZÁLEZ-VARAS IBÁÑEZ, *El contrato administrativo*, *op. cit.*, pág. 279. Sobre la imprevisibilidad de la medida administrativa, véase también a EDUARDO O. EMILI, "El equilibrio contractual", *op. cit.*, pág. 628. La justicia arbitral colombiana ha resaltado esta condición: véase Tribunal de Arbitramento de *Santafé de Bogotá, D.C. SOP -IDU* contra *Sociedad Ingenieros Civiles Asociados S. A de C. V.*, *ICA*, audo de 30 de noviembre de 2000.

[71] Sobre el carácter común de la imprevisibilidad en todos los eventos de la ruptura del equilibrio económico del contrato administrativo, véase a ANDRÉ DE LAUBADÈRE, FRANCK MODERNE y PIERRE DELVOLVÉ, *Traité des contrats administratifs*, vol. II, *op. cit.*, núm. 1298, y a JOSÉ LUIS BENAVIDES, *El contrato estatal*, *op. cit.*, núm. 540. En ese mismo sentido, la jurisprudencia administrativa colombiana ha dicho: "para predicar el rompimiento del equilibrio económico del contrato, uno de los requisitos que se exigen es que el hecho o circunstancia que se alega como origen de dicha ruptura debe presentarse con posterioridad a la celebración del contrato y además debe ser imprevisto e imprevisible" (C. de E., Sala de lo Contencioso Administrativo, Sección Tercera, sent. de 19 octubre 2017, exp. 41.684).

[72] En relación con este requisito, puede consultarse a GASPAR ARIÑO ORTIZ, *Teoría del equivalente económico en los contratos administrativos*, *op. cit.*, pág. 266 y a LUÍS GUILLERMO DÁVILA VINUEZA, *Régimen jurídico de la contratación estatal*, *op. cit.*, págs. 705 y 706.

En efecto, en los ejemplos mencionados, el cocontratante de la administración conoce previamente a la celebración del contrato que la entidad estatal tiene dentro de sus competencias la de celebrar otros contratos de concesión, regular el precio del servicio contratado u ordenar el cierre de una vía pública. Sin embargo, el cocontratante no puede saber con anterioridad a la adopción de la medida perturbadora, si la autoridad pública que es parte del contrato efectivamente ejercerá esa competencia o en qué términos la ejercerá, de tal manera que lo imprevisible no se predica de la facultad legal para realizar la actuación perturbadora, sino del contenido de su ejercicio efectivo.

D) *El acto o actuación debe alterar en forma extraordinaria y anormal la economía del contrato haciéndolo considerablemente más gravoso*

Como bien lo ha hecho notar la doctrina, no resulta indemnizable cualquier perjuicio sufrido por el cocontratante, pues es indispensable que, como en relación con todos los daños que generan el deber de reparación, el perjuicio reúna las calidades de personal, cierto y directo[73]. Dichos requisitos, según la jurisprudencia del Consejo de Estado colombiano, son plenamente aplicables a la teoría del hecho del príncipe, al exigir como requisito para la procedencia del restablecimiento del equilibrio económico "que quien alegue como motivo o causa el «hecho del príncipe», pruebe objetivamente el desequilibrio económico del contrato y la existencia de un perjuicio cierto y directo"[74].

El carácter cierto del perjuicio se refiere a que el daño debe haber sucedido o se debe tener certeza de que sucederá, a lo cual se opone el carácter hipotético o eventual del daño, que no otorga derecho a indemnización[75]. Es decir, para el caso de la decisión administrativa que afecta las condiciones de ejecución, para poder dar aplicación a la teoría del hecho del príncipe es necesario que para el cocontratante resulte efectivamente más onerosa la ejecución del contrato.

---

[73] Véase a JOSÉ LUIS BENAVIDES, *El contrato estatal*, op. cit., núm. 539; a GASPAR ARIÑO ORTIZ, *Teoría del equivalente económico en los contratos administrativos*, op. cit., págs. 266 y 267, y a JUAN CARLOS CASSAGNE, *El contrato administrativo*, op. cit., pág 91.

[74] C. de E., Sala de lo Contencioso Administrativo, Sección Tercera, sent. de 28 julio 2012, exp. 21.990.

[75] Sobre la necesidad de que el daño sea cierto y personal para ser indemnizable, véase a JUAN CARLOS HENAO, *El daño*, op. cit., págs. 129 y ss.

Por su parte, el carácter personal del daño se refiere a que quien reclama el resarcimiento haya sido quien lo sufrió, lo cual supone que en el caso de la teoría del hecho del príncipe será la parte afectada quien puede reclamar el restablecimiento en caso de que la medida administrativa permita configurar las condiciones de la citada teoría.

Finalmente, respecto del carácter directo del daño, la doctrina ha señalado que más que una condición de existencia del perjuicio, este se refiere a la relación de causalidad entre el hecho dañino y el perjuicio mismo[76]. Sin embargo, es preciso hacer notar que este carácter directo del perjuicio debe concretarse en la configuración de los requisitos para dar aplicación a la teoría del hecho del príncipe, en el sentido de que la mayor onerosidad en la ejecución del contrato debe provenir exclusivamente de la medida administrativa perturbadora, pues, de no ser así, no será el llamado hecho del príncipe la causal de ruptura del equilibrio económico del contrato a aplicar.

Adicionalmente, consideramos que teniendo en cuenta que el principio de derecho público de igualdad de los ciudadanos ante las cargas públicas es uno de los pilares fundamentales que sustentan teóricamente la aplicación de la teoría del hecho del príncipe, resulta indispensable que el perjuicio sufrido por el cocontratante de la administración también reúna la condición de ser anormal y especial[77]. Estas características del perjuicio son la consecuencia obligatoria del hecho de que solo hay ruptura en la igualdad de las cargas públicas cuando quien reclama la indemnización ha sufrido un perjuicio que la generalidad de los miembros de la sociedad no ha sufrido y que la magnitud del perjuicio supera la carga que normalmente le incumbe al afectado. En concordancia con esta posición, la doctrina especializada ha definido el carácter especial del perjuicio, así: "[...] la especialidad es una condición inherente a la responsabilidad por ruptura de la igualdad ante las cargas públicas: esta no puede en efecto considerarse como realizada sino cuando un ciudadano administrado puede prevalerse de un tratamiento especialmente desfavorable que le haya impuesto sacrificios particulares"[78].

---

[76] *Ibidem*, pág. 85.

[77] En este sentido, aunque sin hacer mención a la igualdad en las cargas públicas, véase a Gaspar Ariño Ortiz, *Teoría del equivalente económico en los contratos administrativos*, *op. cit.*, pág. 267; a Eduardo García de Enterría y Tomás-Ramón Fernández, *Curso de derecho administrativo*, t. I, *op. cit.*, pág. 788 (edición colombiana, *op. cit.*, pág. 726), y a Juan Carlos Cassagne, *El contrato administrativo*, *op. cit.*, pág. 91.

[78] Michel Paillet, *La responsabilidad administrativa*, Bogotá, Universidad Externado de Colombia, 2001, pág. 221. En igual sentido, puede verse a Ramiro Saave-

La aplicación de esta característica del perjuicio al caso de la teoría del hecho del príncipe se traduce en que la medida administrativa, si bien puede tener como destinataria a la comunidad en general, debe hacer más onerosa la ejecución del contrato cuyo equilibrio económico se alega quebrado, pues si, en general, hace más costoso para toda la sociedad la ejecución de actividades similares a la que es objeto del contrato, no podría ser aplicada esta teoría por no reunirse el carácter especial del perjuicio sufrido por el cocontratante de la administración.

En cuanto al carácter anormal del perjuicio, este ha sido definido por la doctrina del siguiente modo: "Por anormalidad hay que entender la gravedad que excede las molestias e incomodidades que impone la convivencia social. Esta condición es la traducción obligada de la idea de que no hay carga pública sino cuando quien reclama una compensación ha sufrido una suerte más desfavorable que la que implican los inconvenientes normales de la vida en sociedad"[79].

La aplicación de esta característica del perjuicio al caso de la teoría del hecho del príncipe se traduce en que la alteración en las condiciones económicas de la ejecución del contrato debe ser de tal magnitud, que el valor que debe cubrir el contratista para la correcta ejecución resulte ser muy superior al pactado y al valor de los imprevistos que comúnmente pueden ocurrir en la ejecución de un contrato administrativo. En otras palabras, el perjuicio sufrido por el contratista debe superar la carga económica, incluidos los imprevistos, que normalmente debe asumir el cocontratante de la administración en el respectivo contrato administrativo.

En consecuencia, el cocontratante que pretende el restablecimiento del equilibrio económico del contrato como consecuencia de decisiones de la entidad estatal contratante, que de manera imprevista y sin tener por objeto el contrato específico, afectan sus condiciones de ejecución, para que su pretensión tenga éxito, deberá probar, además de que el daño reúne las características propias de todo daño indemnizable, que dicho daño es grave y anormal en el sentido de que las condiciones económicas de ejecución del contrato se modificaron de tal manera que el valor de la ejecución resultó ser considerablemente más gravoso que el inicialmente

---

DRA BECERRA, *La responsabilidad patrimonial del Estado*, t. I, Bogotá, Ediciones Jurídicas Gustavo Ibáñez, 2018, págs. 606 y ss.

[79] RAMIRO SAAVEDRA BECERRA, *La responsabilidad patrimonial del Estado*, t. I, *op. cit.*, pág. 608.

estipulado. En otras palabras, para poder dar aplicación a la teoría del hecho del príncipe, no basta con que la actuación de la entidad pública contratante afecte de manera imprevista el contrato, sino que también resulta indispensable que el cocontratante afectado pruebe que el perjuicio que tal decisión administrativa le generó le hace notablemente más onerosa la ejecución contractual[80]. Precisamente por ello, el Consejo de Estado colombiano ha expresado que "tanto [...] el hecho del príncipe como [...] la teoría de la imprevisión gozan de elementos o presupuestos comunes que deben acreditarse en forma concurrente a fin de permitir al contratista afectado exigir de su cocontratante el restablecimiento financiero del contrato [...] de una parte, la imprevisibilidad y de otra, la alteración extraordinaria y anormal de la ecuación"[81].

5. LOS EFECTOS JURÍDICOS DE LA APLICACIÓN DE LA TEORÍA

La aplicación de la teoría del hecho del príncipe en los contratos públicos genera consecuencias jurídicas muy específicas, que pasamos a estudiar a continuación:

A) *En cuanto al carácter de orden público*

La teoría del hecho del príncipe es una expresión de la responsabilidad contractual de la administración y, como tal, tiene un carácter de norma de orden público, por lo cual, en principio, no resulta válida una cláusula contractual que exima de responsabilidad a la administración en los eventos en que concurran las cuatro condiciones explicadas en el acápite anterior. Así, por ejemplo, se ha expresado que "[...] el derecho del contratista a la indemnización por la ocurrencia del *factum principis*, en la medida que constituye una técnica establecida por el legislador para asegurar la prestación regular, continua y eficiente de los servicios públicos, tiene un carácter de orden público y no es susceptible de renuncia por el contratista al momento de la celebración del contrato"[82].

---

[80] Véase a ROBERTO DROMI, *Derecho administrativo, op. cit.*, pág. 761; a JULIO A. PRAT, *Derecho administrativo*, t. III, vol. II, *op. cit.*, pág. 308, y a BENJAMÍN HERRERA, *Contratos públicos*, Bogotá, Ediciones Jurídicas Gustavo Ibáñez, 2004, pág. 319.

[81] C. de E., Sala de lo Contencioso Administrativo, Sección Tercera, sents. de 18 septiembre 2003, exp. 1996-5631, y de 30 octubre 2003, exp. 2000-2909.

[82] RODRIGO ESCOBAR GIL, *Teoría general de los contratos de la administración pública, op. cit.*, pág. 499.

Sin embargo, también se ha expresado que "sería nula la cláusula en cuyo mérito el cocontratante renuncie, o aparezca renunciando, de manera general, a reclamar indemnización por los perjuicios que le origine el hecho del príncipe. Trataríase de una cláusula de las llamadas ilegales. En cambio, sería válida la cláusula por la que el cocontratante renuncie a reclamar indemnización respecto de una medida determinada que adoptase la Administración"[83].

Igualmente, la jurisprudencia colombiana se ha expresado respecto a este tópico en los siguientes términos:

> "También cabe pensar, para rechazar la posición del ente demandado y confirmar la intención de la contratista y su buena fe, que la voluntad se ajustó en torno a la legislación preexistente a su manifestación. Esta es una presunción de juez que no fue desvirtuada y que antes, por el contrario, resulta corroborada. Y esa presunción se entiende, con mayor razón, cuando se licita un objeto que soporta gravámenes y costos que inciden en el valor final de la propuesta. Pero lo que si no tiene presentación es que un contratista al hacer su propuesta se haga cargo de costos y gravámenes eventuales que puedan concretarse por voluntad futura del legislador. Esto equivaldría a renunciar, en forma general, a la indemnización de perjuicios originada en el hecho del príncipe. Renuncia que sería nula [...][84]".

De la doctrina y jurisprudencia citadas queda claro, entonces, que por contravenir las normas de orden público, es nula la estipulación contractual que implique la renuncia anticipada del cocontratante de la administración a reclamar los perjuicios que le pueda generar un hecho cualquiera que permita dar lugar a la aplicación de la teoría del hecho del príncipe.

No obstante, debe también quedar claro que las cláusulas de exclusión de la responsabilidad contractual administrativa por el hecho del príncipe no siempre son ilegales. En efecto, las partes, dentro de la autonomía de la voluntad que les asiste, pueden asignar contractualmente determinados riesgos[85], como expresamente se reconoce en el derecho positivo

---

[83] MIGUEL S. MARIENHOFF, *Tratado de derecho administrativo*, t. III-A, *op. cit.*, núm. 772-2°.

[84] C. de E., Sala de lo Contencioso Administrativo, Sección Tercera, sent. de 22 junio 1990, exp. 6.353.

[85] Tribunal de Arbitramento de *Promotora de Construcciones e Inversiones S. A. Prosantana S. A.* vs *Distrito Capital de Santafé de Bogotá* vs *Compañía Aseguradora de Fianzas S. A. Confianza S. A.*, laudo de 18 de diciembre de 2000, en *Laudos arbi-*

colombiano en el artículo 4° de la ley 1150 de 2007 y lo ha reconocido una decisión arbitral al sostener que "en razón de la autonomía de la voluntad las partes pueden negociar la asunción de los riesgos en cualquier clase de contrato y mucho más si se trata del contrato de concesión. Los riesgos pueden asignarse a quien, en principio, no estaba en el deber de soportarlos", lo cual permite que se estipule válidamente que el cocontratante de la administración asuma los mayores costos que pueda generar dentro de la ejecución de un contrato un determinado hecho que, en ausencia de la estipulación, daría lugar a la responsabilidad de la administración en aplicación de la teoría del hecho del príncipe. Para aceptar la validez de una cláusula así, en ella deberá estar perfectamente identificada la medida o el tipo de medidas administrativas o, incluso, legislativas, cuyos efectos son asumidos, de tal manera que la cláusula de exclusión de responsabilidad deberá interpretarse en sentido estricto.

En palabras de una decisión arbitral, "Es así como se reconoce la validez de las estipulaciones en las que el contratista acepta determinados riesgos normales o inherentes a su actividad profesional, los cuales puede anticipar y evaluar dada su idoneidad técnica y su experiencia operativa"[86].

Como efecto de esa posibilidad de asumir riesgos, la jurisprudencia del Consejo de Estado colombiano ha negado pretensiones de restablecimiento del equilibrio económico del contrato, al expresar: "Las obligaciones asumidas por las partes no pueden modificarse durante la ejecución del contrato, con fundamento en que se presentaron causas de rompimiento del equilibrio financiero del contrato. Dicho en otras palabras, si al momento de contratar el contratista asumió contingencias o riesgos, que podían presentarse durante la ejecución del contrato, no le es dable solicitar a la entidad que los asuma y cubra los sobrecostos que hayan podido generar"[87]. Sobre la base de la sentencia citada, en una decisión arbitral se puntualizó lo siguiente:

---

trales-versión cd, Bogotá, Cámara de Comercio de Bogotá, marzo de 2008: "En razón de la autonomía de la voluntad las partes pueden negociar la asunción de los riesgos en cualquier clase de contrato y mucho más si se trata del contrato de concesión. Los riesgos pueden asignarse a quien, en principio, no estaba en el deber de soportarlos".

[86] Tribunal de Arbitramento de *Construcciones Carrillo Caycedo S. A.* contra *Departamento de Cundinamarca*, laudo de 7 de marzo de 2008.

[87] C. de E., Sala de lo Contencioso Administrativo, Sección Tercera, sent. de 26 febrero 2004, exp. 14.043.

"La anterior sentencia del Consejo de Estado tiene una especial relevancia, dado que, por una parte, establece que para el restablecimiento de la ecuación primigenia del contrato, no es del caso ignorar los riesgos válidamente asumidos por las partes, toda vez que estos intervienen en la formación de dicha ecuación. Por tanto, cada contratante debe seguir soportando las secuelas adversas de las contingencias que libre y espontáneamente tomó a su cargo. De otra parte, la providencia en comento ensanchó el margen de maniobra de las partes para la distribución y asunción de riesgos, por cuanto admite que se pacte la asignación al contratista de contingencias que van más allá de las usuales, es decir, que, a diferencia de jurisprudencias precedentes, se permite la asunción de «riesgos adicionales a los denominados riesgos normales», a condición de que el contratista convenga autónomamente en aceptarlos.

"Si lo anterior es lícito y vinculante para el beneficiario del principio del restablecimiento del equilibrio económico del contrato, esto es, para el contratista privado que asume riesgos mayores a los usuales, con mayor razón será obligatorio para la entidad pública que diseña y ofrece un esquema determinado de distribución de riesgos, reservándose algunos para sí, de manera que si las contingencias asociadas con ellos llegaren a acaecer, la entidad pública no puede pretender evadir las consecuencias de lo pactado, es decir, no le es permitido trasladarle, en todo ni en parte, a su co-contratante las consecuencias económicas de las vicisitudes por las que se obligó a responder[88]".

En consecuencia, resultan válidas las estipulaciones contractuales conforme a las cuales la administración excluye su responsabilidad contractual por hechos específicos que permitirían dar lugar a aplicar la teoría del hecho del príncipe. En cambio, son ilegales, por contrariar normas de orden público, las cláusulas en las que el cocontratante de la administración renuncia a cualquier aplicación de esta teoría. En resumen, serán ilegales las estipulaciones que contengan renuncias generales, pero válidas las que consagren renuncias sobre los efectos de medidas administrativas específicas[89].

B) *En cuanto a la continuidad del contrato*

Como lo señalamos con claridad anteriormente, la teoría del hecho del príncipe, como todas las que buscan garantizar la equivalencia económica

---

[88] Tribunal de Arbitramento de *Empresa de Energía de Boyacá S. A. ESP* contra *Compañía Eléctrica de Sochagota S. A. ESP*, laudo de 21 de octubre de 2004.

[89] Al respecto, véase de ANDRÉ DE LAUBADÈRE, FRANCK MODERNE y PIERRE DELVOLVÉ, *Traité des contrats administratifs*, vol. II, *op. cit.*, núm. 1330.

del contrato público, se encuentra inspirada en la necesidad de que los servicios públicos sean prestados de manera regular, continua y eficiente, así como con la mínima afectación de los particulares, razón por la cual, para garantizar su restablecimiento, es necesario que el cocontratante no haya incurrido en situación de incumplimiento y haya continuado con la ejecución del correspondiente contrato afectado con el hecho perturbador[90].

Esa prevalencia de la continuidad del servicio público encuentra fundamento, desde la perspectiva de la teoría general, en el carácter de colaborador que se reconoce al cocontratante de la administración[91] y, en el derecho colombiano, en lo consagrado por el artículo 3º de la ley 80 de 1993, al incluir la prestación continua, regular y eficiente de los servicios públicos como uno de los fines mismos de la contratación administrativa y consagrar que el cocontratante de la administración es un colaborador en la eficaz prestación del servicio público involucrado en el contrato específico. En este sentido, resulta pertinente recordar que las diversas técnicas de garantía del equilibrio económico del contrato público tienen como punto común, entre otros, que pretenden brindar las condiciones necesarias para que el colaborador de la administración continúe ejecutando el contrato y de esta manera impedir una falta de continuidad o de regularidad en la prestación del servicio público relacionado con el respectivo contrato.

La consecuencia de este fundamento se traduce en que el cocontratante de la administración tiene el deber de cumplir fielmente todas y cada una de las prestaciones a las cuales se encuentra obligado en virtud del contrato. En otras palabras, sin importar cuán onerosa resulte la ejecución del contrato como consecuencia de la intervención administrativa perturbadora, para que el cocontratante de la administración tenga derecho a la indemnización es indispensable que continúe prestando su colaboración con la administración en la prestación del servicio público, lo cual se logra mediante la continuación en la ejecución perfecta de las obligaciones

---

[90] En ese sentido, véase a NICOLÁS GABAYET, *L'aléa dans les contrats publics en droit anglais et droit français, op. cit.*, pág. 169.

[91] Sobre el carácter de colaborador del cocontratante de la administración, véase a MARCEL WALINE, "L'évolution récente des rapports de l'État avec ses cocontractants", en *Revue de Droit Public et de la Science Politique en France et à l'étranger*, nº 1, Paris, LGDJ, 1951, págs. 1 y ss., y a JUAN CARLOS EXPÓSITO VÉLEZ, *La configuración del contrato de la administración pública en el derecho colombiano y español*, Bogotá, Universidad Externado de Colombia, 2003, págs. 100 y ss.

nacidas del contrato público respectivo[92]. Sin embargo, alguna doctrina ha señalado que si la alteración pone al cocontratante de la administración en una razonable imposibilidad de cumplimiento, este queda autorizado para no cumplir con las prestaciones que se encuentran a su cargo en aplicación de la excepción de contrato no cumplido[93].

Frente a esa controversia, consideramos que en la aplicación de la teoría del hecho del príncipe, dado que la medida perturbadora siempre será ajena a la actuación de la administración como parte del contrato, no es posible invocar la aplicación de la *exceptio non adimpleti contractus*, pues tal excepción tiene como elemento fundamental el incumplimiento contractual[94], elemento que no se presenta en el caso analizado, por ser siempre la medida perturbadora extracontractual o institucional, lo cual excluye de plano la existencia de un incumplimiento contractual. Lo anterior, obviamente, no puede significar que el cocontratante de la administración tenga el deber de cumplir con sus prestaciones si la alteración es de tal magnitud que suponga la configuración de una fuerza mayor u otro hecho eximente de la responsabilidad contractual.

Como consecuencia de lo anterior, ante la ocurrencia de hechos que permitan dar aplicación a la teoría del hecho del príncipe, el cocontratante de la administración tiene el deber de cumplir con todas y cada una de las prestaciones contractuales a su cargo, teniendo igualmente la carga de solicitar, ante el juez o directamente ante la administración, el restablecimiento del equilibrio roto.

Adicionalmente, resulta necesario aclarar que la negativa de la administración a tal restablecimiento tampoco autoriza a su cocontratante a incumplir sus obligaciones en aplicación de la *exceptio non adimpleti contractus*, ya que, aunque tal excepción tiene plena aplicación en la contratación administrativa, en el evento de una situación que dé lugar a la aplicación de la teoría del hecho del príncipe, no se configuran sus

---

[92] Véase a JEAN RIVERO y JEAN WALINE, *Droit administratif, op. cit.*, núm. 124, y a RODRIGO ESCOBAR GIL, *Teoría general de los contratos de la administración pública, op. cit.*, pág. 498.

[93] En ese sentido, puede verse a MIGUEL ÁNGEL BERÇAITZ, *Teoría general de los contratos administrativos, op. cit.*, pág. 390.

[94] Sobre las características y elementos de la excepción de contrato no cumplido, véase a FERNANDO HINESTROSA, *Tratado de las obligaciones*, t. II, vol. II, Bogotá, Universidad Externado de Colombia, 2015, págs. 929 y ss.

elementos, especialmente no se evidencia la existencia de un incumplimiento previo de las obligaciones a cargo de la administración, pues debe recordarse que la medida perturbadora siempre es extracontractual y la negativa al restablecimiento no implica propiamente un incumplimiento contractual. Así las cosas, en tanto que el cocontratante perjudicado no se exime del cumplimiento de sus obligaciones por la ocurrencia de hechos que configuren la teoría del hecho del príncipe, resulta indispensable que se configure una verdadera fuerza mayor para eximirse del cumplimiento, la cual, obviamente, requiere para su configuración de elementos diferentes a los necesarios para la citada excepción de contrato no cumplido[95].

C) *En cuanto a la extensión de la indemnización*

Teniendo en cuenta que la ocurrencia de hechos que dan lugar a la aplicación de la teoría del hecho del príncipe supone que se está frente a un evento de responsabilidad contractual, resulta lógico aplicar los principios indemnizatorios propios de esta institución. En este orden de ideas, cuando se cumplen los cuatro requisitos o condiciones enunciados en acápite anterior para la aplicación de la teoría del hecho del príncipe, la doctrina es uniforme en señalar que la administración pública contratante se encuentra en el deber jurídico de indemnizar integralmente a su cocontratante[96], lo cual supone reparar todos los perjuicios que el cocontratante pruebe que la medida administrativa le ha generado. Es decir, que deberá indemnizarse tanto el daño emergente como el lucro cesante sufrido por el cocontratante afectado. Pero tampoco nada más allá del daño o perjuicio sufrido por el cocontratante en relación con el contrato como consecuencia de la decisión administrativa perturbadora pues, si así fuera, el cocontratante de la administración incurriría en un

---

[95] Véase a GASTON JÈZE, *Principios generales del derecho administrativo*, t. v, *op. cit.*, págs. 16 y ss.

[96] Sobre el deber de la administración de indemnizar integralmente cuando se da aplicación a la teoría del hecho del príncipe, véase a LAURENT RICHER y FRANÇOISE LICHÈRE, *Droit des contrats administratifs*, *op. cit.*, núm. 395; a GASTON JÈZE, *Principios generales del derecho administrativo*, t. v, *op. cit.*, pág. 38; a ROBERTO DROMI, *Derecho administrativo*, *op. cit.*, pág. 561, y a JOSÉ LUIS BENAVIDES, *El contrato estatal*, *op. cit.*, núm. 543. Desde el punto de vista de la jurisprudencia arbitral colombiana, véase Tribunal de Arbitramento de *Consorcio Impreglio S.P.A-Estruco S. A.* contra *Empresa de Acueducto y Alcantarillado de Bogotá, EAAB*, laudo de 2 de septiembre de 1992, en HERNÁN FABIO LÓPEZ (coord.), *La jurisprudencia arbitral en Colombia*, t. II, *op. cit.*, pág. 230.

enriquecimiento sin justa causa. Al respecto, la doctrina ha hecho notar que, en virtud del principio de reparación integral, "la indemnización ha de corresponder al perjuicio que al particular se cause por el expresado sacrificio de sus derechos y bienes, pero sin que pueda convertirse en un motivo de lucro"[97].

No obstante, es preciso señalar la manera en que debe entenderse la reparación integral en la teoría del hecho del príncipe: el daño emergente comprenderá todos los gastos en que efectivamente debió incurrir el cocontratante de la administración provocados por la ocurrencia de las actuaciones generadoras del hecho del príncipe; y el lucro cesante corresponderá, como regla general al *beneficio legítimo* que el cocontratante de la administración podía normal y razonablemente prever[98]. En otras palabras, la indemnización que corresponde al cocontratante de la administración se limita al valor de los mayores costos que la medida administrativa perturbadora le generó, junto con el lucro cesante de esos sobrecostos, sin extenderse a todos los demás perjuicios que podrían derivarse de la medida perturbadora.

Ahora bien, también es preciso hacer notar que, de forma contraria a lo expresado, sobre el contenido de la indemnización, la jurisprudencia del Consejo de Estado colombiano ha dicho que ella cubre toda clase de perjuicios, así: "En cuanto a los efectos derivados de la configuración del hecho del príncipe, demostrado el rompimiento del equilibrio financiero del contrato estatal, como consecuencia de un acto imputable a la entidad contratante, surge para esta la obligación de indemnizar todos los perjuicios derivados del mismo"[99].

Incluso, de manera reciente, la jurisprudencia administrativa ha expresado que la indemnización a que tiene derecho el contratista rebasa los mayores costos y el lucro cesante, e incluye todos los perjuicios derivados de la medida perturbadora, así:

---

[97] Jesús González Pérez, *Responsabilidad patrimonial de las administraciones públicas*, 4ª ed., Madrid, Editorial Civitas, 2006, pág. 315.

[98] Sobre el daño emergente y el lucro cesante en la teoría del hecho del príncipe, véase a André de Laubadère, Franck Moderne y Pierre Delvolvé, *Traité des contrats administratifs*, vol. II, *op. cit.*, núm. 1327, y a Miguel S. Marienhoff, *Tratado de derecho administrativo*, t. III-A, *op. cit.*, núm. 772-1°.

[99] C. de E., Sala de lo Contencioso Administrativo, Sección Tercera, sent. 4 febrero 2010, exp. 15.665.

"En estos casos, el contratista afectado tiene derecho a una indemnización integral, es decir que se deben reconocer no solo los mayores costos y la utilidad que dejó de percibir el contratante, sino además todos aquellos perjuicios que sufra con ocasión de esa medida general que afectó la ecuación contractual, por cuanto dicha medida resulta ser un hecho imputable a la Administración, ya que de todas maneras, así no haya sido de manera culposa ni actuando como parte en el contrato, fue la misma entidad contratante quien con su actuación causó la afectación al contratista"[100].

Al respecto, consideramos que la indemnización no puede ser tan extensa en el sentido de que se incluya cualquier perjuicio imaginable, previsible o imprevisible, derivado de la medida perturbadora de la ecuación contractual, en tanto que deben aplicarse las reglas generales de la indemnización por responsabilidad contractual, en virtud de las cuales lo indemnizable serán los perjuicios que se previeron o pudieron preverse al momento del contrato, dentro de los cuales solo se entenderán incluidos los mayores costos y el lucro cesante[101].

Adicionalmente, es preciso puntualizar que si bien la administración tiene el deber constitucional de reparar integralmente los daños antijurídicos sufridos por los contratistas en los términos expuestos, la Corte Constitucional colombiana, sin expresar una razón sólida de fondo diferente a la libertad de configuración legislativa originada en que la Constitución no establece expresamente los rubros de la indemnización debidos por la responsabilidad del Estado, ha sostenido que el legislador puede limitar tanto los rubros que comprende la indemnización integral, como el método que debe emplearse para cuantificar el daño resarcible[102], lo cual implicaría que, en ocasiones, no se estaría produciendo una indemnización integral, en tanto que con la limitación legal de los rubros indemnizables del daño o de la cuantificación de la indemnización eventualmente podría limitarse la reparación de un perjuicio que cumpla todos los requisitos para ser indemnizado.

---

[100] C. de E., Sala de lo Contencioso Administrativo, Sección Tercera, sent. de 31 enero 2019, exp. 37.910.

[101] Sobre la extensión del perjuicio indemnizable en la responsabilidad contractual, véase a JOSEPH FRANK OUM OUM, *La responsabilité contractuelle en droit administratif*, *op. cit.*, págs. 507 y ss.

[102] Véanse, entre otras, Corte Const., sents. C-916 de 2002 y C-965 de 2003.

Finalmente, debe señalarse que, al igual que en el caso de la *potestas variandi*, debe entenderse que la regla de la indemnización integral es únicamente válida para el evento en el cual sea el cocontratante de la administración el perjudicado con la medida perturbadora. En el caso contrario, esto es, cuando el desequilibrio se produce en contra de la administración, consideramos que no debe operar la regla de la indemnización integral, sino apenas proceder una reparación del daño emergente, esto es, una especie de compensación del mayor costo derivado de la medida, el cual podrá operar como una disminución del precio o como una reparación directa del perjuicio mediante el pago de una suma de dinero por parte del contratista.

Esta excepción tiene su fundamento en la idea de que el daño sufrido por la administración es consecuencia directa de un acto que le es imputable, pero que no constituye una actuación culposa ni negligente de su parte, sino que obedece a las necesidades del servicio público y de satisfacción del interés general, así como al desarrollo de las competencias legalmente establecidas. Por lo tanto, procede a favor de ella la reparación, pero dicha reparación no puede ser igual que la del particular, en tanto que es la administración quien garantiza el interés general a través de las competencias legalmente establecidas, de tal manera que no puede gravarse al contratista con la carga de asumir el lucro cesante derivado de una medida tomada para la satisfacción de dicho interés.

6. CONCLUSIONES DEL CAPÍTULO

De los análisis y reflexiones anteriores, podemos extraer las siguientes conclusiones:

1. La teoría del hecho del príncipe es una de las causales de ruptura del equilibrio económico de los contratos públicos, que se presenta por la expedición de actos jurídicos o por actuaciones materiales, generales o particulares, de la entidad administrativa contratante, en ejercicio de atribuciones como autoridad pública y no como parte del contrato, que lo afectan haciendo considerablemente más oneroso para una de las partes su fiel cumplimiento.

2. A pesar de la escasa atención que han recibido los aspectos históricos de la teoría del hecho del príncipe, la doctrina ha rescatado algunos antecedentes históricos remotos referidos a hechos específicos en los cuales se aplicaban soluciones similares a las de esta teoría, cuando

la administración, en uso de sus prerrogativas generales, modificaba indirectamente los contratos en los que era parte. Sin embargo, se trata apenas de antecedentes, pues la construcción y desarrollo de la teoría son obra de la jurisprudencia administrativa y la doctrina especializada francesas de comienzos del siglo xx, y ha sido aplicada en los diversos regímenes que aceptan la teoría del contrato administrativo, como es el caso de Colombia.

3. La aplicación de la teoría del hecho del príncipe encuentra su justificación en los principios que gobiernan la responsabilidad administrativa sin falta, especialmente por violación del principio de igualdad en las cargas públicas; en la necesidad de garantizar una contrapartida que proteja al contratista de las prerrogativas de poder público de que goza la administración; en las necesidades de prestación continua y eficiente del servicio público; en los principios constitucionales de garantía del patrimonio de las personas y de la consecuente obligación de reparar los daños antijurídicos generados por el Estado; en la justicia contractual, y en la conmutatividad del contrato público.

4. La actuación de la administración que produce una alteración en las condiciones contractuales, que permite dar lugar a la aplicación de la teoría del hecho del príncipe, puede ser jurídica o material, general o particular, pero imputable a la misma entidad pública contratante, aunque actuando como autoridad pública y no como parte del contrato; debe ser posterior a la presentación de la propuesta o a la celebración del contrato; su contenido debe constituir un aleas extraordinario, en el sentido de que por su carácter excepcional no pudiere haber sido razonablemente previsto por las partes, y debe alterar en forma extraordinaria y anormal la economía del contrato haciéndolo considerablemente más gravoso.

5. Por el carácter de orden público de la teoría del hecho del príncipe, son ilegales las estipulaciones que eximen de responsabilidad a la administración por todas las medidas que den lugar a su aplicación, pero válidas las cláusulas donde se pactan exclusiones de responsabilidad en relación con medidas administrativas específicas.

6. Además, como la teoría del hecho del príncipe busca brindar las condiciones necesarias para que, a pesar del hecho perturbador, el contratista continúe con la ejecución del contrato, impidiendo así la interrupción en la prestación del servicio público, para que nazca el derecho a la indemnización integral a favor del contratista, esto es, al resarcimiento de los mayores costos que la medida perturbadora le generó, junto con el lucro

cesante, el cocontratante de la administración debe cumplir fielmente con sus obligaciones contractuales, salvo que el hecho generador constituya una fuerza mayor. Sin embargo, si el desequilibrio producido por la medida perturbadora es en contra de la misma administración, esta solo tendrá derecho a una compensación y no a una indemnización integral.

CAPÍTULO IV

LA TEORÍA DE LA IMPREVISIÓN

Como se ha aceptado comúnmente y ya se ha expresado en este traba-jo[1], la ruptura del equilibrio económico y financiero del contrato público puede darse durante su ejecución por diversas razones. No obstante, ni la doctrina ni la jurisprudencia se han puesto de acuerdo sobre cuáles son específicamente esas causales que dan lugar a dicha ruptura pero, en todo caso, en todas las clasificaciones planteadas por la doctrina una de las causales está referida a los hechos imprevisibles, exógenos a las partes del negocio jurídico, que lo hacen más oneroso[2].

En este capítulo nos proponemos estudiar los pormenores de esa causal, conocida como la teoría de la imprevisión, la cual, además, es una de las de mayor aplicación en la práctica de la actividad contractual de la administración.

En tal orden de ideas, para efectos metodológicos, presentaremos la exposición en seis partes, a saber: en primer lugar, precisaremos el contenido de esta teoría (1); posteriormente analizaremos sus antecedentes históricos y su origen (2); más adelante estudiaremos la manera como se ha justificado la aplicación de la teoría en los contratos públicos (3); a continuación explicaremos las condiciones para la procedencia de la

---

[1] Véase *supra* cap. I, num. 6.

[2] Véase a ANDRÉ DE LAUBADÈRE, FRANCK MODERNE y PIERRE DELVOLVÉ, *Traité des contrats administratifs*, vol. II, *op. cit.*, núms. 1003 y ss.; a LAURENT VIDAL, *L'équilibre financier du contrat dans la jurisprudence administrative, op. cit.*, págs. 165 y ss; a JOSÉ LUIS VILLAR PALASÍ, *Lecciones sobre contratación administrativa, op. cit.*, págs. 234 y ss; a JUAN CARLOS CASSAGNE, *El contrato administrativo, op. cit.*, págs. 107 y ss.; a MIGUEL S. MARIENHOFF, *Tratado de derecho administrativo*, t. III-A, *op. cit.*, núm. 762, y a LUIS GUILLERMO DÁVILA VINUEZA, *Régimen jurídico de la contratación estatal, op. cit.*, págs. 707 y ss. Desde el punto de vista de la jurisprudencia administrativa colombiana: véanse, por ejemplo, C. de E., Sala de lo Contencioso Administrativo, Sección Tercera, sents. de 26 febrero 2004, exp. 1991-07391 (14.043); de 2 septiembre 2004, exp. 1996-04029 (14.578); de 18 enero 2012, exp. 20.459; de 6 mayo 2015, exp. 31.837; de 7 de diciembre de 2016, exp. 36.430; de 19 febrero 2018, exp. 36.833; de 13 noviembre 2018, exp. 36.862; de 10 abril 2019, exp. 61.409, y de 31 enero 2019, exp. 37.910.

aplicación de la institución (4); las particularidades de la aplicación de la
teoría en los contratos de concesión (5) y, finalmente, veremos los efectos
que genera su aplicación (6).

1. EL CONTENIDO DE LA TEORÍA DE LA IMPREVISIÓN EN EL DERECHO ADMINISTRATIVO

En ocasiones, durante la ejecución del contrato, es decir, con posterioridad a su celebración, ocurren hechos o situaciones anormales,
imprevistas y extrañas a los cocontratantes, que alteran las condiciones
de cumplimiento que se tuvieron en cuenta al momento de pactar las
prestaciones debidas, haciendo mucho más grave y onerosa —que no
imposible—, para alguna de las partes, la ejecución correcta del contrato.
En estas situaciones puede romperse la equivalencia material entre los
derechos y obligaciones, es decir, el equilibrio económico del contrato
público. El acaecimiento de una situación de estas características, así
como el consecuente derecho de la parte contractual afectada a que se
restablezcan las condiciones que se tuvieron en cuenta para pactar las
prestaciones debidas, han dado lugar a la denominada por la doctrina
teoría de la imprevisión.

Esta teoría ha sido objeto de constantes reflexiones por la doctrina del
derecho administrativo que, en una formulación clásica, la ha definido
en los siguientes términos:

> "Cuando circunstancias imprevistas al momento de la celebración del
> contrato generan un trastorno grave en su economía y la gravedad de la
> alteración así provocada, sin hacer imposible la ejecución del contrato,
> la hace difícil y onerosa, más allá de lo que las partes habían podido
> prever razonablemente, y cuando el déficit de la operación sobrepasa los
> límites del álea [*sic*] normal a la carga de todo contratista, adoptando un
> carácter anormal y excepcional, el cocontratante de la administración
> tiene el derecho a pedir a ésta que venga en su ayuda, que comparta
> con él el álea [*sic*] extraordinario y que le reconozca una indemnización
> calculada en función del déficit soportado y de todas las circunstancias
> del caso[3]".

Más recientemente, la doctrina del derecho administrativo ha definido la teoría de la imprevisión de esta manera: "Durante la ejecución, puede
suceder que acontecimientos independientes de la voluntad del cocontra-

---

[3] GEORGES PÉQUIGNOT, *Théorie générale du contrat administratif,* Paris, Pédone,
1945, pág. 502.

tante, anormales e imprevisibles, acaezcan sin hacer imposible la ejecución (diferencia con fuerza mayor), aumentando, al menos en proporciones masivas, las cargas del cocontratante y perturbando así profundamente la economía del contrato"[4]. Y también ha dicho: "La teoría de la imprevisión se aplica en caso de acaecimiento, en el curso de la ejecución del contrato, de eventos imprevisibles e independientes de la voluntad de las partes, que hacen particularmente difícil la continuación de la ejecución del contrato, aumentando las obligaciones del cocontratante"[5].

Por su parte, la doctrina del derecho privado no ha sido ajena a la teoría de la imprevisión y ha sostenido que ella puede ser aplicada en ese sector del derecho, así:

> "[...] por regla general, toda obligación contraída debe ser cumplida en los términos pactados (*pacta sunt servanda*), pues así lo exige el principio de buena fe o lealtad que rige toda relación jurídica; pero puede ocurrir que las circunstancias de hecho imperantes al contenerse [*sic*] la obligación varíen extraordinariamente para las partes, tornando excesivamente onerosa la prestación debida por una de ellas. En tal supuesto no resulta justo condenar al deudor a cumplir la prestación debida en los mismos términos en que fue pactada, porque por el cambio de circunstancias puede serle ruinoso hacerlo[6]".

A su vez, para el Consejo de Estado colombiano, la teoría de la imprevisión "se caracteriza porque se presenta una situación extraordinaria ajena a la voluntad de las partes contratantes, que no podía preverse al momento de la celebración del contrato y que afecta gravemente la economía del mismo, sin impedir su ejecución"[7].

De igual manera, con apoyo en doctrina de derecho administrativo y de derecho privado, un laudo arbitral colombiano definió la teoría de la imprevisión "como un instituto jurídico autónomo, aplicable como principio general de derecho, fundado en la equidad, la buena fe y la función social de los derechos subjetivos, cuyo ejercicio permite a la parte para la cual la ejecución de una obligación de futuro cumplimiento se

---

[4] ANDRÉ DE LAUBADÈRE e YVES GAUDEMET, *Traité de droit administratif*, t. I, *op. cit.*, núm. 1489.

[5] CHARLES DEBBASCH y FRÉDÉRIC COLIN, *Droit administratif*, 11ème éd., Paris, Économica, 2014, pág. 645.

[6] ARTURO ALESSANDRI, MANUEL SOMARRIVA y ANTONIO VODANOVIC, *Tratado de las obligaciones*, vol. III, 2ª ed., Santiago de Chile, Editorial Jurídica de Chile, 2001, pág. 160.

[7] C. de E., Sala de lo Contencioso Administrativo, Sección Tercera, sent. de 18 enero 2012, exp. 20.459

ha convertido en excesivamente onerosa, por el acaecimiento de hechos sobrevinientes, imprevistos e imprevisibles, no imputables a quien lo alega, ni acaecidos durante su mora, solicitar la revisión judicial, buscando su terminación, resolución, suspensión o modificación"[8].

Puede afirmarse, entonces, que la teoría de la imprevisión, en los términos expuestos, es uno de los eventos en que se puede presentar una ruptura en el equilibrio económico del contrato público —y aún en el moderno contrato de derecho privado—, es decir, se trata de una de las causales de rompimiento de la ecuación contractual que se presenta por situaciones imprevistas, exógenas a las partes y posteriores a la celebración del contrato, que generan una alteración anormal en la economía haciéndolo más gravoso.

Respecto de la anterior definición, debe precisarse que, a nuestro juicio, comprende las llamadas *sujeciones materiales imprevistas*, que para algún sector de la doctrina constituye una causal diferente de ruptura del equilibrio económico del contrato, aplicable exclusivamente a los contratos de obra pública[9]. Según este sector de la doctrina, estas sujeciones son aquellas dificultades materiales que se presentan estrechamente relacionadas con la ejecución del contrato, y que aparecen de manera imprevista para las partes, haciendo más difícil y gravosa dicha ejecución (por ejemplo, el hecho de encontrar durante la construcción de un túnel, un terreno rocoso, en vez de arcilloso, como se preveía).

De acuerdo con la anterior definición, es evidente que las situaciones materiales imprevistas también se refieren a situaciones extrañas a las dos partes del contrato, que aparecen durante el período de ejecución del contrato, que hacen más costosa la ejecución y que, como su nombre lo indica, son imprevistas. De esta forma, estas situaciones cumplen cabalmente con todos los requisitos del concepto de la teoría de la imprevisión y, por lo tanto, comparten su régimen jurídico, de tal manera que dicha figura debe entenderse incluida dentro del concepto de imprevisión, como

---

[8] Tribunal de Arbitramento de *Empresa de Energía de Boyacá S. A. E.S.P.* contra *Compañía Eléctrica de Sochagota S. A. E.S.P.*, laudo de 21 de octubre de 2004.

[9] Véase a ANDRÉ DE LAUBADÈRE, FRANCK MODERNE y PIERRE DELVOLVÉ, *Traité des contrats administratifs*, vol. II, *op. cit.*, núms. 1280 y ss.; a GEORGES VEDEL, *Derecho administrativo*, *op. cit.*, págs. 211 y 212, y a JAIME VIDAL PERDOMO, *El contrato de obras públicas*, Bogotá, Universidad Externado de Colombia, 1979, pág. 92.

lo ha reconocido alguna doctrina al decir: "La teoría de las dificultades materiales imprevistas es una institución gemela de la teoría de la imprevisión o doctrina del riesgo imprevisible, con la que tiene un fundamento común y un régimen jurídico idéntico"[10].

2. Antecedentes y origen de la teoría

La doctrina del derecho privado encuentra el antecedente más remoto de la aplicación de la teoría de la imprevisión en la cláusula *rebus sic stantibus*[11]. Señalan los autores que tal cláusula, conforme a la cual los contratos se entienden celebrados bajo la condición de que subsistan las circunstancias bajo las cuales se contrató, fue mencionado en el derecho romano en los textos de Paulo, Cicerón y Séneca, pero solo en la Edad Media, especialmente a través de los posglosadores y los canonistas, el que la desarrolló y en el derecho internacional donde se consolidó su aplicación[12].

En este sentido, como bien lo ha hecho notar la doctrina especializada, "los supuestos de mayor onerosidad sobrevenida en el cumplimiento de las obligaciones vienen encuadrados por la doctrina, unas veces bajo el nombre de la teoría de la cláusula *rebus sic stantibus*, otras en la teoría de la imprevisión o en la también llamada doctrina del riesgo imprevisible"[13].

No obstante, como se desprende de la afirmación transcrita, para entender el origen de la figura y su originalidad en el derecho administrativo, resulta indispensable precisar las diferencias que existen, conceptual

[10] Rodrigo Escobar Gil. *Teoría general de los contratos de la administración pública, op. cit.*, pág. 578.

[11] Sobre la cláusula *rebus sic stantibus*, en general, véase a Cristina de Amunátegui Rodriguez, *La cláusula rebus sic stantibus, op. cit.*, págs. 31 y ss, y a Luis Corsi, "Alteraciones económicas y obligaciones contractuales: la cláusula *rebus sic stantibus* en la contratación administrativa", *op. cit.*, págs. 1779 y ss.

[12] En este sentido, véase a José Félix Chamie Gandur, *La adaptación del contrato por eventos sobrevenidos, op. cit.*, págs. 29 y ss; a Arturo Alessandri, Manuel Somarriva y Antonio Vodanovic, *Tratado de las obligaciones*, vol. III, *op. cit.*, págs. 162 y 163, y a Jorge Suescún Melo, *Derecho privado: estudios de derecho civil y comercial contemporáneo*, 2ª ed., t. I, Bogotá, Legis Editores y Universidad de los Andes, 2003, págs. 16 y 17.

[13] Gaspar Ariño Ortiz, *Teoría del equivalente económico en los contratos administrativos, op. cit.*, pág. 279.

e históricamente, entre la cláusula *rebus sic stantibus* y la teoría de la imprevisión[14]:

a) Desde el punto de vista histórico, la cláusula *rebus sic stantibus*, como ya lo dijimos, es una noción del derecho romano desarrollada y aplicada por el derecho de la Edad Media y por el derecho internacional. En cambio, la teoría de la imprevisión es una creación de la jurisprudencia administrativa francesa, específicamente del Consejo de Estado, en el fallo de 30 de marzo de 1916, *Compagnie Générale d'Éclairage de Bordeaux*, mejor conocido como el *arrêt Gaz de Bordeaux*.

b) Desde el punto de vista conceptual, la cláusula *rebus sic stantibus* tiene aplicación no solo en relaciones jurídicas contractuales entre particulares pendientes de ejecutar, donde acaece una situación imprevista, sino también en negocios jurídicos —incluso unilaterales— que ya se encuentran extinguidos como, por ejemplo, en la revocación de una donación. En cambio, la teoría de la imprevisión, en su formulación inicial en el derecho administrativo francés, tiene aplicación solo en los contratos públicos de larga duración cuya ejecución no ha finalizado, que se ven afectados por riesgos sobrevinientes a su celebración, con fundamento en la necesidad de garantizar la prestación continua y eficiente de los servicios públicos.

Son, entonces, la teoría de la imprevisión y la cláusula *rebus sic stantibus*, dos instituciones jurídicas que, a pesar de ser cercanas, tienen rasgos históricos y conceptuales diferentes que impiden confundirlas. Es precisamente dentro del anterior contexto, esto es, dentro de la autonomía de la teoría de la imprevisión respecto de la cláusula *rebus sic stantibus*, donde deben construirse los antecedentes y la evolución histórica de la teoría de la imprevisión como institución del derecho administrativo.

Al respecto, podemos remontarnos a la complicada situación económica de Europa a comienzos del siglo xx, durante el desarrollo de la primera guerra mundial, que impedía a los cocontratantes tener la certeza de que las condiciones económicas pactadas se mantuvieran durante su ejecución. Como respuesta a esta situación de imprevisibilidad de las condiciones económicas, el Consejo de Estado francés ideó, para los contratos administrativos, la teoría de la imprevisión[15].

---

[14] Sobre la distinción entre estas dos instituciones, véase *ibidem*, págs. 280 y ss.

[15] La doctrina coincide en afirmar que fue el Consejo de Estado francés, en el *arrêt Gaz de Bordeaux*, quien verdaderamente construyó la teoría de la imprevisión, es decir, se trata de un aporte propio del derecho administrativo a la teoría general del contrato:

En efecto, en el fallo *Gaz de Bordeaux*, de 30 de marzo de 1916, el Consejo de Estado se enfrentó al siguiente caso: entre el municipio de Bordeaux y una empresa privada se suscribió un contrato de concesión para la prestación del servicio público de electricidad y distribución de gas, en el cual se estipuló un precio específico para este último, en cuya producción era indispensable la utilización del carbón. Como consecuencia de la primera guerra mundial, especialmente por la ocupación alemana de las zonas productoras de carbón y la dificultad de transportarlo por vía marítima, la principal materia prima para la producción del gas, esto es, el carbón, sufrió un alza colosal haciendo mucho más onerosa para el concesionario la prestación del servicio público de electricidad y distribución de gas, en la medida en que el valor de la producción del gas resultó muy superior al precio máximo estipulado para su distribución.

El Consejo de Estado decidió, entonces, que el concesionario debería continuar con la prestación del servicio público pero que, a la vez, tenía derecho a una compensación por los mayores costos en que debió incurrir como consecuencia del aumento del valor del carbón. Para llegar a esa decisión, manifestó lo siguiente:

> "Considerando que en principio el contrato de concesión establece de manera definitiva, hasta su vencimiento, las obligaciones respectivas del concesionario y del concedente; que el concesionario está obligado a prestar el servicio previsto en las condiciones establecidas en el contrato de concesión y encuentra su remuneración en la recaudación de tasas pagadas por los usuarios, tal como fueron estipuladas en el mismo; que la variación de precios de las materias primas constituye un riesgo del contrato que, según el caso, puede ser favorable o desfavorable para el concesionario y continúa siendo por su cuenta y riesgo, por cuanto se reputa que cada parte tuvo en cuenta ese riesgo en los cálculos y previsiones que efectúo antes de comprometerse; pero considerando que a consecuencia de la ocupación enemiga de la mayor parte de las

---

véase, por ejemplo, a ANDRÉ DE LAUBADÈRE, FRANCK MODERNE y PIERRE DELVOLVÉ, *Traité des contrats administratifs*, vol. II, *op. cit.*, núm. 952; a GASPAR ARIÑO ORTIZ, *Teoría del equivalente económico en los contratos administrativos*, pág. 282; a EDUARDO GARCÍA DE ENTERRÍA y TOMÁS-RAMÓN FERNÁNDEZ, *Curso de derecho administrativo I*, *op. cit.*, págs. 788 y ss., y a HÉCTOR JORGE ESCOLA, *Tratado integral de los contratos administrativos*, vol. I, *op. cit.*, núm. 104. La jurisprudencia colombiana también ha atribuido la creación de esta teoría a la jurisprudencia administrativa francesa: véase C. de E., Sala de lo Contencioso Administrativo, Sección Tercera, sent. de 19 junio 1996, exp. 4868.

regiones productoras de carbón en Europa continental, de la dificultad cada vez más considerable de realizar transportes por mar en razón tanto del decomiso de los buques como del carácter y la duración de la guerra marítima, del alza ocurrida durante la actual guerra de los precios del carbón —que es la materia prima para la fabricación del gas— alza que alcanzó tal magnitud que no solamente tiene el carácter de excepcional en el sentido habitual dado a esa palabra, sino también conlleva en el costo de fabricación del gas un aumento que, en cierta medida desbarató todo tipo de cálculos, sobrepasando en verdad los límites extremos de aumentos que se hubieran podido prever por las partes en el momento de la celebración del contrato; que a consecuencia del concurso de circunstancias arriba indicadas, la economía del contrato se encuentra absolutamente trastornada; que entonces asiste derecho a la compañía para sostener que en las mismas condiciones previstas en un principio no puede obligarse a asumir el funcionamiento del servicio, mientras dure la anormal situación arriba mencionada;

"Considerando que, si bien erróneamente la compañía pretende no poder y no estar obligada a soportar ningún aumento del precio del carbón que sobrepase 28 francos la tonelada, por cuanto, según ella, esta cantidad fue considerada como precio máximo del gas previsto en el contrato, sería totalmente excesivo admitir que hay lugar a la aplicación pura y simple del pliego de condiciones como si se estuviera en presencia de un riesgo ordinario de la empresa; que por el contrario es importante, para poner fin a las dificultades temporales, una solución que a la vez tenga en cuenta el interés general —el cual exige la continuación del servicio por la compañía con la ayuda de todos sus medios de producción— y de las condiciones especiales que no permiten que el contrato se cumpla normalmente; que para el efecto, conviene decidir —por una parte, que durante este período transitorio, la compañía solamente debe soportar la parte de las consecuencias onerosas de la situación de fuerza mayor arriba mencionada que la interpretación razonable del contrato permite dejar a su cargo; que, en consecuencia, al anular la resolución atacada, es procedente enviar de nuevo a las partes ante el Consejo de Prefectura, al cual— si las partes no logran ponerse de acuerdo sobre las condiciones especiales que permitan a la compañía continuar prestando el servicio— le corresponderá, teniendo en cuenta todos los hechos de la causa, determinar el monto de indemnización a que tendrá derecho la compañía en razón a las circunstancias extracontractuales en las cuales ella tendrá que prestar el servicio durante el período considerado[16]".

---

[16] El texto del fallo del Consejo de Estado, puede consultarse en MARCEAU LONG *et al., Les grands arrêts de la jurisprudence administrative, op. cit.,* págs. 185 y ss.

En el fallo citado quedaron consignados los elementos principales para la aplicación de la teoría de la imprevisión, los cuales han venido siendo precisados y complementados, tanto por la doctrina como por la jurisprudencia posterior, hasta darles las características actuales, que veremos detalladamente en los acápites posteriores de este capítulo.

En el ordenamiento jurídico colombiano, la jurisprudencia civil de la década de los treinta, con base en lo dispuesto en el artículo 8° de la ley 153 de 1887, mencionó por primera vez la teoría de la imprevisión[17]. Sin embargo, la consagración positiva de la figura solo se dio en 1970 con la expedición del Código de Comercio que, en su artículo 868, la consagró en los siguientes términos:

> "Cuando circunstancias extraordinarias, imprevistas o imprevisibles, posteriores a la celebración de un contrato de ejecución sucesiva, periódica o diferida, alteren o agraven la prestación de futuro cumplimiento a cargo de una de las partes, en grado tal que le resulte excesivamente onerosa, podrá esta pedir su revisión [...]".

Con posterioridad a la expedición de la norma transcrita, la jurisprudencia ordinaria solo comenzó la aplicación de la teoría de la imprevisión en casos concretos a partir de 2012[18], como se reconoce en las providencias citadas, es decir, que con anterioridad a esa fecha no existieron pronunciamientos de la justicia ordinaria que ordenaran la revisión del contrato por el acaecimiento de circunstancias extraordinarias e imprevistas que hagan más oneroso el cumplimiento del contrato.

En cambio, la jurisprudencia administrativa, que empezó a ser el juez competente de los contratos administrativos en 1964, desde la admisión de la aplicación del principio del equilibrio económico del contrato administrativo en los años setenta y, especialmente, a partir de la expedición de los primeros estatutos de contratación administrativa —decrs.-leyes 150 de 1977 y 222 de 1983—, ha venido aplicando de manera sistemática la

---

[17] Véase C. S. de J., Sala de Casación Civil, sents. de 29 octubre 1936, en *Gaceta Judicial*, t. XLIV, pág. 457 y ss.; de 25 de febrero de 1937, en *Gaceta Judicial*, t. XLIV, pág. 617 y ss., y de 23 mayo 1938, en *Gaceta Judicial*, t. XLVI, pág. 544 y ss. El citado art. 8° dispone: "Cuando no haya ley exactamente aplicable al caso controvertido, se aplicarán las leyes que regulen casos o materias semejantes, y en su defecto, la doctrina constitucional y las reglas generales de derecho".

[18] Véase C. S. de J., Sala de Casación Civil, sents. de 21 febrero 2012, exp. 2006-00537-01, y de 31 de julio de 2014, exp. 2003-00366-01.

teoría de la imprevisión como causal específica de ruptura del equilibrio económico del contrato público[19].

No obstante, fue la jurisprudencia arbitral y no la contencioso-administrativa, quien aplicó por primera vez la teoría de la imprevisión en los contratos públicos. En efecto, un tribunal de arbitramento, ante un contrato administrativo de obra pública, negó la posibilidad de dar aplicación a las normas de derecho privado y argumentó que no obstante que conforme al derecho común una vez perfeccionado el contrato este resulta inmutable, a la luz de las estipulaciones del contrato de obra pública, el equilibrio económico podía ser restablecido cuando ello fuere justo y cuando la alteración de las condiciones contractuales no obedeciera a causas imputables al propio contratista, sino a causas externas e imprevisibles, las cuales se presentaron en el caso concreto, condenando a la entidad pública demandada al restablecimiento del equilibrio económico del contrato en aplicación de la teoría de la imprevisión[20].

Finalmente, en lo que tiene que ver con la consagración de la teoría de la imprevisión en el derecho positivo colombiano, el estatuto de contratación de la administración pública actualmente vigente, además de la consagración general, en el artículo 27, del principio del equilibrio económico y financiero del contrato, en el artículo 5° numeral 1 hace referencia específica a la citada teoría de la imprevisión, al disponer que los contratistas "[...] tendrán derecho, previa solicitud, a que la administración les restablezca el equilibrio de la ecuación económica del contrato a un punto de no pérdida por la ocurrencia de situaciones imprevistas que no sean imputables a los contratistas [...]".

3. JUSTIFICACIÓN DE LA APLICACIÓN DE LA TEORÍA EN LOS CONTRATOS PÚBLICOS

Es frecuente que los contratos conmutativos o bilaterales onerosos, como lo son los contratos públicos, sean celebrados por las partes con

---

[19] Véanse, por ejemplo, C. de E., Sala de lo Contencioso Administrativo, Sección Tercera, sents. de 18 junio 1979, exps. 1694 y 1777, en *Anales del Consejo de Estado*, t. XCVI, págs. 561 y ss.; de 20 septiembre 1979, exp. 2742, en *Anales del Consejo de Estado*, t. CVIII, págs. 725 y ss.; de 15 agosto 1985, exp. 3916, sin publicar, y de 18 abril 1989, exp. 5426, sin publicar.

[20] Tribunal de Arbitramento de *Imprese Italiane All «Estero SPA», Impresit del Pacífico S. A., Octavio Bertolero Cía., y Contratistas Generales S.C. de R.L* contra *Empresa de Energía Eléctrica de Bogotá*, laudo de 11 de diciembre de 1972.

base en unas previsiones que, en principio, están llamadas a regular las condiciones económicas que determinarán su ejecución. Sin embargo, existen diversas circunstancias sociales, económicas y políticas que en ocasiones producen una inestabilidad económica de tal magnitud que, de una u otra manera, se traducen en un "incremento normal o anormal, ordinario o extraordinario, previsible o imprevisible de los costos de los componentes determinantes del precio de las obras, servicios, o suministros"[21].

El derecho ha planteado diferentes posiciones en torno a cómo deben ser tenidas en cuenta esas circunstancias exógenas al contrato y a los contratantes para efectos de la determinación de ajustar o no las prestaciones inicialmente acordadas en él.

De una parte, a la luz de los principios de la *lex contractus* y del *pacta sunt servanda*, de especial aplicación en el campo del contrato de derecho común, siguiendo la teoría general del contrato, por la necesidad de seguridad jurídica en las relaciones contractuales, las obligaciones a las que se compromete cada una de las partes necesariamente deben ser cumplidas de la manera precisa y exacta como fueron pactadas, salvo que se presenten razones que impliquen una imposibilidad absoluta, física o jurídica, de ejecutar las prestaciones contractuales en los términos pactados, por lo cual una excesiva onerosidad sobreviniente no autoriza al perjudicado a pedir a su contraparte o al juez el reconocimiento de una compensación económica por la ocurrencia de hechos que implican el trastorno económico del contrato[22]. A la luz del derecho colombiano, dichos principios se encuentran expresamente reconocidos en el artículo 1602 del Código Civil, de acuerdo con cuyo texto los contratos legalmente celebrados constituyen ley para las partes y deben ser cumplidos en los estrictos términos en que fueron pactados, lo cual constituye el punto de partida del derecho positivo para obligar a las partes del contrato a

---

[21] RODRIGO ESCOBAR GIL. *Teoría general de los contratos de la administración pública, op. cit.*, pág. 549.

[22] En este sentido, véase a FERNANDO HINESTROSA, *Tratado de las obligaciones*, t. II, vol. II, El negocio jurídico, Bogotá, Universidad Externado de Colombia, 2015 págs. 509 y ss.; a JUAN J. BENÍTEZ CAORSI, *La revisión del contrato*, 2ª ed., Bogotá, Temis, 2010, págs. 19 y ss; a JORGE SUESCÚN MELO, *Derecho privado: estudios de derecho civil y comercial contemporáneo*, t. I, *op. cit.*, págs. 16 y ss., y a ARTURO ALESSANDRI, MANUEL SOMARRIVA y ANTONIO VODANOVIC, *Tratado de las obligaciones*, vol. III, *op. cit.*, págs. 159 y ss.

cumplir con sus prestaciones de la forma precisa en que fueron pactadas y sin importar los cambios que hubieren podido existir en las condiciones de ejecución.

Sin embargo, frente a la rigidez de esta obligación se ha venido abriendo paso la idea de que se requiere cierta flexibilización en circunstancias especiales.

Así, ante la rigidez del principio *pacta sunt servanda,* que en la práctica en algunos casos resultaba generando situaciones injustas para las partes de un contrato, el mismo derecho privado se ha encargado de construir diversas teorías encaminadas a limitar la estricta aplicación del citado principio, como las siguientes[23]:

a) WINDSCHIELD construyó la *teoría de la presuposición subjetiva,* conforme a la cual la excesiva onerosidad sobreviniente es una condición no desarrollada, es decir, que en el acto contractual las partes solo fijan aquello en que razonablemente pueden disentir, pero como existen eventos que no pueden ser previstos, estos no se incluyen expresamente en el contrato pero deben ser considerados como incluidos dentro de la voluntad de las partes, de tal manera que de haberlos conocido habrían sido regulados contractualmente.

b) PISKO elaboró la *teoría de la presuposición típica o presuposición objetiva,* conforme a la cual no se toma la voluntad real de las partes sino las circunstancias que deben aparecer en el acto contractual, por ser típicas de su naturaleza, entre las cuales se encuentran las situaciones posteriores a la celebración del contrato, que son imprevistas y externas a las partes y que generan una excesiva onerosidad a una de ellas;

c) ENNECCERUS formuló la *teoría de las bases del negocio jurídico,* conforme a la cual las partes toman en cuenta unas circunstancias básicas existentes al momento de la celebración del contrato, de tal forma que cuando se modifican tales circunstancias cae el acto jurídico original, debiendo ser reformado para tomar en consideración los nuevos hechos;

---

[23] Una exposición completa y sistemática de estas teorías puede verse en JUAN J. BENÍTEZ CAORSI, *La revisión del contrato, op. cit.,* págs. 382 y ss, y en ARTURO ALESSANDRI, MANUEL SOMARRIVA y ANTONIO VODANOVIC, *Tratado de las obligaciones,* vol. III, *op. cit.,* págs. 164 y ss. Sobre estas teorías también puede consultarse a GASPAR ARIÑO ORTIZ, *Teoría del equivalente económico en los contratos administrativos, op. cit.,* págs. 274 y ss., y a MIGUEL S. MARIENHOFF, *Tratado de derecho administrativo,* t. III-A, *op. cit.,* núm. 777.

d) Ripert manifestó que son las reglas de la equidad y la moral las que permiten al juez intervenir en un contrato determinado con el fin de evitar que el acreedor obtenga un enriquecimiento excesivo a expensas de su deudor;

e) Von Thur pretende matizar la rigidez del principio *pacta sunt servanda* con fundamento en el principio general de la buena fe, según el cual, ante un cambio sustancial en las condiciones fácticas, los estrictos términos contractuales son inaplicables;

f) Spota encuentra fundamento a la limitación del principio *pacta sunt servanda* en el principio de prohibición del abuso del derecho, que tendría aplicación en el evento en que el acreedor pretendiera que su deudor debe ejecutar el contrato no obstante haber sido modificadas las condiciones pactadas, y

g) De Ruggiero sostiene que en los contratos existe una cláusula tácita que obliga a revisar el contrato en caso de que se vea alterado el equilibrio entre las contraprestaciones.

De otra parte, en contraposición a la postura rígida del contrato de derecho privado, se ha sostenido que los principios que rigen la contratación pública y aun la responsabilidad estatal, plantean una solución jurídica basada en la igualdad de los contratantes, la buena fe y la reciprocidad de las prestaciones, que permite reducir la rigidez del principio *pacta sunt servanda*, el cual, sin duda, también tiene vigencia en los contratos públicos.

En este sentido, tanto la doctrina como la jurisprudencia francesas plantearon que la necesidad de que el servicio público a cargo de la administración sea prestado con eficiencia, regularidad y continuidad, se traduce en que esta, ante la ocurrencia de hechos o circunstancias sobrevinientes que hacen excesivamente onerosa la ejecución de un contrato público, tiene el deber de ayudar económicamente a su cocontratante. Es así como en el fallo *Gaz de Bordeaux*, el Consejo de Estado francés manifestó: "que por el contrario es importante, para poner fin a las dificultades temporales, una solución que a la vez tenga en cuenta el interés general —el cual exige la continuación del servicio por la compañía con la ayuda de todos sus medios de producción— y de las condiciones especiales que no permiten que el contrato se cumpla normalmente; que para el efecto, conviene decidir por una parte, que durante este período transitorio, la compañía solamente debe soportar la parte de las consecuencias onerosas de la situación de fuerza mayor arriba mencionada que la interpretación razonable del contrato permite dejar a su cargo"[24].

Resulta ser, entonces, la necesidad de la prestación continua y eficiente de los servicios públicos, la primera razón, justificación o sustento teórico de la existencia y aplicación de la teoría de la imprevisión en los contratos públicos, exclusivamente desde el punto de vista de los derechos del cocontratante de la administración[25]. Al respecto, la jurisprudencia administrativa colombiana ha dicho que el restablecimiento del equilibrio económico del contrato en aplicación de la teoría de la imprevisión, "más que proteger el interés individual del contratista, lo que ampara fundamentalmente, en realidad, es el interés general que se persigue satisfacer con la celebración y cabal ejecución del contrato estatal"[26].

Igualmente, desde la simple perspectiva del derecho al mantenimiento del equilibrio económico y financiero del contrato que le asiste al cocontratante de la administración, la teoría de la imprevisión resulta aplicable a los contratos públicos por las disposiciones constitucionales relacionadas con el deber general que tiene el Estado de reparar los daños antijurídicos generados por sus actuaciones (cuando se trata de actuaciones estatales que den lugar a la ruptura del equilibrio económico del contrato en aplicación de la teoría de la imprevisión), la obligación de mantener una igualdad en las cargas públicas, la garantía del patrimonio de los particulares y el deber estatal de garantizar la vida, honra y bienes de las personas[27].

En Colombia, en concordancia con la idea contenida en el artículo 27 de la ley 80 de 1993, arriba citado, en el sentido de que el equilibrio

---

[24] MARCEAU LONG et al., Les grands arrêts de la jurisprudence administrative, op. cit, págs. 132 y ss.

[25] Véase a JOSÉ LUIS BENAVIDES, El contrato estatal, op. cit., págs. 439 y 440, quien cita la doctrina francesa que sustenta esta posición. Además, puede verse a Émile Labrot, L'imprevision. Étude comparée droit public-droit privé des contrats, Paris, L'Harmattan, 2016, págs. 57 y ss; a LAURENT VIDAL, L'équilibre financier du contrat dans la jurisprudence administrative, op. cit., págs. 826 y ss, y a JOSEPH FRANK OUM OUM, La responsabilité contractuelle en droit administratif, op. cit., págs. 135 y ss.

[26] C. de E., Sala de lo Contencioso Administrativo, Sección Tercera, sent. de 28 enero 2016, exp. 34.454. En el mismo sentido, C. de E., Sala de lo Contencioso Administrativo, Sección Tercera, sent. de 8 febrero 2017, exp. 54.614.

[27] Esta fundamentación es expuesta por MIGUEL S. MARIENHOFF, Tratado de derecho administrativo, t. III-A, op. cit., núms. 777 y 779. En similar sentido, puede verse a RODRIGO ESCOBAR GIL, Teoría general de los contratos de la administración pública, op. cit., págs. 427 y ss.

económico del contrato es un derecho del cual son titulares los dos cocontratantes, es decir, las partes del contrato público y no simplemente
el contratista de la administración, estas justificaciones de la existencia
de la teoría de la imprevisión en las necesidades del servicio público y
en las garantías constitucionales citadas no pueden ser las únicas. Así,
desde el punto de vista del derecho comparado, los autores han señalado
que la justicia conmutativa, propia de los contratos bilaterales sinalagmáticos y conmutativos, como lo son los contratos públicos, igualmente
impone a las partes la carga de ayudarse mutuamente ante la ocurrencia
de hechos que no fueron previstos al momento de celebrar el negocio
jurídico respectivo, pero que una vez acaecidos tornan mucho más difícil y oneroso el cumplimiento fiel de las prestaciones contractuales[28],
fundamento que permite explicar mejor una posición como la adoptada
en Colombia en el sentido de que la imprevisión puede ser invocada no
solo por el contratista sino por la administración, pero que, en todo caso,
también puede entenderse que constituye un fundamento general de la
teoría de la imprevisión.

En todo caso, el fundamento de la teoría de la imprevisión en el derecho administrativo, como derecho que le asiste a los dos cocontratantes
se encuentra, entonces, en la conmutatividad propia de los contratos públicos, junto con la necesidad de una justicia contractual. En efecto, la
necesaria equivalencia entre las prestaciones, así como el deber que tienen
las partes de un contrato conmutativo de mantenerla, es el fundamento
del derecho que ellas tienen al mantenimiento del equilibrio económico y
financiero del contrato público y, por ende, el sustento teórico más claro
de la aplicación de la teoría de la imprevisión como un caso específico de
ruptura del tal equilibrio[29]. De forma complementaria al carácter conmutativo del contrato administrativo y como consecuencia del mismo, la
justicia contractual, entendida como justicia en las prestaciones, conduce
al nacimiento del deber de las partes a compensar a su cocontratante por
los mayores costos que implique la ocurrencia de hechos imprevistos y

---

[28] Sobre la justicia conmutativa como fundamento del derecho al mantenimiento
del equilibrio económico y financiero del contrato, aunque referido solamente al cocontratante particular, véase a ESTELA VÁSQUEZ LACUNZA, *El equilibrio económico en los
contratos de servicios, op. cit.,* pág. 274, y a ROBERTO DROMI, *Derecho administrativo,
op. cit.,* pág. 858.

[29] En este sentido, HÉCTOR JORGE ESCOLA, *Tratado integral de los contratos administrativos,* vol. I, *op. cit.,* pág. 452.

extraños a ellas que hagan excesivamente difícil y onerosa la ejecución del contrato[30].

4. CONDICIONES PARA LA PROCEDENCIA DE LA APLICACIÓN DE LA TEORÍA EN LOS CONTRATOS PÚBLICOS

En la formulación clásica del contrato público, la doctrina francesa estableció cuatro reglas para que el cocontratante de la administración tuviera derecho a la compensación cuando acaecieran circunstancias excepcionales, imprevisibles y extrañas a la voluntad de las partes que perturbaran la normal ejecución y la economía del contrato, a saber:

1ª) El cocontratante de la administración tiene el deber de cumplir con las prestaciones pactadas;

2ª) La obligación de cumplimiento del cocontratante de la administración solo desaparece cuando se halla en la imposibilidad material absoluta de cumplir, es decir, en el caso de fuerza mayor;

3ª) Si el cocontratante de la administración incumple con sus obligaciones fundándose en que ocurrieron hechos posteriores que dificultaron la ejecución correcta del contrato, debe ser sancionado con la aplicación de la caducidad administrativa, y

4ª) Si el cocontratante de la administración no interrumpe la colaboración en la prestación del servicio público y hace todo lo posible para proseguir la colaboración, tiene derecho a que la administración participe de las pérdidas de la explotación del servicio, mediante el pago de una compensación al particular colaborador[31].

Como lo hemos expresado, el derecho privado no es ajeno a la aplicación de la teoría de la imprevisión. Al respecto, la doctrina civil ha coincidido en afirmar que para poder dar aplicación en un contrato específico a la *teoría de la imprevisión*, es necesario que concurran los siguientes requisitos:

a) Que se trate de un contrato de tracto sucesivo o de prestación diferida;

---

[30] Sobre la justicia contractual como fundamento del equilibrio económico del contrato administrativo, puede verse a JUAN PABLO CÁRDENAS MEJÍA, "La justicia contractual", *op. cit.*, págs. 301 y ss. Igualmente, puede verse a EDUARDO O. EMILI, "El equilibrio contractual", *op. cit.*, pág. 621.

[31] Véase a GASTON JÈZE, *Principios generales del derecho administrativo*, t. v, *op. cit.*, págs. 16 y ss.

b) Que el acontecimiento que cause la excesiva onerosidad en la prestación sea extraordinario e imprevisible, y

c) Que el acontecimiento traiga como consecuencia una onerosidad en la prestación debida mucho mayor a la que normalmente pueden calcular las partes al momento de celebrar el contrato[32].

La doctrina más reciente de los contratos públicos, tomando en consideración la formulación clásica mencionada, ha precisado un poco más las condiciones de aplicación de la teoría de la imprevisión, siendo enfática en afirmar que las condiciones para que proceda la aplicación de esa teoría son las siguientes:

a) Que se esté en presencia de un contrato público;

b) Que el acontecimiento sea razonablemente imprevisible, así sea simplemente en sus efectos, y tenga consecuencias sobre la economía del contrato en perjuicio del cocontratante;

c) Que el acontecimiento altere de tal forma la economía del contrato que pueda afirmarse que se presenta un aleas contractual anormal que excede los cálculos de las partes;

d) Que exista correlación entre el hecho alegado y el trastorno producido en la ejecución;

e) Que el acontecimiento sea independiente de la voluntad de las partes;

f) Que el trastorno en el contrato no sea definitivo sino apenas transitorio;

g) Que el contrato esté en curso, es decir, debe haberse celebrado y no debe haber concluido;

h) Que el contrato administrativo tenga cierta duración o sea de ejecución sucesiva, e

i) Que el cocontratante no haya suspendido la ejecución del contrato[33].

Las condiciones de aplicación de la teoría de la imprevisión, o más precisamente los fenómenos o situaciones que ocasionan la aplicación de esta teoría, han sido resumidos por la doctrina colombiana de los contratos administrativos del siguiente modo:

a) Deben ser económicos o de la naturaleza pero no aleas administrativos;

---

[32] Véase a ARTURO ALESSANDRI, MANUEL SOMARRIVA y ANTONIO VODANOVIC, *Tratado de las obligaciones*, vol. III, *op. cit.*, pág. 161.

[33] Véase a HÉCTOR JORGE ESCOLA, *Tratado integral de los contratos administrativos*, vol. I, *op. cit.*, núm. 104.

b) Deben ser excepcionales y no ordinarios;

c) Deben afectar la ejecución del contrato de manera transitoria;

d) Deben agravar la onerosidad de las prestaciones con cargo a una parte;

e) No deben imposibilitar la ejecución física del contrato sino hacerla más gravosa;

f) No deben estar previstos en el sentido de que las partes no los pueden augurar o avizorar;

g) No deben haber sido contemplados por el contrato;

h) Deben ser extraños a las partes en el sentido de que no tienen relación con ellas;

i) Es indispensable que no se haya suspendido la ejecución de la prestación a cargo del contratista, y

j) Deben haber surgido o haber sido conocidos después de suscrito el contrato[34].

Por su parte, el Consejo de Estado colombiano, con fundamento en la doctrina francesa, ha considerado que todo lo anterior puede resumirse en que son tres los presupuestos que estructuran la teoría de la imprevisión, en los siguientes términos:

> "Resulta, entonces, procedente su aplicación cuando se cumplen las siguientes condiciones:
>
> "1. La existencia de un hecho exógeno a las partes que se presente con posterioridad a la celebración del contrato.
>
> "2. Que el hecho altere en forma extraordinaria y anormal la ecuación financiera del contrato.
>
> "3. Que no fuese razonablemente previsible por los cocontratantes al momento de la celebración del contrato[35]".

En ocasión más reciente, el Consejo de Estado expresó que los requisitos de procedencia de la teoría de la imprevisión pueden resumirse así:

---

[34] Luís Guillermo Dávila Vinueza, *Régimen jurídico de la contratación estatal,* *op. cit.,* págs. 726 y ss.

[35] C. de E., Sala de lo Contencioso Administrativo, Sección Tercera, sent. de 29 mayo 2003, exp. 14.577.

"1) Que con posterioridad a la celebración del contrato, se presente un hecho ajeno a las partes, no atribuible a ninguna de ellas.

"2) Que ese hecho altere de manera anormal y grave, la ecuación económica del contrato, es decir, que constituya un álea extraordinaria [*sic*].

"3) Que esa nueva circunstancia, no hubiera podido ser razonablemente previsible por las partes.

"4) Que esa circunstancia imprevista, dificulte la ejecución del contrato, pero no la imposibilite[36]".

Finalmente, debe tenerse en cuenta que en el derecho privado colombiano la teoría de la imprevisión, a la que hace referencia el citado artículo 868 del Código de Comercio, presenta una condición o requisito adicional especial respecto de los aplicables a los contratos públicos. Concretamente, en dicha norma se dispone que el hecho perturbador debe recaer sobre "la prestación de futuro cumplimiento a cargo de una de las partes", de tal manera que para prestaciones que ya hubieran sido ejecutadas al momento de la reclamación o de la presentación de la demanda no es posible adoptar decisiones de restablecimiento del equilibrio económico[37]. Esta situación es claramente diferente a lo que ocurre en los contratos públicos, respecto de los cuales, como se vio, la jurisprudencia administrativa no hace distinción en cuanto al momento de ejecución de la prestación afectada por la situación imprevista, lo cual equivale a decir que la teoría es aplicable tanto a prestaciones ejecutadas como a prestaciones de futuro cumplimiento.

Debemos recordar que en otro lugar señalamos que, de manera general, para que una alteración en las condiciones iniciales del contrato comporte la ruptura en su equilibrio económico, deben cumplirse los siguientes requisitos:

a) Debe producirse por hechos o acontecimientos que no puedan ser imputables a la parte que reclama el restablecimiento, sea porque son hechos extraños a las dos partes del negocio o porque se trate de un hecho del cocontratante;

[36] C. de E., Sala de lo Contencioso Administrativo, Sección Tercera, sent. de 31 enero 2019, exp. 37.910.

[37] Al respecto, véase C. S. de J., Sala de Casación Civil, sents. de 21 febrero 2012, exp. 2006-00537-01, y de 31 de julio de 2014, exp. 2003-00366-01, y Tribunal de Arbitramento de *Empresa de Acueducto y Alcantarillado de Bogotá E.S.P.* contra *Concesionaria Tibitoc S. A. E.S.P.*, laudo de 15 de junio de 2012.

b) Debe ser consecuencia de hechos o acontecimientos posteriores a la presentación de la propuesta o a la celebración del contrato;

c) Debe ser causada por un aleas anormal, y

d) La economía del contrato debe afectarse de forma grave y anormal, y el cocontratante perjudicado debe probar tal situación[38].

Teniendo en cuenta las diferentes maneras de explicar esta cuestión, que hemos indicado, puede afirmarse que, para que se presente la ruptura del equilibrio económico de un contrato público, específicamente en aplicación de la teoría de la imprevisión, deben concurrir las siguientes condiciones:

a) Que el hecho o acontecimiento que produce la alteración de las condiciones contractuales sea extraño a las partes, esto es, que no pueda serles imputado;

b) Que el hecho o acontecimiento que altere las condiciones contractuales sea posterior a la presentación de la propuesta o a la celebración del contrato;

c) Que el hecho o acontecimiento que altere las condiciones contractuales constituya un aleas extraordinario, es decir, que por su carácter excepcional no pudiere haber sido razonablemente previsto por el afectado, y

d) Que la economía del contrato debe afectarse de forma grave y anormal como consecuencia de la alteración en las condiciones contractuales, y el cocontratante perjudicado debe probar tal situación.

Veamos, entonces, detalladamente cada una de las condiciones indicadas para la aplicación de la teoría de la imprevisión:

A) *El hecho o acontecimiento que produce la alteración*
   de las condiciones contractuales debe ser extraño a las partes

La primera condición consiste en que el hecho o acontecimiento que altera las condiciones contractuales debe ser ajeno o extraño a las partes, con lo cual resultan completamente excluidas todas las conductas culposas de las partes y todos los comportamientos en que se encuentre presente la voluntad de una de ellas. Obviamente, la circunstancia de que el acontecimiento perturbador sea extraño a las partes del contrato y a su voluntad implica que quien pide el restablecimiento del equilibrio económico del contrato administrativo con fundamento en la doctrina del

---

[38] Véase *supra* cap. I, num. 4.

riesgo imprevisible, tiene la carga de probar que no le es imputable tal hecho perturbador, es decir, que el acontecimiento que altera las condiciones pactadas no resulta imputable a su propia impericia, negligencia o falta de diligencia[39].

En ese sentido, el Consejo de Estado colombiano ha expresado que en los casos en que "la administración contratante deja en relativa libertad de configuración de su propuesta a los oferentes", la evaluación de la configuración de la situación de imprevisión requiere tener en cuenta "las cargas de diligencia, de cuidado, de rigor y de seriedad que le resultan exigibles al momento de estructurar la oferta", de tal manera que "si la desatención de las mismas, ya en el curso de la ejecución del negocio jurídico, desencadena consecuencias económicamente desfavorables para el contratista, tal circunstancia no podrá ser invocada por este como fundamento de pretensiones resarcitorias"[40].

Esta condición resulta trascendental para diferenciar la teoría de la imprevisión de otras causales de ruptura del equilibrio económico del contrato público, específicamente con el hecho del príncipe y la *potestas variandi*. En la teoría del hecho del príncipe, el acto que altera las condiciones contractuales, aunque no es un acto contractual propiamente dicho, sí proviene de la administración contratante, en tanto que en la teoría de la imprevisión el hecho debe ser extraño a las partes, incluso a la administración contratante[41], como ocurre, por ejemplo, con la creación de nuevos tributos por el Parlamento respecto de contratos celebrados por entidades territoriales[42]. Lo propio ocurre con la otra causal de ruptura del equilibrio económico del contrato, la *potestas variandi*, en la cual el acto contractual que perturba la economía del contrato proviene de la entidad estatal que es parte del contrato, lo cual también la hace claramente

---

[39] En relación con este requisito puede verse a ANDRÉ DE LAUBADÈRE e YVES GAUDEMET, *Traité de droit administratif*, t. I, *op. cit.*, núm. 1491-2°; a ESTELA VÁSQUEZ LACUNZA, *El equilibrio económico en los contratos de servicios, op. cit.*, pág. 272, y a JOSÉ LUIS BENAVIDES, *El contrato estatal, op. cit.*, núm. 550.

[40] C. de E., Sala de lo Contencioso Administrativo, Sección Tercera, sent. de 28 enero 2016, exp. 34.454

[41] Sobre esta distinción, puede verse a RODRIGO ESCOBAR GIL, *Teoría general de los contratos de la administración pública, op. cit.*, págs. 566 y 567.

[42] Sobre este ejemplo, véase C. de E., Sala de lo Contencioso Administrativo, Sección Tercera, sent. de 18 enero 2012, exp. 19.304, y C. de E., Sala de lo Contencioso Administrativo, Sección Tercera, sent. de 24 julio 2013, exp. 20.183

diferente de la teoría de la imprevisión, pues el hecho perturbador debe ser extraño a las partes del contrato.

Finalmente, en este punto resulta preciso destacar que, como se explicó en el capítulo I, dado que en el derecho colombiano el equilibrio económico del contrato público es un derecho de las partes —y no simplemente del cocontratante particular—, tanto la administración como el particular se encuentran legitimados para solicitar la revisión del contrato por el acaecimiento de hechos constitutivos de la teoría de la imprevisión, a diferencia de otros países, como Francia, España o Argentina, donde, en general, se reconoce como un derecho exclusivo del cocontratante de la administración.

B) *El hecho o acontecimiento que altere las condiciones contractuales debe ser posterior a la presentación de la propuesta o la celebración del contrato*

Esta segunda condición o presupuesto para la aplicación de la teoría de la imprevisión en los contratos públicos se refiere a que, al momento de ocurrir el hecho o acontecimiento que altere las condiciones contractuales, la relación contractual específica frente a la cual se quiere aplicar la teoría de la imprevisión debe haberse trabado, es decir, que la alteración de las condiciones debe ocurrir después de haberse presentado la propuesta, en los casos de licitación o concurso público, o de la celebración del contrato, en caso de contratación directa. Lo anterior significa que el hecho perturbador debe tener ocurrencia durante la fase de ejecución contractual, es decir, después de haberse trabado la relación y antes de que termine la ejecución del contrato[43].

Con base en este requisito para la procedencia de la aplicación de la teoría de la imprevisión, tanto la doctrina como la jurisprudencia han reconocido que dicho mecanismo de ruptura del equilibrio económico del contrato no resulta aplicable a los contratos de ejecución instantánea, como un contrato de compraventa, sino a los contratos de ejecución sucesiva o diferida, esto es, aquellos contratos en los cuales las prestaciones contractuales se desarrollen "con un intervalo de tiempo"[44]. En ese sen-

---

[43] En este sentido, MIGUEL S. MARIENHOFF, *Tratado de derecho administrativo*, t. III-A, *op. cit.*, núm. 787. Igualmente, puede verse a ENRIQUE SAYAGUÉS LASO, *Tratado de derecho administrativo*, t. I, *op. cit.*, pág. 564.

[44] JUAN J. BENÍTEZ CAORSI, *La revisión del contrato, op. cit.*, pág. 503. En ese sentido, véase también a LAURENT RICHER et FRANÇOIS LICHÈRE. *Droit des contrats administratifs, op. cit.*, núm 526.

tido, ha señalado el Consejo de Estado que la aplicación de la teoría de la imprevisión es "improcedente en tratándose de contratos de ejecución instantánea, como lo es el contrato de compraventa en estudio, en tanto en este tipo de acuerdos las prestaciones se fijan en su integridad en un solo momento, que no es otro que al suscribir el respectivo contrato"[45].

Igualmente, como efecto de este requisito, la jurisprudencia ha dicho que la mera dificultad en el cumplimiento o aplicación de la cláusula de forma de pago, que tiene origen en cómo fue redactada y que genera una situación económica perjudicial para el cocontratante de la administración, no es suficiente para la procedencia de la teoría de la imprevisión, pues era una situación conocida al momento de celebrar el contrato y no un hecho ocurrido después de su celebración[46]. Igualmente, para la jurisprudencia, el hecho de que el contrato sea pactado a precios unitarios y no se ejecuten todas las unidades inicialmente previstas en la planeación contractual, no constituye una razón para la aplicación de la teoría de la imprevisión, cuando desde la génesis de la relación contractual el contratista conocía que eventualmente podría ocurrir que no se ejecutaran las unidades planeadas[47].

Además, si bien debe ser posterior a la celebración del contrato o a la presentación de la propuesta, según el caso, el acontecimiento perturbador no puede tener efectos definitivos que generen una imposibilidad absoluta en la ejecución contractual, sino que deben ser simplemente transitorios, es decir, la situación extracontractual debe ser temporal y no permanente[48], en el sentido de que no impida definitivamente el cumplimiento del contrato pues, en ese caso, se estará frente a un evento de fuerza mayor que exonera a la parte afectada del cumplimiento de sus obligaciones

[45] C. de E., Sala de lo Contencioso Administrativo, Sección Tercera, sent. de 2 mayo 2017, exp. 38.508. En el mismo sentido, C. de E., Sala de lo Contencioso Administrativo, Sección Tercera, sents. de 18 enero 2012, exp. 20.459, y de 29 abril 2015, exp. 32.924.

[46] C. de E., Sala de lo Contencioso Administrativo, Sección Tercera, sent. de 2 mayo 2017, exp. 34.225.

[47] C. de E., Sala de lo Contencioso Administrativo, Sección Tercera, sent. de 27 enero 2016, exp. 38.449.

[48] Sobre el carácter transitorio de los efectos del hecho perturbador, puede consultarse a HÉCTOR JORGE ESCOLA, *Tratado integral de los contratos administrativos*, vol. I. *op. cit.*, núm. 104, y a EDUARDO O. EMILI, "El equilibrio contractual", *op. cit.*, pág. 623. En el mismo sentido, puede verse a RENÉ CHAPUS, *Droit administratif générale*, t. 1, *op. cit.*, núm. 1388.

contractuales[49]. Al respecto, el Consejo de Estado ha expresado que "si se torna imposible la ejecución del contrato, estaríamos frente a un evento de fuerza mayor, causal de justificación del incumplimiento contractual que, por ende, releva al contratista de la obligación de ejecutar las prestaciones a su cargo, sin derecho a reclamación económica alguna; en cambio, en este caso de la imprevisión, el contratista no está relevado de su obligación de cumplir y debe ejecutar las obligaciones a su cargo, así ellas sean más gravosas de lo inicialmente pactado"[50].

C) *El hecho o acontecimiento que altere las condiciones contractuales debe constituir un aleas extraordinario*

El acontecimiento perturbador no debe ser normalmente previsible, es decir, debe tener una entidad de tal envergadura que sea razonablemente imprevisible en el momento en que ocurre durante el período de ejecución del contrato, de tal manera que debe constituir un aleas extraordinario. Este tercer requisito se refiere, entonces, a hechos que no fueron tomados en consideración al momento de celebrar el contrato o de formular la propuesta porque, sin importar cuán diligente fuere el comportamiento precontractual de los cocontratantes en cuanto a la identificación precisa de los eventuales riesgos que podrían acaecer en la fase de ejecución, no podían ser previstos por ninguna de las dos partes del contrato[51].

La determinación de la imprevisibilidad del hecho alterador de las condiciones contractuales no puede hacerse en abstracto sino que deben ser siempre tenidas en cuenta las circunstancias específicas de cada ca-

---

[49] Respecto de la fuerza mayor y su relación con la teoría de la imprevisión, puede verse a Gaston Jèze, *Principios generales del derecho administrativo*, t. v, *op. cit.*, págs. 20 y ss., y a Laurent Vidal, *L'équilibre financier du contrat dans la jurisprudence administrative, op. cit.*, págs. 327 y s. En idéntico sentido puede verse a Juan Ángel Palacio Hincapié, *La contratación de las entidades estatales, op. cit.*, págs. 695 y 696, quien cita el *arrêt* de 9 de diciembre de 1932, *Tranvía de Cherburgo*, del Consejo de Estado francés, en el cual se declaró terminado el contrato de concesión por la ocurrencia de hechos imprevistos y excepcionales constitutivos de fuerza mayor, por ser permanentes y no temporales.

[50] C. de E., Sala de lo Contencioso Administrativo, Sección Tercera, sent. de 31 enero 2019, exp. 37.910. Así también, C. de E., Sala de lo Contencioso Administrativo, Sección Tercera, sent. de 18 julio 2012, exp. 21.573.

[51] Sobre este requisito, véase a Laurent Vidal, *L'équilibre financier du contrat dans la jurisprudence administrative, op. cit.*, págs. 169 y ss

so concreto, incluyendo el conocimiento que la parte afectada hubiera podido tener sobre la situación que causa el desequilibrio contractual. Así, por ejemplo, se han negado pretensiones de restablecimiento del equilibrio económico por situaciones imprevistas sobre la base de que la parte afectada era un profesional experto en el mercado específico en que se produjo la alteración de las condiciones de ejecución, lo cual le exigía tener un conocimiento especializado de ese mercado y generaba como efecto que, respecto de ese mercado en particular, la cantidad de situaciones imprevisibles se disminuyeran[52].

Cuando se habla de aleas extraordinario, se quiere hacer referencia a la imposición de cargas sobre alguna de las partes contratantes que no tiene por qué soportar dentro del tráfico jurídico normal, porque se trata de hechos que exceden cualquier cálculo o previsión que el cocontratante perjudicado haya podido hacer al momento de estructurar su negocio. Ello ocurre cuando, por ejemplo, en la ejecución del contrato se advierte un "fenómeno oculto al momento de la celebración del contrato que por tanto resultaba imprevisto y tornaba excesivamente oneroso el cumplimiento de la prestación pactada", como sería el caso de un contrato cuya ejecución requería un bien que tenía un productor único que se negó a venderlo al contratista o que tuvo problemas en su producción[53].

Obviamente, quedan excluidos del aleas extraordinario todos aquellos hechos perturbadores que resulten como consecuencia directa de la impericia o del comportamiento negligente o culposo de la parte perjudicada por ellos[54].

Igualmente, según la jurisprudencia, quedan excluidas las variaciones de los índices macroeconómicos, como la tasa de cambio o la inflación,

---

[52] Véanse C. de E., Sala de lo Contencioso Administrativo, Sección Tercera, sent. de 5 marzo 2015, exp. 28.036; Tribunal de Arbitramento de *Empresa de Acueducto y Alcantarillado de Bogotá E.S.P.* contra *Concesionaria Tibitoc S. A. E.S.P.*, laudo de 15 de junio de 2012; Tribunal de Arbitramento de *Sociedad de Apuestas Permanentes e Inversiones S. A.* contra *Lotería de Bogotá*, laudo de 6 de septiembre de 2005, y Tribunal de Arbitramento de *Empresa de Energía de Boyacá S. A. E.S.P.* contra *Compañía Eléctrica de Sochagota S. A. E.S.P.*, laudo de 21 de octubre de 2004.

[53] C. de E., Sala de lo Contencioso Administrativo, Sección Tercera, sent. de 18 enero 2012, exp. 20.459.

[54] En relación con este requisito, véase a GASPAR ARIÑO ORTIZ, *Teoría del equivalente económico en los contratos administrativos*, op. cit., pág. 292 y a LUÍS GUILLERMO DÁVILA VINUEZA, *Régimen jurídico de la contratación estatal*, op. cit., págs. 708 y 709.

cuando no se acredita que tal variación es anormal respecto de los antecedentes de comportamiento del respectivo índice[55].

El Consejo de Estado colombiano ha dejado claro que una de las
condiciones para aplicar la teoría de la imprevisión se refiere a que
los hechos perturbadores no sean consecuencia directa de la conducta
de la parte perjudicada. En efecto, al resolver un caso en el cual se pe-
día la compensación del estado de pérdida en la ejecución contractual
en aplicación de la teoría de la imprevisión, esa Corporación consideró
que si bien fue cierto que ocurrió un hecho posterior consistente en la
disminución del mercado, este no era imprevisible, pues dada la configuración del negocio hecha por el demandante en su propuesta, en la
cual presentó una exagerada concesión de beneficios para la entidad
estatal contratante, con la finalidad de eliminar a su competencia, fue
este hecho el que determinó su estado de pérdida, de tal manera que la
simple disminución del mercado no puede ser calificada como un aleas
extraordinario[56]. En el mismo sentido, en un caso en que se encontró
probado que si bien ocurrieron hechos imprevistos que incrementaron
la dificultad en el cumplimiento del contrato, la verdadera razón de la
afectación en la economía del mismo consistió en una sobreestimación,
por parte del contratista, de las perspectivas de venta del producto cuya
comercialización era objeto del contrato, la jurisprudencia rechazó las
pretensiones de ruptura del equilibrio económico por aplicación de la
teoría de la imprevisión[57].

En relación con esta condición, bien vale la pena hacer notar que la
falta de previsión no debe relacionarse necesariamente con la existencia
del acontecimiento pero sí con sus efectos[58]. Por ejemplo, puede ocurrir
que a pesar de que el acontecimiento perturbador hubiera tenido ocurrencia con anterioridad a la celebración del contrato o a la presentación
de la oferta, según el caso, sin embargo se esperaba razonablemente
que tuviera unos efectos determinados. Es decir, que no obstante la

[55] Véase C. de E., Sala de lo Contencioso Administrativo, Sección Tercera, sent. de
28 mayo 2012, exp. 23.043.

[56] Véase C. de E., Sala de lo Contencioso Administrativo, Sección Tercera, sent. de
19 junio 1996, exp. 4.868.

[57] Véase C. de E., Sala de lo Contencioso Administrativo, Sección Tercera, sent. de
28 septiembre 2011, exp. 15.476.

[58] Véase a LAURENT VIDAL, *L'équilibre financier du contrat dans la jurisprudence
administrative, op. cit.*, págs. 282 y ss.

previsión sobre la existencia y los efectos del acontecimiento, tales consecuencias pueden ser muy superiores a las tomadas en consideración al momento de celebración del contrato. En estos eventos también puede considerarse que se configura la teoría de la imprevisión y que la parte afectada tiene derecho a la compensación de los mayores costos en que incurrió como consecuencia de los efectos imprevistos del acontecimiento conocido[59]. En este sentido, el Consejo de Estado ha considerado que uno de los eventos que puede dar lugar a la aplicación de la teoría de la imprevisión se refiere a "un suceso previsto, cuyos efectos dañinos para el contrato resultan ser tan diferentes de los planeados, que se vuelve irresistible"[60], obviamente sin que el suceso implique la existencia de una fuerza mayor.

D) *La alteración debe afectar la economía del contrato de forma grave y anormal*

La cuarta condición de aplicación de la teoría de la imprevisión hace referencia a que el cocontratante perjudicado tiene la carga de probar que la alteración en las condiciones de ejecución del contrato administrativo implica una afectación grave en la economía del mismo, de tal manera que ante el acaecimiento del hecho posterior e imprevisible, el valor de ejecución del contrato se hace mucho más oneroso del inicialmente previsto al presentar la propuesta o celebrar el contrato, según se trate de licitación o concurso públicos o de contratación directa. No es suficiente, entonces, el acaecimiento de un aleas anormal sino que es necesario que tal aleas afecte la economía del contrato, haciéndolo más gravoso[61].

Tampoco resulta suficiente que el cocontratante perjudicado reciba un beneficio inferior al esperado. Es indispensable que el aleas extraordinario o anormal genere en el cocontratante un estado de pérdida, un

---

[59] Sobre las consecuencias imprevistas de un acontecimiento conocido, véase a MIGUEL S. MARIENHOFF, *Tratado de derecho administrativo*, t. III-A, *op. cit.*, núm. 790, y a RODRIGO ESCOBAR GIL, *Teoría general de los contratos de la administración pública*, *op. cit.*, pág. 566.

[60] C. de E., Sala de Consulta y Servicio Civil, concepto de 13 agosto 2009, rad. 1.952.

[61] En relación con esta condición de aplicación de la teoría de la imprevisión, puede verse a ANDRÉ DE LAUBADÈRE e YVES GAUDEMET, *Traité de droit administratif*, t. I, *op. cit.*, núm. 1491-3°, y a JUAN ÁNGEL PALACIO HINCAPIÉ, *La contratación de las entidades estatales*, *op. cit.*, pág. 694.

déficit en la ejecución del contrato de tal magnitud que las proyecciones financieras del contrato resulten absolutamente trastornadas. En ese sentido, el Consejo de Estado colombiano ha expresado que "es preciso advertir que no todo sobrecosto ni toda pérdida implica necesariamente la ruptura del balance financiero del contrato, toda vez que ello depende del grado de alteración de la ecuación contractual, en la cual suele incorporarse un álea [*sic*] o riesgo propio de la ejecución del contrato", pues la ruptura del equilibrio económico del contrato "no se produce simplemente porque el contratista deje de obtener utilidades o porque surjan mayores costos en la ejecución de sus obligaciones, si estos son propios del álea [*sic*] normal del contrato, puesto que se requiere que la afectación sea extraordinaria y afecte de manera grave, desproporcionada y significativa la equivalencia entre derechos y obligaciones convenida por las partes al celebrar el contrato"[62].

Como consecuencia de lo anterior, la jurisprudencia ha expresado que, por ejemplo, no puede reconocerse la ruptura del equilibrio económico por imprevisión si no se logra demostrar que el aumento de los costos es de tal magnitud que la fórmula de ajuste de precios resultaba insuficiente para contener los efectos derivados de ese aumento de precios[63]. De forma contraria, considera el Consejo de Estado que sí es aplicable el restablecimiento del equilibrio económico por motivos de imprevisión cuando "la fórmula prevista para el reajuste no alcanzaba a conjurar la situación de desequilibrio evidenciado en el acuerdo contractual, ya que puede ocurrir que no obstante la actualización de los precios lograda con la aplicación de la fórmula de ajuste, la realidad económica del mismo se desborde y sea procedente la revisión de los precios del contrato"[64].

En este punto es importante hacer notar que la doctrina al unísono se refiere a la economía del contrato y no a la economía del cocontratante perjudicado, pues lo cierto es que lo que debe resultar afectado por el aleas extraordinario o anormal es la configuración económica del contrato mismo y no las condiciones económicas del cocontratante perjudicado

---

[62] C. de E., Sala de lo Contencioso Administrativo, Sección Tercera, sent. de 23 noviembre 2017, exp. 36.865

[63] C. de E., Sala de lo Contencioso Administrativo, Sección Tercera, sents. de 24 mayo 2018, exp. 55.851, y de 8 junio 2018, exp. 38.120.

[64] C. de E., Sala de lo Contencioso Administrativo, Sección Tercera, sent. de 18 enero 2012, exp. 20.459. En igual sentido, C. de E., Sala de lo Contencioso Administrativo, Sección Tercera, sent. de 27 marzo 2014, exp. 20.912.

en general. De tal manera que puede ocurrir un evento en el cual el poder económico de la parte afectada por el aleas anormal se vea apenas menguado, pero que la economía misma del contrato resulte gravemente afectada. En este caso sí es posible dar aplicación a la teoría de la imprevisión, pues es la economía del contrato y no la del cocontratante la que debe verse afectada en forma grave. Por ello, con contundencia, ha expresado la doctrina que "es importante observar que el estado de imprevisión se debe apreciar exclusivamente en relación con un contrato determinado"[65].

En suma, puede afirmarse que el carácter grave y anormal de la afectación de la economía del contrato como requisito para la configuración de la teoría de la imprevisión, hace referencia a que la situación perturbadora de las condiciones de ejecución del contrato apareja como consecuencia que se producen mayores costos, los cuales llevan a la parte perjudicada a un punto de pérdida y no simplemente de disminución de la utilidad, es decir, que el valor recibido es inferior a las erogaciones efectuadas.

5. LAS PARTICULARIDADES DE LA APLICACIÓN DE LA TEORÍA
EN LOS CONTRATOS DE CONCESIÓN

En términos generales, puede afirmarse que el principio del equilibrio económico de los contratos públicos, comprendidas las diversas técnicas elaboradas por la jurisprudencia y la doctrina para su concreción (*potestas variandi*, hecho del príncipe e imprevisión) debe ser aplicado de manera uniforme a todas las tipologías contractuales, esto es, a los contratos de obra pública, de suministro, de consultoría, de servicios y de concesión, entre otros, lo cual resulta perfectamente lógico si se tiene en cuenta que, como se expuso en el capítulo I, se trata de un principio de aplicación transversal a todos los contratos públicos.

Sin embargo, no puede perderse de vista que, respecto de ciertas tipologías contractuales, la jurisprudencia y la doctrina han creado mecanismos o figuras especiales para la aplicación del principio del equilibrio económico. Así, por ejemplo, en el derecho francés, para los contratos de obra pública y de concesión de obra pública se creó la figura de las

---

[65] LAURENT RICHER et FRANÇOIS LICHÈRE, *Droit des contrats administratifs, op. cit.*, núm. 534. Sobre este punto, véase también a JOSÉ LUIS BENAVIDES, *El contrato estatal, op. cit.*, núm. 551.

sujeciones materiales imprevistas[66], figura que, como se expuso antes en este capítulo, debe entenderse como parte de la teoría de la imprevisión y no constituye una técnica especial de aplicación del principio[67].

A pesar de ese carácter transversal del principio, respecto de ciertos tipos contractuales la aplicación de algunas de esas técnicas de restablecimiento del equilibrio económico puede tener particularidades. Así, respecto del contrato de concesión, la jurisprudencia y la doctrina han señalado que, si bien es cierto que las teorías de la *potestas variandi* y del hecho del príncipe se aplican según las reglas generales analizadas en los dos capítulos anteriores, no ocurre igual con la teoría de la imprevisión, para la cual existen ciertas particularidades cuando se trata de su aplicación en contratos de concesión[68].

En efecto, según la doctrina, dado que en los casos de la teoría de la *potestas variandi* y en la teoría del hecho del príncipe, el hecho perturbador de la ejecución contractual proviene o es imputable jurídica y fácticamente a la administración que es parte del contrato, las condiciones de aplicación y sus consecuencias se aplican de manera uniforme en todos los tipos contractuales, pues se trata de la consecuencia de una situación de responsabilidad derivada del hecho propio. En cambio, dado que en la teoría de la imprevisión la situación perturbadora tiene origen en circunstancias que son ajenas a las partes, su aplicación depende en buena medida de las características propias del contrato, lo cual es especialmente importante en el contrato de concesión, cuya característica esencial es que su ejecución se encuentra sometida a un especial riesgo asumido por el contratista[69].

---

[66] Sobre esta teoría, véase a LAURENT VIDAL, *L'équilibre financier du contrat dans la jurisprudence administrative, op. cit.*, págs. 153 y ss.

[67] Véase *supra*, num. 1.

[68] En ese sentido, puede verse a LAURENT RICHER et FRANÇOIS LICHÈRE, *Droit des contrats administratifs, op. cit.*, pág. 280, y a JESÚS JIMÉNEZ LÓPEZ, "El contrato de concesión de obras", en EDUARDO GAMERO CASADO e ISABEL GALLEGO CÓRCOLES (dirs.), *Tratado de contratos del sector público*, t. III, Valencia, Tirant lo Blanch, 2018, págs. 2487 y ss.

[69] Sobre estas diferencias, véase a JUAN JOSÉ LAVILLA RUBIRA, "Régimen jurídico de la concesión de obras", en JOSÉ MARÍA GIMENO FELIÚ (dir.), *Estudio sistemático de la ley de contratos del sector público*, Cizur Menor (Navarra), Thomson-Reuters Aranzadi, 2018, págs. 1427 y ss.

Así, a pesar de que, como lo expusimos al analizar los aspectos históricos de la teoría de la imprevisión, ésta nació en un caso relacionado con un contrato de concesión de servicios públicos, la evolución del principio del equilibrio económico del contrato público sugiere que la interpretación de las condiciones que acabamos de explicar no es idéntica en todos los tipos contractuales que celebra la administración pública, especial y precisamente en relación con el contrato de concesión.

A) *Las particularidades a la luz de la teoría general de los contratos públicos y del derecho comparado*

Como lo expondremos a continuación, la circunstancia de que el contrato de concesión sea celebrado por cuenta y riesgo del particular colaborador se traduce en que el régimen del riesgo imprevisible se hace mucho más riguroso, en el sentido de que algunos acontecimientos que comúnmente permitirían dar aplicación a la teoría de la imprevisión, en virtud de la aplicación de la llamada *cláusula por cuenta y riesgo* deben ser asumidos por la parte perjudicada, sin tener derecho al restablecimiento del equilibrio económico del contrato.

Para afirmar lo anterior, desde una perspectiva general, debe tenerse en cuenta que, a pesar de la complejidad y la amplitud de la expresión *concesión* en el derecho administrativo[70], en términos generales el contrato de concesión es aquél en virtud del cual la autoridad administrativa entrega a un particular concesionario la organización, gestión y prestación de un servicio público, o la construcción, mantenimiento y explotación de una obra pública, o la conservación y explotación de una obra pública, actividades que deben ser ejecutadas por cuenta y riesgo del concesionario, pero bajo la vigilancia y control de la autoridad concedente, a cambio de una remuneración que, en la mayoría de los casos, proviene del derecho a la explotación del servicio, obra o bien[71].

---

[70] Sobre esta complejidad de la expresión, véase a FERNANDO GARRIDO FALLA, *Tratado de derecho administrativo, op. cit.*, vol. II, págs. 416 y ss, y a LAURENT RICHER et FRANÇOIS LICHÈRE, *Droit des contrats administratifs, op. cit.*, pág. 570.

[71] Una presentación sistemática de diversas nociones del contrato de concesión puede verse en LAURENT RICHER et FRANÇOIS LICHÈRE, *Droit des contrats administratifs, op. cit.*, pág. 569 y ss; en ANDRÉ DE LAUBADÈRE e YVES GAUDEMET, *Traité de droit administratif*, t. I, *op. cit.*, núm. 1828; en HÉCTOR JORGE ESCOLA, *Tratado integral de los contratos administrativos*, op. cit. t. II, págs. 16 y ss, y en ENRIQUE SAYAGUÉS LASO, *Tratado de derecho administrativo, op. cit.*, vol. II, págs. 119 y ss.

Puede afirmarse, entonces, que existen tres clases de concesiones: de servicio público, de obra pública y de dominio público[72], sin perjuicio de lo cual, una de las características definitorias del contrato de concesión, sin importar si es de servicio, obra o bien, es precisamente el riesgo que asume el concesionario en su ejecución en virtud de la denominada *cláusula por cuenta y riesgo.* En virtud de esa cláusula, el concesionario goza de una extensa autonomía para la gestión del servicio público, la construcción o explotación de la obra pública y la explotación del bien público, pero, a la vez, se somete a una especial situación de riesgo en el sentido de que no necesariamente está asegurada la obtención del retorno de su inversión y, mucho menos, la obtención de un rédito derivado de la ejecución del contrato, sino que eventualmente podrá ocurrir una situación en la cual ni siquiera pueda llegar a cubrir los costos en que incurrió para la ejecución contractual[73].

En consecuencia, uno de los elementos que caracterizan al contrato de concesión es precisamente el riesgo que asume el concesionario durante su ejecución, riesgo que es notablemente superior al que de ordinario asume un contratista de la administración. Es tan importante el riesgo en el marco del contrato de concesión que en la regulación europea de los contratos públicos se ha considerado que sin la presencia de ese elemento no puede hablarse estrictamente de un contrato de concesión[74], más concretamente referido ese riesgo al llamado *riesgo operacional* [75].

En ese sentido, el artículo 5-1 de la Directiva 2014/23/UE señala que "la adjudicación de las concesiones de obras o servicios implicará

---

[72] En relación con estas tres clases de concesiones, véase a JORGE SARMIENTO GARCÍA, *Concesión de servicios públicos*, Buenos Aires, Ediciones Ciudad Argentina, 1996, pág. 19.

[73] Sobre el alcance de la noción por cuenta y riesgo en el contrato de concesión, véase a ANDRÉ DE LAUBADÈRE e YVES GAUDEMET, *Traité de droit administratif*, t. I, *op. cit.*, núm. 1832, y a FRANCISCO L. HERNÁNDEZ GONZÁLEZ, *La nueva concesión de servicios. Estudio del riesgo operacional*, Cizur Menor (Navarra), Thomson-Reuters Aranzadi, 2018, págs. 110 y ss.

[74] Al respecto, véase a XIMENA LAZO VICTORIA, "Contratos públicos, concesiones y contratos mixtos. Novedades de las nuevas directivas de contratación pública", en *Las nuevas directivas de contratación pública*, Cizur Menor (Navarra), Thomson-Reuters Aranzadi, 2018, págs. 110 y ss.

[75] Sobre el concepto de *riesgo operacional*, puede verse a FRANCISCO L. HERNÁNDEZ GONZÁLEZ, *La nueva concesión de servicios. Estudio del riesgo operacional*, *op. cit.*, págs. 235 y ss.

la transferencia al concesionario de un riesgo operacional en la explotación de dichas obras o servicios abarcando el riesgo de demanda o el de suministro, o ambos", riesgo que implica, según la misma Directiva, que se reconoce al concesionario "el derecho de explotar las obras o los servicios", lo cual se traduce en "la transferencia al concesionario de un riesgo operacional de carácter económico que supone la posibilidad de que no recupere las inversiones realizadas ni cubra los costes que haya sufragado para explotar las obras o los servicios adjudicados en condiciones normales de funcionamiento". Sobre el riesgo operacional, el Tribunal de Justicia de la Unión Europea ha sostenido:

> "[...]se considerará que el concesionario asume un riesgo operacional cuando no esté garantizado que, en condiciones normales de funcionamiento, vaya a recuperar las inversiones realizadas ni a cubrir los costes que haya contraído para explotar las obras o los servicios que sean objeto de la concesión. La parte de los riesgos transferidos al concesionario —se continúa diciendo aún— supondrá una exposición real a las incertidumbres del mercado que implique que cualquier pérdida potencial estimada en que incurra el concesionario no es meramente nominal o desdeñable[76]".

Con esa claridad sobre la importancia que se le asigna a la asunción del riesgo por parte del concesionario, debe hacerse notar que, desde una perspectiva más tradicional y sin hacer referencia al concepto europeo contemporáneo de *riesgo operacional*, tal como se encuentra estructurado el contrato de concesión, en general, en su ejecución pueden presentarse diversos riesgos, los cuales, de acuerdo con su definición, son los siguientes: a) un riesgo relativo a la operación material misma de la obra, bien o servicio público; b) un riesgo financiero, que se refiere a las fluctuaciones en las variables tasa de interés, plazo, estructura de capital y tasa de cambio y su efecto sobre la rentabilidad del negocio, y c) un riesgo comercial o de mercado, que se refiere al éxito comercial de la explotación de la obra, bien o servicio público[77].

Por su parte, otra doctrina señala que en las concesiones se identifican cuatro clases de riesgos que son, en principio, aleas normales a cargo del concesionario: a) el riesgo proyecto, correspondiente al grado de

---

[76] Tribunal de Justicia de la Unión Europea, sentencia *Eurawaser*, de 10 de septiembre de 2009 (asunto C-206/08).

[77] Al respecto, véase a ROBERTO DROMI, *Derecho administrativo, op. cit.*, pág. 1126 y ss.

dificultad de la construcción y operación; b) el riesgo mercado que tiene que ver con el grado de utilización de la obra, bien o servicio público; c) el riesgo financiero que se refiere a las fluctuaciones inflacionarias o cambiarias tanto en la etapa de construcción como de operación, y d) el riesgo tiempo, que se refiere a los cambios en la tasa de retorno de la inversión cuando esta se produce en diferentes tiempos[78].

Debe advertirse, igualmente, que esta asunción de riesgos por cuenta del concesionario tiene fundamento adicional en el hecho de que en el contrato de concesión no se ejerce simplemente una función en nombre y representación del Estado, sino que se concede un goce especial sobre una cosa pública para que sea ejercido en nombre y por propia cuenta del concesionario[79], por lo cual resulta lógico que sea el concesionario quien asuma los riesgos empresariales de la ejecución del contrato[80].

Además, teniendo en cuenta que las obligaciones asumidas por el concesionario son obligaciones de resultado, el riesgo en la obtención de ese resultado debe ser asumido por el concesionario, lo cual se traduce en que no puede eximirse del cumplimiento de su obligación alegando buena fe y diligencia, pues solo podrá exonerarse en caso de ocurrir fuerza mayor[81].

En efecto, mediante el contrato de concesión se busca exonerar al Estado contratante de la responsabilidad y riesgos que normalmente asumiría si se tratara de cualquier otro tipo de contrato dentro del esquema de la equivalencia material de prestaciones que impera en los contratos públicos. Se trata, entonces, de un contrato de empresa, porque el concesionario se obliga a prestar un resultado, cual es la construcción de una obra o la explotación de un servicio público o de un bien del Estado, en el nivel técnico exigido por los pliegos, a cambio de un precio. La particularidad de la obligación adquirida por el contratista consiste en que, en principio, es este quien asume los riesgos de su ejecución y no le

---

[78] Luis Guillermo Dávila Vinueza, *Régimen jurídico de la contratación estatal*, op. cit., pág. 962

[79] C. de E., Sala de Consulta y Servicio Civil, concepto de 12 octubre 2000, rad. 1.299.

[80] Al respecto, véase a Francisco L. Hernández González, *La nueva concesión de servicios. Estudio del riesgo operacional*, op. cit., págs. 190 y ss.

[81] Sobre esas características de las obligaciones de resultado, véase a Jacques Flour y Jean-Luc Aubert, *Droit civil. Les obligations*, vol. i, L'acte jurídique, Paris, Librairie Armand Colin, 1975, núm. 43.

es válido reclamar por no haber podido obtener la ganancia planeada al momento de contratar o aun por haber obtenido pérdidas[82].

Como resumen de todo lo anterior y en palabras más sencillas, el hecho de que el contrato de concesión se ejecute *por cuenta y riesgo* del concesionario contratista significa que en este contrato se da mayor aplicación al principio de riesgo y ventura, conforme al cual quien ejecuta un contrato se somete al influjo del aleas empresarial, de tal forma que el contratista no puede reclamar por el fracaso económico de la ejecución del contrato, ya que al celebrarlo se comprometió a asumir los riesgos que esta clase de contratos involucra[83].

Desde una perspectiva histórica, GASPAR ARIÑO señala que "la propia mecánica de la concesión lleva implícito el principio de riesgo y ventura, principio que aparece expresamente formulado en algunos de ellos y que se concreta en la irreversibilidad de las rentas que han de pagar los usuarios o beneficiarios de la obra, y en la asunción del *periculum rei*. En el caso de que algunos impensados accidentes o dificultades de la compañía hicieran más difícil su realización, la compañía podrá desistir sin derecho a remuneración alguna. Únicamente a título gracioso puede el rey concederle una compensación"[84].

En conclusión, cuando se trata de contratos de concesión, como consecuencia de que el concesionario es quien asume el riesgo de la ejecución contractual y, en especial, el riesgo de la recuperación de la inversión, la aplicación de la teoría de la imprevisión resulta más estricta que en las demás tipologías contractuales, de tal manera que existe un menor número de situaciones que efectivamente dan lugar a la procedencia de la aplicación de la ruptura del equilibrio económico del contrato en virtud de la teoría de la imprevisión.

B) *Las particularidades a la luz del derecho colombiano*

Desde el punto de vista del derecho colombiano, debe tenerse en cuenta, en primer lugar, que el numeral 4 del artículo 32 de la ley 80 de 1993 señala que

---

[82] En este sentido, véase a EDUARDO GARCÍA DE ENTERRÍA y TOMÁS-RAMÓN FERNÁNDEZ, *Curso de derecho administrativo*, t. I, *op. cit.*, págs. 788 y ss. (edición colombiana: *op. cit.*, págs. 709 y ss.).

[83] Véase a DAVID BLANQUER CRIADO, *La concesión de servicio público*, Valencia, Tirant lo Blanch, 2012, págs. 1250 y ss.

[84] GASPAR ARIÑO ORTIZ, *Teoría del equivalente económico en los contratos administrativos*, *op. cit.*, pág. 68.

"[...]son contratos de concesión los que celebran las entidades estatales con el objeto de otorgar a una persona llamada concesionario la prestación, operación, explotación, organización o gestión, total o parcial, de un servicio público, o la construcción, explotación o conservación total o parcial, de una obra o bien destinados al servicio o uso público, así como todas aquellas actividades necesarias para la adecuada prestación o funcionamiento de la obra o servicio por cuenta y riesgo del concesionario y bajo la vigilancia y control de la entidad concedente, a cambio de una remuneración que puede consistir en derechos, tarifas, tasas, valorización, o en la participación que se le otorgue en la explotación del bien, o en una suma periódica, única o porcentual y, en general, en cualquier otra modalidad de contraprestación que las partes acuerden".

De la definición legal del contrato de concesión puede deducirse que es un contrato que celebran las entidades estatales con una de las siguientes tres finalidades: a) otorgar a una persona, llamada concesionario, la prestación, operación, explotación, organización o gestión, total o parcial de un servicio público; b) la construcción, explotación, organización, total o parcial, de una obra destinada al servicio público; c) la explotación, organización, total o parcial, de un bien destinado al servicio público. A su vez, el interés que motiva al concesionario a contratar es la remuneración que ha de recibir por la explotación de la concesión, remuneración que puede tomar las diversas formas citadas en la norma trascrita y que incluye una ganancia razonable y no extraordinaria para el contratista.

Cuando el contrato se celebra con la primera de las finalidades mencionadas, estamos frente a una concesión de servicio público; en caso de celebrarse con la segunda finalidad anotada, estaremos en presencia de un contrato de concesión de obra pública, y en caso de suscribir el contrato atendiendo la tercera finalidad mencionada, tendremos un contrato de concesión de dominio público. En este sentido, la doctrina, a partir del contenido del numeral 4 del artículo 32 de la ley 80 de 1993, ha concluido que todas las concesiones que se celebren en Colombia corresponden a una de las tres clases citadas: la de servicio público, la de obra pública o la de bienes estatales[85].

Ahora bien, el mismo numeral 4 del artículo 32 de la ley 80 de 1993 señala que la ejecución del objeto del contrato de concesión es "por cuenta y riesgo del concesionario y bajo la vigilancia y control de la entidad

---

[85] LUIS GUILLERMO DÁVILA VINUEZA, *Régimen jurídico de la contratación estatal*, *op. cit.*, pág. 950.-

concedente", a partir de lo cual se puede entender que, como regla general, el concesionario es quien asume todos los riesgos o aleas normales o empresariales de la ejecución del contrato de concesión, esto es, los riesgos mencionados anteriormente, excluyendo obviamente los relacionados con el incumplimiento de la administración concedente y aquellos relativos a hechos extraños al concesionario, constituyendo, entonces, una nota característica del contrato de concesión que la entidad concedente no asume la responsabilidad por el fracaso económico de la concesión. Precisamente por eso, la jurisprudencia administrativa ha señalado que "el contrato [de concesión] comprende las actividades necesarias para la adecuada prestación o funcionamiento de la obra o servicio, siempre por cuenta y riesgo del concesionario y bajo la vigilancia y control de la entidad estatal"[86], a la par que la jurisprudencia constitucional ha señalado que "el concesionario debe asumir, así sea parcialmente, los riesgos del éxito o fracaso de su gestión, y por ello obra por su cuenta y riesgo"[87].

En relación con los riesgos del contrato estatal de concesión ha dicho una decisión arbitral lo siguiente:

"• Que es claro que en el contrato de concesión, la expresión *por* «*cuenta y riesgo del concesionario*» determina la asunción de riesgos por este, que común y naturalmente no se asumen por el contratista del Estado.

"• Que los riesgos asumidos por el concesionario, atendiendo la naturaleza del contrato y su definición legal, hacen relación, de una parte y principalmente, a la consecución de los recursos financieros requeridos para la ejecución del objeto pactado, esto es, a la financiación del proyecto y a las condiciones —ventajosas o no— en que la misma se gestione y obtenga por el concesionario; y de otra, cuando el diseño es de su cargo y, por lo mismo, la determinación de las cantidades de obra requeridas para la construcción de la obra acometida, son de riesgo del concesionario las variaciones técnicas y de obra que se verifiquen en el curso de la ejecución y que eventualmente pudieran causar un mayor costo de construcción.

"• Que en este contexto, es [*sic*] de especial relevancia, los límites que en materia de la distribución y correlativa asunción de los riesgos en el contrato estatal, establecen las normas superiores al principio de la autonomía de la voluntad negocial de las partes y que básicamente se concreta en la imposibilidad de trasladar aquellos ínsitos o derivados

---

[86] C. de E., Sala de Consulta y Servicio Civil, concepto de 5 mayo 1999, rad. 1.190.
[87] Corte Const., sent. C-068 de 2009.

del incumplimiento del Estado contratante, del ejercicio por este de las facultades excepcionales o exorbitantes, del hecho del príncipe y de la teoría de la imprevisión, como se explicó en aparte anterior de este laudo.

"• Que en tratándose de la «imprevisión» es claro para el tribunal que durante la ejecución de un contrato de concesión, podrían suceder hechos o circunstancias que, a pesar de los esfuerzos del concesionario y sus previsiones, no fueron previstos o no pudieron resolverse por los medios acordados.

"Es claro para el tribunal que la estructuración o esquema financiero del proyecto es de vital importancia para el concesionario, y en ella debe poner especial cuidado, toda vez que del detallado y juicioso análisis de riesgos que realice, dependerá que su inversión encuentre en la operación del proyecto, el retorno esperado, porque es natural que cuando este no se obtenga por su causa, hecho o imprevisión negligente, la pérdida deberá ser absorbida por él, sin que surja para la entidad contratante obligación de reparación alguna, que en ese caso, carecería de causa[88]".

La doctrina nacional no ha sido ajena a la discusión sobre la interpretación de la expresión *por cuenta y riesgo del concesionario* contenida en el numeral 4 del artículo 32 de la ley 80 de 1993. Al respecto ha dicho:

"Una de las pocas oportunidades en que la ley 80 de 1993 alude al problema del reparto de riesgos en los contratos es al referirse al de concesión; en el artículo 32, numeral 4, señala que este es por «cuenta y riesgo del concesionario».

"[...] Vale la pena resaltar que la ley 80 no distingue entre el riesgo comercial y otros riesgos cuando habla del contrato de concesión; dice simplemente que el contrato se hace por cuenta y riesgo del concesionario. Ello, naturalmente, debe tener consecuencias, pero estas deben encontrarse a la luz de la interpretación sistemática de todas las normas que regulan la acción y la contratación de los entes estatales.

"Es obvio, por lo tanto, que la expresión no implica que el concesionario deba correr los riesgos del incumplimiento oficial, ni con las cargas resultantes de los actos administrativos unilaterales del contratante. De la misma manera, a la luz de la ley 80, parece que todos los contratistas e inclusive los concesionarios, tienen dentro de los límites expuestos, derecho a una protección contra la inflación. En estos casos, como expliqué, hay reglas especiales y de aplicación preferente.

---

[88] Tribunal de Arbitramento de *Concesión Santa Marta Paraguachón S. A.* vs *Instituto Nacional de Vías-INVIAS*, laudo de 24 de agosto de 2001.

"Como he subrayado, corresponde a las autoridades prever los riesgos y los mecanismos de restablecimiento; creo que puede sostenerse que por virtud de la expresión en comento, en las concesiones este deber se comparte entre aquellas y el concesionario. No puede este limitarse a cumplir el deber de buena fe, anotado arriba, de informar sobre los riesgos de los que tenga conocimiento especial, sino que debe desplegar una diligencia mayor para identificarlos y para acordar remedios. De este modo, la consecuencia más inmediata de la expresión según la cual el contrato es por cuenta y riesgo del concesionario, extiende a este los deberes especiales de previsión, que usualmente corresponden a la entidad estatal.

"Además, la expresión por cuenta y riesgo del concesionario, limita sin duda, la posibilidad de negociación de riesgos entre las partes, pero no la elimina (ley 80 de 1993, arts. 13 y 40).

"Dentro de estos criterios, la expresión por cuenta y riesgo del concesionario implica que ciertos hechos que otro contratista podría calificar como ruptura del equilibrio económico y que le darían derecho a un restablecimiento pleno, no producirían los mismos efectos para el concesionario. Las dudas deberían interpretarse contra él [...].

"Pero, aun así, la doctrina francesa acepta, y sería admisible en Colombia, que aparte de los casos arriba anotados (incumplimiento, uso de facultades estatales excepcionales, inflación), podría haber circunstancias que, a pesar de los esfuerzos del concesionario, no fueron previstas o no pudieron resolverse por los medios acordados. Tales circunstancias serán entonces no solo ruptura sino desquiciamiento del contrato y darían lugar a una reparación.

"Aun en estos eventos, en los que el concesionario tendría derecho a un restablecimiento, este no sería pleno; la jurisprudencia generalmente lo reduce para obligar al concesionario a asumir parte del álea [*sic*] que se convirtió en siniestro.

"En síntesis: la expresión «*por cuenta y riesgo del concesionario*» obliga a considerar en forma más estricta no solo los hechos que puedan dar lugar a una ruptura del equilibrio, sino también la imputabilidad del contratista, y el monto de la reparación a la que tiene derecho. La ruptura tendría que ser un verdadero desquiciamiento del contrato[89]".

---

[89] Hugo Palacios Mejía, "La cláusula de equilibrio contractual y sus efectos en los contratos de concesión", en *Concesiones en infraestructura*, Bogotá, Ministerio de Hacienda y Coinvertir, 1996, pág. 18.

Entonces, en concordancia con el derecho comparado analizado, en Colombia resulta claro que es pacíficamente admitido por la jurisprudencia y la doctrina que la frase *por cuenta y riesgo del concesionario*, contenida en el numeral 4 del artículo 32 de la ley 80 de 1993, implica que, en principio, ante el silencio de las partes contratantes, todos los riesgos normales que se presenten en la ejecución del contrato de concesión, en todas sus etapas, se encuentran en cabeza del concesionario y que toda duda sobre quién debe asumir un riesgo determinado, debe interpretarse en su contra.

En otras palabras, la distribución legal de los riesgos en un contrato de concesión implica que el concesionario asume todos los riesgos empresariales del contrato, esto es, asume los riesgos financiero y comercial o de mercado, de tal manera que "los gastos y costos en que incurra el concesionario, por encima de la estimación realizada al contratar, en cuanto, se reitera, no tengan por causa un fenómeno configurativo de ruptura contractual, deben ser asumidos por el concesionario"[90]. Como lo hace notar la doctrina citada, la aceptación de esta interpretación implica que respecto del concesionario los hechos que constituyen una ruptura del equilibrio económico del contrato deben ser evaluados con mayor severidad respecto de los demás contratos estatales.

Esta afirmación es importante en la medida en que la aseveración que comúnmente hace la doctrina en el sentido de que "el cocontratante en un contrato administrativo debe soportar, a su propio costo y riesgo, el álea [*sic*] normal de toda negociación, no así el álea [*sic*] anormal, cuyas consecuencias deben serle resarcidas o atenuadas"[91], debe ser interpretada de forma amplia en cuanto a los aleas normales que debe asumir el concesionario, pues al realizar el contrato a su riesgo y ventura, el concepto de aleas normales abarca muchas más situaciones que en otros tipos de contratos asumiría la administración. *A contrario sensu*, los aleas anormales que debe asumir la administración se reducen, es decir, que la administración no responde por todas las situaciones por las cuales comúnmente debería pagar una indemnización o una compensación.

Sin embargo, esta situación, esto es, la distribución legal de los riesgos, no es una situación absoluta, pues en virtud de la autonomía de la voluntad

[90] Tribunal de Arbitramento de *Concesionaria Vial de los Andes S. A. Coviandes S. A.* vs *Instituto Nacional de Vías-INVÍAS*, laudo de 29 de julio de 2004.

[91] MIGUEL S. MARIENHOFF, *Tratado de derecho administrativo*, t. III-A, *op. cit.*, pág. 470.

las partes pueden asignar los riesgos de diversas formas a la establecida en la ley, obviamente sin introducir cláusulas vejatorias o leoninas en la distribución convencional de dichos riesgos. Una decisión arbitral ha entendido exactamente lo dicho, al expresar:

> "En razón de la autonomía de la voluntad las partes pueden negociar la asunción de los riesgos en cualquier clase de contrato y mucho más si se trata del contrato de concesión. Los riesgos pueden asignarse a quien, en principio, no estaba en el deber de soportarlos. Como se ha señalado, de acuerdo con la definición del artículo 32 de la ley 80 de 1993, el concesionario asume la operación del servicio público por 'su cuenta y riesgo', lo cual implica precisar el significado de este concepto, máxime si se predica respecto de la correlativa obligación del Estado de '*vigilancia y control*'. Para no llegar a una conclusión que suponga la intromisión en los contratos estatales de cláusulas abusivas o vejatorias, que de paso contravengan el mandato del número 5 del artículo 24 de la ley 80 que claramente establece que, 'serán ineficaces de pleno derecho las estipulaciones de los pliegos o términos de referencia y de los contratos que [...] dispongan renuncias a reclamaciones por la ocurrencia de los hechos aquí enunciados', habrá de mirarse el alcance de la autonomía de la voluntad frente a la asunción de riesgos, lo cual es de suma trascendencia en el momento de atribuir responsabilidades[92]".

Sin embargo, debe hacerse notar que, como efecto de esa posibilidad de asumir riesgos, la jurisprudencia del Consejo de Estado colombiano ha negado pretensiones de restablecimiento del equilibrio económico del contrato, al expresar: "Las obligaciones asumidas por las partes no pueden modificarse durante la ejecución del contrato, con fundamento en que se presentaron causas de rompimiento del equilibrio financiero del contrato. Dicho en otras palabras, si al momento de contratar el contratista asumió contingencias o riesgos, que podían presentarse durante la ejecución del contrato, no le es dable solicitar a la entidad que los asuma y cubra los sobrecostos que hayan podido generar"[93]. De esta manera, esa distribución de riesgos puede hacer más o menos gravosa la situación del concesionario respecto de los riesgos asumidos.

---

[92] Tribunal de Arbitramento de *Promotora de Construcciones e Inversiones S. A. Prosantana S. A.* vs *Distrito Capital de Santafé de Bogotá* vs *Compañía Aseguradora de Fianzas S. A. Confianza S. A.*, Laudo de 18 de diciembre de 2000.

[93] C. de E., Sala de lo Contencioso Administrativo, Sección Tercera, sent. de 26 febrero 2004, exp. 14.043.

En todo caso, sea que se utilice la distribución legal de riesgos o que se haga una distribución convencional, lo cierto es que ella se refiere a los riesgos o aleas normales del contrato de concesión (que deben interpretarse en un sentido amplio), esto es, a las situaciones normales de los riesgos financieros y comerciales o de mercado. Lo anterior es así, pues cuando respecto de cualquiera de las dos partes del contrato se presentan aleas extraordinarios, o situaciones anormales relativas a los citados riesgos (que para el contrato de concesión deben ser interpretadas en sentido muy estricto), la distribución legal o convencional de los riesgos y responsabilidades no implica que el titular de un riesgo determinado deba asumir necesariamente las responsabilidades y obligaciones que se derivan del acaecimiento de los mencionados aleas anormales o extraordinarios.

6. Los efectos jurídicos de la aplicación de la teoría
en los contratos públicos

La aplicación de la teoría de la imprevisión en los contratos públicos genera consecuencias jurídicas muy específicas, que pasamos a estudiar a continuación:

A) *En cuanto a la protección del orden público*

La teoría de la imprevisión, como todas las que buscan la equivalencia económica del contrato público, está inspirada en la necesidad de que los servicios públicos se puedan prestar regular, continua y eficientemente y con la mínima afectación de los particulares, como bien se reconoce de manera general en la teoría de estos contratos[94]. Desde la perspectiva del derecho colombiano, así lo consagra el artículo 3º de la ley 80 de 1993, al incluir dicha prestación de los servicios públicos como uno de los fines de la contratación pública.

De este modo, se cumple con una de las finalidades de la contratación estatal, como es la de la satisfacción del interés público, mediante la ayuda, compensación o indemnización al contratista, para garantizar

---

[94] Al respecto, véase a Émile Labrot, *L'imprévision. Étude comparée droit public-droit privé des contrats, op. cit.*, págs. 57 y ss; a LAURENT VIDAL, *L'équilibre financier du contrat dans la jurisprudence administrative, op. cit.*, págs. 826 y ss, y a JOSEPH FRANK OUM OUM, *La responsabilité contractuelle en droit administratif, op. cit.*, págs. 135 y ss.

el cumplimiento del objeto contractual. De tal manera que mediante la aplicación concreta de la teoría de la imprevisión se protege el orden público, dando plena vigencia al interés general como finalidad propia del Estado[95].

Al respecto, algunos autores consideran, incluso, que por estar íntimamente ligada a la satisfacción del interés público, la teoría de la imprevisión

> "[...] tiene los caracteres inherentes a toda institución de orden público, es decir, es irrenunciable, inalienable, intransmisible, e imprescriptible. Se entiende incorporada implícitamente a todo contrato, puesto que por proceder directamente de la ley (ley 80 de 1993, arts. 4°.8, 5°.1 y 27), no requiere ser estipulada expresamente e incluso, cualquier pacto en contrario carece de eficacia jurídica, por adolecer de objeto ilícito al contravenir el derecho público de la Nación (C. C., arts. 1518 y 1519)[96]".

No obstante, esta afirmación parece un tanto exagerada, toda vez que no puede aceptarse como cierto que en ningún caso sea posible celebrar pactos relacionados con la aplicación de la teoría de la imprevisión. En efecto, en primer lugar, es perfectamente posible que el cocontrantante afectado, con posterioridad a que se configuren los requisitos que dan lugar a la aplicación de la teoría de la imprevisión, renuncie a la indemnización, ya que la misma es un derecho de contenido patrimonial y, por lo mismo, puede ser objeto de renuncia[97].

Además, como ocurre con la teoría del hecho del príncipe, existe la posibilidad de hacer pactos que tengan influencia sobre los hechos imprevistos en virtud de la posibilidad que les asiste a las partes de llevar a cabo una distribución de riesgos; pues, como ha dicho la doctrina, los "aleas previsibles se rigen por las disposiciones contractuales", de tal manera que la inclusión de estipulaciones relativas a la distribución de riesgos, convierte a los aleas en previsibles y los excluye de la teoría de la imprevisión[98]. En Colombia, actualmente, dicha posibilidad de

---

[95] Véase a HÉCTOR JORGE ESCOLA, *Tratado integral de los contratos administrativos*, vol. I, *op. cit.*, núm. 104.

[96] RODRIGO ESCOBAR GIL. *Teoría general de los contratos de la administración pública*, *op. cit.*, pág. 572.

[97] En relación con la posibilidad de renunciar a derechos patrimoniales, véase a MIGUEL BETANCOURT REY, *Derecho privado: categorías básicas, op. cit.*, págs. 113 y ss., y a ARTURO VALENCIA ZEA y ÁLVARO ORTIZ MONSALVE, *Derecho civil*, t. I, *op. cit.*, pág. 424.

[98] LAURENT VIDAL, *L'équilibre financier du contrat dans la jurisprudence administrative, op. cit.*, págs. 180 y ss. En el mismo sentido, puede verse a NICOLAS GABAYET,

distribución de riesgos se encuentra reconocida expresamente en el artículo 4° de la ley 1150 de 2007 y ya había sido avalada por la jurisprudencia[99], de tal manera que es posible estipular que cualquiera de los cocontratantes debe asumir los mayores costos que pueda generar en la ejecución de un contrato un determinado hecho específico que, en ausencia de la estipulación, daría lugar a la aplicación de la teoría de la imprevisión[100].

B) *En cuanto a la continuidad del contrato*

Como aplicación de los principios de equidad, buena fe y reciprocidad de las prestaciones y del interés capital de la administración de que se presten adecuadamente los servicios a su cargo, surge necesariamente la idea de que, contrario a lo que sucede en el derecho privado, cuando se presenten las circunstancias constitutivas de la teoría de la imprevisión no se opte por medidas como la resolución, suspensión o cumplimiento estricto del contrato, sino que se utilice una fórmula jurídica que permita la continuidad de la relación contractual, como es el cumplimiento de las prestaciones y la revisión económica.

De tal manera que la obligación del contratista de seguir prestando continuamente el servicio, independientemente del factor imprevisto, hace que en el evento de que el cocontratante de la administración afectado por un hecho imprevisto e imprevisible que le haga mucho más onerosa la ejecución del contrato, en vez de dar fiel cumplimiento a las prestaciones contractuales pactadas y solicitar a la administración el restablecimiento

---

L'álea dans les contrats publics en droit anglais et droit français, op. cit., págs. 323 y ss.

[99] Véase C. de E., Sala de lo Contencioso Administrativo, Sección Tercera, sent. de 26 febrero 2004, exp. 1991-07391 (14.043); Tribunal de Arbitramento de *Sociedad Ingenieros Civiles Asociados S. A. de C.V. – ICA* contra *Instituto de Desarrollo Urbano – IDU*, laudo de 29 de noviembre de 2000, y Tribunal de Arbitramento de *Empresa de Energía de Boyacá S. A. ESP* contra *Compañía Eléctrica de Sochagota S. A. ESP.* laudo de 21 de octubre de 2004.

[100] Sobre la aplicación del art. 4° de la ley 1150 de 2007, véase a GABRIEL DE VEGA, "La distribución de riesgos en el contrato estatal", en *La ley 1150 de 2007 ¿una respuesta a la eficacia y transparencia en la contratación estatal?*, Bogotá, Universidad del Rosario, 2011, págs. 215 y ss. Desde el punto de vista de la jurisprudencia, véase C. de E., Sala de lo Contencioso Administrativo, Sección Tercera, sent. de 9 septiembre 2015, exp. 45.088.

del equilibrio económico del contrato, opte por suspender o paralizar la construcción de la obra, la explotación del servicio o la entrega de los suministros, incurre en una infracción contractual, es decir, en un incumplimiento de las obligaciones pactadas, lo cual, además de la aplicación de las consecuencias propias de la responsabilidad contractual, le genera el derecho a la administración de declarar la caducidad del contrato administrativo[101].

Como consecuencia de lo anterior, ante la ocurrencia de hechos que permitan dar aplicación a la teoría de la imprevisión, el cocontratante de la administración tiene el deber de cumplir con todas y cada una de las prestaciones contractuales a su cargo, debiendo igualmente solicitar el restablecimiento del equilibrio roto. Por ello, la jurisprudencia ha dicho que con el pretexto de la ocurrencia de un hecho imprevisto "una de las partes no puede, en principio, unilateralmente, desconocer las condiciones en las que se obligó inicialmente y debe cumplir las prestaciones a su cargo exactamente en los términos en que se comprometió a hacerlo"[102], de manera que "el contratista no está relevado de su obligación de cumplir y debe ejecutar las obligaciones a su cargo, así ellas sean más gravosas de lo inicialmente pactado"[103]. En ese mismo sentido, la jurisprudencia también ha reconocido que como la situación de imprevisión, a diferencia de la fuerza mayor, no hace imposible el cumplimiento contractual, para que proceda el restablecimiento del equilibrio económico, el contratista debe haber cumplido con las obligaciones a su cargo, de manera que ante una situación que "eventualmente, habría podido ocasionar una mayor onerosidad en su ejecución, pero desde ninguna perspectiva hacía imposible su cumplimiento, mal podía la unión temporal excusarse en la ocurrencia de una supuesta fuerza mayor para sustraerse de la observancia de sus obligaciones contractuales"[104].

---

[101] Véase a JEAN RIVERO y JEAN WALINE, *Droit administratif, op. cit.*, núm. 127, y a RODRIGO ESCOBAR GIL, *Teoría general de los contratos de la administración pública, op. cit.*, pág. 574.

[102] C. de E., Sala de lo Contencioso Administrativo, Sección Tercera, sent. de 25 agosto 2011, exp. 14.461.

[103] C. de E., Sala de lo Contencioso Administrativo, Sección Tercera, sent. de 31 enero 2019, exp. 37.910

[104] C. de E., Sala de lo Contencioso Administrativo, Sección Tercera, sent. de 9 septiembre 2015, exp. 45.088.

Además, la negativa de la administración a tal restablecimiento tampoco autoriza a su cocontratante a incumplir sus obligaciones en aplicación de la excepción de contrato no cumplido, ya que, aunque tal excepción tiene aplicación en la contratación administrativa, no se configuran sus elementos en tanto que el cocontratante perjudicado no se exime del cumplimiento de sus obligaciones por la ocurrencia de hechos que configuren la teoría de la imprevisión, sino que debe configurarse una verdadera fuerza mayor para eximirse del cumplimiento[105].

C) *En cuanto a la extensión de la compensación*

Tradicionalmente se ha considerado que el efecto jurídico esencial de la teoría de la imprevisión, cuando es alegada por el contratista, es el reconocimiento por la administración de una compensación o ayuda para aminorar el déficit económico ocasionado por la ocurrencia del fenómeno extraordinario imprevisible. Dicho de otra manera, se niega el carácter indemnizatorio o reparatorio de las sumas que la administración llegare a cancelar al contratista en virtud del fenómeno extraordinario imprevisible, de tal forma que solo se debe tener en cuenta el monto de las pérdidas sufridas por la parte perjudicada y nunca de las ganancias dejadas de recibir como consecuencia de la ocurrencia del hecho perturbador que configura la teoría de la imprevisión[106].

Posteriormente, en el derecho colombiano un sector de la doctrina criticó esta posición y sostuvo que

"[...]los principios que sirven de fundamento a la teoría de la imprevisión en los contratos administrativos, imponen que al contratista se le reconozca una indemnización integral, y no una simple ayuda parcial, que permita el restablecimiento de la equivalencia económica del contrato.

Para ese sector de la doctrina, la anterior afirmación encuentra sustento en que la regla de la *restitutio in integrum* (reparación o indemnización

---

[105] Véase a GASTON JÈZE, *Principios generales del derecho administrativo*, t. V, *op. cit.*, págs. 16 y ss.

[106] Véase en este sentido a LAURENT VIDAL, *L'équilibre financier du contrat dans la jurisprudence administrative, op. cit.*, págs. 296 y ss.; a ESTELA VÁSQUEZ LACUNZA, *El equilibrio económico en los contratos de servicios, op. cit.*, págs. 275 y 276; a EDUARDO GARCÍA DE ENTERRÍA y TOMÁS RAMÓN FERNÁNDEZ, *Curso de derecho administrativo, op. cit.*, págs. 786 y 787; a ANDRÉ DE LAUBADÈRE e YVES GAUDEMET, *Traité de droit administratif*, t. I, *op. cit.*, núm. 1491-2°, y a MIGUEL S. MARIENHOFF, *Tratado de derecho administrativo*, t. III-A, *op. cit.*, núm. 798.

integral), es una exigencia básica que se deriva de los principios de garantía del patrimonio, de buena fe y de la reciprocidad de prestaciones, que resultarían vulnerados si al particular que colabora con las entidades públicas en el logro de los fines estatales, se le obligara a asumir parte de los mayores costos necesarios para la prestación regular, continua y eficiente de los servicios públicos, o se le privara de las utilidades o beneficios a los que legítimamente tiene derecho[107]".

La jurisprudencia contencioso administrativa también arribó a una conclusión similar sobre la base del

"[...] entendimiento que debe dársele al principio del equilibrio financiero del contrato, en el sentido de que cuando se presente una situación imprevista el cocontratante adquiere pleno derecho a que se restablezca la ecuación económica del contrato a un punto de no pérdida. No se trata de que la administración colabore o ayude parcialmente al contratista para que este pueda soportar el pasivo que la ejecución del contrato le generó, como ha sido el acostumbrado criterio de interpretación cuando el desequilibrio financiero obedece a causas imprevistas para las partes contratantes. De ninguna manera. Considera la Sala, apartándose del criterio ya tradicional en algún sector de la doctrina extranjera, e identificándose con el criterio del legislador colombiano, que el equilibrio del contrato comporta para el contratista una compensación integral, completa, plena y razonable de todos aquellos mayores costos en los que debió incurrir para lograr la ejecución del contrato[108]".

No obstante, tal posición ciertamente parecía exagerada y mereció la crítica de otro sector de la doctrina colombiana, que sostiene que los términos del artículo 5° numeral 1 de la ley 80 de 1993[109],

[107] RODRIGO ESCOBAR GIL. *Teoría general de los contratos de la administración pública, op. cit.*, págs. 575 y ss.

[108] C. de E., Sala de lo Contencioso Administrativo, Sección Tercera, sent. de 9 mayo 1996, exp. 10.151.

[109] "Artículo 5°. *De los derechos y deberes de los contratistas.* Para la realización de los fines de que trata el artículo 3° de esta ley, los contratistas:

"1° Tendrán derecho a recibir oportunamente la remuneración pactada y a que el valor intrínseco de la misma no se altere o modifique durante la vigencia del contrato. En consecuencia tendrán derecho, previa solicitud, a que la administración les restablezca el equilibrio de la ecuación económica del contrato a un punto de no pérdida por la ocurrencia de situaciones imprevistas que no sean imputables a los contratistas. Si dicho equilibrio se rompe por incumplimiento de la entidad estatal contratante, tendrá que restablecerse la ecuación surgida al momento del nacimiento del contrato".

> "[...]parecen suficientemente claros en este sentido: los contratistas 'tendrán derecho, previa solicitud, a que la administración les restablezca el equilibrio de la ecuación económica del contrato *a un punto de no pérdida* por la ocurrencia de situaciones imprevistas que no sean imputables a los contratistas'[...] Además, la exposición de motivos del proyecto de ley expresaba con claridad esta intención, y de los debates parlamentarios se deduce que el legislador no pretendió cambiar la jurisprudencia al respecto sino tan solo consagrarla de manera positiva en los textos[110]".

La jurisprudencia, teniendo en cuenta las críticas de que fue objeto, modificó su posición, volviendo a la interpretación inicial en cuanto a la extensión de la compensación en los eventos de imprevisión. En efecto, el Consejo de Estado manifestó:

> "La importancia de la distinción del régimen procedente frente al rompimiento del equilibrio económico de un contrato, si lo es el hecho del príncipe o la teoría de la imprevisión, radica en el hecho de que dependiendo de cuál de los dos sea el llamado a operar, la parte afectada negativamente con el hecho perturbatorio de la ecuación contractual tendrá derecho al reconocimiento integral de los perjuicios —en el caso del hecho del príncipe—, o únicamente, habrá lugar al reconocimiento de una compensación, limitada a las pérdidas que haya podido sufrir el cocontratante —caso de la teoría de la imprevisión— [...]En cambio, en lo que hace relación a la teoría de la imprevisión, en cuanto ella consiste en situaciones extraordinarias, ajenas a las partes, imprevisibles y posteriores a la celebración del contrato que alteran la ecuación financiera del contrato en forma anormal y grave, sin imposibilitar su ejecución, se contempla el deber de la Administración de concurrir en ayuda del contratista, ya que este obra como su colaborador y requiere de ese apoyo para concluir con el objeto contractual, en el cual está fincado el interés de la entidad contratante[111]".

En este sentido, la misma jurisprudencia contencioso administrativa ha sido enfática en este punto, admitiendo que

> "[...] cuando se demuestra la ocurrencia del hecho imprevisible, posterior a la celebración del contrato, determinante del rompimiento anormal y extraordinario de la economía del contrato, surge el deber de compensar al cocontratante afectado el desmedro sufrido. Dicho en otras palabras,

---

[110] JOSÉ LUIS BENAVIDES. *El contrato estatal, op. cit.*, num. 597.

[111] C. de E., Sala de lo Contencioso Administrativo, Sección Tercera, sent. de 26 febrero 2004, exp. 1991-07391 (14.043).

solo nace el deber legal de llevar al contratista a un punto de no pérdida, no surge la obligación de reparar la integridad de los perjuicios[112]".

Más recientemente, el mismo Consejo de Estado colombiano expresó:

"En cuanto a las consecuencias económicas de la teoría de la imprevisión, se tiene que cuando se produce un hecho que encaja en la misma, la parte afectada tendrá derecho únicamente al reconocimiento de los mayores costos en que haya tenido que incurrir por causa de esos hechos imprevistos, por cuanto el evento extraordinario que afecta de manera grave la ecuación contractual, es ajeno a las dos partes, es decir, que no le es atribuible ni al contratista afectado, ni a la Administración contratante, quien por lo tanto, también es sorprendida por ese hecho inesperado y también resulta afectada, en la medida en que se ve amenazada la correcta ejecución del contrato; en consecuencia, si se establece la obligación de esta, de acudir en ayuda del contratista mediante la asunción de los mayores costos en los que aquel tuvo que incurrir, es porque con ello se busca precisamente que el servicio o actividad estatal para el cual se celebró el respectivo contrato, no se vea paralizado o afectado y que pueda llevarse a buen término la ejecución del objeto contractual[113]".

Resulta claro, entonces, que en la actualidad en Colombia, cuando se configuran los requisitos de la teoría de la imprevisión, surge para la administración el deber de llevar al contratista a un punto de no pérdida, entendiendo esta expresión como que el contratista no debe ejecutar un contrato disminuyendo su propio patrimonio. Es decir, se aplica la solución que ofrece buena parte de la doctrina del derecho administrativo comparado[114]. Vale decir también que la obligación de llevar al contratista a un punto de no pérdida, no puede entenderse en el sentido de que se garantice al contratista la obtención de la utilidad esperada, sino que, simplemente, la ocurrencia de hechos posteriores, imprevistos y ajenos a las partes que alteren gravemente la economía del contrato, generan para la administración la obligación de compensar al contratista, de tal

[112] C. de E., Sala de lo Contencioso Administrativo, Sección Tercera, sent. de 18 septiembre 2003, exp. 1996-05631 (15.119).

[113] C. de E., Sala de lo Contencioso Administrativo, Sección Tercera, sent. de 31 enero 2019, exp. 37.910

[114] Véase a GASTON JÈZE, *Principios generales del derecho administrativo*, t. v, *op. cit.*, págs. 29 y ss.; a ANDRÉ DE LAUBADÈRE e YVES GAUDEMET, *Traité de droit administratif*, t. I, *op. cit.*, núm. 1491-2°, y a MIGUEL S. MARIENHOFF, *Tratado de derecho administrativo*, t. III-A, *op. cit.*, núm. 798.

manera que el patrimonio de este no resulte disminuido con la ejecución del contrato.

En ese sentido, la jurisprudencia ha expresado, de forma clara, que, a diferencia de lo que ocurre cuando el desequilibrio se deriva de circunstancias atribuibles a la administración pública, en donde "será procedente no solo equilibrar el contrato en relación con los costos y gastos en que se haya incrementado su ejecución o prestación, sino también indemnizar al contratista", cuando "la ruptura o desequilibrio tiene su génesis en un hecho externo, imprevisible y ajeno a las partes, que afecta de manera anormal y grave la ecuación financiera del negocio, las partes contratantes solo estarán obligadas a llevar al sujeto que padece o sufre el desequilibrio a una situación de no pérdida"[115].

Por último, debe señalarse que en tanto que el acontecimiento que da lugar a la ruptura del equilibrio económico del contrato es extraño tanto a la administración como a su cocontratante, la solución de la simple compensación es aplicable también a los casos en que el desequilibrio sea en contra de la administración. Es decir, que a diferencia de lo que ocurre en relación con la *potestas variandi* y la teoría del hecho del príncipe, en las cuales se reconoce una indemnización diferente a la administración y a su cocontratante, porque la circunstancia que da lugar a la aplicación de dichas teorías siempre es imputable a la administración, en la imprevisión, teniendo en cuenta que la circunstancia que permite su aplicación es exógena a ambas partes, no existen razones para aplicar una solución diferente a cada una de ellas en cuanto hace a la extensión de la compensación.

7. Conclusiones del capítulo

De los análisis y reflexiones anteriores, podemos extraer las siguientes conclusiones:

1. La teoría de la imprevisión es una de las causales de ruptura del equilibrio económico de los contratos públicos que se presenta por situaciones imprevistas, exógenas a las partes y posteriores a la presentación de la propuesta o a la celebración del contrato, que generan una alteración anormal en su economía, haciéndolo más gravoso.

---

[115] C. de E., Sala de lo Contencioso Administrativo, Sección Tercera, sent. de 1 agosto 2016, exp. 36.359.

2. La aplicación de la teoría de la imprevisión a los contratos de tracto sucesivo o ejecución diferida es un aporte de la jurisprudencia administrativa francesa de comienzos del siglo XX, y ha sido de recibo tanto en los contratos públicos como en los de derecho privado. En Colombia, la recepción de esta teoría se remonta a la década de los treinta del siglo XX, pero su consagración positiva y su aplicación real datan de los años setenta del mismo siglo, época a partir de la cual se ha consolidado hasta la actualidad.

3. A pesar de existir en el derecho privado diversas justificaciones para limitar la aplicación estricta del principio del *pacta sunt servanda*, la aplicación de la teoría de la imprevisión en los contratos públicos encuentra su justificación en las necesidades de prestación continua y eficiente del servicio público; en los principios constitucionales de la igualdad ante las cargas públicas y la garantía del patrimonio de los particulares, en la justicia contractual, y en la conmutatividad del contrato público.

4. Para que un hecho o acontecimiento que altera las condiciones contractuales permita aplicar la teoría de la imprevisión, debe ser extraño a las partes en el sentido de que no pueda serles imputado; debe ser posterior, al menos en sus efectos, a la presentación de la propuesta o a la celebración del contrato; debe constituir un aleas extraordinario porque su carácter excepcional no pudo haber sido razonablemente previsto por el afectado, y debe afectar en forma grave y anormal la economía del contrato haciéndolo más gravoso.

5. En relación con el contrato de concesión, la circunstancia de que este sea celebrado *por cuenta y riesgo* del concesionario tiene como consecuencia que la aplicación de la teoría de la imprevisión se hace más rigurosa para este y más flexible para la administración, en el sentido de que los aleas que debe asumir el concesionario abarcan un mayor número de situaciones de las que en otro tipo de contratos públicos asumiría la administración, por lo cual, un menor número de situaciones se consideran aleas extraordinarios o anormales.

6. En Colombia, la teoría de la imprevisión es una institución jurídica de orden público, por lo cual es irrenunciable y no es válido un pacto que la inaplique de manera genérica en un contrato público, pero sí es posible renunciar a la indemnización causada y son válidos los pactos que excluyan la responsabilidad de las partes en relación con hechos o situaciones específicas. Mediante su aplicación se da plena vigencia al

interés general, en la medida en que se logra una prestación continua y eficiente de los servicios públicos, pues ante situaciones que permitan dar aplicación a la teoría de la imprevisión es obligación del cocontratante perjudicado continuar con la ejecución cabal del contrato, salvo fuerza mayor, pero con el derecho a una compensación, que para el particular se traduce en que la administración lo lleve al punto de no pérdida.

CAPÍTULO V

EL INCUMPLIMIENTO

El incumplimiento de las obligaciones a cargo de las partes del contrato es el evento respecto del cual existe mayor discusión sobre su pertenencia o no a la teoría del equilibrio económico del contrato, discusión que por sí misma constituye un problema jurídico que debe ser analizado junto con las condiciones necesarias para dar aplicación práctica a la teoría del equilibrio.

Además de esa discusión propia de los contratos públicos, lo cierto es que el incumplimiento de las obligaciones contractuales constituye un asunto común a los contratos públicos y de derecho privado. Sin embargo, la aplicación de esta figura a los contratos públicos presenta diversas particularidades respecto del régimen de derecho común, que generalmente la doctrina pasa por alto y que estudiaremos en detalle en el presente capítulo.

Para efectos metodológicos, analizaremos el tema en cuatro partes, a saber: en primer lugar, estudiaremos el problema del incumplimiento como causal de ruptura del equilibrio económico de los contratos públicos (1); posteriormente analizaremos el contenido de la figura del incumplimiento de las obligaciones contractuales (2); más adelante, expondremos sistemáticamente los elementos de la responsabilidad contractual por incumplimiento (3) y, finalmente, presentaremos los efectos del incumplimiento de las obligaciones contractuales (4).

1. EL INCUMPLIMIENTO COMO CAUSAL DE RUPTURA DEL EQUILIBRIO ECONÓMICO DE LOS CONTRATOS PÚBLICOS

Como lo expusimos en el capítulo I de esta obra, uno de los aspectos más problemáticos frente al contenido del principio del equilibrio económico de los contratos públicos se encuentra en la determinación de las causales de la ruptura del mismo y, en particular, en la definición de si el incumplimiento forma parte o no de dichas causales.

Para dar respuesta a esta inquietud, analizaremos, de una parte, los efectos de los contratos públicos y, de otra, la fuerza obligatoria del contrato y el principio del equilibrio económico.

A) *Los efectos de los contratos públicos*

Frente a los efectos que se reconocen en general a la celebración de los contratos, debe partirse del reconocimiento de que, a pesar de algunos aspectos que particularizan a los contratos públicos, estos son en su esencia contratos y producen, como regla general, los mismos efectos de los contratos entre particulares. En ese sentido, en relación con los efectos que producen los contratos públicos, la doctrina clásica ha sido clara en señalar que "los efectos generales de los contratos administrativos no son diferentes de aquellos de los contratos civiles [como son] la creación de obligaciones vinculantes para las partes, la responsabilidad eventual de aquellas en caso de un incumplimiento de sus obligaciones, la restricción a las partes del carácter vinculante del contrato"[1].

Dentro de ese contexto, debe resaltarse que el principal efecto de la celebración de un contrato es precisamente su fuerza obligatoria, que se traduce en el imperativo de que las partes den cumplimiento, de buena fe, a las obligaciones surgidas del acuerdo de voluntades, así como a aquellas que emanan de la naturaleza de las obligaciones pactadas o que por ley pertenecen a ellas[2].

En el derecho colombiano, este efecto surge de los artículos 1602 y 1603 del Código Civil y 871 del Código de Comercio, que consagran los principios del *pacta sunt servanda,* de la *lex contractus* y del *efecto relativo de los contratos*, es decir, el imperativo de ejecutar los contratos de buena fe y el deber de cumplir con las obligaciones expresamente pactadas y las que surgen de la naturaleza del contrato mismo, con el mismo nivel de exigencia con el que deben cumplirse los mandatos legales, aunque con efectos exclusivamente para las partes y no para terceros ajenos a la relación negocial. Estas normas resultan plenamente aplicables a la contratación pública, toda vez que la ley 80 de 1993, que contiene en gran

---

[1] ANDRÉ DE LAUBADÈRE, FRANCK MODERNE y PIERRE DELVOLVÉ, *Traité des contrats administratifs*, vol. I, *op. cit.*, núm. 451.

[2] Sobre los efectos de los contratos y, en particular, sobre la fuerza obligatoria de los mismos, véase a FRANCESCO MESSINEO, *Doctrina general del contrato*, trad. de la 3ª ed. italiana, Lima, Ara Editores, 2007, págs. 565 y ss.

parte el Estatuto General de Contratación de la Administración Pública, en su artículo 13 remite a las normas de derecho privado sobre contratos para llenar los vacíos existentes en dicho Estatuto.

De esta manera, de la celebración de un contrato público inequívocamente surge el deber, tanto para la administración como para su cocontratante, pero solo para ellas que son las partes de la relación jurídica derivada del contrato, de cumplir de buena fe con todas y cada una de las obligaciones emanadas directamente del contrato y de aquellas que surgen de su naturaleza misma[3].

Así, en cuanto a las obligaciones principales de la administración aparece, como regla, la de abonar a su cocontratante, en el término señalado en el contrato, el precio pactado o la realización del pago en especie estipulado; por su parte, el contratista debe realizar la prestación en el tiempo debido y entregar exactamente la prestación pactada[4].

Además de ese deber principal de cumplir con las obligaciones contractuales, el segundo efecto que aparece en relación con los contratos públicos es la consecuencia del incumplimiento de ese primer deber. En efecto, cuando las partes no honran las prestaciones a su cargo en los estrictos términos señalados en el contrato, son responsables por ese incumplimiento si concurren los demás elementos de la responsabilidad que explicaremos más adelante[5].

B) *La fuerza obligatoria del contrato y el principio del equilibrio económico*

Frente a la relación que existe entre el deber de dar cumplimiento a las obligaciones contractuales y el principio del equilibrio económico del contrato público, debemos comenzar por recordar que este principio se

[3] Sobre este efecto de los contratos públicos, véase a AUGUSTO DURÁN MARTÍNEZ, "Efecto y cumplimiento de los contratos administrativos", en *La contratación administrativa en España e Iberoamérica*, Valladolid, Junta de Castilla y León, 2008, págs. 743 y ss.

[4] Sobre las obligaciones principales a cargo de las partes de los contratos públicos, véase a JUAN ANTONIO HERNÁNDEZ CORCHETE, "Ideas para una teoría del cumplimiento de los contratos administrativos", en VÍCTOR HERNÁNDEZ-MENDIBLE (coord.), *Derecho administrativo iberoamericano. 100 autores en homenaje al postgrado de derecho administrativo de la Universidad Católica Andrés Bello*, t. III, Caracas, Ediciones Paredes, 2007, págs. 2167 y ss.

[5] En relación con este efecto, véase a ANDRÉ DE LAUBADÈRE, FRANCK MODERNE y PIERRE DELVOLVÉ, *Traité des contrats administratifs*, vol. I, *op. cit.*, núm. 485.

refiere al derecho que tienen las partes a que se mantenga la equivalencia material entre las prestaciones pactadas.

Pues bien, si el contrato público es, por lo general, un contrato sinalagmático y conmutativo, lo cual implica que la causa de la existencia de las obligaciones a cargo de cada una de las partes se encuentra precisamente en la existencia de obligaciones a cargo de la otra[6], en el evento de que una de las partes incumpla con sus obligaciones, ese incumplimiento podrá traer como consecuencias la ruptura de esa conmutatividad y la alteración en el equilibrio económico del contrato.

A pesar de lo anterior, la doctrina ha señalado que deben distinguirse los fenómenos del incumplimiento del contrato como factor generador de responsabilidad contractual y la ruptura del equilibrio económico del contrato, en tanto la primera situación involucraría, en la mayoría de los casos, un juicio de culpabilidad respecto de la conducta del deudor, mientras que la segunda hace referencia a situaciones en que por causas objetivas se rompe la equivalencia material de las prestaciones a cargo de las partes del contrato administrativo.

En relación con esa distinción entre responsabilidad contractual y ruptura del equilibrio económico del contrato, la doctrina francesa ha optado por construir una distinción entre la responsabilidad contractual con culpa y la responsabilidad contractual objetiva[7].

La responsabilidad por incumplimiento de las obligaciones contractuales pertenecería a la primera de las categorías mencionadas, toda vez que, como lo veremos, al menos como regla general, uno de los presupuestos tradicionales de la responsabilidad contractual consiste en que el deudor incumplido haya incurrido en culpa, de tal manera que la responsabilidad por incumplimiento estará basada normalmente en el régimen de la culpa.

A su vez, los supuestos tradicionales de ruptura del equilibrio económico del contrato (*potestas variandi*, teoría del hecho del príncipe y teoría de la imprevisión) se clasifican dentro de la responsabilidad contractual sin culpa, pues las partes del contrato público resultan responsables de la indemnización de perjuicios, con independencia de la juridicidad de su

---

[6] Véase a ARTURO ALESSANDRI RODRÍGUEZ, *De los contratos*, Santiago, Editorial Jurídica de Chile, 1997, núms. 25 y 32.

[7] Sobre esta distinción, véase a LAURENT RICHER y FRANÇOISE LICHÈRE, *Droit des contrats administratifs*, *op. cit.*, núms. 364 y ss., y a RENÉ CHAPUS, *Responsabilité publique et responsabilité privée*, Paris, LGDJ, 1957, núms. 368 y ss.

conducta contractual, es decir, incurren en responsabilidad contractual sin que sea necesario el elemento de la culpa.

No obstante esa distinción, debe hacerse notar que la doctrina también ha señalado que el equilibrio económico de los contratos públicos puede sufrir un menoscabo, entre otras razones, por "causas imputables a la administración en cuanto esta no cumpla con las obligaciones a su cargo, sea ello por dejar de hacer lo que le corresponde o introduciendo «modificaciones» al contrato"[8].

En particular, frente al incumplimiento como causal de ruptura del equilibrio económico del contrato, el último autor citado señala:

> "Cuando la administración pública no cumple con las obligaciones que el contrato pone a su cargo, alterando por esa vía el equilibrio económico financiero del mismo, ello determina un supuesto de responsabilidad contractual del Estado.
>
> "El «incumplimiento» determinante de esa responsabilidad depende de las características del contrato y de las normas a considerar.
>
> "[…]
>
> "Sería contrario a toda lógica y a toda moral no responsabilizar al Estado por el incumplimiento de un contrato. Una irresponsabilidad semejante chocaría con el concepto mismo de derecho. Los contratos —a través de los cuales las partes establecen y limitan recíprocamente sus derechos y obligaciones— se hacen para ser cumplidos y respetados: el quebrantamiento de esta norma esencial de conducta determina «responsabilidad»"[9].

En concordancia con lo anterior, en Colombia el numeral 1 del artículo 5° de la ley 80 de 1993 dispone que el incumplimiento constituye una causal de ruptura del equilibrio económico del contrato. En efecto, la citada norma establece que los contratistas "tendrán derecho, previa solicitud, a que la administración les restablezca el equilibrio de la ecuación económica del contrato a un punto de no pérdida por la ocurrencia de situaciones imprevistas que no sean imputables a los contratistas. *Si dicho equilibrio se rompe por incumplimiento de la entidad estatal*

---

[8] MIGUEL S. MARIENHOFF, *Tratado de derecho administrativo*, t. III-A, *op. cit.*, núm. 762.

[9] *Ibidem*, núm. 763.

contratante, tendrá que restablecerse la ecuación surgida al momento del nacimiento del contrato" (cursivas fuera del texto).

Respecto de esta norma, en la exposición de motivos al proyecto de ley que finalmente se convirtió en la ley 80 de 1993, expresamente se consideró al incumplimiento como un factor de ruptura del equilibrio económico del contrato, en los siguientes términos:

> *"El precitado artículo 5°, en su numeral 1, contempla dos causales conducentes al restablecimiento de la ecuación económica alterada. Las unas concernientes a causas imputables al Estado* y a hechos imprevistos ajenos a las partes, las otras.

> *"La responsabilidad contractual del Estado por incumplimiento de alguna o algunas de sus obligaciones que nacen del contrato estatal*; el ejercicio de cualquiera de las potestades o derechos de que se reviste a la administración en el contrato y cuya aplicación resulte fundada por razones de conveniencias y por ende, ajena a la conducta contractual del particular, y por último la expedición de una decisión administrativa que ocasione una verdadera «alteración o trastorno en el contenido del contrato, o cuando la ley o el reglamento afecten alguna circunstancia que pueda considerarse que fue esencial, determinante, en la contratación y que en este sentido fue decisiva para el contratante» (MARIENHOFF), *se erigen en los móviles que pueden agruparse dentro de la primera de las causales descritas, vale decir, imputables al Estado*[10]" (cursivas fuera del texto).

Dentro de ese contexto de derecho positivo, un sector de la doctrina ha considerado que, en el derecho colombiano, el incumplimiento de las obligaciones a cargo de cualquiera de las partes constituye una causal de ruptura del equilibrio económico del contrato público y supone el surgimiento del deber de indemnización por los perjuicios causados por ese incumplimiento o derivados del mismo[11]. Desde el punto de vista de la jurisprudencia, el Consejo de Estado ha expresado, en el mismo sentido: "Ahora bien, ese equilibrio financiero puede resultar afectado por varias

---

[10] Exposición de motivos al proyecto de ley 149 de 1992, Senado, en JAIME BETANCUR CUARTAS, *Nuevo estatuto general de la contratación administrativa*, op. cit., pág. 118.

[11] Véase a LUIS GUILLERMO DÁVILA VINUEZA, *Régimen jurídico de la contratación estatal*, op. cit., págs. 699 y ss.; a ANDRÉS MUTIS VANEGAS y ANDRÉS QUINTERO MÚNERA, *La contratación estatal: análisis y perspectivas*, Bogotá, Pontificia Universidad Javeriana y Fundación Social, 2001, págs. 329 y ss., y a JORGE GARCÍA GONZÁLEZ, *Nuevo régimen de contratación administrativa*, Bogotá, Ministerio de Gobierno, 1993, págs. 61 y ss.

causas, algunas atribuibles a la propia administración contratante, como sería el incumplimiento de sus obligaciones contractuales o la modificación en las condiciones de ejecución del contrato"[12].

No obstante lo anterior, la jurisprudencia del Consejo de Estado también ha intentado hacer una diferenciación entre la ruptura del equilibrio económico del contrato y la responsabilidad contractual por incumplimiento, para concluir que el incumplimiento no es, en estricto sentido, una causal de ruptura del equilibrio económico, sino un factor desencadenante de la responsabilidad contractual, instituciones que tienen elementos y consecuencias diferentes.

Al respecto, ha expresado esta Corporación:

"Finalmente la Sala, en desarrollo de su función pedagógica, encuentra necesario precisar que respecto de las diferencias existentes entre los supuestos y los efectos del desequilibrio financiero del contrato y la responsabilidad contractual del Estado, no hay unidad normativa, jurisprudencial, ni doctrinal.

"En efecto, del análisis de la regulación legal contenida en la ley 80 de 1993, se advierte que el tema no está claro; muestra de ello es que las disposiciones relativas al *ius variandi*, por la modificación o interpretación unilateral del contrato, prevén como efecto de su ocurrencia la obligación de reconocer y pagar las compensaciones e indemnizaciones a que hubiera lugar (arts. 14 a 16, ley 80 de 1993), de lo cual se infiere que, para el legislador, este evento puede producir tanto el desequilibrio financiero del contrato —que conduzca a la compensación del afectado—, como de responsabilidad —que conduzca a la indemnización plena de los perjuicios causados—.

"Así también, cabe resaltar que la misma ley incorporó el incumplimiento del contrato, como un evento de desequilibrio financiero del mismo que, de producirse, obliga a restablecer la ecuación «surgida al momento del contrato» (ley 80 de 1993, inc. 2°, num. 1, art. 5°), cuando aquel es uno de los elementos que, junto con la imputación, configuran la responsabilidad contractual, determinante de la indemnización plena de todos los perjuicios causados, de conformidad con lo dispuesto en el artículo 90 de nuestra Constitución.

"Y si bien es cierto que el desequilibrio financiero del contrato y la responsabilidad contractual, son instituciones distintas en su configuración

[12] C. de E., Sala de lo Contencioso Administrativo, Sección Tercera, sent. de 9 mayo 1996, exp. 10.151.

y en sus efectos, cabe precisar que ambas tienen puntos de convergencia, como la que se presenta en aplicación de la teoría del hecho del príncipe, que al ser concebida por esta Sección en forma estricta, conduce a la comprobación de los elementos típicos de una responsabilidad objetiva, por la presencia de un daño antijurídico —la alteración de la ecuación económica del contrato— imputable a la acción legítima del Estado contratante, que emite un acto general y abstracto.

"Se encuentra también que, el incumplimiento de la obligación de conservar y/o restablecer la ecuación financiera del contrato, nos ubica en el plano de la responsabilidad contractual, toda vez que comporta la presencia de sus dos elementos: el daño antijurídico —violación del derecho de crédito del contratista— imputable a omisiones del Estado —por el incumplimiento de las obligaciones contractuales —[13]".

Más recientemente, el propio Consejo de Estado ha sostenido, de forma relativamente pacífica que, a pesar del texto expreso del numeral 1 del artículo 5° de la ley 80 de 1993, desde el punto de vista jurídico no pueden equipararse las figuras del incumplimiento y de la ruptura del equilibrio económico del contrato, pues lo cierto es que la naturaleza de cada una de esas figuras es diferente, lo cual hace que tengan origen, fundamentos y consecuencias distintas[14]. Así, para la jurisprudencia administrativa:

"En síntesis, el incumplimiento del contrato corresponde al desconocimiento antijurídico de lo pactado y da lugar a la parte cumplida a reclamar la indemnización plena de los perjuicios, mientras que la ruptura del equilibrio contractual ha de obedecer a hechos posteriores externos e imprevisibles o decisiones jurídicas de la administración, caso en el cual solo está obligada a llevar al contratista a un punto de no pérdida o a restablecer la ecuación inicial del contrato, evento este

---

[13] C. de E., Sala de lo Contencioso Administrativo, Sección Tercera, sent. de 14 abril 2005, exp. 28.616.

[14] Sobre las diferencias entre la ruptura del equilibrio económico del contrato y el incumplimiento del contrato, puede verse C. de E., Sala de lo Contencioso Administrativo, Sección Tercera, sent. de 14 marzo 2013, exp. 20.524; C. de E., Sala de lo Contencioso Administrativo, Sección Tercera, sent. de 22 agosto 2013, exp. 22.947; C. de E., Sala de lo Contencioso Administrativo, Sección Tercera, sent. de 27 enero 2016, exp. 38.449; C. de E., Sala de lo Contencioso Administrativo, Sección Tercera, sent. de 16 mayo 2019, exp. 43.306, y C. de E., Sala de lo Contencioso Administrativo, Sección Tercera, sent. de 30 mayo 2019, exp. 46.631.

último que se aplica en los casos de la introducción de modificaciones unilaterales al contrato por parte de la administración[15]".

Sin embargo, la jurisprudencia del Consejo de Estado que considera que el incumplimiento no puede ser entendido como parte del equilibrio económico del contrato, ha sostenido que, en aplicación del principio de prevalencia de lo sustancial y el derecho de acceso a la administración de justicia, el hecho de que en la demanda se invoque "impropiamente" la figura del equilibrio, cuando la discusión atañe al incumplimiento del contrato, no es razón suficiente para negar las pretensiones de la demanda, de tal manera que el juez debe aplicar la figura jurídica que se adecúe a los hechos del caso, sin importar cuál fue la figura invocada en la demanda[16].

Frente a la discusión planteada en el sentido de si el incumplimiento puede ser considerado un factor de ruptura del equilibrio económico del contrato o si es una figura diferente que se relaciona con la responsabilidad contractual, a nuestro juicio bien puede clasificarse al incumplimiento de las obligaciones contractuales como causal de ruptura del equilibrio económico del contrato público, pues lo cierto es que el acreedor insatisfecho tendrá el derecho al restablecimiento de la equivalencia de las prestaciones pactadas, mediante el pago de los perjuicios sufridos, siempre que se configuren los requisitos especiales de la responsabilidad contractual, a pesar de que estos sean distintos de los de los demás eventos de ruptura del equilibrio económico del contrato[17]. Es decir, que tanto la configuración de las causales que tradicionalmente han dado sustento a la aplicación del principio del equilibrio económico, como el incumplimiento, comprometen la responsabilidad de las partes del contrato, a pesar de que dichas causales y el incumplimiento exijan elementos diferentes para su configuración y aun tengan efectos también diferentes.

Además, desde el punto de vista normativo, no cabe duda de que el numeral 1 del artículo 5° de la ley 80 de 1993 inequívocamente establece que el incumplimiento de las obligaciones contractuales es causal de

---

[15] C. de E., Sala de lo Contencioso Administrativo, Sección Tercera, sent. de 12 septiembre 2019, exp. 44.779.

[16] En ese sentido, véase C. de E., Sala de lo Contencioso Administrativo, Sección Tercera, sent. de 25 julio 2019, exp. 51.772.

[17] Por ello, un sector de la doctrina considera a la responsabilidad contractual como una manifestación del equilibrio contractual: véase JOSEPH FRANK OUM OUM, *La responsabilité contractuelle en droit administrtif, op. cit.*, pág. 132 y ss.

ruptura del equilibrio económico del contrato, lo cual impone que en el derecho colombiano dicha figura deba ser estudiada dentro del principio analizado en esta obra, obviamente con las precisiones derivadas de su especialidad.

Podríamos agregar, como lo ha manifestado la doctrina, que desde un punto de vista práctico, "no vale la pena la discusión acerca de si un incumplimiento rompe o no la ecuación. Lo realmente importante es saber que las obligaciones surgen para ser cumplidas y que su incumplimiento genera perjuicios que deben reconocerse"[18].

En conclusión, podemos afirmar que la idea de la ruptura del equilibrio económico de los contratos administrativos puede tener dos acepciones diferentes. Una restringida, que comprende únicamente aquellas situaciones en las cuales se produce una alteración de la equivalencia de las prestaciones como consecuencia de los fenómenos o teorías de la *potestas variandi*, el hecho del príncipe y la imprevisión. Y una amplia, que incluye a toda situación en la cual pueda verse alterada la equivalencia material de las prestaciones a cargo de las partes, es decir, que comprende tanto la alteración producto de los fenómenos o teorías mencionados, como la que obedece al incumplimiento de las obligaciones contractuales.

2. EL CONTENIDO DE LA FIGURA DEL INCUMPLIMIENTO DE LAS OBLIGACIONES CONTRACTUALES

A pesar de que en muchos Estados la ley señala específicamente las fuentes de las cuales surgen obligaciones para los sujetos de derechos, en la teoría de las obligaciones la doctrina ha elaborado diversos criterios para el establecimiento de las fuentes de las obligaciones. No obstante esa diversidad de criterios y clasificaciones, en todas ellas aparece el contrato como fuente de las obligaciones.

Así, para autores como PLANIOL y RIPERT, las fuentes de las obligaciones se limitan al acuerdo de voluntades entre acreedor y deudor, de una parte, y la ley, de otra, que impone un deber de conducta a los sujetos de derecho, sin importar su voluntad[19]. Por su parte, RENÉ DEMOGUE señala

---

[18] LUIS GUILLERMO DÁVILA VINUEZA, *Régimen jurídico de la contratación estatal*, *op. cit.*, pág. 700.

[19] Véase a MARCEL PLANIOL y GEORGES RIPERT, *Tratado práctico de derecho civil francés*, t. VI-I, trad. de la 3ª ed. francesa, La Habana, Editorial Cultural, 1946, núms. 7 y ss.

que las fuentes de las obligaciones están constituidas por el contrato, la voluntad unilateral del deudor, el delito y cuasidelito y el cuasicontrato[20].

En Colombia, HINESTROSA señala que las fuentes de las obligaciones son el negocio jurídico (que incluye a los contratos y otras formas jurídicas donde interviene la declaración de voluntad), el daño, el enriquecimiento torticero y los hechos legalmente reglamentados[21]. A su vez, OSPINA FERNÁNDEZ afirma que en el derecho colombiano las fuentes de las obligaciones son el acto jurídico (que se expresa mediante el contrato y el acto unipersonal o manifestación unilateral de la voluntad), el hecho jurídico que incluye al hecho ilícito, y el enriquecimiento sin causa[22].

Como puede verse, es comúnmente aceptado que de la suscripción de contratos surgen vínculos obligacionales para las partes de los mismos, los cuales, de conformidad con los principios del *pacta sunt servanda* y de la *lex contractus*, principios estos que surgen de la construcción de la teoría contractual y, en muchos ordenamientos, directamente del Código Civil, deben ser honrados por ellas en los exactos términos pactados.

Ahora bien, cuando las obligaciones que surgen a cargo de cualquiera de las partes de un contrato no son honradas en los estrictos términos en que fueron pactadas, sea porque no fueron ejecutadas del todo o porque la ejecución fue tardía o imperfecta, se produce el fenómeno de la infracción a la obligación contractual y, con ello, el incumplimiento de la misma.

Como se ve, el incumplimiento es un concepto complejo que supone la existencia de diversas modalidades del mismo, por lo cual deben estudiarse por separado la noción de incumplimiento de las obligaciones y las diferentes modalidades en que dicha figura se puede presentar, como pasamos a hacerlo.

A) *La noción de incumplimiento de las obligaciones en general y de las obligaciones contractuales en particular*

Como ocurre con muchas instituciones jurídicas, la noción de incumplimiento en general no es unívoca, como tampoco lo es la de incumplimiento

---

[20] Véase a RENÉ DEMOGUE, *Traité des obligations en général*, t. I, Paris, Editions Arthur Rousseau, 1923, núm. 17.

[21] Véase a FERNANDO HINESTROSA, *Curso de obligaciones*, Bogotá, Universidad Externado de Colombia, 1969, págs. 93 y ss.

[22] Véase a GUILLERMO OSPINA FERNÁNDEZ, *Régimen general de las obligaciones*, 9ª ed., Bogotá, Edit. Temis, 2008, núms. 42 y ss.

contractual. Lo anterior es consecuencia directa del hecho de que rara vez el derecho positivo contiene una definición precisa de la figura del incumplimiento, de tal manera que la doctrina y la jurisprudencia deben hacer esfuerzos para construir una noción, de acuerdo con los elementos que brindan la teoría y el ordenamiento jurídico. En ese orden de ideas, como pasamos a mostrarlo, a partir de la exposición de diversas definiciones podemos llegar a precisar un concepto al respecto.

Así, en primer lugar, jurídicamente la figura de incumplimiento de las obligaciones suele ser definida de forma negativa a través de su antónimo, en el sentido de que se trata de la situación contraria al cumplimiento de la obligación exigible. A este respecto, ADRIANO DE CUPIS ha señalado: "incumplimiento quiere decir comportamiento opuesto a aquel en que se concreta el cumplimiento, y en consecuencia, falta de ejecución, o ejecución inexacta de la prestación"[23].

Esta definición negativa de incumplimiento ha sido utilizada por la doctrina del derecho administrativo al señalar:

> "Para precisar el concepto de incumplimiento hay que relacionarlo con el de cumplimiento. El concepto de incumplimiento se obtiene por vía negativa del de cumplimiento. Cuando el deudor adecua su conducta al contenido de la prestación que emana del negocio jurídico, satisface el interés de su acreedor; lo que se denomina 'cumplimiento', cuya consecuencia es la extinción de la obligación. Al paso que, cuando el comportamiento del deudor es contrario al contenido de la prestación, contraviene el derecho del acreedor, lo que se denomina 'incumplimiento', por falta de ejecución o ejecución inexacta de la prestación[24]".

No obstante, este enfoque negativo en ocasiones incluye el análisis de la conducta del deudor como elemento de la noción, mientras que para otro sector de la doctrina dicha figura debe ser definida desde una perspectiva puramente objetiva, de tal manera que el comportamiento del deudor resulta irrelevante para la simple definición de la institución.

Así, encontramos que cierto sector de la doctrina identifica la noción de incumplimiento con la insatisfacción de la prestación debido a un comportamiento antijurídico del deudor. En ese sentido se ha dicho que el incumplimiento de una obligación consiste en "aquella situación an-

---

[23] ADRIANO DE CUPIS, *El daño. Teoría general de la responsabilidad civil*, trad. de la 2ª ed. italiana, Barcelona, Bosch Casa Editorial, 1975, pág. 134.

[24] RODRIGO ESCOBAR GIL, *Responsabilidad contractual de la administración pública*, Bogotá, Edit. Temis, 1989, pág. 124.

tijurídica que se produce, cuando por la actividad culpable del obligado a realizar la prestación, no queda la relación jurídica satisfecha en el mismo tenor en que se contrajo, reaccionando el derecho contra aquel para imponerle las consecuencias de su conducta"[25].

A su vez, la otra manera de presentar la noción de incumplimiento a partir de la prestación debida implica un análisis puramente objetivo sobre el resultado de la prestación. De esta manera, se estará en una situación de incumplimiento cuando la prestación efectivamente recibida por el acreedor no corresponde a la esperada, independientemente de las razones por las cuales el acreedor no vio satisfecho su interés negocial.

En esta línea de pensamiento, los chilenos ALESSANDRI y SOMARRIVA se refieren a la infracción de la obligación asociándola a la insatisfacción del acreedor, en los siguientes términos:

"La acción de indemnización de perjuicios está basada en la infracción de la obligación. Tal infracción puede consistir en el incumplimiento total o parcial o en el cumplimiento tardío de la obligación. Resulta obvio que si la obligación se ha cumplido en forma exacta, íntegra y oportuna, se ha dado plena satisfacción al acreedor y no hay margen para perjuicio alguno[26]".

De manera similar, otro sector de la doctrina, igualmente con base en una concepción objetiva de la institución, identifica el incumplimiento de las obligaciones contractuales con la insatisfacción del interés negocial por parte del acreedor, el cual se entiende que es el garantizado por el deudor contractual[27].

Igualmente, el incumplimiento de la obligación ha sido definido de manera objetiva como "la desviación del programa de prestación objeto de la misma, sea o no imputable al deudor, e incluye todas sus manifestaciones, incumplimiento definitivo, retraso y cumplimiento defectuoso"[28].

[25] FERNANDO FUEYO LANERI, *Cumplimiento e incumplimiento de las obligaciones*, Santiago de Chile, Editorial Jurídica de Chile, 1991, pág. 642.

[26] ARTURO ALESSANDRI R., MANUEL SOMARRIVA U. y ANTONIO VODANOVIC H., *Tratado de las obligaciones*, vol. II, 2ª ed., Santiago de Chile, Editorial Jurídica de Chile, 2004, núm. 826.-

[27] Véase a ANTONIO MANUEL MORALES MORENO, "El 'propósito práctico' y la idea de negocio jurídico en Federico de Castro (Notas en torno a la significación de la utilidad de la cosa en los negocios del tráfico)", en *Anuario de Derecho Civil*, vol. XXXVI (4), Madrid, 1983, págs. 1529-1530.

[28] FERNANDO PANTALEÓN PRIETO, "Voz: Incumplimiento (Dº Civil)", en *Enciclopedia Jurídica Básica*, Madrid, Editorial Civitas, 1995, págs. 3507-3508.

Por su parte, al referirse específicamente a las obligaciones estatales, la Corte Constitucional colombiana ha dicho: "Respecto del incumplimiento del Estado, este se presenta cuando la administración pública no satisface las obligaciones a su cargo dentro de las circunstancias de tiempo, modo y lugar en que han sido fijadas"[29].

Esta particular manera de definir el incumplimiento también ha sido expuesta por la doctrina al analizar el derecho internacional de los tratados, específicamente la Convención de Viena. Con base en dicho derecho se ha definido el incumplimiento de las obligaciones como "un hecho objetivo que se identifica con cualquier desviación del programa de prestación con relación a la conducta desplegada por el deudor en cumplimiento del contrato", o "el resultado de la simple constatación de la falta de coincidencia entre el dato ideal (lo prometido) y el real (lo ejecutado por el deudor), con la consiguiente insatisfacción del interés del acreedor"[30].

De acuerdo con todo lo anterior, es evidente que la noción de incumplimiento no es unívoca, pues encontramos diversas formas de presentar una definición negativa, así como perspectivas subjetivas y objetivas de análisis de la noción. No obstante esa falta de univocidad, consideramos que para precisar un concepto de incumplimiento debemos tener en cuenta lo siguiente:

En primer lugar, a nuestro juicio es conveniente dar prelación al contenido de la figura a partir de la prestación debida, pues, de lo contrario, para comprender la misma, sería necesario entrar en el análisis de su antónimo (el cumplimiento), lo cual hace más difícil su correcto entendimiento. Es decir, que para entender en qué consiste el incumplimiento, sería necesario analizar previamente la figura del cumplimiento, la cual tampoco tiene una definición precisa en la ley ni ha sido analizada unívocamente por la doctrina.

De otra parte, a pesar de que muchas veces la doctrina del derecho privado hace referencia a la conducta del deudor dentro de la definición

---

[29] Corte Const., sent. C-892 de 2001.

[30] ÁLVARO R. VIDAL OLIVARES, "Cumplimiento e incumplimiento contractual en el Código Civil: una perspectiva más realista", en *Revista Chilena de Derecho*, vol. 34, núm. 1, Santiago, Editorial Jurídica de Chile, 2007, págs. 46 y 59, quien analiza las diversas posibilidades de definir la figura del incumplimiento de las obligaciones, tanto con base en el Código Civil chileno como con el examen del derecho internacional y el derecho comparado, llegando a concluir que la noción más certera es la que se deriva del derecho internacional de los tratados.

de incumplimiento, por ser el régimen subjetivo de responsabilidad contractual el que se considera en este derecho como regla general, lo cierto es que una lectura cuidadosa de las exposiciones de la doctrina citada evidencia que la noción más aceptada de incumplimiento es la objetiva, en el sentido de que lo importante, en principio, es simplemente el resultado de la prestación, sin que la conducta del deudor respecto de ese resultado resulte relevante a efectos de determinar la noción de incumplimiento.

Lo anterior no significa que en el análisis jurídico no sea importante el comportamiento del deudor o que sea completamente irrelevante. Lo que implica es que ese comportamiento será un elemento fundamental en muchos casos para el análisis de su responsabilidad, pero no es realmente relevante en la definición de la noción de incumplimiento.

Con base en lo analizado, podemos afirmar que el incumplimiento de las obligaciones se configura cuando la prestación efectivamente recibida por el acreedor no corresponde exactamente a la que se deriva de la obligación contraída, lo cual implica una insatisfacción del acreedor en su interés, independientemente de la causa por la cual no se alcanza esa finalidad.

En concordancia con lo expresado, el incumplimiento contractual consiste en que el acreedor de la obligación originada en un contrato no recibe la prestación en los estrictos términos pactados, por lo cual no se produce la satisfacción de su interés negocial, independientemente de las razones por las cuales no se llegó a esa satisfacción.

B) *Las diversas modalidades de incumplimiento*
   de las obligaciones contractuales

Expuesta la noción de incumplimiento de las obligaciones, es necesario ahora comprender las diversas modalidades que dicho incumplimiento puede presentar en la práctica. Para el efecto, la doctrina suele señalar que, en general, las modalidades que pueden existir de incumplimiento son: la omisión de la prestación, la prestación defectuosa y el retardo en el cumplimiento, las cuales son válidas tanto para el incumplimiento en general como para el incumplimiento contractual.

Al respecto, citamos la siguiente definición de la doctrina, que aunque mezcla algunos ingredientes subjetivos en la identificación de las modalidades de incumplimiento citadas y mezcla las nociones de prestación defectuosa y retardo en el cumplimiento, resulta bastante ilustrativa:

"Omisión de prestación y prestación defectuosa como situaciones básicas de insatisfacción del derecho de crédito: La primera es aquella en la cual, en el momento para ello prefijado, el deudor no ha realizado ningún acto dirigido a poner en práctica la prestación comprometida [...] denominaremos esta situación como «omisión de prestación». La segunda situación, en cambio, es aquella en la cual el deudor ha llevado a cabo actos dirigidos a cumplir y ejecutar una determinada prestación, pero la prestación real no coincide o no se ajusta por completo con el programa o proyecto de prestación, tal y como se encontraba establecido en el acto de constitución de la relación obligatoria. Denominaremos esta situación como «prestación defectuosa»[31]".

Desde la perspectiva objetiva que hemos señalado, la *omisión de la prestación* hace referencia al caso en el cual no se consigue el objetivo de la obligación porque el acreedor no recibe prestación alguna, o mejor, absolutamente nada en relación con la obligación pactada. Se trata de la inejecución absoluta de la obligación[32].

Por su parte, siguiendo la misma perspectiva objetiva, el cumplimiento imperfecto o *prestación defectuosa* ocurre cuando el acreedor recibe oportunamente prestaciones por parte del deudor, pero dichas prestaciones no satisfacen completamente el interés negocial del acreedor, en tanto no se ajustan exactamente a lo pactado. Por ejemplo, cuando el bien suministrado o la obra construida tienen defectos de calidad o no cumplen con los requerimientos señalados en el contrato[33].

A su vez, el *retardo en el cumplimiento* de las obligaciones consiste en que la prestación debida no ha sido ejecutada en el momento pactado. Así, en principio, el cocontratante deudor debe cumplir con las obligaciones a su cargo dentro del plazo fijado en el mismo contrato o dentro del que surja de acuerdo con las condiciones fácticas y jurídicas de ejecución, de tal manera que si no realiza la prestación a la que se comprometió dentro de ese plazo, incurre en retardo, el cual implica, desde un punto de vista objetivo, un incumplimiento de las obligaciones a su cargo[34].

---

[31] Luis Díez-Picazo, *Fundamentos del derecho civil patrimonial*, t. II, Las relaciones obligatorias, 6ª ed., Madrid, Editorial Civitas, 2008, pág. 620.

[32] Véase *ibidem*, págs. 620 y 621.

[33] En relación con el cumplimiento imperfecto, véase a Ricardo Uribe Holguín, *De las obligaciones y de los contratos en general*, Bogotá, Edit. Temis, 1982, págs. 107 y 108.

[34] Sobre el retardo y sus diferentes condiciones, véase a Arturo Alessandri R., Manuel Somarriva U. y Antonio Vodanovic H., *Tratado de las obligaciones*, vol. II, *op. cit.*, núm. 857.

Respecto de estas últimas dos modalidades de incumplimiento, debe hacerse notar que un sector de la doctrina las incluye dentro de la idea de *prestación defectuosa*, la cual consiste, para esa doctrina, en que si bien el acreedor recibe una prestación, dicha prestación no coincide exactamente con la obligación contraída por el deudor, sea porque la prestación no se ajusta materialmente a lo esperado, sea porque la prestación no fue recibida en el momento esperado. Conforme con este sector de la doctrina, esta modalidad del incumplimiento podría ser dividida, a su vez, en dos, de acuerdo con la manera como el interés del acreedor pueda resultar insatisfecho, así: el retardo y el cumplimiento imperfecto o prestación defectuosa en sentido estricto[35]. No obstante, a nuestro juicio, para efectos metodológicos y de claridad en la exposición, consideramos mejor dividir en tres las modalidades de incumplimiento, como lo hemos presentado anteriormente.

Finalmente, debe señalarse que tanto la omisión de la prestación como las diversas modalidades de la prestación defectuosa, pueden ocurrir como consecuencia de conductas imputables al deudor o por situaciones extrañas a las partes del contrato[36]. No obstante, esta distinción no interesa en este momento, pues el análisis de la conducta del deudor, como lo veremos, realmente es materia relacionada con la responsabilidad y no con el contenido del concepto de incumplimiento de las obligaciones.

3. LOS ELEMENTOS DE LA RESPONSABILIDAD CONTRACTUAL POR INCUMPLIMIENTO

Según lo expresado por la doctrina, la responsabilidad contractual puede ser definida como "la obligación que incumbe a una persona (pública

---

[35] En relación con las diversas modalidades de la prestación defectuosa, véase a CAMILO VARGAS JÁCOME, "Aspectos controvertidos de la responsabilidad civil contractual", en *Revista Vniversitas*, núm. 101, Bogotá, Pontificia Universidad Javeriana, junio de 2001, págs. 464 y ss., y a Ángel Carrasco Perrera, "Failure, breach and non conformity in contracts. A Spanish and European approach", en SANTIAGO ESPIAU ESPIAU y ANTONI VAQUER ABOI (editores), *Bases de un derecho contractual europeo*, Valencia, Editorial Tirant lo Blanch, 2003, págs. 297 y ss.

[36] Sobre la distinción entre estas dos causas de incumplimiento de las obligaciones, véase a FABRICIO MANTILLA ESPINOSA y FRANCISCO TERNERA BARRIOS (coords.), *Los contratos en el derecho privado*, Bogotá, Legis Editores y Universidad del Rosario, 2007, págs. 207 y ss.

o privada) de reparar el daño causado a otra"[37], esto es, una obligación resarcitoria de los perjuicios sufridos por un cocontratante, la cual se encuentra en cabeza de las personas ligadas por una relación jurídica de carácter obligacional[38].

En Colombia, la doctrina ha dicho que "una persona es responsable civilmente cuando en razón de haber sido la causa del daño que otra sufre está obligada a repararlo. La responsabilidad civil supone siempre una relación entre dos sujetos, de los cuales uno ha sido la causa de un daño y el otro lo ha sufrido. La responsabilidad es la consecuencia jurídica de esta relación, o sea, la obligación de reparar el perjuicio ocasionado"[39]. A su vez, la justicia arbitral colombiana ha definido esta institución, en referencia concreta a la responsabilidad contractual, así: "Se entiende por responsabilidad civil contractual aquella consecuencia jurídica en virtud de la cual, quien ha incumplido obligaciones derivadas de un contrato, es decir se ha comportado en forma ilícita, debe indemnizar los daños causados con su comportamiento"[40].

Conforme a estas definiciones, son las partes del contrato quienes eventualmente pueden comprometer su patrimonio para dar lugar a la indemnización del daño contractual. En este sentido, no solo la administración sino también su cocontratante son responsables patrimonial o civilmente por el daño contractual.

Al respecto, debe hacerse notar que a pesar de que cierto sector de la doctrina ha criticado severamente la distinción entre la responsabilidad contractual y extracontractual, llegando a decir que la primera de ellas no existe o que es un concepto falso[41], lo cierto es que en la actualidad predomina la idea de que, con base en la fuente de la obligación, puede

[37] RENÉ CHAPUS, *Responsabilité publique et responsabilité privée, op. cit.*, num. 1, cita 1.

[38] En ese sentido, véase a HENRI MAZEAUD, LÉON MAZEAUD y ANDRÉ TUNC, *Tratado teórico y práctico de la responsabilidad civil delictual y contractual*, t. I, vol. I, trad. de la 5ª ed. francesa, Buenos Aires, Ediciones Jurídicas Europa-América, 1977, núm. 3.

[39] ARTURO VALENCIA ZEA y ÁLVARO ORTÍZ MONSALVE, *Derecho civil*, t. III, De las obligaciones, 10ª ed., Bogotá, Edit. Temis, 2015, pág. 159.

[40] Tribunal de Arbitramento de *Distrito Capital-Unidad Ejecutiva de Servicios Públicos* contra *Cooperativa de Trabajo Asociado del Futuro, Cootransfun y Carlos Jorge Silva Bernal*. Laudo 14 de diciembre de 2004.

[41] Véase a PHILLIPE LE TOURNEAU et LOUIS CADIET, *Droit de la responsabilité et des contrats*, Paris, Editions Dalloz, 2000, págs. 803 y ss.

hacerse una distinción entre las dos clases de responsabilidad, de tal manera que si la fuente es un contrato, la responsabilidad será contractual, mientras que si la fuente es una distinta al contrato, la responsabilidad será extracontractual, como lo ha reconocido la doctrina al expresar: "siempre que entre las partes existe una relación contractual y el daño es consecuencia del cumplimiento defectuoso o del incumplimiento de cualquiera de los deberes contractuales que de dicha relación derivan, sean obligaciones expresamente pactadas o deberes accesorios de conducta, la responsabilidad es de carácter contractual"[42].

Pero no obstante esa distinción, también se acepta que ambas clases de responsabilidad tienen un número importante de reglas comunes, especialmente en cuanto a sus elementos y efectos, como son específicamente el deber de probar el perjuicio sufrido por la víctima y el vínculo de causalidad, así como el efecto resarcitorio de los daños sufridos por la víctima[43].

En cuanto a la responsabilidad contractual administrativa, el punto de referencia común de la responsabilidad patrimonial del contratista y de la administración es el contrato que los liga y los obliga recíprocamente. Como lo hemos expresado, con la existencia del contrato debe entenderse el surgimiento de obligaciones correlativas para cada una de las partes. Así surge, entre otras, a cargo de la entidad pública contratante, la obligación principal de pagar la suma de dinero como contraprestación por las obras, bienes o servicios que recibe y, para el contratista, entre otras, la obligación de ejecutar la totalidad de la obra, servicio o suministro, en los términos, condiciones y plazos establecidos en el contrato o, como bien lo ha dicho la justicia arbitral colombiana, en referencia a

---

[42] LUIS DÍEZ-PICAZO, *Derecho de daños*, Madrid, Edit. Civitas, 1999, pág. 268. Igualmente, véase a JORGE SANTOS BALLESTEROS, *Instituciones de responsabilidad civil*, t. II, Bogotá, Pontificia Universidad Javeriana, 2004, pág. 183. Desde el punto de vista de la jurisprudencia colombiana, véase C. S. de J., Sala de Casación Civil, sent. de 30 mayo 1980, y C. S. de J., Sala de Casación Civil, sent. de 3 diciembre 2018, exp. 5170-2018.

[43] Véase a HENRI MAZEAUD, LÉON MAZEAUD y ANDRÉ TUNC, *Tratado teórico y práctico de la responsabilidad civil delictual y contractual*, t. I, vol. I, *op. cit.*, núms. 96 y ss.; a GENEVIÈVE VINEY, *Tratado de derecho civil. Introducción a la responsabilidad*, trad. de la 2ª ed. francesa, Bogotá, Universidad Externado de Colombia, 2007, núms. 162 y ss., y a CHRISTIAN LARROUMET, "A propósito de la denegación de la responsabilidad contractual en la doctrina francesa reciente", en *Estudios de derecho civil: obligaciones y contratos. Libro homenaje a Fernando Hinestrosa*, t. II, Bogotá, Universidad Externado de Colombia, 2003, págs. 195 y ss.

los contratos de obra, "son obligaciones fundamentales del contratista la ejecución personal de los trabajos, cumpliendo los plazos estipulados para la iniciación de la obra, para cada una de las etapas previstas y para la ejecución total de ella"[44].

Una vez expuesta la definición y contenido general de la responsabilidad contractual, resulta preciso puntualizar ahora los elementos necesarios para su configuración y para que se genere la consecuente obligación de indemnizar los daños causados.

Al respecto, la doctrina civil ha señalado que son tres las condiciones o elementos que dan lugar al surgimiento de la responsabilidad contractual: a) un hecho imputable al deudor contractual consistente en la inejecución del contrato; b) un daño sufrido por el acreedor contractual en virtud de dicha inejecución, y c) un vínculo de causalidad entre el hecho imputable al deudor y el daño. En ese sentido, ha dicho esa doctrina: "el primer elemento necesario para que haya responsabilidad contractual es un hecho imputable al deudor que no ha ejecutado o ha ejecutado mal su obligación contractual. Sin embargo, puesto que se trata de responsabilidad civil y por consiguiente de la reparación de un daño sufrido por el acreedor en virtud de la inejecución, se requiere un daño que tenga origen en un hecho imputable al deudor. En consecuencia, frente a este hecho no puede haber motivo para la responsabilidad del deudor sino cuando hay un daño y un vínculo de causalidad, es decir, de causa a efecto entre la acción del deudor y el daño. Se necesitan tres elementos los cuales son inherentes a la noción de responsabilidad civil"[45].

Para la doctrina francesa de los contratos públicos, las condiciones de existencia de la responsabilidad contractual son dos: a) la culpa contractual, consistente en la inejecución culposa de las obligaciones contractuales (aunque se acepta que puede haber responsabilidad contractual sin culpa en la hipótesis del hecho del príncipe y la teoría de la imprevisión), y b) el perjuicio derivado de la culpa contractual[46].

En concordancia con lo anterior, la doctrina colombiana de derecho privado ha afirmado que "los requisitos esenciales de la responsabilidad

---

[44] Tribunal de Arbitramento de *Consorcio Eta Ltda.-Uricochea Calderón y Cía. Ltda.* contra *Empresa Colombiana de Petróleos, Ecopetrol*, laudo de 3 de agosto de 1987.

[45] Véase a CHRISTIAN LARROUMET, *Teoría general del contrato*, vol. II, trad. de la 2ª ed. francesa, Bogotá, Edit. Temis, 1993, núms. 603 y ss..

[46] Véase a ANDRÉ DE LAUBADÈRE, FRANCK MODERNE y PIERRE DELVOLVÉ, *Traité des contrats administratifs*, vol. I, *op. cit.*, núms. 486 y ss.

contractual están constituidos por: incumplimiento de una obligación asumida por el deudor; que dicho incumplimiento le sea imputable a dicho deudor, es decir, que se haya debido a su culpa o a su dolo y que tal incumplimiento le haya generado un daño al acreedor"[47].

Sobre este tema, la jurisprudencia civil colombiana ha manifestado que para la configuración de la responsabilidad contractual "se requiere que aparezca: a) El contrato, como fuente de obligaciones que afirma haberse incumplido; b) La mora del demandado; c) El incumplimiento de tales obligaciones; d) El daño sufrido como consecuencia de ese incumplimiento"[48].

Más recientemente, la misma Corte Suprema de Justifica manifestó: "La existencia de un contrato válidamente celebrado, la lesión o menoscabo que ha sufrido el demandante en su patrimonio y la relación de causalidad entre el incumplimiento imputado al demandado y el daño causado, son los elementos que estructuran la responsabilidad contractual"[49]. En otra ocasión, la Corte manifestó: "la Sala reitera la necesidad de que para el establecimiento judicial de la referida responsabilidad contractual se encuentren, plenamente probados, conforme a derecho, los elementos que la estructuran, como son la culpa contractual, el daño y la relación de causalidad"[50].

Por su parte, la jurisprudencia administrativa colombiana ha señalado que

"[...] para que se estructure la responsabilidad contractual por infracción a la ley del contrato, por regla general, debe demostrarse: i) el incumplimiento del deber u obligación contractual, bien porque no se ejecutó o lo fue parcialmente o en forma defectuosa o tardía, o sea la conducta antijurídica entendida como la inobservancia del deudor de la norma contractual; ii) que ese incumplimiento produjo un daño o lesión al patrimonio de la parte (acreedor) que exige esa responsabilidad, como que esta nunca surgirá si no se presenta aquel, y, iii) que existe un nexo de

[47] JORGE SUESCÚN MELO. *Derecho privado: estudios de derecho civil y comercial contemporáneo*, t. I, *op. cit.*, pág. 260.

[48] C. S. de J., Sala de Casación Civil, sent. de 3 noviembre 1977.

[49] C. S. de J., Sala de Casación Civil, sent. de 27 marzo 2003, exp. 6.879.

[50] C. S. de J., Sala de Casación Civil, sent. de 12 julio 1994, exp. 3.656. Esos elementos han sido reiteradamente expuestos por la jurisprudencia civil: véase C. S. de J., Sala de Casación Civil, sent. de 29 abril 2016, exp. 5516-2016, y C. S. de J., Sala de Casación Civil, sent. de 3 diciembre 2018, exp. 5170-2018.

causalidad entre el daño y el incumplimiento, o sea la necesaria relación entre la conducta infractora del deudor y el detrimento o menoscabo que padece el acreedor[51]".

Sobre los elementos de la responsabilidad contractual, más recientemente, expresó el Consejo de Estado:

"Los siguientes son los que se han identificado como principales elementos de la responsabilidad contractual de la administración pública:

"a) El incumplimiento de una obligación surgida del contrato, imputable a la administración pública.

"b) El daño antijurídico sufrido por el contratista o el menoscabo de su derecho a la prestación.

"c) El nexo causal que conecta de manera directa el daño antijurídico sufrido por el contratista, con el incumplimiento de la obligación imputable a la administración pública[52].

En concordancia con lo anterior, para configurar la responsabilidad contractual la justicia arbitral colombiana ha exigido la concurrencia de los siguientes elementos:

"Entratándose, según lo dicho, de un caso de responsabilidad contractual, no existe discusión en cuanto a los elementos que la conforman, pues unánimemente se admite que se requiere del incumplimiento de una obligación asumida por el deudor, que dicho incumplimiento le sea imputable a este, es decir, que se haya originado en su culpa o en su dolo y que tal incumplimiento le haya generado un daño al acreedor. A estos ingredientes debe agregarse el de la mora del deudor, si la obligación incumplida es positiva, tal como lo disponen los artículos 1608 y 1615 del Código Civil.

"En consecuencia, para obtener la indemnización perseguida, es menester que el acreedor pruebe la existencia del contrato y de la obligación a cargo del demandado; que demuestre igualmente su incumplimiento, si esto es posible, o en caso contrario, es decir, si se trata de una negación indefinida, que simplemente lo alegue y que acredite que se le causó un

---

[51] C. de E., Sala de lo Contencioso Administrativo, Sección Tercera, sent. de 16 julio 2008, exp. 16.706.

[52] C. de E., Sala de lo Contencioso Administrativo, Sección Tercera, sent. de 12 mayo 2011, exp. 18.446. En igual sentido, véase C. de E., Sala de lo Contencioso Administrativo, Sección Tercera, sent. de 22 mayo 2013, exp. 22.090.

perjuicio cierto, directo y, en principio previsible y allegue las pruebas para cuantificarlo[53]".

En otra ocasión, la justicia arbitral concluyó: "Para configurar este tipo de responsabilidad contractual, es necesario que se presenten los elementos de • Un contrato válido; • Daño o perjuicio derivado del incumplimiento de las obligaciones del contrato; • Que el daño sea causado por alguna de las partes de la relación contractual y • Nexo causal entre el comportamiento y el daño"[54].

A pesar de que las anteriores referencias jurisprudenciales y doctrinales no parecen ser uniformes en la determinación de los elementos de la responsabilidad contractual, pues en unos casos se hace referencia a un número mayor de elementos que en otros, o se mezclan dentro de un mismo elemento varias condiciones, puede concluirse que para la configuración de la responsabilidad contractual se requiere la presencia de los siguientes elementos: a) la existencia de un contrato; b) la existencia de un daño sufrido por una de las partes del contrato; c) el incumplimiento de una obligación derivada del contrato, y d) la relación de causalidad entre el daño y el incumplimiento, elementos que pasamos a explicar por separado.

A) *La existencia del contrato*

Para determinar la existencia de un contrato público deberán analizarse las características específicas de cada ordenamiento jurídico. Así, la existencia del contrato dependerá necesariamente de las formalidades y requisitos exigidos en cada ordenamiento.

De esta manera, a pesar de que se diga que el principio de consensualidad rige en materia de contratos, en el sentido de que estos se forman

[53] Tribunal de Arbitramento de *Geofundaciones S. A.* contra *Consorcio Constructores Asociados de Colombia Conascol S. A.-Impregilo S.P.A. Sucursal Colombia.* laudo de 22 de abril de 1998. En igual sentido ha manifestado la misma jurisprudencia arbitral: "La doctrina es unánime en señalar que para que surja la responsabilidad contractual y por tanto la obligación de resarcir los daños sufridos por el actor, es necesario acreditar la existencia de la fuente de las obligaciones, las prestaciones que de dicha fuente se derivan; el incumplimiento de las mismas y el consiguiente perjuicio sufrido por el demandante" (Tribunal de Arbitramento de *Concesionaria Vial de los Andes S. A. Coviandes S. A.* contra *Instituto Nacional de Vías, Invías,* laudo de 7 de mayo de 2001.

[54] Tribunal de Arbitramento de *Distrito Capital-Unidad Ejecutiva de Servicios Públicos* contra *Cooperativa de Trabajo Asociado del Futuro, Cootransfun y Carlos Jorge Silva Bernal.* Laudo de 14 de diciembre de 2004.

con el acuerdo de voluntad entre las partes, los ordenamientos jurídicos pueden imponer solemnidades para entender formado el contrato.

Por ejemplo, en el derecho francés se afirma que si bien los contratos públicos suelen ser formales en el sentido de que se presentan como un documento, lo cierto es que también se acepta la existencia de contratos verbales y de manifestación tácita del consentimiento de la administración, lo cual implica que concluido el procedimiento de selección y elegido el cocontratante de la administración se entiende formado el contrato[55].

Por su parte, en el derecho español tradicionalmente se afirmaba que los contratos públicos se perfeccionaban cuando el órgano de contratación profería el acto administrativo de adjudicación del procedimiento de selección correspondiente[56], pero la eficacia del contrato se encontraba sometida a la formalización del mismo. No obstante, en el régimen vigente, contenido en los artículos 36 y 37 de la ley 9 de 2017, sobre contratos del sector público, el perfeccionamiento del contrato se produce con su formalización, de tal manera que mientras esta no se produzca, el contrato no nacerá a la vida jurídica[57].

A su vez, en el derecho argentino, el problema del surgimiento del contrato administrativo se soluciona con la idea de que el mismo existe a partir de la notificación del acto de adjudicación de la licitación pública o del procedimiento de selección de contratistas que se haya utilizado, junto con la notificación al adjudicatario de un documento complementario denominado "orden de compra", el cual "es un documento escrito que contiene las estipulaciones básicas de la contratación"[58].

En el derecho uruguayo, a pesar de que existe discusión doctrinal sobre los requisitos para el perfeccionamiento del contrato, se ha llegado a la conclusión de que la notificación del acto de adjudicación forma el

---

[55] Véase a LAURENT RICHER y FRANÇOISE LICHÈRE, *Droit des contrats administratifs*, *op. cit.*, núms. 183 y 184.

[56] Véase a JOSÉ MARÍA FERNÁNDEZ ASTUDILLO, *Contratación administrativa*, Barcelona, Bosch Casa Editorial, 2000, págs. 227 y ss.

[57] Al respecto, véase a FRANCISCO PUERTA SEGUIDO, "La formalización del contrato", en EDUARDO GAMERO CASADO e ISABEL GALLEGO CÓRCOLES, *Tratado de contratos del sector público*, t. II, Valencia, Tirant lo Blanch, 2018, págs. 1745 y ss.

[58] ROBERTO DROMI, *Derecho administrativo*, *op. cit.*, págs. 932 y 933. En este sentido, véase también a JUAN CARLOS CASSAGNE, *El contrato administrativo*, *op. cit.*, págs. 121 y 122.

acuerdo de voluntades y con ello se perfecciona el contrato, salvo que la ley exija otro requisito adicional, como puede ser la escritura pública[59].

En cuanto al derecho colombiano, el artículo 41 de la ley 80 de 1993 señala que los contratos administrativos, como regla general, se perfeccionan con el acuerdo entre objeto y contraprestación, elevado a escrito. Por lo tanto, para la existencia del contrato, es necesario cumplir con la solemnidad del escrito[60].

Finalmente, debe destacarse que la importancia de este elemento es trascendental, puesto que en ausencia de contrato, no nos encontraremos frente a una eventual responsabilidad contractual sino que, evidentemente, tendremos que acudir a otras figuras como la de responsabilidad extra-contractual o la del enriquecimiento sin justa causa, que aunque tienen semejanzas, presentan diferencias en cuanto a su régimen jurídico, obviamente dentro de las particularidades de cada ordenamiento jurídico[61].

B) *La existencia de un daño*

Como bien lo ha expresado la doctrina, en un juicio de responsabilidad patrimonial, independientemente de que se trate del tipo contractual o

---

[59] Véase a CARLOS E. DELPIAZZO, *Contratación administrativa, op. cit.,* núm. 115.

[60] Véase a CONSUELO SARRIA OLCOS, "Forma, perfeccionamiento y ejecución de los contratos estatales en Colombia", en *La contratación administrativa en España e Iberoamérica*, Valladolid, Junta de Castilla y León, 2008, págs. 231 y ss. Desde el punto de vista jurisprudencial, véanse C. de E., Sala de lo Contencioso Administrativo, Sección Tercera, sent. de 28 septiembre 2006, exp. 15.307; sent. de 7 junio 2007, exp. 14.669; sent. de 11 febrero 2009, exp. 31.210, y sent. de 19 septiembre 2011, exp. 18.726.

[61] Por ejemplo, en Colombia, la jurisprudencia es reiterada en el sentido de que cuando se ejecutan prestaciones sin el debido perfeccionamiento del contrato, no procede la utilización de la acción de controversias contractuales, sino que debe acudirse a la acción de reparación directa, que es la acción propia de la responsabilidad extracontractual del Estado y, además, ello implica la aplicación de alguno de los diversos regímenes de responsabilidad extracontractual, sin que exista acuerdo sobre cuál de ellos es el procedente en esos casos (véanse C. de E., Sala de lo Contencioso Administrativo, Sección Tercera, sent. de 4 marzo 1991, exp. 5.825; sent. de 29 enero 1998, exp. 11.099; sent. de 31 agosto 1999, exp. 12.849; sent. de 30 noviembre 2000, exp. 11.848; auto de 18 de julio de 2002, exp. 22.178; sent. de 15 abril 2004, exp. 25.561; sent. 7 junio 2007, exp. 14.669, y sent. de 22 julio 2009, exp. 35.026). Más recientemente, el Consejo de Estado ha unificado los casos en que procede la utilización de la figura del enriquecimiento sin justa causa para el reconocimiento de prestaciones ejecutadas sin el perfeccionamiento del contrato: véase C. de E., Sala de lo Contencioso Administrativo, Sección Tercera, sent. de 19 noviembre 2012, exp. 24.897.

extracontractual, el elemento trascendental que debe tomarse en consideración es la existencia de un daño, puesto que el mismo se considera la razón de ser de la responsabilidad civil, al punto que, como lo indicamos, ella se define como la obligación de resarcir el daño causado. De esta manera, la configuración de la responsabilidad contractual implica siempre el deber de acreditar la existencia de un daño o un perjuicio que debe ser objeto de reparación[62].

En ese orden de ideas, a pesar de que se tienda a pensar que en una secuencia lógica convendría estudiar el incumplimiento del contrato antes del daño, en cuanto el incumplimiento es la causa mientras que el daño el efecto, desde una perspectiva práctica resulta más conveniente analizar primero la existencia de un daño, ya que sin él no habrá lugar siquiera a aproximarse al concepto de responsabilidad contractual[63], pues no debe olvidarse que, como lo expresamos atrás, la responsabilidad es la obligación resarcitoria de los daños o perjuicios sufridos. Por ello, la doctrina ha expresado que "el daño, no es un requisito más, sin duda alguna es el elemento imprescindible para que se ponga en marcha el mecanismo de la responsabilidad civil y de la reparación, tanto en la vía contractual, como en la extracontractual"[64].

En el mismo sentido, la Corte Suprema de Justicia colombiana ha sostenido que el daño o perjuicio es "todo detrimento, menoscabo o deterioro, que afecta bienes o intereses lícitos de la víctima, vinculados con su patrimonio, con su esfera espiritual o afectiva, o con los bienes de su personalidad" y, como tal, es "el elemento estructural más importante de la responsabilidad civil, contractual y extracontractual, al punto que sin su ocurrencia y demostración, no hay lugar a reparación alguna"[65].

Ahora bien, para que el daño sea resarcible es necesario que cumpla ciertas condiciones: que sea personal y que sea cierto. Un sector de la

---

[62] Sobre este punto, véanse a JUAN CARLOS HENAO, *El daño*, *op. cit.*, págs. 38 y ss., y a GUILLERMO OSPINA FERNÁNDEZ, *Régimen general de las obligaciones*, *op. cit.*, núm. 170.

[63] En ese sentido, puede verse a RENÉ CHAPUS, *Responsabilité publique et responsabilité privée*, *op. cit.*, num. 404.

[64] ELENA VICENTE DOMINGO, "El daño", en JOSÉ MANUEL BUSTO LAGO y L. FERNANDO REGLERO CAMPOS (coords.), *Lecciones de responsabilidad civil*, 2ª ed., Cizur Menor (Navarra), Thomson Reuters Aranzadi, 2013, pág. 81.

[65] C.S. de J., Sala de Casación Civil, sentencia de 1º noviembre 2013, exp.1994-26630.

doctrina también ha señalado que resulta indispensable que sea directo[66]. Sin embargo, tal condición ha sido superada en tanto se ha aceptado que ella no forma parte, en estricto sentido, de las condiciones del daño, sino que tiene que ver con el vínculo de causalidad, el cual constituye un elemento diferente del daño mismo para la configuración de la responsabilidad contractual[67].

De la misma manera, otro sector de la doctrina, con apoyo en el derecho positivo argentino, ha señalado que, además del carácter personal y cierto del daño indemnizable, es necesario que el daño cumpla los requisitos de interés legítimo, en cuanto a que sea reclamado por el perjudicado; subsistencia, en la medida en que no debe haber sido reparado, y seriedad, en tanto que no se trate de un daño insignificante. Sin embargo, esa misma doctrina reconoce que las verdaderas condiciones del daño resarcible son tan solo que sea personal y cierto[68].

El carácter personal del daño significa que el perjuicio reclamado sea sufrido por la persona que solicita la reparación del mismo, lo cual implica que solo tendrá legitimación para solicitar su reparación, la persona cuyo patrimonio haya sido efectivamente afectado por el perjuicio[69].

A su vez, el carácter cierto del perjuicio implica que la aminoración patrimonial sufrida por el acreedor contractual debe haber existido en la realidad o que no quepa duda de que la misma habrá de ocurrir. De esta manera, el carácter cierto del daño se opone al eventual o simple posibilidad de que se concrete un daño, por lo cual, para que este sea susceptible de ser indemnizado, resulta indispensable que se tenga certeza absoluta de que haya ocurrido o de que ocurrirá en el futuro[70]. La certidumbre del daño se refiere, entonces, a su "existencia u ocurrencia tangible, incontestable o verosímil, ya actual, ora ulterior, acreditada por

[66] Al respecto, puede verse a MICHEL ROUGEVIN-BAVILLE. *La responsabilité administrative*, Paris, Hachette, 1992, pág. 139.

[67] Véase a LUIS DÍEZ-PICAZO, *Derecho de daños*, op. cit., pág. 314, y a ENRIQUE BARROS BOURIE, *Tratado de responsabilidad extracontractual*, Santiago de Chile, Editorial Jurídica de Chile, 2009, págs 245 y ss.

[68] En este sentido, véase a NICOLÁS JORGE NEGRI, *Responsabilidad civil contractual*, t. 1, Parte general, Buenos Aires, Astrea, 2017, págs. 390 y ss.

[69] Sobre el carácter personal del daño indemnizable, véase a ENRIQUE BARROS BOURIE, *Tratado de responsabilidad extracontractual*, op. cit., 240 y ss.

[70] Sobre el carácter cierto del daño indemnizable, véase a JUAN CARLOS HENAO, *El daño*, cit., págs. 88 y ss., y 129 y ss.

el demandante como presupuesto ineluctable de la condena con pruebas idóneas en su entidad y extensión"[71].

En concordancia con lo expuesto, frente al daño como elemento de la responsabilidad contractual, la doctrina ha resaltado no solo su importancia como primer elemento que se debe estudiar en un esquema de responsabilidad, sino la especialidad que tal daño tiene en materia contractual. En ese sentido, ha expresado que "el concepto de daño en la responsabilidad contractual no es el mismo que en la responsabilidad extracontractual", en tanto que en la segunda el daño corresponde a "toda pérdida o menoscabo, perturbación o molestia de un interés legítimo ante el ordenamiento normativo", mientras que en materia contractual se circunscribe al "menoscabo efectivo experimentado por el patrimonio del acreedor (daño emergente), a las ganancias y utilidades que pudieron devengarse en su favor (lucro cesante) y que causalmente el incumplimiento no hizo posible obtener y al menoscabo extrapatrimonial o moral que, en ciertos casos, se sigue del incumplimiento"[72].

Por su parte, la jurisprudencia administrativa colombiana, respecto del elemento del daño en el esquema de la responsabilidad contractual, ha expresado lo siguiente:

"El daño contractual consiste en la lesión del derecho de crédito como consecuencia de un comportamiento del deudor contrario al programa de la prestación y en estos términos, dicha responsabilidad contractual comprende las dos modalidades de daño previstas en los artículos 1613 y 1614 del Código Civil, [...] Cuando la administración pública incumple sus obligaciones, es responsable de los perjuicios que cause al contratista que sí cumplió con las suyas, con fundamento en el artículo 50 de la ley 80 de 1993 según el cual «las entidades responderán por las actuaciones, abstenciones, hechos y omisiones antijurídicos que les sean imputables y que causen perjuicios a sus contratistas», eventos en los que «deberán indemnizar la disminución patrimonial que se ocasione, la prolongación de la misma y la ganancia, beneficio o provecho dejados de percibir por el contratista». De ahí que en materia de responsabilidad contractual de la administración pública, el contratista tiene derecho a que la administración le indemnice la totalidad de los daños derivados del incumplimiento contractual, tanto los que se manifiestan como una disminución patrimonial (daño emergente), como los que se traducen

[71] C.S. de J., Sala de Casación Civil, sent. de 9 septiembre 2010, exp. 2005-00103.
[72] PABLO RODRÍGUEZ GREZ, *Responsabilidad contractual*, Santiago de Chile, Editorial Jurídica de Chile, 2003, pág. 215.

en la privación de las utilidades o ganancias que esperaba percibir por la imposibilidad de ejecutar total o parcialmente el proyecto (lucro cesante)[73].

Finalmente, debe señalarse que la extensión del deber de resarcimiento y la tipología del daño susceptible de ser indemnizado en la responsabilidad contractual, serán analizados en la cuarta parte de este capítulo, al desarrollar los efectos del incumplimiento de las obligaciones.

C) *El incumplimiento de una obligación contractual*

El siguiente elemento para determinar la existencia de responsabilidad contractual es el *incumplimiento* de las obligaciones que surgen del contrato, de las reglamentaciones públicas o privadas aplicables o de las condiciones generales de contratación que se entienden incluidas dentro del mismo. En este sentido, el incumplimiento contractual debe ser entendido como la falta de ajuste entre la prestación efectivamente recibida por el acreedor y el contenido de la obligación pactada en el contrato, esto es, "como una conducta que lesiona el crédito, impidiendo la satisfacción del acreedor y, por ende, la extinción de la obligación"[74].

Como ya lo expresamos, el incumplimiento es un término genérico que admite diversas modulaciones: de una parte, la omisión de la prestación, entendida como la circunstancia en la cual el acreedor no recibe prestación alguna; de otra, el retardo, que se presenta cuando la prestación se recibe de manera extemporánea, esto es, en un momento posterior al pactado y, finalmente, el cumplimiento imperfecto o prestación defectuosa, en el cual, a pesar de que el acreedor recibe ciertas prestaciones, ellas no se ajustan a cabalidad al marco obligacional que surge del contrato, de tal manera que no hubo exacta relación de lo obligado con lo ejecutado[75].

Los eventos mencionados se oponen evidentemente al cumplimiento que será, entonces, la realización de la prestación esperada, en debida forma y a tiempo, y pueden comprometer la responsabilidad contractual de la parte deudora, siempre que se acrediten los demás elementos de

---

[73] C. de E., Sala de lo Contencioso Administrativo, Sección Tercera, sent. de 21 febrero 2002, exp. 14.112.

[74] NICOLÁS JORGE NEGRI, *Responsabilidad civil contractual*, t. 1, *op. cit.*, pág. 233.

[75] Sobre estas diversas modalidades de incumplimiento, véase a GASTÓN SALINAS UGARTE, *Responsabilidad civil contractual*, t. I, Santiago de Chile, Abeledo-Perrot Thomson Reuters, 2011, págs. 282 y ss.

dicha responsabilidad, que se vienen exponiendo. Al respecto, la juris-prudencia civil colombiana ha dicho:

> "Adentrándose, pues, en el estudio del cargo en mención, reitera la Sala que en el ordenamiento positivo colombiano —a la par que en el derecho comparado, en general—, el examen o auscultación del comportamiento del deudor constituye uno de los pilares en los que descansa la responsabilidad contractual, que se configura, al tenor del artículo 1613 del Código Civil, tanto por no haberse cumplido la obligación —y más exactamente el deber de prestación a su cargo—, como por haberse cumplido de modo imperfecto o tardíamente. Si el acreedor —o *accipiens*— recibe la prestación debida en la forma y en la manera acordadas, *ex ante*, el vínculo que los ligaba —*relatio*—; el derecho crediticio y la correlativa obligación emanada del negocio jurídico pertinente, quedarán extinguidos, en virtud del pago realizado, en un todo de acuerdo con lo previsto en el artículo 1625 del Código Civil, ordinal primero[76]".

De acuerdo con lo anterior, incumple, entonces, el contratista cuando, por ejemplo, en un contrato de obra pública, no entrega las prestaciones materiales contratadas o las entrega mal, de forma distinta a lo pactado, o lo hace fuera de término. A su vez, incumple la entidad contratante, cuando no entrega los anticipos en tiempo, no dispone de los predios se-gún lo señalado en el contrato, no cancela el precio del contrato o lo hace tardíamente, etc.

Es decir, incumplen las partes del contrato cuando su prestación no satisface el interés negocial del acreedor, sea porque no se entrega pres-tación alguna, sea porque la prestación no fue entregada a tiempo o de acuerdo con las condiciones pactadas en el contrato.

Ahora bien, dependiendo del régimen al cual se encuentre sometida la obligación, será necesario que dicho incumplimiento sea culposo para constituir elemento de la responsabilidad contractual, mientras que en otras obligaciones bastará el simple incumplimiento objetivo, junto con los demás elementos, para que se produzca dicha responsabilidad.

En particular, para el efecto, debe distinguirse entre las obligaciones de resultado y de medio. En las primeras, "el objeto de la obligación está estrictamente determinado: el deudor está obligado a lograr un resultado específico". En cambio, en las segundas, "el deudor está obligado a

---

[76] C. S. de J., Sala de Casación Civil, sent. de 7 noviembre 2003, exp. 7.386.

emplear los mejores medios posibles, a actuar con la máxima prudencia y diligencia a fin de obtener el resultado, pero sin poder garantizarlo"[77].

En otras palabras, en las obligaciones de resultado el deudor se obliga a cumplir con un propósito específico o a alcanzar el resultado deseado por el acreedor; en cambio, en las obligaciones de medio, el deudor simplemente se obliga a tomar todas las medidas necesarias para alcanzar el resultado querido por el acreedor, pero no a lograr dicho resultado.

Esta distinción resulta trascendental para efectos de determinar si estamos frente a un régimen objetivo o subjetivo de responsabilidad contractual y, por lo mismo, si el incumplimiento debe ser culposo o no para constituir un elemento de dicha responsabilidad, pues como lo ha expresado la doctrina, "la obligación de resultado, cuando no se ejecuta, se sanciona con una responsabilidad objetiva, mientras que la inejecución de una obligación de medios se sanciona con una responsabilidad subjetiva"[78].

Por lo tanto, la idea de que para que se configure la responsabilidad contractual el incumplimiento debe ser consecuencia de la culpa del deudor, solamente se aplica a las obligaciones contractuales de medio. En cambio, en las obligaciones de resultado, cualquier tipo de incumplimiento puede dar lugar al surgimiento de dicha responsabilidad[79].

En ese orden de ideas, en las obligaciones de resultado el deudor únicamente se exime de responsabilidad probando una causa extraña, concepto que analizaremos al estudiar el elemento denominado relación de causalidad. En cambio, en las obligaciones de medio la exoneración de responsabilidad del deudor se produce no solo con la prueba de la causa extraña, sino también con la prueba de la diligencia en el cumplimiento de las obligaciones a su cargo[80].

De otra parte, debe señalarse que en la teoría general de las obligaciones en el derecho privado, como regla general, para que el incumplimiento resulte relevante como elemento de la responsabilidad contractual, será

[77] JACQUES FLOUR y JEAN-LUC AUBERT, *Droit civil. Les obligations*, vol. I, L'acte juridique, Paris, Librairie Armand Colin, 1975, núm. 43.

[78] CRISTIAN LARROUMET, *Teoría general del contrato*, vol. II, *op. cit.*, núm. 607.

[79] Véase a GASTÓN SALINAS UGARTE, *Responsabilidad civil contractual*, t. I, *op. cit.*, 291 y ss.

[80] Véase a JORGE SUESCÚN MELO. *Derecho privado: estudios de derecho civil y comercial contemporáneo*, t. I, *op. cit.*, págs. 358 y ss.

necesario que el mismo venga acompañado de la mora del deudor, circunstancia en la cual aparece el elemento subjetivo exigido, en principio, para efectos de configurar la responsabilidad. Al respecto, la doctrina ha señalado que "para que pueda demandarse el pago de la indemnización de perjuicios por el incumplimiento de una obligación o su cumplimiento tardío es necesario que el deudor esté constituido en mora"[81].

La mora se define como "el retardo culpable del deudor en el cumplimiento de su obligación, unido a la reconvención de parte del acreedor"[82]. Es decir, para que el deudor contractual incurra en mora, además de su incumplimiento será necesario que el acreedor contractual haga una reconvención o interpelación de acuerdo con los requisitos legales, mediante la cual avisa al deudor del perjuicio que le está causando su incumplimiento, de acuerdo con las diversas modalidades de reconvención permitidas por la ley[83].

En particular, en Colombia, el artículo 1608 del Código Civil dispone que el deudor se encuentra en mora, "cuando no ha cumplido la obligación dentro del término estipulado; salvo que la ley, en casos especiales, exija que se requiera al deudor para constituirlo en mora", "cuando la cosa no ha podido ser dada o ejecutada sino dentro de cierto tiempo y el deudor lo ha dejado pasar sin darla o ejecutarla" y "en los demás casos, cuando el deudor ha sido judicialmente reconvenido por el acreedor".

A su vez, el artículo 1595 del mismo Código Civil señala que las anteriores reglas son aplicables cuando se trata de una obligación positiva, pero si la obligación es de no hacer, "se incurre en la pena desde que se ejecuta el hecho de que el deudor se ha obligado a abstenerse".

De acuerdo con las anteriores reglas, cuando se trata de una obligación de no hacer, cuando existe una imposibilidad jurídica o material de ejecución de la obligación y cuando la ejecución de la prestación está sometida a un plazo, en aplicación de la máxima *dies interpellatio pro homine*, se produce la mora sin necesidad de reconvención judicial. En los demás casos, será necesaria dicha reconvención judicial para que el

---

[81] Arturo Alessandri R., Manuel Somarriva U. y Antonio Vodanovic H., *Tratado de las obligaciones*, vol. ii, *op. cit.*, núm. 849.

[82] Guillermo Ospina Fernández, *Régimen general de las obligaciones, op. cit.*, pág. 91.

[83] Véase a Luis Claro Solar, *Explicaciones de derecho civil chileno y comparado*, t. xi, De las obligaciones 2, Santiago, Imprenta Nascimento, 1937, núm. 1226.

deudor contractual se encuentre en mora. En ese sentido, la doctrina ha dicho:

> "Se habla de mora *ex persona* y de mora *ex re*. La primera implica un acto de parte del acreedor, que, a la vez que memorando o recordatorio del deudor, constituye una exigencia de pago a él: el requerimiento o intimación, generalmente judicial, pero de naturaleza administrativa. En tanto que la segunda prescinde de cualquiera actuación a propósito y se remite a hechos y circunstancias objetivos, ante todo, el vencimiento del término, el paso del día o la oportunidad [...] En lo que respecta a nuestro sistema, es menester tener presente que, cual ocurre en la mayoría, entre ellos en el *common law* (*late performance*), rige el principio romano de *dies interpelat pro homine*, que agiliza y facilita el desarrollo de las relaciones crediticias y le imprime más precisión y seguridad al fenómeno mismo del incumplimiento por retardo[84]".

La aplicación de las anteriores reglas al derecho de los contratos públicos parte de la idea expuesta por la doctrina en el sentido de que esta clase de contratos, como regla general, se pactan a un plazo fijo para su ejecución[85]. Concordante con esa idea, la cláusula de plazo constituye un elemento muy importante para la ejecución del contrato, pues como lo ha concluido la doctrina, del pacto de un plazo fijo se derivan diversas consecuencias jurídicas, algunas relacionadas con aspectos presupuestales, otras con la posibilidad de imposición de sanciones contractuales y otras relacionadas con la responsabilidad contractual del deudor[86].

Con base en lo anterior, la doctrina ha podido concluir que "en tanto que los contratos administrativos son negocios jurídicos pactados a plazo fijo, la constitución en mora del cocontratante de la Administración no requiere de ninguna clase de interpelación, es decir, el requisito de la interpelación para la constitución en mora no opera en los contratos administrativos,

---

[84] FERNANDO HINESTROSA, *Tratado de las obligaciones*, t. I, Bogotá, 3ª ed., Universidad Externado de Colombia, 2012, pág. 596.

[85] Véase a RAFAEL ARIÑO SÁNCHEZ, "Demora en la ejecución", en ARIÑO *et al.*, *Comentarios a la ley de contratos de las administraciones públicas*, t. III, La gestión del contrato, Granada, Editorial Comares, 2005, pág. 592. En igual sentido, JOSÉ LUIS VILLAR PALASÍ y JOSÉ LUIS VILLAR EZCURRA, *Principios de derecho administrativo*, t. III, *op. cit.*, págs. 119 y ss.

[86] Véase a RODRIGO ESCOBAR GIL, *Teoría general de los contratos de la administración pública*, *op. cit.*, págs. 268 y ss., y a CARLOS BETANCUR JARAMILLO, *Derecho procesal administrativo*, 8ª ed., Medellín, Señal Editora, 2013, págs. 586 y ss.

por lo cual simplemente se aplica la regla de *dies interpelatio pro homine*. En otras palabras, el simple incumplimiento en el plazo debido de la prestación a cargo del cocontratante de la administración lo constituye en mora"[87]. En igual sentido, la doctrina colombiana ha sostenido:

> "La mora del contratista opera automáticamente por el vencimiento del plazo contractual sin que este haya ejecutado sus prestaciones o las haya cumplido defectuosa o tardíamente. Por consideraciones de interés público los contratos estatales tienen la naturaleza de un negocio a plazo fijo, lo que impone la necesidad de que la construcción de la obra, la prestación de los servicios o la entrega de los suministros se verifique dentro del plazo pactado por las partes, razón por la cual, la mora del contratista se configura *ipso iure*, por la simple inobservancia de las prestaciones a las que se comprometió dentro del plazo estipulado[88]".

En conclusión, para que el incumplimiento de las obligaciones contractuales emanadas de un contrato público configure un elemento de responsabilidad contractual, se requiere, además de la omisión de la prestación o de la prestación defectuosa, que el deudor haya incurrido en culpa, si se trata de obligaciones de medio, y que el mismo se encuentre en mora, que como regla general no requerirá de interpelación judicial o de otra clase, por ser el contrato público un negocio jurídico pactado a un plazo fijo para su ejecución.

D) *La relación de causalidad entre el daño y el incumplimiento*

El último elemento necesario para lograr la configuración de la responsabilidad contractual es la prueba fehaciente de la existencia de un vínculo, nexo o relación de causalidad entre el incumplimiento de una obligación a cargo de una de las partes del contrato y el daño o perjuicio sufrido por la otra parte del mismo contrato. Debe probarse, entonces, la relación de causa y efecto que existe entre los dos elementos mencionados, en el sentido de que es precisamente como consecuencia de la infracción de la obligación que se produjo el daño.

La doctrina ha señalado que la relación de causalidad exigida es aquella que muestra, por regla general, que "el perjuicio cuya reparación se

---

[87] JUAN CARLOS EXPÓSITO VÉLEZ, "La mora en las obligaciones de hacer en la contratación estatal", en *Libro en memoria del profesor Luis Villar Borda*, Bogotá, Universidad Externado de Colombia, 2008, pág. 206. .

[88] RODRIGO ESCOBAR GIL. *Teoría general de los contratos de la administración pública*, *op. cit*, pág. 393.

impetra obedece a la conducta del demandado", pues "solo es resarcible el perjuicio causado por la persona a quien se solicita indemnización; no el proveniente de otras razones"[89]. Esta redacción, a pesar de que se basa en un régimen de culpa, que constituye la regla general de acuerdo con lo señalado por los expositores del derecho privado, muestra la necesidad de la existencia de la relación de causalidad como elemento de la responsabilidad.

Visto simplemente así, parece tratarse de una cuestión sencilla que debe ser verificada en cada caso concreto de acuerdo con las circunstancias de hecho. No obstante, el problema de la imputación del daño, esto es, del vínculo de causalidad, no resulta tan sencillo ni tan evidente, especialmente cuando varias causas pueden tener la virtualidad de haber generado la ocurrencia del hecho dañoso o cuando existen hechos que puedan romper esa relación de causa a efecto, propia y necesaria en el vínculo de causalidad. En otras palabras, los problemas jurídicos importantes relacionados con el elemento del vínculo de causalidad se ubican especialmente en los casos de pluralidad de causas en la generación de un daño y en la existencia de hechos o circunstancias que rompan tal nexo de causalidad[90].

E) *Las teorías de la causalidad aplicables en la responsabilidad contractual*

Frente a los casos en que existe más de un hecho que puede dar lugar a la ocurrencia de un daño, la jurisprudencia y la doctrina han elaborado diversos criterios para establecer cuál o cuáles de ellos tiene o tienen la suficiente entidad para ser considerado o considerados como la verdadera causa de la generación de la aminoración patrimonial. Al respecto, se han elaborado las teorías de la equivalencia de las condiciones, de la causalidad próxima, de la causalidad adecuada y de la causa eficiente[91].

La existencia de estas diversas teorías supone la necesidad de determinar su contenido, así como de seleccionar entre ellas cuál debe ser aplicada en un caso concreto.

[89] FERNANDO HINESTROSA, *Derecho civil. Obligaciones, op. cit.*, págs. 358 y ss..

[90] Véase a L. FERNANDO REGLERO CAMPOS. "El nexo causal. Las causas de exoneración de la responsabilidad: culpa de la víctima y fuerza mayor. La concurrencia de culpas", en *Tratado de la responsabilidad civil*, t. I, Parte general, Navarra, Editorial Aranzadi, 2002, págs. 285 y ss.

[91] Véase a JORGE SUESCÚN MELO. *Derecho privado: estudios de derecho civil y comercial contemporáneo*, t. I, *op. cit.*, págs. 143 y ss.

a) *La teoría de la equivalencia de las condiciones*

En primer lugar, la teoría de la equivalencia de las condiciones, que bien podría ser denominada equivalencia de las causas,

> "[...] explica que, como quiera que todas las concausas concurren a la producción del daño, todas ellas deben ser consideradas como causas del mismo, sin que pueda distinguirse entre ellas en razón de la importancia. Por tanto, todas las concausas o condiciones preexistentes tienen el mismo valor, de manera que todas son equivalentes, lo que impide hacer diferenciaciones entre ellas, pues todas son indispensables para producir el resultado dañoso, lo que significa que si falta una, ese resultado no acaecería. Cada una de las condiciones puede ser considerada al mismo tiempo como causa de todo el desenlace final[92]".

b) *La teoría de la causalidad próxima*

A su vez, respecto de la causalidad próxima, la doctrina ha señalado que "se considera tal aquella que temporalmente se halla más próxima al resultado, por haberse 'asociado última' a las restantes". Esta teoría, "condena a resarcir las consecuencias que se manifiestan inmediatamente en el momento del hecho dañoso. La idea básica [...] conduce a mantener la responsabilidad si el hecho considerado es la *proximate cause* (causa más cercana) y a descartar las que son *too remote* (muy remotas)"[93].

c) *La teoría de la causalidad adecuada*

Por su parte, la teoría de la causalidad adecuada implica que "no todas las causas que intervienen en la producción de un daño son equivalentes. En consecuencia, solo las que se consideren adecuadas tienen incidencia desde el punto de vista jurídico. Si dentro de esas causas adecuadas se encuentran uno o más comportamientos ilícitos del demandado o de los demandados, todos ellos se considerarán como causa adecuada del daño"[94].

d) *La teoría de la causa eficiente*

Finalmente, la teoría de la causa eficiente se utiliza

> "[...] para determinar si existe la necesaria relación de causa a efecto entre los hechos u omisiones a los que se atribuye un determinado demérito

---

[92] Tribunal de Arbitramento de *Concesionaria Vial de los Andes S. A. Coviandes S. A.* contra *Instituto Nacional de Vías, Invías*, laudo de 7 de mayo de 2001.

[93] JORGE MOSSET ITURRASPE, "La relación de causalidad en la responsabilidad extracontractual", en *Revista Latinoamericana de Derecho*, año 1, núm. 1, México, Universidad Nacional Autónoma de México, enero-junio de 2004, págs. 358 y 360.

[94] JAVIER TAMAYO JARAMILLO. *De la responsabilidad civil*, t. I, Teoría general de la responsabilidad, 2ª ed., Bogotá, Legis Editores, 2007, núm. 308.

patrimonial ajeno y este resultado nocivo [...] solo es causa eficiente aquella que por su propia acción es productora de un efecto dado. Debe, por tanto, averiguarse cuál de los eventos intervinientes ha contribuido más poderosamente a que el efecto se logre [...] En síntesis, solo deben ser calificados como «*causas*» del daño, en el sentido jurídico del término, los hechos que han desempeñado un papel «*preponderante*», «*decisivo*», no aquellos que han sido simplemente la ocasión, sino los que han cumplido la función de «*causa creadora*»[95]".

e) *Las teorías preponderantes en la responsabilidad contractual*

De las anteriores citas jurisprudenciales y doctrinales se infiere que resultan preponderantes las teorías de la equivalencia de las condiciones y de la causa eficiente, sin que sea posible descartar de plano la aplicación de las demás. No obstante, también se puede concluir que, en la actualidad, la teoría más aceptada para resolver un caso concreto es la de la causa eficiente, pues es la que mejor permite identificar el hecho o hechos que constituyen la verdadera causa o causas de un perjuicio[96].

En consecuencia, cuando se presente un caso en el que se aprecian varios hechos que parecen dar lugar al daño sufrido por la víctima, jurídicamente será la causa del daño únicamente el hecho que en la cadena causal haya tenido un papel preponderante o trascendental en la ocurrencia del daño. Lo anterior no se opone en absoluto a la existencia de condiciones equivalentes en la medida en que, la determinación de cuál de los diversos hechos constituye la causa eficiente del daño, parte de la idea de que existen diversas causas equivalentes de las cuales debe escogerse la eficiente, que será la verdadera causa del daño.

F) *Las circunstancias de rompimiento del nexo causal*

Una vez resuelto el problema de la pluralidad de hechos en una cadena causal, que dan lugar a la generación de un daño, debemos ahora analizar las circunstancias que dan lugar al rompimiento de ese nexo causal, es decir, que a pesar de existir el daño y de que este aparece producido por una o varias causas que comprometerían la responsabilidad del deudor, existen circunstancias que impiden el reconocimiento jurídico de esa

---

[95] Tribunal de Arbitramento de *Concesionaria Vial de los Andes S. A. Coviandes S. A.* contra *Instituto Nacional de Vías, Invías*, laudo de 7 de mayo de 2001.

[96] Al respecto, véase C. de E., Sala de lo Contencioso Administrativo, Sección Tercera, sent. de 6 julio 2005, exp. 13.949, que contiene la posición jurisprudencial vigente.

responsabilidad. Al respecto, son tres las circunstancias que aparejan esta consecuencia jurídica, a saber: el caso fortuito o fuerza mayor, el hecho de un tercero y la culpa de la víctima del daño[97].

a) *El caso fortuito o fuerza mayor*

La primera de las formas de ruptura del nexo de causalidad es el caso fortuito o fuerza mayor, que consiste en la imposibilidad de cumplir con la prestación como consecuencia del acaecimiento de circunstancias imprevisibles e irresistibles, y ajenas a la voluntad del deudor.

Respecto de los citados conceptos, debe señalarse que algún sector de la doctrina ha pretendido establecer diferencias entre ellos con base en múltiples razonamientos. Así, para algunos la fuerza mayor implica la irresistibilidad del acontecimiento y el caso fortuito su imprevisibilidad. Un segundo sector señala que el caso fortuito se produce por hechos internos a la actividad del deudor, mientras que la fuerza mayor se debe a hechos externos a dicha actividad. Para otros, la diferencia radica en que el caso fortuito se refiere a eventos naturales inevitables e irresistibles para el deudor, mientras que la fuerza mayor implica hechos humanos de igual carácter[98].

No obstante esas diferencias, la doctrina mayoritaria, con base en los diversos textos de derecho positivo y la aplicación por las respectivas jurisprudencias, ha concluido que los conceptos de caso fortuito y fuerza mayor son sinónimos en cuanto hacen referencia a circunstancias que imposibilitan el cumplimiento de las obligaciones y que son imprevisibles, irresistibles y no imputables al deudor[99].

En el derecho colombiano, en el artículo 64 del Código Civil se asimilan los conceptos de caso fortuito y fuerza mayor, en los siguientes

---

[97] Véase a FERNANDO HINESTROSA. *Derecho civil. Obligaciones*, *op. cit.*, págs. 361 y ss., y a JORGE MOSSET ITURRASPE, "La relación de causalidad en la responsabilidad extracontractual", *op. cit.*, págs. 377 y ss.

[98] Sobre las diversas teorías que distinguen el caso fortuito y la fuerza mayor, véase a HENRI MAZEAUD, LÉON MAZEAUD y ANDRÉ TUNC, *Tratado teórico y práctico de la responsabilidad civil delictual y contractual*, t. II, vol. 2, *op. cit.*, núms. 1550 y ss., y a JAVIER TAMAYO JARAMILLO. *De la responsabilidad civil*, t. II, Medios de defensa. El daño civil y su reparación, Bogotá, Legis Editores, 2007, núms. 88 y ss.

[99] Véase a MIGUEL S. MARIENHOFF, *Tratado de derecho administrativo*, t. III-A, *op. cit.*, núms. 719 y ss.; a HENRI MAZEAUD, LÉON MAZEAUD y ANDRÉ TUNC, *Tratado teórico y práctico de la responsabilidad civil delictual y contractual*, t. II, vol. 2, *op. cit.*, núms. 1559 a 1561, y a ARTURO ALESSANDRI R., MANUEL SOMARRIVA U. y ANTONIO VODANOVIC H., *Tratado de las obligaciones*, vol. II, *op. cit.*, núm. 849.

términos: "Se llama fuerza mayor o caso fortuito el imprevisto a que no es posible resistir, como un naufragio, un terremoto, el apresamiento de enemigos, los autos de autoridad ejercidos por un funcionario público, etc.".

De acuerdo con la definición citada, para que un determinado hecho pueda dar lugar a la configuración de una fuerza mayor o caso fortuito, resulta indispensable que el mismo cumpla los requisitos de imprevisibilidad e irresistibilidad. La imprevisibilidad del hecho se refiere a que su ocurrencia no haya sido posible preverla por una persona prudente; y la irresistibilidad a que su ocurrencia es materialmente inevitable. A ese respecto, la jurisprudencia del Consejo de Estado ha expresado: "[...] la fuerza mayor se caracteriza por ser imprevisible e irresistible, en el sentido de que, razonablemente, no se pueda prever ni impedir, con lugar a la absoluta imposibilidad de cumplimiento de la respectiva obligación, y no simplemente a las circunstancias que hagan más difícil y onerosa la carga. La «imposibilidad» supone que no exista ningún medio eficaz para prever e impedir el hecho extraño y, por supuesto, que quien lo alega no haya dado lugar al mismo, caso en el que el hecho habría dejado de ser externo o extraño o imprevisible, así fuera irresistible. A su vez, la figura de lo «imprevisto» se refiere a lo emergente o súbito, pues si el hecho no fuera intempestivo, tampoco se diría imprevisible o imposible de prever"[100].

b) *El hecho de un tercero*

La segunda forma de ruptura del nexo de causalidad es la imputación a un tercero del daño o lesión del derecho de crédito. Para comprender esta figura, debe partirse de la idea de que el tercero es "todo aquel que no esté vinculado jurídicamente con el agente o con la víctima por la ley o por una relación contractual"[101] o "cualquier persona diferente del deudor o causante del daño y que no tenga ninguna dependencia jurídica en relación con el demandado"[102].

Dentro de ese contexto, el hecho de un tercero como mecanismo de ruptura del nexo de causalidad hace referencia a que la circunstancia generadora del daño es atribuible a un tercero ajeno a la relación con-

---

[100] C. de E., Sala de lo Contencioso Administrativo, Sección Cuarta, sent. de 24 febrero 1994, exp. 5.186.

[101] CARLOS DARÍO BARRERA TAPIAS y JORGE SANTOS BALLESTEROS, *El daño justificado*, 2ª ed., Bogotá, Pontificia Universidad Javeriana, 1997, pág. 34.

[102] JAVIER TAMAYO JARAMILLO, *De la responsabilidad civil*, t. II, *op. cit.*, núm. 120.

tractual, es decir, que la causa del daño no es jurídicamente imputable al agente generador del daño, que para la responsabilidad contractual es la parte deudora del contrato, sino a un tercero extraño a la relación jurídica contractual[103].

Frente a esta circunstancia, se discute si para exonerar de responsabilidad al demandado es indispensable que la intervención del tercero sea la causa exclusiva del daño. Al respecto, la doctrina ha concluido que en el evento de que, además de la intervención del tercero, el obrar del demandado sea concausa del daño, normalmente los ordenamientos jurídicos consagran como regla la solidaridad entre los agentes que generaron el daño, como lo hace el derecho colombiano en el artículo 2344 del Código Civil, lo cual implica que el demandado deberá asumir el deber de indemnizar plenamente y podrá repetir contra el tercero por la porción que a este le corresponde en el deber de indemnizar. De esta manera, para que el hecho del tercero rompa el vínculo de causalidad, será indispensable que su intervención sea la causa única del daño[104].

c) *La culpa o hecho exclusivo de la víctima*

Finalmente, la tercera forma de ruptura del nexo de causalidad es la culpa o participación de la víctima, la cual se refiere a que el hecho que se considera como causa del daño es imputable al acreedor que reclama la reparación del perjuicio[105]. En relación con esta causal, también es preciso hacer notar que la participación de la víctima debe ser la causa única que produjo el daño pues, de lo contrario, estaremos frente a un evento de concurrencia de causas o de culpas, que en vez de lograr la ruptura del nexo causal, genera una reducción en la indemnización a cargo del deudor[106].

En igual sentido, la jurisprudencia colombiana ha dicho: "Quod quis ex culpa sua damnum sentit, non intellegitur damnum sentire. ('No se

---

[103] Véase a Luis Díez-Picazo, *Fundamentos del derecho civil patrimonial*, t. II, *op. cit.*, págs. 698 y ss., y a Jesús González Pérez, *Responsabilidad patrimonial de las administraciones públicas*, 8ª ed., Madrid, Civitas, 2016, págs. 535 y ss.

[104] Véase a Carlos Darío Barrera Tapias y Jorge Santos Ballesteros, *El daño justificado*, *op. cit.*, págs. 35 y 36, con la exposición detallada de la doctrina comparada sobre este punto.

[105] Sobre este tema, véase a Adriano de Cupis, *El daño. Teoría general de la responsabilidad civil*, *op. cit.*, págs. 275 y ss.

[106] Al respecto, véase a Marcel Planiol y Georges Ripert, *Tratado práctico de derecho civil francés*, t. VI-II, *op. cit.*, núm. 570.

entiende que padece daño quien por su culpa lo sufre'). Este principio, que viene desde el derecho romano, es el que inspira el precepto consignado en el artículo 2357 del C. C., por cuya virtud «la apreciación del daño está sujeta a reducción, si el que lo ha sufrido se expuso a él imprudentemente», regla que entonces quiere decir que la víctima no puede reclamar la indemnización del daño que se ha causado a sí misma. Por lo tanto, *cuando el daño, en su totalidad, tiene como causa exclusiva la culpa de la víctima, el demandado encuentra allí un motivo eximente de su responsabilidad. Y si la culpa de la víctima ha contribuido parcialmente a la causación del daño, el demandado, por su parte, solo tendrá que responder en aquella proporción que se juzgue como conectada con su propia culpa*"[107].

4. EFECTOS DEL INCUMPLIMIENTO DE LAS OBLIGACIONES CONTRACTUALES

Cuando se produce el incumplimiento de las obligaciones contractuales, los diversos ordenamientos jurídicos ofrecen una amplia variedad de soluciones o remedios a dicha situación. En términos generales, puede afirmarse que esa variedad de soluciones se concreta en el reconocimiento de tres efectos del incumplimiento de la obligación contractual, a saber: la ejecución forzada, la resolución del contrato y la indemnización de perjuicios, los cuales son aplicables tanto a los contratos privados como a los públicos, y que pasamos a analizar separadamente a continuación[108].

Al respecto, el Consejo de Estado colombiano ha expresado que "el incumplimiento del contrato otorga al contratante ofendido con la conducta de aquel que se apartó de los dictados del negocio jurídico, el derecho a reclamar la satisfacción del débito contractual y la indemnización de perjuicios, bien a través de la conminación directa o en virtud de requerimiento extrajudicial del deudor para provocarla en forma espontánea, ora mediante su ejecución forzada por las vías judiciales y contra su voluntad, con pretensión de que se realice la prestación *in natura*, esto es, el débito

---

[107] C. S. de J., Sala de Casación Civil, sent. de 29 noviembre 1993, exp. 3.579.

[108] Véase a MIGUEL ÁNGEL MALO VALENZUELA, *Remedios frente al incumplimiento contractual*, Cizur Menor (Navarra), Thomson Reuters Aranzadi, 2016; a PHILLIPE LE TOURNEAU, *La responsabilidad civil*, trad. de la 3ª ed. francesa, Bogotá, Legis Editores, 2004, págs. 114 y ss., y a CHRISTIAN LARROUMET, *Teoría general del contrato*, vol. II, *op. cit.*, núms. 597 y ss.

primario u original, o con pretensión sobre el débito secundario, esto es, el subrogado o equivalente pecuniario de la obligación o *aestimatio pecunia*, con la indemnización de perjuicios"[109]

Igualmente, la justicia arbitral colombiana ha manifestado: "en los contratos bilaterales o de prestaciones correlativas, sean de derecho privado, sean estatales, el incumplimiento o renuencia a cumplir de una de las partes y el cumplimiento o disposición a cumplir de la otra, otorga acción para exigir su cumplimiento o su resolución con indemnización de perjuicios, es decir, la obligación misma (prestación *in natura*) o su equivalente pecuniario (subrogado, *aestimatio pecunia*) con la plena reparación de daños, ya de manera principal, ora accesoria y consecuencial, bien en forma autónoma e independiente de la resolución"[110].

A) *La ejecución forzada*

El primer efecto que suelen consagrar los ordenamientos jurídicos frente al incumplimiento de una obligación contractual consiste, naturalmente, en el surgimiento para el acreedor de la acción judicial pertinente que permita constreñir al deudor al cumplimiento de la obligación debida, en los estrictos términos en que fue pactada, al punto que a este efecto se le conoce en la doctrina como la ejecución directa o en especie. Al respecto, la doctrina ha expresado que "el principio es que las obligaciones se ejecutan *en especie:* el acreedor puede exigir del deudor la prestación misma a que tiene derecho y esto aun cuando dicha ejecución en especie hubiera sido inconcebible en un momento dado"[111].

Este remedio al incumplimiento de las obligaciones también ha sido explicado por la doctrina en los siguientes términos:

> "Toda obligación civil perfecta produce una acción para demandar su cumplimiento y una excepción para retener lo que el deudor ha dado o pagado en su ejecución. Si el deudor demora el cumplimiento de la obligación o se resiste y niega a cumplirla, porque la desconoce y viola

---

[109] C. de E., Sala de lo Contencioso Administrativo, Sección Tercera, sent. de 22 julio 2009, exp. 17.552.

[110] Tribunal de Arbitramento de *Unidad Administrativa Especial de Aeronáutica Civil- Aerocivil* contra *Compañía de Desarrollo Aeropuerto El Dorado S. A.-Codad*, laudo de 21 de noviembre de 2006.

[111] LOUIS JOSSERAND, *Derecho civil. Teoría general de las obligaciones*, trad. de la 3ª ed. francesa, Buenos Aires, Ediciones Jurídicas Europa América, 1984, núm. 584.

la palabra empeñada, el acreedor tiene derecho de pedir la ejecución forzada de la obligación, es decir, de requerir la intervención de los tribunales de justicia para que obliguen al deudor, con el auxilio de la fuerza pública, si llegara a ser necesario, que solucione su obligación[112]".

No obstante, para la aplicación de esta solución, que suele ser calificada como la ideal[113], es necesario, como es lógico, que la prestación sea aún posible, desde el punto de vista fáctico y jurídico, y que el interés del acreedor en su cumplimiento se mantenga. De otra manera, la obligación contractual, en los términos estipulados, deviene inútil y no será este el remedio sino otro el aplicable[114].

En fin, este efecto del incumplimiento de las obligaciones contractuales consiste en que el ordenamiento jurídico otorga al acreedor la posibilidad de acudir al juez del contrato para que este, como consecuencia del ejercicio de una acción ejecutiva, ordene la ejecución *in natura* de la prestación incumplida, siempre que dicha prestación sea aún posible y que se mantenga el interés del acreedor.

Ahora bien, la aplicación de este remedio al incumplimiento respecto de los contratos públicos requiere de algunas precisiones, las cuales se derivan de la especial posición de la administración frente a su cocontratante, y permiten destacar algunas particularidades respecto de los contratos privados.

En primer lugar, debe tenerse en cuenta que uno de los privilegios de los cuales goza la administración es la autotutela ejecutiva, la cual la exime "de la carga de obtener una sentencia ejecutiva, facultándola para el uso directo de su propia coacción sin necesidad de recabar en el apoyo de la coacción judicialmente administrada"[115].

En virtud de este privilegio, propio de la administración pública, esta podría eximirse de acudir al juez del contrato a efectos de obtener la orden para que su cocontrantante cumpla con las prestaciones contractuales a su cargo, independientemente de si se trata de obligaciones pecuniarias o materiales de hacer.

[112] Luis Claro Solar, *Explicaciones de derecho civil chileno y comparado*, t. xi, *op. cit.*, núm. 1191.

[113] Véase a Phillipe Le Tourneau, *La responsabilidad civil*, *op. cit.*, pág. 114.

[114] Guillermo Ospina Fernández, *Régimen general de las obligaciones*, *op. cit.*, núm. 52.

[115] Eduardo García de Enterría y Tomás-Ramón Fernández, *Curso de derecho administrativo*, t. i, *op. cit.*, págs. 605 y 606 (edición colombiana: *op. cit.*, pág. 497).

No obstante lo anterior, debe tenerse en cuenta que la utilización de este privilegio normalmente es reservado por los ordenamientos jurídicos para la ejecución de obligaciones que emanan de actos administrativos unilaterales[116], por lo cual será necesario una norma expresa que extienda la aplicación de esa autotutela ejecutiva a obligaciones que tienen su fuente en contratos administrativos. Sobre la necesidad de atribución legal de potestades públicas, la doctrina ha expresado que "la prevalencia del interés colectivo sobre el individual puede ser operada exclusivamente mediante actos concretos que tengan sus fundamentos en el derecho objetivo, mediante una atribución explícita o implícita, específica o genérica, por parte de una norma jurídica legislativa, de la potestad de emanar un acto que tenga un determinado contenido, refiriéndose expresamente a tal atribución de potestad. En defecto de tal fundamento la decisión resultaría desprovista de juridicidad, por lo que podría hallarse en ella una actuación de hecho, basada en una coacción exclusivamente material, en una relación de fuerza, pero nunca una actuación jurídica"[117].

En ese orden de ideas, dependiendo de las características de cada ordenamiento jurídico en particular, en caso de que exista atribución expresa, la administración podrá perseguir de oficio la ejecución de las obligaciones contractuales de las cuales es acreedora. En caso de que no la haya, deberá acudir al juez con el fin de lograr la orden de cumplimiento de las obligaciones a cargo de su cocontratante.

Al respecto, la doctrina ha señalado la importancia de la existencia de una atribución legal para la intervención unilateral en los contratos públicos por parte de la administración, así: "los casos anunciados podrían no constituir una lista taxativa, y que, por el contrario, podrían presentarse otros casos en los cuales la administración actúe unilateralmente dentro del contrato. Pero esta afirmación debe entenderse en el sentido de que el análisis realizado pueda haber omitido algún o algunos de otros casos en que la actuación unilateral de la administración sea admisible legalmente. Pero no debe entenderse en el sentido de que la administración pueda legalmente actuar en forma unilateral por fuera de los casos en relación con los cuales tiene autorización para hacerlo. En efecto, nos parece que

---

[116] *Ibidem*, pág. 506, y Fernando Garrido Falla y José María Fernández Pastrana, *Régimen jurídico y procedimiento de las administraciones públicas*, 3ª ed., Madrid, Civitas, 2000, pág. 133.

[117] Renato Alessi, *Instituciones de derecho administrativo*, t. I, trad. de la 3ª ed. italiana, Barcelona, Bosch Casa Editorial, 1970, núm 129.

tratándose de contratos, en ellos deben entenderse aplicables los principios de autonomía de la voluntad y de igualdad de las partes, salvo los casos en que la misma ley consagra excepciones a ellas. Y precisamente por tratarse de excepciones, debe entenderse que no pueden existir otras diferentes a las autorizadas por la misma ley"[118].

En relación con la ejecución de obligaciones dinerarias de dar a cargo del contratista, en Colombia, con base en el artículo 75 de la ley 80 de 1993, se había considerado que en ningún caso podía hacerse directamente por parte de la administración a través de un procedimiento de jurisdicción coactiva, sino que siempre debía acudirse al juez del contrato y llevar a cabo un proceso ejecutivo[119]. Sin embargo, debe hacerse notar que de acuerdo con el artículo 17 de la ley 1150 de 2007, es posible utilizar el procedimiento de cobro coactivo directo por parte de la administración, cuando se trata de obligaciones de dar derivadas de la imposición de sanciones conminatorias o multas, y cuando se hace efectiva la cláusula penal pecuniaria. Así mismo, la jurisprudencia ha destacado que con arreglo al artículo 17 de la ley 1150 de 2007 y al artículo 99 del CPACA, una vez la administración ha hecho efectiva la garantía única de cumplimiento en contra de una compañía aseguradora, es procedente el cobro coactivo de la obligación pecuniaria derivada de esa decisión[120]. De esta manera, en los demás casos deberá acudirse obligatoriamente al juez del contrato para el cobro coercitivo de la obligación pecuniaria[121].

Sobre las obligaciones de hacer a cargo del contratista, la jurisprudencia y la doctrina han considerado que no es necesario que la administración acuda al juez para que este obligue al cumplimiento del contrato, porque para esos efectos puede acudir a "las medidas coercitivas y las potestades sancionatorias atribuidas a la administración por la ley para asegurar la

[118] Véase a LIBARDO RODRÍGUEZ RODRÍGUEZ, "El acto administrativo contractual", en *Revista de la Cámara de Comercio de Bogotá*, núm. 50, septiembre de 1983, pág. 116.

[119] Véanse C. de E., Sala Plena de lo Contencioso Administrativo, auto de 29 noviembre 1994, exp. S-414, y C. de E., Sala de lo Contencioso Administrativo, Sección Tercera, sentencia de 24 agosto 2000, exp. 11.318.

[120] Véanse C. de E., Sala de lo Contencioso Administrativo, Sección Tercera, sent. de 22 mayo 2013, exp. 24.810, y C. de E., Sala de lo Contencioso Administrativo, Sección Tercera, sent. de 30 noviembre 2016, exp. 29.368.

[121] Véase C. de E., Sala de lo Contencioso Administrativo, Sección Tercera, auto de 28 mayo 2009, exp. 35.547.

ejecución del objeto contractual"[122], que son, específicamente, las atribuidas por el Estatuto General de Contratación de la Administración Pública.

De otra parte, la segunda matización que debe hacerse se refiere a la aplicación de un principio tradicional del derecho administrativo "que prohíbe al juez administrativo sustituir a la administración activa, y aún menos dirigirle exhortos"[123]. Este principio ha sido explicado por DE LAUBADÈRE y GAUDEMET en los siguientes términos:

> "El juez no puede imponer contra las personas públicas todo tipo de condenas como lo puede hacer en contra de los particulares.

> "Fuera de la facultad de anular los actos administrativos ilegales, el juez administrativo no puede pronunciarse contra la administración más que mediante condenas pecuniarias. Lo anterior porque [...] las dos categorías principales de litigios en derecho administrativo son los recursos de anulación y los recursos de indemnización [...] y la independencia de la administración frente al juez le prohíbe a este pronunciar condenas destinadas a obligar a la administración a actuar de una determinada manera.

> "Tradicionalmente este principio se expresa como la prohibición de que el juez administrativo realice actos de la administración activa o de dirigir mandamientos de hacer a la administración[124]".

Este "principio de prohibición de órdenes en contra de la administración", como lo denomina CHAPUS[125], se basa en la separación de poderes y la prohibición del juez administrativo de coadministrar, e implica que este no puede imponer órdenes de hacer a la administración y que las

---

[122] C. de E., Sala de lo Contencioso Administrativo, Sección Tercera, sent. de 14 septiembre 2000, exp. 13.530. En sentido similar, véase C. de E., Sala de lo Contencioso Administrativo, Sección Tercera, sent. de 9 febrero 1984, exp. 2.903, y CARLOS BETANCUR JARAMILLO, *Derecho procesal administrativo, op. cit.,* pág. 587.

[123] GEORGES VEDEL, *Derecho administrativo, op. cit.,* pág. 517.

[124] ANDRÉ DE LAUBADÈRE et YVES GAUDEMET, *Traité de droit administratif,* t. I, *op. cit.,* núm. 960.

[125] Véase a RENÉ CHAPUS, *Droit du contentieux administratif,* 13ème éd., Paris, Editions Montchrestien, 2008, núms. 803 y ss. Sobre este principio, véase igualmente a CHARLES DEBBASCH y JEAN-CLAUDE RICCI, *Contentieux administratif,* 8ème éd., Paris, Editions Dalloz, 2001, núms. 130 y 812 y ss.

condenas a ella en un juicio de responsabilidad siempre deben orientarse a reparaciones pecuniarias y no materiales[126].

La aplicación de este principio a la contratación pública, y más específicamente a la ejecución forzada, se traduciría en que no podría el cocontratante de la administración solicitar al juez que ordene a esta la ejecución *in natura* de obligaciones contractuales, distintas a las pecuniarias. Es decir, que frente a obligaciones de las cuales es deudora la administración, el remedio de la ejecución forzada solo tendría eficacia si se trata de una obligación pecuniaria y no sería procedente para una obligación de hacer.

No obstante la amplitud del citado principio, la doctrina también ha señalado que poco a poco diversas reformas legislativas —y aún algunas interpretaciones judiciales— han permitido al juez administrativo, en los casos señalados en la ley, ordenar el cumplimiento de obligaciones de hacer a la propia administración, incluyendo situaciones relacionadas con contratos públicos, a efectos de que el cocontratante de la administración pueda obtener todas las declaraciones y condenas necesarias para garantizar sus derechos[127], como ocurre en ciertos casos con las acciones populares y de cumplimiento en el derecho positivo colombiano.

De acuerdo con lo anterior, no cabe duda de que el cocontratante de la administración puede ejercer acción ejecutiva tendiente a que el juez ordene el cumplimiento por parte de la administración de una obligación pecuniaria. Sin embargo, para que idéntica orden proceda respecto de obligaciones de hacer o de dar no dinerarias, será necesario que el ordenamiento jurídico permita al juez imponer coactivamente su cumplimiento.

En el derecho colombiano, respecto de las obligaciones dinerarias, con base en el artículo 75 de la ley 80 de 1993, la jurisprudencia y la doctrina han aceptado que procede la acción ejecutiva en contra de la administración pública, de tal manera que el juez administrativo siempre podrá ordenar a la administración pagar a su cocontratante las obligaciones contractuales de contenido pecuniario[128].

---

[126] Sobre la prohibición general de condenas materiales a la administración, véase a René Chapus, *Responsabilité publique et responsabilité privée, op. cit.*, núms. 527 y ss.

[127] Véase a René Chapus, *Droit du contentieux administratif, op. cit.*, núms. 813 y ss., y a André de Laubadère et Yves Gaudemet, *Traité de droit administratif*, t. I, *op. cit.*, núms. 962 y ss.

[128] Véanse C. de E., Sala Plena de lo Contencioso Administrativo, auto de 29 noviembre 1994, exp. S-414, y C. de E., Sala de lo Contencioso Administrativo, Sección

En relación con las obligaciones de hacer y de dar no dinerarias, en Colombia se ha aceptado, en general, que la administración no puede ser condenada por el juez administrativo al cumplimiento forzoso de un contrato respecto del cual manifestó la voluntad de no ejecutarlo, como bien lo reconoce la doctrina: "el contratista no puede pedir judicialmente el cumplimiento del contrato, puesto que la administración pública goza del privilegio de la inexigibilidad del *facere*, que constituye uno de los pilares estructurales de la justicia administrativa [...] en el campo de la contratación estatal, la administración pública goza del privilegio de la inexigibilidad del *facere* que se opone a que el contratista pretenda ante la jurisdicción de lo contencioso administrativo el cumplimiento de obligaciones a cargo de la administración pública"[129]. Igualmente, en una importante aclaración de voto se dijo: "Reiteradamente ha sostenido la Sala que no puede obligarse a la administración a ejecutar un contrato que ella no ha querido cumplir, pues el juez devendría en administrador y se irrogaría facultades y derechos que la constitución y la ley entregaron a la rama ejecutiva y que ante el incumplimiento de la administración en la ejecución del contrato, la acción procedente sería la resolución con indemnización de perjuicios"[130].

En el mismo sentido, señaló el Consejo de Estado: "en la contratación estatal no está prevista la acción de cumplimiento, entendida como aquella orientada a que ante el incumplimiento de la entidad pública de las obligaciones contractuales a su cargo, pueda exigírsele que las cumpla o que el juez ordene la ejecución del contrato"[131]. La solución, en estos casos, según la misma providencia citada, se encuentra en la indemnización de los perjuicios sufridos por el cocontratante de la administración como consecuencia de la negativa de ésta a la ejecución de un contrato.

Así, la jurisprudencia administrativa ha concluido que "la administración no puede ser condenada al cumplimiento de un contrato que

Tercera, auto de 22 septiembre 1996, exp. 11.739; sent. de 24 agosto 2000, exp. 11.318, y auto de 4 septiembre 2008, exp. 34.402.

[129] Véase a RODRIGO ESCOBAR GIL, *Teoría general de los contratos de la administración pública, op. cit.*, pág. 275.

[130] Consejero CARLOS BETANCUR JARAMILLO, en aclaración de voto a C. de E., Sala de lo Contencioso Administrativo, Sección Tercera, sent. de 15 septiembre 1983, exp. 3.244.

[131] C. de E., Sala de lo Contencioso Administrativo, Sección Tercera, sent. de 14 septiembre 2000, exp. 13.530. Igualmente, véase C. de E., Sala de lo Contencioso Administrativo, Sección Tercera, sent. de 12 julio 2012, exp. 15.024.

ella había manifestado no querer ejecutar", en diversos casos relativos a contratos de tracto sucesivo, como el de obra pública, "en los cuales si la Administración se había negado a continuar con su ejecución o lo había dado por terminado en uso de la cláusula de caducidad, no podía el juez sustituir esa decisión so pena de hacer imposible el cumplimiento de la misma, pues ante la necesidad de no paralizar la obra o demorar la prestación del servicio público, la Administración siempre que termina un contrato de esta índole, formaliza uno nuevo con terceros"[132].

La conclusión de que el juez administrativo no puede condenar a la administración al cumplimiento forzoso de un contrato en cuanto a las obligaciones de hacer y de dar no dinerarias, se ha visto reforzada con la redacción del artículo 87 del Código Contencioso Administrativo y posteriormente del artículo 141 de Código de Procedimiento Administrativo y de lo Contencioso Administrativo, este último en cuanto, al consagrar el medio de control de controversias contractuales, no señala, como una de las posibles pretensiones que pueden incoarse a través de dicha acción, la de que el cocontratante de la administración pueda pedir el cumplimiento del contrato estatal. En ese sentido, en vigencia del artículo 87 del Código Contencioso Administrativo que, en este punto, tenía una redacción similar al actual artículo 141 del Código de Procedimiento Administrativo y de lo Contencioso Administrativo, expresó el Consejo de Estado:

> "[...] según se desprende del artículo 87 del C. C. A. una de las pretensiones del contencioso contractual es que se declare el incumplimiento del contrato y que se condene al contratante responsable a indemnizar los perjuicios, lo que significa que no está prevista la acción de cumplimiento, esto es, orientada a que ante el incumplimiento de la entidad pública o del contratista de las obligaciones contractuales a su cargo, pueda exigírseles que las cumpla o que el juez ordene la ejecución del contrato, pues en el primero de los casos se está frente a una responsabilidad contractual y cabe que se ordene a la administración reconocer y pagar los perjuicios y en el segundo, existen las medidas coercitivas y las potestades sancionatorias atribuidas a la administración para asegurar la ejecución del contrato[133]".

Sin embargo, la misma jurisprudencia administrativa ha precisado que "tratándose de contratos de ejecución instantánea, como el de compraventa, [...] nunca se dijo que no pudiera obligarse a la Administración a pagar el

---

[132] C. de E., Sala de lo Contencioso Administrativo, Sección Tercera, sent. de 8 agosto 1986, exp. 4.653

[133] Véase C. de E., Sala de lo Contencioso Administrativo, Sección Tercera, sent. de 22 julio 2009, exp. 17.552.

precio o a recibir la cosa, que son las obligaciones principales que surgen del contrato de compraventa"[134], con base en lo cual se concluye que sí puede utilizarse la acción de cumplimiento para las obligaciones de hacer y de dar no dinerarias, respecto de contratos de ejecución instantánea.

En consecuencia, en el derecho colombiano, respecto de las obligaciones contractuales de hacer y de dar no dinerarias, se aplica el principio de la prohibición al juez de ordenar a la administración el cumplimiento de los contratos de tracto sucesivo, pero respecto de los contratos de ejecución instantánea se acepta la posibilidad de ejercer la acción de cumplimiento en contra de la administración.

En conclusión, si bien el remedio al incumplimiento de las obligaciones contractuales denominado «*ejecución forzada*» o «*ejecución in natura*» es aplicable a los contratos públicos, dicha aplicación implica ciertas matizaciones al régimen general del derecho privado:

En cuanto al incumplimiento de la administración, el remedio es siempre aplicable cuando se trata de una obligación pecuniaria; sin embargo, si se trata de una obligación de hacer o de dar no dineraria, será necesario que el ordenamiento jurídico autorice al juez administrativo para dar órdenes de ejecución de esta clase de obligaciones a la administración.

Por su parte, en relación con el incumplimiento del cocontratante de la administración, el remedio siempre será aplicable, pero no será necesario acudir al juez, cuando el ordenamiento jurídico autorice a la administración para, en virtud de la autotutela ejecutiva, obligar, de oficio, a su cocontratante al cumplimiento de sus obligaciones contractuales.

B) *La resolución del contrato*

El segundo remedio que aparece frente al incumplimiento de las obligaciones contractuales consiste en la posibilidad de que el acreedor solicite al juez del contrato que ordene la terminación del vínculo obligacional, precisamente por la inejecución de la prestación debida. La doctrina ha definido esta figura, en los siguientes términos: "la resolución del contrato es la extinción de este a causa de la inejecución de sus obligaciones por parte de uno de los cocontratantes"[135].

---

[134] Véase C. de E., Sala de lo Contencioso Administrativo, Sección Tercera, sent. de 8 agosto 1986, exp. 4.653. En similar sentido, véase C. de E., Sala de lo Contencioso Administrativo, Sección Tercera, sent. de 15 septiembre 1983, exp. 3.244.

[135] CRISTIAN LARROUMET, *Teoría general del contrato*, vol. II, *op. cit.*, núm. 701.

Como de forma reiterada lo ha señalado la doctrina, este remedio es aplicable exclusivamente a los denominados, de acuerdo con las obligaciones surgidas para las partes, contratos bilaterales o de prestaciones recíprocas, esto es, aquellos en virtud de los cuales surgen obligaciones para ambas partes, y tiene lugar dicha aplicación cuando una de las dos partes incumple con las prestaciones a su cargo y la otra cumple o muestra plena disposición al cumplimiento de sus propias obligaciones[136].

Es decir, para la procedencia de la aplicación de esta figura es indispensable, en primer lugar, que nos encontremos en presencia de un contrato bilateral o de prestaciones recíprocas; además, el deudor contractual debe haber incumplido con las obligaciones debidas y, finalmente, será indispensable que el acreedor contractual haya cumplido efectivamente con sus propias obligaciones o que de su conducta se evidencie que está dispuesto a cumplirlas[137].

Al respecto, de manera sistemática, la Corte Suprema de Justicia colombiana ha señalado "[...] que constituyen presupuestos indispensables, para el buen suceso de la acción resolutoria emanada de la condición resolutoria tácita, los siguientes: a) que el contrato sea bilateral; b) que quien promueva la acción haya cumplido con sus obligaciones o que haya estado dispuesto a cumplirlas, y c) que el otro contratante haya incumplido las obligaciones que le corresponden"[138].

No obstante, debe hacerse notar que la doctrina y la jurisprudencia han sido enfáticas en señalar que no todo incumplimiento contractual puede dar lugar a la prosperidad de la acción resolutoria del contrato. Para el efecto, resulta indispensable que se trate de un incumplimiento de las obligaciones a cargo del deudor que pueda ser calificado como *sustancial*, *grave*, *de importancia* o *de trascendencia*, pues, como lo ha dicho la doctrina, "no todo incumplimiento autoriza la resolución, sino

---

[136] Véase a Fabricio Mantilla Espinosa y Francisco Ternera Barrios, "La resolución", en *Los contratos en el derecho privado*, Bogotá, Universidad del Rosario y Legis Editores, 2007, págs. 247 y ss.

[137] Sobre estos requisitos, véase a Bruno Rodríguez-Rosado, *Resolución y sinalagma contractual*, Madrid, Marcial Pons, 2013, págs. 160 y ss.

[138] C. S. de J., Sala de Casación Civil, sent. de 5 noviembre 1979. Esos elementos han sido reiterados en C. S. de J., Sala de Casación Civil, sent. de 17 agosto 2016, exp. 11287-2016; C. S. de J., Sala de Casación Civil, sent. de 20 abril 2018, exp. 1209-2018, y C. S. de J., Sala de Casación Civil, sent. de 5 julio 2019, exp. 1662-2019.

que es menester que sea importante, o en otras palabras, de no escasa importancia"[139]. Igualmente, sobre la importancia del incumplimiento, como elemento para que opere la resolución, ha dicho la jurisprudencia:

> "[...]en rigor jurídico es verdad que en los procesos en que se pide la resolución de un contrato bilateral por incumplimiento del demanda-do, es deber inexcusable del juez, para que su fallo resulte equitativo, detenerse sobre el requisito de la importancia que la ley requiere para que el incumplimiento invocado dé asidero a la pretensión deducida; en justicia el contrato no se podrá resolver si el incumplimiento de una de las partes contratantes tiene muy escasa importancia en atención al interés de la otra[140]".

Ahora bien, la gravedad del incumplimiento deberá ser analizada por el juez del contrato, en cada caso en particular, de acuerdo con la reper-cusión del incumplimiento en la equivalencia de las prestaciones, en el interés del acreedor y en la finalidad del contrato, así como con base en la conducta de las partes y, especialmente, la del acreedor en cuanto a tolerar el incumplimiento[141].

Además, esta exigencia del incumplimiento cualificado es especial-mente relevante en materia de contratación pública, precisamente por las finalidades que tiene la celebración de los contratos de esta naturaleza, en cuanto a la satisfacción del interés general, la continua y eficiente presta-ción de los servicios públicos y el cumplimiento de los fines del Estado[142].

Esas finalidades se traducen en que los contratos públicos se celebran para ser ejecutados a cabalidad y, con ello, dar cumplimiento a los fines que les son propios. De esta manera, la terminación anticipada del con-trato, al no ser útil para efectos del cumplimiento de las finalidades de la contratación pública, debe ser la excepción y, precisamente por ello, es especialmente exigible que el incumplimiento de las obligaciones sea de la mayor entidad. Al respecto, la justicia arbitral colombiana ha ex-

---

[139] Véase a ANTONIO RAMELLA, *La resolución por incumplimiento*, Buenos Aires, Edit. Astrea, 1984, pág. 52. En igual sentido, véase a FERNANDO FUEYO LANERI, *Cum-plimiento e incumplimiento de las obligaciones*, op. cit., págs. 301 y ss.

[140] C. S. de J., Sala de Casación Civil, sent. de 11 septiembre 1984. Igualmente, véase C. S. de J., Sala de Casación Civil, sent. de 23 agosto 2019, exp. 3366-2019.

[141] Véase a RENATO SCONAMIGLIO, *Teoría general del contrato*, trad. de la 1ª ed. italiana, Bogotá, Universidad Externado de Colombia, 1989, págs. 266 y ss.

[142] Sobre las finalidades de los contratos públicos, véase a HÉCTOR JORGE ESCOLA, *Tratado integral de los contratos administrativos*, vol. I, op. cit., núm. 27.

presado: "Tal exigencia es de mayor relevancia en la contratación estatal en virtud de sus fines y finalidades, la continua y eficiente prestación de los servicios públicos y la efectividad de los derechos e intereses de sus colaboradores, cuyas características singulares, permiten señalar que la resolución del contrato estatal solo procede por un incumplimiento grave de tal magnitud que impida o coloque a los contratantes en posición de no poder cumplir sus obligaciones, las tornen razonablemente de imposible cumplimiento o en términos que les resulten excesivamente onerosos"[143].

De forma complementaria, debe anotarse que esta exigencia de que el incumplimiento sea de cierta entidad, obedece al hecho de que la resolución como sanción por la inejecución de las obligaciones es de la mayor gravedad, en tanto implica la extinción del vínculo contractual, lo cual se opone al principio de conservación de los negocios jurídicos. En relación con la aplicación de este principio a la figura de la resolución por incumplimiento, la jurisprudencia arbitral colombiana ha sostenido:

> "Modernamente se ha venido imponiendo un criterio menos rígido con el fin de evitar el ejercicio abusivo de los acreedores, que podrían sacar provecho de conductas de escasa importancia en la economía del contrato, y sobreponer el concepto de justicia y conservación del contrato. Se ha sostenido, en defensa de esta última tendencia, que el problema del incumplimiento tiene que analizarse dentro de cada contexto, es decir, que no debe partirse de una valoración en abstracto, alejado de la realidad, sino que el juzgador debe medir cada una de las prestaciones que se dice fueron incumplidas, con respecto a la finalidad práctica y económica del objeto principal del contrato, para establecer si la referida prestación, al haber sido ejecutada en forma defectuosa, altera la estructura y finalidad del objeto contractual[144]".

En relación con la resolución por incumplimiento de los contratos estatales en el derecho colombiano y los requisitos que deben configurarse, la jurisprudencia del Consejo de Estado ha expresado:

> "La condición resolutoria que la ley ha previsto es el incumplimiento de lo pactado y por consiguiente la condición se realiza cuando una de

---

[143] Tribunal de Arbitramento de *Unidad Administrativa Especial de Aeronáutica Civil-Aerocivil* contra *Compañía de Desarrollo Aeropuerto El Dorado S. A.-Codad*, laudo de 21 de noviembre de 2006.

[144] Tribunal de Arbitramento de *Promotora de Construcciones e Inversiones Santana S. A.-Prosantana* contra *Distrito Capital de Santa Fe de Bogotá* contra *Compañía Aseguradora de Fianza S. A.-Confianza*, laudo de 18 de diciembre de 2000.

las partes no cumple en absoluto la obligación contraída, o únicamente la cumple en una parte y deja de cumplirla en el resto, o tratándose de varias obligaciones cumple una de ellas y deja de cumplir las otras.

"Cumplida la condición, esto es el hecho del incumplimiento, el contrato no pierde su eficacia, sino que surge para el contratista cumplido e insatisfecho con la obligación contractual, el derecho de optar por uno de los dos caminos que la ley le otorga, o exigir el cumplimiento del contrato o pedir su resolución, en ambos casos, con la respectiva indemnización de perjuicios, pero para ello es necesario incoar la respectiva acción judicial. En efecto, la condición resolutoria tácita no opera por sí sola sino que es necesario solicitarla judicialmente, de tal suerte que aun ocurrido el incumplimiento, el contrato subsiste hasta tanto se dicte la sentencia y por lo mismo, subsisten los actos de disposición realizados en virtud del contrato.

"[...] para que el contratista cumplido tenga la posibilidad de ejercer el derecho de resolución judicial, debe haberse configurado el supuesto de hecho, consistente en el incumplimiento de la obligación contractual por la otra parte de la relación negocial.

"En los precisos términos del artículo 1546 del C. C., tan solo los contratos bilaterales o sinalagmáticos en los cuales existen obligaciones correlativas y entonces cada una de las partes es a la vez acreedora y deudora, serían susceptibles de extinguirse por vía de la acción resolutoria...

"Otro de los presupuestos que se deducen del artículo 1546 del C. C, para que se configure la condición resolutoria del contrato y se abra paso a la resolución o extinción del negocio jurídico, es el incumplimiento culposo del contratante que ha dejado voluntariamente de cumplir sus obligaciones, pues no habría lugar a ella en los eventos en que el incumplimiento se derive del acaecimiento de circunstancias de fuerza mayor o caso fortuito.

"[...]

"También constituye presupuesto para la prosperidad de la acción resolutoria, que el actor esté libre de culpa, esto es, que no haya incurrido en incumplimiento de sus obligaciones, puesto que de lo contrario, estaría impedido para exigirle al deudor el cumplimiento de la obligación, toda vez que en virtud del principio según el cual, la mora purga la mora, consagrado en el artículo 1609 del Código Civil, al contratante demandado le asiste el derecho de proponer como medio de defensa la excepción de contrato no cumplido.

"La resolución del contrato por incumplimiento de las obligaciones de una de las partes, es aplicable a los contratos estatales con fundamento en el artículo 1546 del Código Civil, y podrá hacerse efectiva por vía de la acción de controversias contractuales [...] Quiere decir que la declaratoria judicial de resolución del contrato por incumplimiento de una de las partes de la relación negocial, en virtud de la denominada condición resolutoria tácita, consagrada en el artículo 1546 del Código Civil, puede enmarcarse, sin reparo alguno, dentro de esta última finalidad prevista por la ley para el ejercicio de la acción contractual[145]".

Por último, debe hacerse notar que cuando ocurre un incumplimiento grave de las obligaciones contractuales por parte del cocontratante de la administración, esta tiene la posibilidad de utilizar la cláusula exorbitante de caducidad administrativa del contrato y, a través del ejercicio de ese poder excepcional, lograr la terminación anticipada del vínculo negocial sin necesidad de acudir al juez del contrato[146].

En conclusión, la existencia de esta prerrogativa derivada de la cláusula exorbitante podría ser entendida como que, en caso de incumplimiento grave de las obligaciones contractuales de la administración, procedería la resolución por incumplimiento, mientras que en el evento de que el incumplimiento grave provenga del cocontratante de la administración, deberá declararse la caducidad del contrato.

No obstante, como lo ha expresado la doctrina, esta sanción rescisoria del contrato que se deriva del ejercicio de la cláusula de caducidad, procede únicamente "cuando su ejecución resulta imposible por el cocontratante debido a su culpa, su incapacidad o su ineficiencia"[147], siempre que la

---

[145] C. de E., Sala de lo Contencioso Administrativo, Sección Tercera, sent. de 25 febrero 2009, exp. 15.797. Igualmente, véase C. de E., Sala de lo Contencioso Administrativo, Sección Tercera, sent. de 12 julio 2012, exp. 15.024.

[146] Sobre la caducidad administrativa como rescisión del contrato por causa del incumplimiento del cocontratante de la administración, véase a ANDRÉ DE LAUBADÈRE, FRANCK MODERNE y PIERRE DELVOLVÉ, *Traité des contrats administratifs*, vol. I, *op. cit.*, núms. 971 y ss.; a MIGUEL S. MARIENHOFF, *Tratado de derecho administrativo*, t. III-A, *op. cit.*, núm. 738, y a LUIS GUILLERMO DÁVILA VINUEZA, *Régimen jurídico de la contratación estatal*, *op. cit.*, págs. 741 y ss.

[147] MIGUEL ÁNGEL BERÇAITZ, *Teoría general de los contratos administrativos*, *op. cit.*, núm. 190. Sobre las causas que dan lugar a la imposición de la sanción de caducidad administrativa, véase a LAURENT RICHER y FRANÇOISE LICHÈRE, *Droit des contrats administratifs*, *op. cit.*, núm. 318. Para el caso colombiano, véase a JUAN ÁNGEL PALACIO HINCAPIÉ, *La contratación de las entidades estatales*, *op. cit.*, págs. 285 y ss., y desde el punto de vista jurisprudencial, véase C. de E., Sala de lo Contencioso Administrati-

finalidad perseguida sea la de "favorecer la continuidad y conclusión satisfactoria del objeto contractual"[148]. Es decir, que no basta un incumplimiento grave para que proceda la sanción de caducidad administrativa del contrato, sino que es necesaria la presencia de la finalidad del servicio público.

De esta manera, cuando no se configuran todos los elementos para la utilización de la cláusula de caducidad o cuando la ley prohíbe la utilización de ese poder exorbitante en un contrato público en particular, aparece la posibilidad de que la administración solicite al juez del contrato la resolución del mismo por incumplimiento[149], solución que ha sido también aceptada por la jurisprudencia administrativa colombiana[150].

En suma, podemos afirmar que el remedio al incumplimiento de las obligaciones contractuales consistente en la "resolución por incumplimiento" es también aplicable a los contratos públicos, aunque con algunas particularidades derivadas del régimen especial al cual se encuentran sometidos estos contratos.

Así, ante el incumplimiento de la administración, la figura se aplica con las mismas reglas que en el derecho privado, aunque con la idea de que el incumplimiento debe ser de gravedad significativa. A su vez, respecto del incumplimiento del cocontratante de la administración, la aplicación de la figura de la resolución procede con las reglas del derecho privado, también con la exigencia de que el incumplimiento sea de una gravedad significativa, y siempre que no se configuren los elementos para dar lugar a la declaratoria de caducidad del contrato o que en el respectivo contrato no se encuentre autorizada la utilización de dicha prerrogativa.

C) *La indemnización de perjuicios*

El tercer efecto que aparece frente al incumplimiento de las obligaciones contractuales y, más específicamente como consecuencia de la

---

vo, Sección Tercera, auto de 24 septiembre 1998, exp. 14.821; sent. de 18 marzo 2004, exp. 15.936; sent. 26 junio 2014, exp. 26.705, y sent. 10 noviembre 2017, exp. 39.536.

[148] Luis Guillermo Dávila Vinueza, *Régimen jurídico de la contratación estatal*, *op. cit.*, pág. 741. En igual sentido, véase a José Luis Benavides, *El contrato estatal*, *op. cit.*, núm. 460.

[149] Véase a Georges Vedel, *Derecho administrativo*, *op. cit.*, págs. 207 y 208.

[150] Véase C. de E., Sala de lo Contencioso Administrativo, Sección Tercera, sents. de 9 febrero 1984, exp. 2.903; de 25 febrero 2009, exp. 15.797, y de 12 julio 2012, exp. 15.024.

responsabilidad contractual, se refiere a que el deudor incumplido debe pagar una indemnización de perjuicios al acreedor. Esta indemnización constituye, entonces, la ejecución del contrato por su equivalente pecuniario, es decir, por una suma de dinero.

En este contexto, la indemnización de perjuicios es el efecto natural de la determinación de la existencia de una responsabilidad contractual y el mecanismo para lograr el restablecimiento del equilibrio económico del contrato roto como consecuencia del incumplimiento del mismo, la cual procede cuando la ejecución *in natura* de la obligación ya no es posible, sea por una imposibilidad material o jurídica, sea por la pérdida de interés del acreedor. La obligación de reparar sustituye, en ese contexto, a la obligación pactada[151]. Además, la indemnización de perjuicios también procede en la ejecución *in natura*, respecto de los perjuicios generados por el retardo o el cumplimiento imperfecto, y en la resolución del contrato, respecto de los daños derivados del incumplimiento que genera la terminación del mismo.

De esta manera, una vez se determina la responsabilidad contractual del deudor, en la cual deben concurrir todos los elementos señalados en el aparte 3 de este capítulo, aparece, como efecto directo, la reacción del ordenamiento jurídico en cuanto al surgimiento de la obligación a cargo del deudor contractual de reparar, en dinero, los daños sufridos por el acreedor contractual, quien no vio satisfecho su interés negocial[152].

Aunque comúnmente se ha afirmado que las reglas de indemnización en la responsabilidad por incumplimiento contractual son similares a las de la responsabilidad extracontractual[153], en relación con la responsabilidad contractual esta obligación general de indemnización de perjuicios merece varias precisiones que pasamos a hacer.

[151] Sobre la subsidiariedad de la reparación de perjuicios frente a la ejecución *in natura*, véase a PHILLIPE LE TOURNEAU, *La responsabilidad civil, op. cit.*, pág. 117.

[152] En relación con la reparación del daño surgida como consecuencia de un juicio de responsabilidad, véase a ADRIANO DE CUPIS, *El daño. Teoría general de la responsabilidad civil, op. cit.*, págs. 569 y ss.

[153] En relación con la aplicación de los principios de la responsabilidad extracontractual a la indemnización de perjuicios en la responsabilidad contractual, véase a MARCEL PLANIOL y GEORGES RIPERT, *Tratado práctico de derecho civil francés*, t. VIII, *op. cit.*, núm. 378. En particular, sobre la aplicación de esta idea en los contratos públicos, véase a LAURENT RICHER y FRANÇOISE LICHÈRE, *Droit des contrats administratifs, op. cit.*, núm. 387.

En primer lugar, respecto de la extensión de la indemnización y la tipología de los daños indemnizables, la doctrina ha expresado que la reparación debe ser integral en el sentido de que cubra todo el daño sufrido por el acreedor de la obligación incumplida. La reparación, entonces, debe cubrir todo el daño sufrido por el acreedor contractual, pero nada más allá de dicho daño, pues de otra manera se produciría un enriquecimiento del perjudicado contrario a derecho. Sobre la indemnización integral, ha dicho la doctrina:

> "La enunciación de la presente regla es simple: la reparación del daño debe dejar indemne a la persona, esto es, como si el daño no hubiere ocurrido o, al menos, en la situación más próxima a la que existía antes de su suceso. Dicho de otra manera, se puede afirmar 'se debe indemnizar el daño, solo el daño y nada más que el daño' [...] La explicación que se da a esta regla se apoya en un principio general del derecho: si el daño se indemniza por encima del realmente causado, se produce un enriquecimiento si justa causa a favor de la 'víctima'; si el daño se indemniza por debajo del realmente causado, se genera un empobrecimiento sin justa causa para la víctima. Es así el daño la medida del resarcimiento[154]".

No puede olvidarse que, como lo ha expresado la doctrina, "el resarcimiento es una reparación que corresponde a la medida del daño. No puede servir para enriquecer al perjudicado, superando tal medida. Semejante enriquecimiento sería extraño a su función reparadora y equilibradora"[155].

Lo anterior implica que, en principio, el deudor declarado responsable debe indemnizar el daño material o patrimonial y el inmaterial o extrapatrimonial. El deber de indemnizar el daño material se concreta, entonces, en la reparación del daño emergente y el lucro cesante. Sobre el punto, la jurisprudencia administrativa colombiana ha señalado: "[...] en materia de responsabilidad contractual de la administración pública, el contratista tiene derecho a que la administración le indemnice la totalidad de los daños derivados del incumplimiento contractual, tanto los que se manifiestan como una disminución patrimonial (daño emergente), como los que se traducen en la privación de las utilidades o ganancias que

---

[154] Véase a JUAN CARLOS HENAO, *El daño*, *op. cit.*, pág. 45. En igual sentido, véase a JESÚS GONZÁLEZ PÉREZ, *Responsabilidad patrimonial de las administraciones públicas*, *op. cit.*, págs. 314 y ss.

[155] ADRIANO DE CUPIS, *El daño. Teoría general de la responsabilidad civil*, *op. cit.*, pág. 753.

esperaba percibir por la imposibilidad de ejecutar total o parcialmente el proyecto (lucro cesante)"[156].

Entonces, el daño emergente es "la pérdida sufrida por el patrimonio del acreedor a causa de la inejecución o mala ejecución de la obligación por parte del deudor", mientras que el lucro cesante "está constituido por la falta de ganancia del acreedor, a causa de la no ejecución o de la mala ejecución de la obligación"[157].

Así, el deber de reparación de los perjuicios materiales o patrimoniales sufridos por los cocontratantes en un contrato, incluidos los contratos públicos, como consecuencia del incumplimiento de las obligaciones a cargo de uno ellos, es indiscutible. Sin embargo, no ocurre lo mismo en cuanto a la indemnización de los perjuicios inmateriales o extrapatrimoniales.

En efecto, para un sector de la doctrina como el contrato, por definición, siempre se refiere a una situación patrimonial, nunca habría lugar a la reparación de perjuicios inmateriales o extrapatrimoniales como consecuencia del incumplimiento de una obligación contractual, toda vez que estos tienden a reparar aspectos que están fuera del patrimonio de las personas. Concretamente, DE CUPIS ha expresado: "Que el daño contractual no patrimonial no tenga sentido jurídico, significa que, al configurarse una obligación que tenga por objeto una prestación no patrimonial, el derecho no tutela el interés relativo al bien constituido por tal prestación. El incumplimiento es ahora ocasión de un daño que por recaer sobre un interés no tutelado jurídicamente no ha originado la correspondiente reacción jurídica. Existe, precisamente, un daño contractual (originado por el incumplimiento de una obligación) no patrimonial (por cuanto su objeto es un interés no patrimonial) contra el que el ordenamiento no actúa"[158].

No obstante, la evolución del derecho de daños y el desarrollo del principio de indemnización integral, han permitido concluir que en caso de responsabilidad contractual es posible reparar tanto daños materiales como inmateriales, pues la consecuencia de este tipo de responsabilidad

[156] C. de E., Sala de lo Contencioso Administrativo, Sección Tercera, sent. de 21 febrero 2002, exp. 14.112.

[157] CRISTIAN LARROUMET, *Teoría general del contrato*, vol. II, *op. cit.*, núms. 651 y 652.

[158] Véase a ADRIANO DE CUPIS, *El daño. Teoría general de la responsabilidad civil*, *op. cit.*, págs. 153 y 154. En igual sentido, véase a RAIMUNDO EMILIANI ROMÁN, *Curso razonado de las obligaciones*, t. I, Bogotá, Universidad Sergio Arboleda, 2001, págs. 334 y ss.

es el deber de indemnizar todos los daños sufridos, lo cual incluye, no solo el daño emergente y el lucro cesante, sino también el daño moral[159], el daño a la salud y el daño a bienes o derechos constitucionales y convencionales, de acuerdo con la unificación jurisprudencial más reciente[160].

Esta idea ha sido recogida por la jurisprudencia colombiana en relación con el daño moral, pero eventualmente puede extenderse a otra clase de perjuicios inmateriales como el daño a la salud y el daño a bienes o derechos constitucionales y convencionales, en los siguientes términos:

> "En una primera etapa, la Sala fue renuente a reconocer indemnización de perjuicios de carácter moral, derivados de la actividad contractual, por cuanto consideró que 'estos solo se configuran cuando se presenta la violación de alguno de los derechos de la personalidad del sujeto'. Posteriormente, la Sala modificó su posición y concluyó que no existía razón para excluir la indemnización de dichos perjuicios, ya que el legislador garantiza la indemnización de todo daño, sin distinguir su clase, en consecuencia, debe ser indemnizado todo perjuicio causado con el incumplimiento de las obligaciones derivadas del contrato, lo cual, como en cualquier clase de perjuicio, está condicionado a que ellos sean demostrados en el proceso [...] es procedente reconocer la indemnización del daño moral derivado de la imposición de una sanción contractual, cuando se tenga la convicción y la certeza de que la víctima lo padeció; certeza y convicción que debe suministrar quien los reclama, con elementos de prueba que no dejen duda de que debe accederse a una condena por ese concepto[161]".

Frente a lo anterior, debe hacerse notar que, en el evento de que el acreedor perjudicado sea una persona jurídica, la doctrina y, en general, la jurisprudencia, han señalado que en ningún caso esta clase de per-

---

[159] En relación con la posibilidad de indemnizar perjuicios inmateriales en materia de responsabilidad contractual, pero específicamente el daño moral, véase a LAURENT RICHER y FRANÇOISE LICHÈRE, *Droit des contrats administratifs*, op. cit., núm. 387; a CHRISTIAN LARROUMET, *Teoría general del contrato*, vol. II, op. cit., núm. 653, y a ARTURO ALESSANDRI R., MANUEL SOMARRIVA U. y ANTONIO VODANOVIC H., *Tratado de las obligaciones*, vol. II, op. cit., núms. 881 y 892.

[160] Sobre esta tipología del daño inmaterial, véase la publicación de la Sección Tercera del Consejo de Estado, *Unificación jurisprudencial. Perjuicios inmateriales*, Bogotá, Imprenta Nacional, 2014.

[161] C. de E., Sala de lo Contencioso Administrativo, Sección Tercera, sent. de 18 marzo 2004, exp. 15.936. En ese sentido, véase igualmente C. de E., Sala de lo Contencioso Administrativo, Sección Tercera, sent. de 20 noviembre 2008, exp. 17.031.

sonas pueden sufrir daños inmateriales, de tal manera que frente a este tipo de personas la indemnización deberá limitarse únicamente al daño emergente y al lucro cesante que se llegue a acreditar dentro del juicio de responsabilidad[162]. En ese sentido, el Consejo de Estado ha expresado:

> "Si bien por regla general la indemnización por perjuicios morales va acorde con la aflicción, la pena, el abatimiento y amargura sufridos por la persona como consecuencia del daño recibido, tal gama de sentimientos angustiosos es inherente al ser humano sensitivamente capaz de recibirlos, de tal forma que la persona jurídica incapacitada e inhabilitada por su propia naturaleza para experimentar tales sensaciones, queda exenta de pretender indemnizaciones de índole moral cuando la causa del daño como en el presente caso, es el fallecimiento de uno de los miembros adscritos de esa persona moral[163]".

De esta manera, se ha considerado que los perjuicios sufridos por el menoscabo del derecho al buen nombre de las personas jurídicas se indemnizan con el pago de perjuicios materiales, específicamente a través del resarcimiento por los daños sufridos por la persona en su *good will* o prestigio comercial, concepto que constituye un bien intangible que forma parte del patrimonio de la persona jurídica y "alude al buen nombre, al prestigio, que tiene un establecimiento mercantil, o un comerciante, frente a los demás y al público en general"[164].

No obstante, no puede perderse de vista que alguna jurisprudencia ha considerado viable reconocer daños morales a las personas jurídicas[165], aunque realmente se trata de una posición aislada.

Por último, en materia de reparación del perjuicio, debe recordarse que en el caso de concurrencia de culpas o de causas, esto es, cuando

---

[162] Véanse Corte Const., sent. T-472 de 1996; C. de E., Sala de lo Contencioso Administrativo, Sección Tercera, sent. de 24 mayo 1984, exp. 3.089; C. de E., Sala de lo Contencioso Administrativo, Sección Tercera, sent. de 20 noviembre 2008, exp. 17.031, y JAVIER TAMAYO JARAMILLO, *De la responsabilidad civil*, t. II, *op. cit.*, núm. 445.

[163] C. de E., Sala de lo Contencioso Administrativo, Sección Tercera, sent. de 20 agosto 1993, exp. 7.881.

[164] C. S. de J., Sala de Casación Civil, sent. de 27 julio 2001, exp. 5.860. En igual sentido, C. de E., Sala de lo Contencioso Administrativo, Sección Tercera, sent. de 10 julio 1997, exp. 10.229, y C. de E., Sala de lo Contencioso Administrativo, Sección Tercera, sent. de 20 noviembre 2008, exp. 17.031. Desde el punto de vista de la doctrina, véase a JUAN CARLOS HENAO, *El daño*, cit., págs. 249 y 250.

[165] C. de E., Sala de lo Contencioso Administrativo, Sección Tercera, sent. de 27 agosto 1992, exp. 6.221.

en la producción del daño exista culpa o participación del acreedor contractual, sin que dicha circunstancia sea la causa única de dicho daño, se genera una reducción en el valor de la indemnización a cargo del deudor contractual. Al respecto, ha dicho la jurisprudencia colombiana:

> *"Quod quis ex culpa sua damnum sentit, non intellegitur damnum sentire.* ('No se entiende que padece daño quien por su culpa lo sufre'). Este principio, que viene desde el Derecho Romano, es el que inspira el precepto consignado en el artículo 2357 del Código Civil, por cuya virtud «la apreciación del daño está sujeto a reducción, si el que lo ha sufrido se expuso a él imprudentemente», regla que entonces quiere decir que la víctima no puede reclamar la indemnización del daño que se ha causado a sí misma. Por la tanto, *cuando el daño, en su totalidad, tiene como causa exclusiva la culpa de la víctima, el demandado encuentra allí un motivo eximente de su responsabilidad. Y si la culpa de la víctima ha contribuido parcialmente a la causación del daño, el demandado, por su parte, solo tendrá que responder en aquella proporción que se juzgue como conectada con su propia culpa.* Si lo que se reduce es la apreciación, es decir, la estimación a la cuantificación del daño, cuando quien lo padece se ha expuesto a él de una manera imprudente, se debe ante todo entender que no es, como por algunos se suele afirmar equivocadamente que se produzca una compensación entre la culpa del demandado y la de la víctima, porque lo que sucede, conforme se infiere del propio tenor del precepto, es que entre la denominada culpa de la víctima y el daño ha de darse una relación de causalidad, como también debe existir con la del demandado. Por eso, cuando ambas culpas concurren a producir el daño, se dice que uno y otro son concausa de este [...] En el anterior orden de ideas, si la cuestión reside en averiguar por el nexo causal entre la culpa de la víctima y el daño por esta padecido, aun cuando aquella existió, si no tiene incidencia en el daño, es claro que no hay para qué considerarlo con miras a buscar una reducción en la indemnización correspondiente (cursiva fuera del texto)[166]".

5. Conclusiones del capítulo

De los análisis y reflexiones anteriores, podemos extraer las siguientes conclusiones:

1. Los contratos públicos producen, por regla general, los mismos efectos que los contratos de derecho privado, entre los cuales se destaca

---

[166] Véase C. S. de J, Sala de Casación Civil, sent. de 29 noviembre 1993, exp. 3.579.

su fuerza obligatoria, que se traduce en el imperativo de que las partes den cumplimiento, de buena fe, a las obligaciones surgidas del contrato, así como a aquellas que emanan de la naturaleza de las obligaciones pactadas o que por ley pertenecen a ellas.

2. A pesar de que sobre el punto no existe acuerdo en la doctrina, a nuestro juicio, dentro de una concepción amplia, el incumplimiento de las obligaciones contractuales constituye un factor de ruptura del equilibrio económico del contrato público, en la medida en que el acreedor insatisfecho tiene el derecho al restablecimiento de la equivalencia de las prestaciones pactadas, mediante el pago de los perjuicios sufridos, siempre que se configuren los requisitos especiales de la responsabilidad contractual, a pesar de que estos sean distintos de los requisitos para aplicar los demás eventos de ruptura del equilibrio económico del contrato.

3. El incumplimiento de las obligaciones consiste en que la prestación efectivamente recibida por el acreedor no corresponde exactamente a la que se deriva de la obligación contraída, lo cual implica una insatisfacción del acreedor en su interés, independientemente de la causa por la cual no se alcanza esa finalidad.

4. Las modalidades del incumplimiento son, de una parte, la omisión de la prestación, que implica inejecución absoluta de la obligación; de otra, la prestación defectuosa o cumplimiento imperfecto, que se refiere al caso en que la prestación no coincide exactamente con la obligación contraída por el deudor, y el retardo en el cumplimiento, el cual se aplica cuando la prestación debida no fue ejecutada en el momento pactado.

5. Para la configuración de la responsabilidad contractual se requiere la presencia de los siguientes elementos: a) la existencia de un contrato; b) la existencia de un daño sufrido por una de las partes del contrato; c) el incumplimiento de una obligación derivada del contrato, y d) la relación de causalidad entre el incumplimiento y el daño.

6. Para que el incumplimiento de las obligaciones contractuales emanadas de un contrato público configure un elemento de responsabilidad contractual, se requiere, además de la omisión de la prestación, de la prestación defectuosa o del retardo en el cumplimiento, que el deudor haya incurrido en culpa, siempre que se trate de obligaciones de medio, y que se encuentre en mora, la cual, como regla general, no requerirá de interpelación judicial o de otra clase, por ser el contrato público un negocio jurídico pactado a un plazo fijo para su ejecución.

7. Los efectos del incumplimiento de la obligación contractual son la ejecución forzada, la resolución del contrato y la indemnización de perjuicios, los cuales son aplicables tanto a los contratos privados como a los públicos.

8. La ejecución forzada consiste en el surgimiento para el acreedor contractual de la acción judicial pertinente que permita constreñir al deudor al cumplimiento de la obligación debida, en los estrictos términos en que fue pactada.

9. En cuanto al incumplimiento de la administración, la ejecución forzada es siempre aplicable cuando se trata de una obligación pecuniaria. Sin embargo, si se trata de una obligación de hacer o de dar no pecuniaria, será necesario que el ordenamiento jurídico autorice al juez administrativo para dar órdenes de ejecución de esta clase de obligaciones a la administración. Si el ordenamiento no autoriza esta posibilidad, el cocontrantante de la administración podrá demandar la responsabilidad contractual para obtener la indemnización de perjuicios correspondiente.

10. Por su parte, en relación con el incumplimiento del cocontratante de la administración, la ejecución forzada siempre será posible, pero no será necesario acudir al juez cuando el ordenamiento jurídico autorice a la administración para, en virtud de la autotutela ejecutiva, obligar, de oficio, a su cocontratante al cumplimiento de sus obligaciones contractuales.

11. La resolución por incumplimiento es también aplicable a los contratos públicos, aunque con algunas excepciones al régimen general de derecho privado, derivadas del régimen especial al cual se encuentran sometidos estos contratos.

12. Ante el incumplimiento de la administración, la resolución por incumplimiento se aplica con las mismas reglas que en el derecho privado. Respecto del incumplimiento del cocontratante de la administración, la aplicación de la figura de la resolución procede con las reglas del derecho privado, siempre que no se configuren los elementos para dar lugar a la rescisión unilateral del contrato o que en el respectivo contrato no se encuentre autorizada la utilización de dicha prerrogativa.

13. Cuando se produce una responsabilidad contractual, sea en relación con un contrato de derecho privado o con un contrato público, a fin de lograr el restablecimiento del equilibrio económico del contrato, la reparación debe ser integral en el sentido de que cubra todo el daño sufrido por el acreedor de la obligación incumplida, comprendidos los perjuicios materiales e inmateriales, salvo cuando el acreedor perjudicado

sea una persona jurídica, caso en el cual solo procede la indemnización por perjuicios materiales.

14. La indemnización de perjuicios procede tanto en los casos en que se ejecuta por el equivalente pecuniario de la obligación contractual, como en los de la ejecución forzada de la obligación principal, por los perjuicios derivados del retardo o del cumplimiento imperfecto, y de la resolución del contrato, respecto de los daños derivados del incumplimiento que genera la terminación del mismo.

CAPÍTULO VI

INSTRUMENTOS JURÍDICOS PARA HACER EFECTIVO EL RESTABLECIMIENTO DEL EQUILIBRIO ECONÓMICO EN LOS CONTRATOS PÚBLICOS

Si, como lo hemos sostenido en esta obra, el mantenimiento del equilibrio económico y financiero en los contratos públicos es uno de los derechos de los cocontratantes, esto es, tanto de la administración pública como del particular, es necesario que existan instrumentos por medio de los cuales pueda garantizarse ese derecho de las partes del contrato.

Para el efecto, los ordenamientos jurídicos de los diversos países que aplican el principio del equilibrio económico en los contratos públicos ofrecen diferentes instrumentos o mecanismos jurídicos para que pueda hacerse efectivo ese derecho de las partes de un contrato público al mantenimiento de la reciprocidad entre las prestaciones pactadas.

Estos diversos instrumentos, aunque con matices en cada caso concreto, se pueden clasificar, para efectos prácticos y metodológicos, en tres grupos: los instrumentos contractuales (1), los instrumentos de reclamación y arreglo directos (2) y los instrumentos judiciales (3).

1. INSTRUMENTOS CONTRACTUALES

Cuando se habla de instrumentos contractuales para hacer efectivo el derecho al restablecimiento del equilibrio económico en los contratos públicos, se hace referencia a la posibilidad que tienen las partes de estipular diversas clases de cláusulas que tienen como finalidad neutralizar o mitigar los efectos de los hechos o circunstancias que puedan alterar las condiciones inicialmente pactadas y afectar la economía del contrato. Es decir, que se trata de instrumentos previstos por las partes para el manejo del cambio de circunstancias de ejecución aun antes de que se presente una ruptura del equilibrio económico del contrato.

Para efectos de metodología, analizaremos estos instrumentos contractuales de garantía del equilibrio económico del contrato en tres partes, a saber: en primer lugar, estudiaremos el postulado de la autonomía de la voluntad en los contratos públicos y su relación con el principio del equilibrio económico del contrato (A); posteriormente expondremos de manera detallada la figura de la revisión o reajuste de precios (B) y, finalmente, analizaremos otras cláusulas relacionadas con el equilibrio económico del contrato (C).

A) *La autonomía de la voluntad en los contratos públicos y el principio del equilibrio económico del contrato*

A pesar de las especificidades que presenta el contrato público, entre ellas, los poderes unilaterales excepcionales que tradicionalmente se le reconocen a la administración pública para garantizar el cumplimiento de los fines de la contratación pública, dicha institución no pierde su naturaleza bilateral, es decir, su carácter de contrato.

La bilateralidad que se reconoce a la figura del contrato público implica precisamente el reconocimiento de la aplicación del principio de la autonomía de la voluntad y de las consecuencias que dicho principio apareja, obviamente con las modulaciones propias del carácter administrativo o público del negocio jurídico. Al respecto, en otro lugar hemos sostenido que "nos parece que tratándose de contratos, en ellos deben entenderse aplicables los principios de autonomía de la voluntad y de igualdad de las partes, salvo los casos en que la misma ley consagra excepciones a ellas"[1].

Tomando en cuenta esa naturaleza bilateral y negocial de la cual goza el contrato público, aunque con algunas posiciones excepcionales[2], en términos generales la doctrina especializada ha expresado que el postulado de la autonomía de la voluntad resulta aplicable a la contratación de la administración pública, obviamente sin perjuicio de las limitaciones que puedan aparecer a dicho principio en virtud de la presencia de la administración en el contrato y de las finalidades que ella representa[3].

---

[1] Véase a LIBARDO RODRÍGUEZ RODRÍGUEZ, "El acto administrativo contractual", *op. cit.*, pág. 116.

[2] Véase a ROBERTO O. BUSTILLO BOLADO, *Convenios y contratos administrativos: transacción, arbitraje y terminación convencional del procedimiento*, 3ª ed., Cizur Menor (Navarra), Aranzadi, 2010, págs. 44 y ss., quien sostiene que, debido al sometimiento estricto de la administración a la legalidad, ni siquiera en materia contractual se reconoce a la administración el ejercicio de la autonomía de la voluntad.

[3] Al respecto, véase a MIGUEL ÁNGEL BERÇAITZ, *Teoría general de los contratos administrativos*, *op. cit.*, núm. 154; a JUAN CARLOS EXPÓSITO VÉLEZ, *La configuración*

En efecto, la contratación de la administración pública no solo se encuentra basada en la autonomía de la voluntad, sino que el interés público también afecta directamente al régimen de los contratos públicos, imponiendo limitaciones a las libertades y derechos que se desprenden de la aplicación pura y simple del postulado de la autonomía. Es así como, respecto de la administración pública, la normativa contractual "juega como límite de su autonomía de la voluntad", pero, además, con la precisión de que "ciertamente que, aun en este campo propio del poder discrecional de las administraciones públicas, la autonomía de la voluntad de la administración es mucho más restringida que la de un particular, pues no puede actuar en la gestión del interés público de forma arbitraria y con desviación de poder"[4].

A su vez, en el derecho administrativo colombiano, al igual que ocurre en otros ordenamientos jurídicos, tanto en la ley, como en la jurisprudencia y la doctrina, se reconoce expresamente la aplicación del principio de la autonomía de la voluntad a los contratos que celebra la administración pública, aunque con las particularidades que resultan del carácter público de los contratos[5]. En ese sentido, la jurisprudencia del Consejo de Estado de Colombia ha señalado:

"[...] el concepto de la autonomía de la voluntad, en tratándose de personas de derecho público, no tiene el mismo alcance que se le otorga a la noción de autonomía privada, esto es, a los negocios celebrados entre particulares, precisamente por estar de por medio el interés general y el patrimonio público, cuando una de las partes del negocio es una entidad estatal [...] De esta manera, la libertad negocial de los entes estatales no es absoluta ni igual a la de los particulares, pero bien pueden aquellas acordar las condiciones específicas del contrato, determinadas por las necesidades del servicio, sin perder de vista que la naturaleza del contrato celebrado por las entidades estatales no se aleja irremediablemente de

del contrato de la administración pública en derecho colombiano y español, op. cit., págs. 304 y ss., y a JORGE SUESCÚN MELO, Derecho privado: estudios de derecho civil y comercial contemporáneo, t. II, 2ª ed., Bogotá, Legis Editores, 2003, págs. 1 y ss.

[4] JOSÉ LUIS VILLAR PALASÍ, Lecciones de contratación administrativa, op. cit., pág. 48. Al respecto, véase a FRANCK MODERNE, "La contratación pública en el derecho administrativo francés contemporáneo", op. cit., págs. 264 y 265.

[5] Véase a JOSÉ LUIS BENAVIDES, El contrato estatal, op. cit., núms. 107 a 109, donde se hace una descripción detallada de las normas, jurisprudencia y doctrina que reconocen la aplicación del principio de la autonomía de la voluntad a la contratación pública.

los principios del derecho público, por el hecho de estar sometido a las normas del derecho privado"[6].

En el mismo sentido, en oportunidad posterior, la misma jurisprudencia administrativa ha expresado: "La intención que inspiró al legislador de 1993 al expedir el estatuto contractual fue la de reconocer la autonomía de la voluntad como rectora en la celebración de los contratos estatales, recogiendo los postulados previstos en el derecho privado, pero sin que ello signifique que la entidad estatal sea ajena a la finalidad que caracteriza tal contratación, esto es, el logro de los cometidos del Estado"[7]

Por su parte, la doctrina colombiana ha dicho: "Con respecto a la autonomía de la voluntad debe decirse que está bien que se juzgue pilar de la contratación en derecho privado, pero en derecho público la disposición de bienes y recursos, que es el fondo de los contratos, es reglado, por lo que los funcionarios no disponen del grado de libertad para actuar que tienen los contratistas particulares; la licitación pública, las cláusulas obligatorias y los mismos formatos contractuales son indicativos de estas limitaciones"[8].

Sobre el particular, conviene destacar lo expresado en los debates parlamentarios que dieron lugar a la expedición de las normas legales que actualmente rigen la actividad contractual pública en Colombia. Así, en la exposición de motivos del proyecto de ley que dio lugar a la expedición de la ley 80 de 1993, actual Estatuto General de Contratación de la Administración Pública, se expresó:

> "El proyecto de ley a que se viene aludiendo busca, entonces, devolver al contrato estatal las connotaciones que le son propias. Para lograrlo necesariamente se tiene que partir de las dos premisas a las cuales ya se ha hecho referencia y que servirán de marco frente a cualquier legislación ulterior. Se trata como ya se ha indicado, del postulado de la autonomía de la voluntad y del interés público que encierra la negociación estatal.
>
> "[...]

[6] C. de E., Sala de Consulta y Servicio Civil, concepto de 6 abril 2000, rad. 1.263.

[7] C. de E., Sala de lo Contencioso Administrativo, Sección Tercera, auto de 5 abril 2001, exp. 16.953

[8] JAIME VIDAL PERDOMO, "LOS contratos de la administración pública colombiana: experiencias de derecho público y derecho privado", en JUAN CARLOS CASSAGNE y ENRIQUE RIVERO YSERN (dir.), *La contratación pública*, t. 1, Buenos Aires, Editorial Hammurabi, 2006, pág. 373.

"El proyecto de ley busca recuperar la trascendencia de la autonomía de la voluntad como principal fuente creativa y reguladora de las relaciones sociales. Por eso, las relaciones entre el organismo estatal y el contratista deberán fundarse en el acuerdo de sus voluntades, del que emanarán las principales obligaciones y efectos del acto jurídico"[9].

Ahora bien, este postulado de la autonomía de la voluntad, al reflejarse en la libertad contractual, tiene cuatro campos específicos de aplicación: la libertad de decidir si se contrata o no se contrata, la libertad de seleccionar al cocontratante, la libertad de escoger el tipo de contrato que se quiere celebrar y la libertad de determinar el contenido del contrato[10].

Para este estudio nos interesa, en particular, la libertad de determinar el contenido del contrato, la cual se concreta en la posibilidad que el ordenamiento jurídico otorga a las partes de incluir las cláusulas y estipulaciones que rigen la relación jurídica, que consideren necesarias para que el contrato logre el cumplimiento de su función económica. No obstante, debe hacerse notar que esta libertad, expresión de la autonomía de la voluntad, no es ilimitada sino que, tanto en el derecho público como en el privado, encuentra limitaciones en el deber de respetar las normas de orden público y las buenas costumbres[11].

En virtud de esta libertad, las partes de un contrato público pueden incluir en los contratos que celebren, todas las estipulaciones que consideren indispensables para que se logre satisfacer adecuadamente el interés general y sus necesidades, y dar garantía a las partes de sus derechos contractuales.

[9] Exposición de motivos al proyecto de ley 149 de 1992. Senado, en JAIME BETANCUR CUARTAS, *Nuevo estatuto general de contratación administrativa*, op. cit., págs. 107 y 108.

[10] Sobre las consecuencias del postulado de la autonomía de la voluntad, véase a WERNER FLUME, *El negocio jurídico*, trad. de la 4ª ed. alemana, Madrid, Fundación Cultural del Notariado, 1998, págs. 23 y ss.; a LUIS DÍEZ-PICAZO, *Fundamentos del derecho civil patrimonial*, t. I, Introducción a la teoría del contrato, 6ª ed., Madrid, Civitas, 2008, págs. 158 y 159; a JORGE SUESCÚN MELO, *Derecho privado: estudios de derecho civil y comercial contemporáneo,* t. II, op. cit., págs. 27 y ss., y a JOSÉ LUIS BENAVIDES, *El contrato estatal, op. cit.,* núm. 90.

[11] En relación con estas limitaciones a la autonomía de la voluntad, véase a FRANCESCO MESSINEO, *Doctrina general del contrato*, op. cit., págs. 50 y ss.; a LUIS DÍEZ-PICAZO, *Fundamentos del derecho civil patrimonial*, t. I, op. cit., págs. 159 y ss., y a BRUNO CAPRILE BIERMANN, "El objeto de los actos jurídicos", en *Los contratos en el derecho privado*, Bogotá, Legis Editores y Universidad del Rosario, 2007, págs. 164 y ss.

Es decir, que las estipulaciones que se incluyan en un contrato público deben siempre buscar satisfacer las finalidades que son propias de estos contratos, como es la satisfacción del interés general, la continua y eficiente prestación de los servicios públicos y el cumplimiento de los fines del Estado, según se acepta genéricamente por la doctrina[12], así como, según se reconoce en algunos países, la garantía de los derechos de los particulares que colaboran con la administración en la consecución de los anteriores fines[13].

Esa "libertad de pactos", que es característica típica de los contratos públicos, es expresamente reconocida en algunos ordenamientos jurídicos. Por ejemplo, en el derecho positivo español, el artículo 34 de la Ley 9 de 2017 señala que "en los contratos del sector público podrán incluirse cualesquiera pactos, cláusulas y condiciones, siempre que no sean contrarios al interés público, al ordenamiento jurídico y a los principios de buena administración". Es decir, que se reconoce a las partes del contrato público la posibilidad de determinar su contenido, esto es, las estipulaciones que regirán su relación negocial, aunque tal "libertad de pactos no comporta un poder omnímodo o soberano que permita regular cualquier materia o cuestión", sino que tiene unos límites muy precisos que reflejan el sometimiento de la administración a la legalidad[14].

A su vez, en el derecho colombiano, la libertad de determinación del contenido del contrato está expresamente consagrada en la normativa sobre la contratación pública. Al efecto, el artículo 40 de la ley 80 de 1993 señala:

> "En los contratos que celebren las entidades estatales podrán incluirse las modalidades, condiciones y, en general, las cláusulas o estipulaciones que las partes consideren necesarias y convenientes, siempre que no sean contrarias a la Constitución, la ley, el orden público y a los principios y finalidades de esta ley y a los de la buena administración".

En este punto resulta pertinente recordar que uno de los derechos que surge para las partes de un contrato público, entre otras razones, como consecuencia del carácter conmutativo y sinalagmático de los mismos,

---

[12] Sobre las finalidades de los contratos públicos, véase a HÉCTOR JORGE ESCOLA, *Tratado integral de los contratos administrativos*, vol. I, *op. cit.*, núm. 27.

[13] Es el caso, por ejemplo, de Colombia, como lo señala el art. 3° de la ley 80 de 1993, Estatuto General de Contratación de la Administración Pública.

[14] DAVID BLANQUER CRIADO, *Los contratos del sector público*, Valencia, Tirant lo Blanch, 2013, pág. 202.

es precisamente la garantía del mantenimiento del equilibrio económico del contrato.

Al respecto, la legislación colombiana, específicamente en los numerales 3 y 8 del artículo 4° de la ley 80 de 1993, expresamente incluye como un deber de las entidades estatales, con el objetivo de lograr la finalidad de la contratación administrativa, el de adoptar medidas tendientes a la actualización y revisión de precios, como mecanismo jurídico para mantener inalterada la equivalencia entre las prestaciones a cargo de las partes.

En ese orden de ideas, no solo resulta legítimo sino prácticamente obligatorio que las partes de un contrato público incluyan cláusulas o estipulaciones tendientes a establecer mecanismos mediante los cuales puedan ser mitigados los efectos de hechos o circunstancias que puedan afectar la economía del contrato durante su fase de ejecución.

En concordancia con lo anterior, en la práctica administrativa y comercial encontramos instrumentos o herramientas que se concretan en estipulaciones contractuales que tienen como finalidad mantener la equivalencia entre las prestaciones propias de un contrato conmutativo y que son perfectamente aplicables a los contratos públicos. Entre esos instrumentos encontramos, en primer lugar, las cláusulas de interpretación, modificación y terminación unilaterales, cuyos efectos sobre el principio del equilibrio económico estudiamos en el capítulo II, a propósito de la *potestas variandi*. Pero, además, encontramos la revisión o reajuste de precios como el mecanismo contractual más importante para mantener inalterada la estructura económica del contrato, así como otras cláusulas que analizaremos a continuación.

B) *La revisión o reajuste de precios*

La importancia del precio en la contratación pública es manifiesta. En efecto, el precio no solo constituye la forma más común de remunerar al contratista de la administración pública, sino que el mismo se erige como uno de los principales derechos que tiene el cocontratante de la administración y como una cláusula esencial en los contratos públicos[15].

Este aspecto puntual del contrato tiene muy estrecha relación con el principio del equilibrio económico del contrato administrativo, en

---

[15] Véase a GASTON JÈZE, *Principios generales del derecho administrativo*, t. IV, *op. cit.*, págs. 381 y ss.; a ANDRÉ DE LAUBADÈRE et YVES GAUDEMET, *Traité de droit administratif*, t. I, *op. cit.*, núm. 1474, y a MIGUEL S. MARIENHOFF, *Tratado de derecho administrativo*, t. III-A, *op. cit.*, núm. 752.

la medida en que uno de los puntos más importantes para determinar si existe equivalencia entre las prestaciones a cargo de las partes se encuentra en el precio o remuneración que debe pagar la administración a su cocontratante.

En ese orden de ideas, uno de los mecanismos que han sido ideados para garantizar la aplicación del principio del equilibrio económico se encuentra precisamente en la inclusión en el contrato de una estipulación en virtud de la cual la ocurrencia de cambios en las circunstancias en que se debe ejecutar el contrato implica una variación positiva o negativa en el precio o remuneración a favor o en contra del cocontratante de la administración, de tal manera que dicho precio se encuentre conforme con las condiciones económicas en las cuales son efectivamente ejecutadas las prestaciones a cargo de las partes.

A su vez, el ordenamiento jurídico —a través de la ley, de la reglamentación, de los pliegos de cláusulas generales o de los pliegos de cláusulas especiales—, puede consagrar una figura en virtud de la cual se produzca la aplicación de idénticas consecuencias sobre el precio por hechos o circunstancias similares a las mencionadas, de forma independiente a la existencia de la cláusula contractual. Es decir, que la misma figura puede darse, tanto por voluntad de las partes como por mandato legal. Sin embargo, para efectos prácticos, la figura suele ser utilizada en forma de cláusula ya que, de esta manera, ella permite ser aplicada de forma más precisa a las características de cada contrato en particular, esto es, aplicando los índices macroeconómicos correctos y los determinantes de las fórmulas matemáticas pactadas que sean relevantes.

En consecuencia, esta figura, que se conoce como el reajuste o revisión de precios, puede ser legal o contractual y ha sido definida por la doctrina, desde el punto de vista de su estipulación contractual, "como una cláusula de estabilidad o equilibrio financiero del contrato, que supone una garantía frente a la inestabilidad económica, de suerte que en los contratos de larga duración y volumen importante la prestación dineraria a favor del contratista no se vea disminuida como consecuencia de la inflación"[16]. Igualmente, ha dicho la doctrina que "la revisión de precios es un mecanismo de reasignación de riesgos, que supone una excepción

---

[16] FERNANDO GARRIDO FALLA, *Tratado de derecho administrativo*, vol. II, Parte general: conclusión, 12ª ed., Madrid, Edit. Tecnos, 2005, pág. 122. En similar sentido, véase a ESTELA VÁZQUEZ LACUNZA, *El equilibrio económico en los contratos de servicios, op. cit.*, pág. 153.

a los principios de precio cierto, riesgo y ventura, e inmutabilidad del contrato administrativo, y consiste en la aplicación de un coeficiente (de revisión) a los importes líquidos de las prestaciones realizadas que tengan derecho a revisión"[17].

En virtud de esta institución, "el cocontratante tiene derecho, en tanto se configuren determinadas condiciones fijadas por el contrato (por ejemplo, un aumento de una cierta importancia de los precios de los materiales principales), a un aumento correlativo en el precio del contrato"[18].

Además, debe señalarse que esta cláusula, como lo ha dicho la jurisprudencia colombiana desde hace tiempo, no constituye una cláusula excepcional o exorbitante en la medida en que no consagra ninguna clase de poderes para la administración pública. Se trata de una cláusula de derecho común, en ocasiones fruto de la autonomía de la voluntad y en ocasiones fruto de la imposición del legislador. Así, la jurisprudencia clásica del Consejo de Estado ha dicho: "la cláusula de revisión periódica de precios, en función de factores determinantes de los costos previstos, no es una cláusula exorbitante, no establece ella un privilegio legal en favor de la entidad administrativa sino que con ella se busca una relación de equidad para ambas partes y cuando dicha cláusula se encuentra imprevista en el contrato puede alegarse como parte de él"[19].

De acuerdo con lo anterior, podemos afirmar que la revisión o reajuste de precios es la figura en virtud de la cual, frente a la ocurrencia de cambios en las condiciones de ejecución del contrato, señalados en el ordenamiento jurídico o en la respectiva cláusula contractual, se produce un ajuste, hacia arriba o hacia abajo, en el precio que se debe pagar al cocontratante de la administración.

Para comprender correctamente el alcance y funcionamiento de esta figura, analizaremos los antecedentes históricos que dieron lugar a su aparición, los fundamentos o justificación teórica de la aplicación de la misma y su funcionamiento práctico.

---

[17] JESÚS COLÁS TENAS et al., "Los contratos del sector público (2): formación y vicisitudes", en MARYANO IZQUIERDO TOLZADA (dir.), *Contratos*, t. XIV, Los contratos públicos, Pamplona, Thomson-Reuters y Aranzadi, 2014, pág. 415.

[18] ANDRÉ DE LAUBADÈRE et YVES GAUDEMET, *Traité de droit administratif*, t. I, *op. cit.*, núm. 1475.

[19] C. de E., Sala de lo Contencioso Administrativo, Sección Tercera, auto de 4 agosto 1969.

a) *Antecedentes históricos de la figura.* Para el análisis de la evolución de la figura, analizaremos, en primer lugar, su aparición en el mundo de los contratos públicos, para luego estudiar su existencia histórica en el derecho colombiano.

a') *La aparición de la revisión de precios en los contratos públicos.* Esta particular técnica para lograr el mantenimiento del equilibrio económico del contrato público, tiene su origen en la necesidad práctica de romper con la rigidez del principio de ejecución a riesgo y ventura del contratista frente a las inestabilidades de las variables macroeconómicas que afectan la ejecución del contrato, sin que ello suponga la violación de otros principios de funcionamiento de la administración pública, especialmente el principio de la legalidad presupuestaria, en el sentido de tener certeza previa del valor de las prestaciones a cargo de la administración en un contrato[20].

En efecto, además de la rigidez del principio *pacta sunt servanda* a finales del siglo xix, en virtud de los postulados económicos imperantes en el Estado liberal de derecho, la necesidad de tener certeza en las obligaciones pecuniarias de la administración pública, como principio del derecho presupuestal, hacían que los contratos públicos y, en particular, el contrato de obra pública, debían pactarse de tal manera que se supiera de antemano el valor total que debería cancelar la administración por la prestación recibida.

En otras palabras, los contratos de la administración pública de finales del siglo xix, incluidos los contratos de obra pública, se encontraban marcados por la necesidad de salvaguardar la noción del *precio cierto*, esto es, de un precio que pudiera ser plenamente conocido por la administración antes de la celebración y ejecución del contrato.

No obstante, como consecuencia de los fenómenos inflacionarios de la economía de principios del siglo xx, especialmente acentuados por las consecuencias de la primera guerra mundial, apareció evidente que la idea de un precio cierto en los contratos de obra de la administración resultaba imposible, de tal manera que existía una latente necesidad de desarrollar mecanismos por medio de los cuales se lograra que la admi-

---

[20] Véase a José Luis Villar Ezcurra y Jaime Marfá Badaroux, "Revisión de precios", en Ariño y asociados, *Comentarios a la ley de contratos de las administraciones públicas*, t. iii, La gestión del contrato, Granada, Editorial Comares, 2005, págs. 862 y ss., y a Rodrigo Escobar Gil, *Teoría general de los contratos de la administración pública, op. cit.*, pág. 589.

nistración obtuviera la obra y el contratista recibiera un precio justo por su correcta ejecución.

Este cambio en el contexto económico en el cual se desarrollaba la contratación pública de finales del siglo XIX, propiciado especialmente por las consecuencias económicas de la primera guerra mundial, es, entonces, la primera circunstancia histórica que permite el desarrollo de la institución de la revisión de precios. Al respecto, ha dicho la doctrina que "cuando las repercusiones de la primera guerra mundial sobre nuestros precios alteraron sensiblemente la base ambiental de los contratos administrativos, el legislador dictó diversas disposiciones introduciendo la revisión de precios"[21].

La segunda razón histórica que explica el surgimiento de la revisión de precios se encuentra en la nueva concepción del contrato público, basada en la idea de que el cocontratante de la administración no es su adversario sino su colaborador en la gestión del servicio público, lo cual permite romper con la rigidez del principio de riesgo y ventura[22].

En suma, puede decirse que las razones históricas que permitieron el surgimiento de la institución de la revisión de precios son las siguientes:

• Los graves desequilibrios económicos producidos por las dos guerras mundiales.

• Una nueva concepción del contrato administrativo basada en el principio de colaboración entre contratista y administración

• La crisis de los principios presupuestarios tradicionales que llevaron a la sacralización del principio de riesgo y ventura[23].

De otra parte, vale la pena destacar que, a diferencia de lo ocurrido con otras técnicas de garantía del equilibrio económico del contrato público, que son fundamentalmente obra de las construcciones del Consejo de Estado francés, la revisión de precios en los ordenamientos jurídicos que aplican en los contratos públicos el citado principio del equilibrio económico ha sido más bien producto de decisiones legislativas. Es

---

[21] Véase a GASPAR ARIÑO ORTIZ, *Teoría del equivalente económico en los contratos administrativos*, *op. cit.*, pág. 346. En el mismo sentido, véase a JUAN CARLOS CASSAGNE, *El contrato administrativo*, *op. cit.*, pág. 150, y a RAÚL ENRIQUE GRANILLO OCAMPO, *Distribución de riesgos en la contratación administrativa*, *op. cit.*, pág. 178.

[22] Véase a JOSÉ LUIS VILLAR EZCURRA y JAIME MARFÁ BADAROUX, "Revisión de precios", *op. cit.*, págs. 862 y ss.

[23] *Ibidem*, pág. 867.

decir, la revisión de precios no surge como una solución jurisprudencial, sino como una intervención de los poderes públicos en la determinación del precio en el contrato público, específicamente en la determinación del precio del contrato de obra pública[24].

Así, en el derecho administrativo español, el sistema de revisión de precios fue introducido en los contratos de obra pública, aunque con un carácter extraordinario y temporal, por el denominado Decreto Alba de 31 de marzo de 1917, atendiendo a los cambios inflacionarios producidos por el desarrollo de la primera guerra mundial, que afectaron directamente el precio de los materiales de construcción. No obstante, como los cambios inflacionarios persistieron durante el siglo xx, la legislación española mantuvo la aplicación de la revisión de precios a partir de entonces, aplicación que se extendió a los diversos contratos públicos[25].

Por su parte, en el derecho francés el sistema de revisión de precios nace con posterioridad al reconocimiento del principio del equilibrio económico en la jurisprudencia del Consejo de Estado, para los llamados *marchés publics*, en las circulares Daladier, en particular, la de 18 de mayo de 1938 relativa a la revisión de los contratos con el fin de evitar litigios relacionados con la imprevisión, y la de 10 de agosto de 1938 que autorizó específicamente el pacto de la cláusula de precios en los *marchés publics*[26]. Se trataba de consagrar un sistema que permitiera una evolución de los precios pactados en función de las circunstancias económicas en las que realmente se ejecutara el contrato, sistema que aún se encuentra consagrado en las normas vigentes. Frente a esta figura, debe resaltarse que el derecho francés se limita a aplicarla a los

---

[24] ANDRÉ DE LAUBADÈRE, FRANCK MODERNE et PIERRE DELVOLVÉ, *Traité des contrats administratifs*, vol. II, *op. cit.*, núm. 1030.

[25] Véase a GASPAR ARIÑO ORTIZ, *Teoría del equivalente económico en los contratos administrativos*, *op. cit.*, pág. 346; a EDUARDO GARCÍA DE ENTERRÍA y TOMÁS-RAMÓN FERNÁNDEZ, *Curso de derecho administrativo*, t. I, *op. cit.*, 2004, pág. 784; a RAMÓN PARADA, *Derecho administrativo*, t. II, *op. cit.*, pág. 824, y a FERNANDO GARRIDO FALLA, *Tratado de derecho administrativo*, vol. II, *op. cit.*, pág. 120.

[26] Los llamados *marchés publics* son definidos, en oposición a los contratos de gestión delegada de servicios públicos, de ocupación del dominio público o de reclutamiento de agentes públicos, como "los contratos celebrados a título oneroso (es decir, especialmente, mediante un precio pactado) tanto por el Estado (y sus establecimientos públicos administrativos) como por las colectividades territoriales (y sus establecimientos públicos) para satisfacer sus necesidades de trabajos, suministros o servicios" (RENÉ CHAPUS, *Droit administratif général*, t. I, *op. cit.*, núm. 1362-2°).

marchés publics sin extender sus efectos a las concesiones, en las cuales el concesionario no se remunera mediante un precio sino con una tarifa, que recibe un tratamiento jurídico diferente[27]. Actualmente, el artículo 18-V de la ordenanza 2015-899 de 23 de julio de 2015, que regula los *marchés publics*, prevé expresamente la posibilidad de pactar cláusulas de revisión de precios[28].

En conclusión, puede señalarse que si bien, en términos generales, en un principio la institución de la revisión de precios solo era aplicable a los contratos de obra pública, la evolución posterior de la figura y las diversas regulaciones expedidas en los diferentes ordenamientos jurídicos que utilizan la figura del contrato público, hicieron que su aplicación se extendiera a otra clase de contratos públicos de ejecución sucesiva o continuada como, por ejemplo, el contrato de suministro, pues las reflexiones de fondo que permitieron su aplicación en el contrato de obra, resultaban plenamente aplicables a los demás contratos de tracto sucesivo[29].

b') *La incorporación y consolidación de la revisión de precios en Colombia*[30]. Durante el siglo XIX y más de la mitad del siglo XX, los contratos celebrados por la administración pública colombiana se regían por el derecho privado, salvo en algunos aspectos puntuales a los cuales se aplicaban regulaciones especiales, expresamente consagradas por el legislador. De esta manera, puede afirmarse que hasta avanzada buena parte del siglo XX en Colombia no existían verdaderos contratos públicos, sino que apenas existían contratos de derecho privado de la administración con algunas normas especiales de derecho público aplicables[31].

---

[27] Respecto de la evolución de la figura en el derecho francés, puede verse a LAURENT RICHER y FRANÇOISE LICHÈRE, *Droit des contrats administratifs, op. cit.*, págs. 510 y ss.

[28] STÉPHANE BRACONNIER, *Précis du droit de la commande publique, op. cit.*, pág. 562.

[29] En este sentido, véase a JOSÉ LUIS VILLAR EZCURRA y JAIME MARFÁ BADAROUX, "Revisión de precios", *op. cit.*, págs. 864 y ss., y a RODRIGO ESCOBAR GIL, *Teoría general de los contratos de la administración pública, op. cit.*, pág. 591.

[30] Una presentación detallada de la figura puede verse en CARLOS ALBERTO ZAMBRANO BARRERA, "Ruptura del equilibrio económico e incumplimiento del contrato estatal", en HUGO ANDRÉS ARENAS MENDOZA (ed.), *Instituciones de derecho administrativo*, t. II, Bogotá, Grupo Editorial Ibáñez y Universidad del Rosario, 2016, págs. 229 y ss.

[31] En relación con algunos aspectos históricos de los contratos públicos en Colombia, puede verse a JAIME VIDAL PERDOMO, "La noción de contrato estatal en derecho colombiano", *op. cit.*, págs. 457 y ss., y a LIBARDO RODRÍGUEZ RODRÍGUEZ, *Derecho administrativo. General y colombiano*, t. II, *op. cit.*, núms. 878 y ss.

Dentro de ese contexto de aplicación del derecho privado, los contratos de obra celebrados por la administración pública se regían por las normas del Código Civil, conforme a las cuales los contratos de obra se ejecutan a riesgo y ventura del constructor, de tal manera que este no tiene derecho a solicitar el ajuste de precios por ninguna circunstancia. Es así como el artículo 2060 numeral 1 del Código Civil señala que "el empresario no podrá pedir aumento del precio, a pretexto de haber encarecido los jornales o materiales, o de haberse hecho agregaciones o modificaciones al plan primitivo; salvo que se haya ajustado a un precio particular por dichas agregaciones o modificaciones"[32].

De esta manera, si durante la ejecución de un contrato de obra celebrado por la administración pública se alteraban los precios de los materiales, el cocontratante no tenía derecho a solicitar el ajuste del precio, sino que debía terminar la obra, de acuerdo con los precios pactados. Así, la única manera de modificar el precio pactado era celebrando otro negocio en virtud del cual las partes se pusieran de acuerdo sobre la alteración y ajuste del precio inicialmente pactado[33].

Concordante con la idea de la inexistencia de contratos públicos en la primera mitad del siglo xx, la consagración de un sistema de revisión de precios solo viene a ser introducido en la década de los sesenta y, al igual que lo ocurrido en experiencias europeas, dicha introducción se produjo como consecuencia de una decisión legislativa. Específicamente es el artículo 11 de la ley 4ª de 1964, el que inaugura la aplicación del sistema de revisión de precios en el derecho colombiano, norma que luego fue reglamentada por el artículo 17 del decreto 1518 de 1965.

Según la jurisprudencia administrativa, la razón de fondo que permitió adoptar el sistema de la revisión de precios se encuentra en el deber de garantizar el equilibrio económico del contrato administrativo. Es así como, según la jurisprudencia,

> "El reajuste de precios fue adoptado por la legislación colombiana como una medida para restablecer el equilibrio financiero del contrato, que pudiere verse afectado por las fluctuaciones en los precios de los elementos requeridos para la ejecución de las obras, debido al fenómeno

---

[32] Sobre el contrato privado de obra, véase a José Alejandro Bonivento Fernández, *Los principales contratos civiles y su paralelo con los comerciales*, 20ª ed., Bogotá, Ediciones Librería del Profesional, 2017, págs. 543 y ss.

[33] Al respecto, véase C. S. de J., Sala de Negocios Generales, sent. de 26 febrero 1953, en *Gaceta Judicial*, t. lxxiv, págs. 78 y ss.

inflacionario de la economía o a la pérdida del poder adquisitivo de la moneda, dado el carácter de contratos de tracto sucesivo que en la mayoría de casos tienen un extenso plazo y por lo tanto, resulta poco probable que el valor pactado en el contrato resulte finalmente igual al valor definitivo de la obra"[34].

En virtud del artículo 11 de la ley 4ª de 1964, en los contratos de obra pública, tanto a precio global como a precios unitarios, resultaba obligatorio incluir una cláusula de reajuste o revisión de precios, teniendo en cuenta la variación de cualquiera de los factores determinantes de los costos previstos al momento de contratar. Al respecto, debe hacerse notar que en esta primera consagración de la cláusula de revisión de precios, la aplicación de la figura era imperativa y no se encontraba simplemente sometida a la voluntad de las partes, de tal manera que el precio del contrato resultaría modificado automáticamente cuandoquiera que se modificara alguno de los factores determinantes de los costos incluidos en la cláusula.

Posteriormente, la ley 36 de 1966, que consagraba normas relacionadas con los contratos adicionales, dispuso que cuando "por reajuste de precios, cambio de especificaciones y otras causas imprevistas" hubiere necesidad de modificar el valor pactado inicialmente, debía celebrarse un contrato adicional que así lo estipulara. Esta norma, también vinculada exclusivamente al contrato de obra, significó un retroceso frente al sistema anterior, pues no permitía el ajuste automático del precio con base en la aplicación de la cláusula de revisión de precios, sino que exigía que cuandoquiera que se presentara una alteración en la condiciones de ejecución que implicara la necesidad de ajustar los precios del contrato de obra, resultaría indispensable llegar a otro acuerdo de voluntades en virtud del cual se ajustara el precio de la obra. Esta particular manera de ajuste de precios se acercaba mucho al sistema del contrato de obra propio del Código Civil, en el sentido de que cualquier cambio en el precio debía ser acordado negocialmente, pero no era idéntico, pues en todo caso se reconocía la existencia del principio del equilibrio económico del contrato, lo cual permitía, aunque fuera de otra manera, obtener el pago de los mayores costos, como lo reconoció la jurisprudencia en su momento:

"Cuando se celebró el contrato cuya revisión se pretende (junio de 1970) regía el artículo 11 de la ley 4ª de 1964 que dijo, imperativamente, que

[34] C. de E., Sala de lo Contencioso Administrativo, Sección Tercera, sent. de 16 agosto 2006, exp. 15.162.

en los contratos de construcción 'se pactarán revisiones periódicas del precio alzado o de los precios unitarios, en función de toda variación de cualquiera de los factores determinantes de los costos previstos'. La legislación posterior [...] abrogó la obligación y estableció la facultad de pactar las mencionadas revisiones periódicas; pero de la existencia de esa revisión, como mera posibilidad, no se deduce la abolición del principio de la equivalencia patrimonial en los contratos de obras públicas sino que se reafirma, pues pactada o no la revisión, ella siempre es posible, si se dan los supuestos de hecho que la justifican. El convenio en este punto, lo único que hace es darle mayor precisión a la forma de desarrollar el principio mencionado, el cual está implícito en el contrato, por ser una de aquellas cosas que aunque no se expresen se entienden pertenecerle, ya que el equilibrio patrimonial es de la naturaleza de los contratos administrativos de obras públicas"[35].

Más adelante, el decreto-ley 150 de 1976, que fue uno de los primeros estatutos de contratación de la administración pública en Colombia, en su artículo 74, reglamentado por el decreto 808 de 1979, previó para los contratos de obra pública, a precio alzado o a precios unitarios, la posibilidad de que las partes pactaran la revisión periódica de precios en función de las variaciones que ocurrieran en los factores determinantes de los costos. La norma precisaba que los ajustes a los precios, en la medida de lo posible, se harían mediante la aplicación de fórmulas matemáticas incorporadas en el contrato y se consignarían en actas suscritas por las partes. Así mismo, la norma señalaba que, como regla general, los ajustes no podían superar el valor original del contrato, salvo en el caso de que se hubiera pactado la aplicación de fórmulas matemáticas[36].

Es evidente que esta norma perfeccionó el sistema de revisión de precios en Colombia, aunque dicho sistema siguió ligado a la ejecución de contratos de obra pública exclusivamente. Así, en primer lugar, la norma ratificó que se trataba de una cláusula fruto de la autonomía de la voluntad de las partes. Además, expresamente permitió la utilización de fórmulas matemáticas y se obligó a que los ajustes quedaran reflejados

[35] C. de E., Sala de lo Contencioso Administrativo, Sección Tercera, sent. de 4 septiembre 1986, exp. 1.677.

[36] Una exposición de la cláusula de reajuste o revisión de precios en el estatuto de contratación de 1976 puede verse en JAIME VIDAL PERDOMO, *El contrato de obras públicas*, op. cit., págs. 96 y 97, y en PEDRO A. LAMPREA, *Contratos administrativos: tratado teórico y práctico*, op. cit., págs. 294 y 305.

en actas, con lo cual se podría llegar a una mayor certeza y precisión sobre la aplicación de la figura. Finalmente, es de resaltar que esta norma, con la idea de lograr una planeación presupuestal del contrato, impuso también límites al reconocimiento de la variación de precios, en el sentido de que los ajustes no podrían superar el valor inicial del contrato cuando no se hubiera pactado la aplicación de una fórmula matemática.

Con posterioridad, el decreto-ley 222 de 1983, estatuto de contratación de la administración pública que reemplazó a la legislación de 1976 citada, reguló la revisión de precios en su artículo 86[37]. La regulación de la figura de revisión de precios contenida en esta norma era sustancialmente similar a la que traía el artículo 74 del decreto-ley 150 de 1976. La única diferencia que aparece entre las dos normas se encuentra en que en la norma de 1983 se precisó que los reajustes se harían tomando en consideración el mes anterior a aquel en que se pagara la obra ejecutada, con lo cual se superó una duda sobre la legalidad del aparte del decreto reglamentario 808 de 1979 que señalaba los índices que debían tomarse en consideración para hacer la revisión de los precios[38].

Sobre la aplicación de la figura de la revisión de precios en el marco del decreto-ley 222 de 1983, el Consejo de Estado expresó: "Dicha norma instruye sobre la ocurrencia de hechos jurídicos provenientes de la variación de factores determinantes de los costos de los precios, en los contratos de obra pública, situaciones que originan la revisión y el consecuente reajuste de precios con la fórmula pactada en el contrato: matemática o no y refiere a la variación de los factores que determinan los costos; en cuyo caso prevé la revisión de precios con el objeto de evitar que esta variación imponga al contratista una carga anormal en el cumplimiento de su prestación"[39].

---

[37] En relación con la cláusula de revisión de precios en el art. 86 del decreto-ley 222 de 1983, véase a PEDRO JOSÉ BAUTISTA MÖLLER, *El contrato de obra pública: arquetipo del contrato administrativo*, Bogotá, Imprenta Nacional de Colombia, 1988, págs. 59 y ss.

[38] Al respecto, nótese que el Consejo de Estado, con posterioridad a la expedición del decreto-ley 222 de 1983, declaró que la norma del decreto reglamentario 808 de 1979 no había excedido el marco fijado por el art. 79 del decreto-ley 150 de 1976: véase C. de E., Sala de lo Contencioso Administrativo, Sección Tercera, sent. de 15 agosto 1989, exp. 3.916.

[39] C. de E., Sala de lo Contencioso Administrativo, Sección Tercera, sent. de 30 octubre 2003, exp. 17.213.

El régimen jurídico vigente en la actualidad en Colombia sobre contratación pública se encuentra en las leyes 80 de 1993, 1150 de 2007, 1474 de 2011 y 1882 de 2018, que conforman el Estatuto General de Contratación de la Administración Pública. En dichas normas también se regula la figura de la revisión de precios, en particular en el artículo 4° de la ley 80 de 1993, en los siguientes términos:

> *"De los derechos y deberes de las entidades estatales.* Para la consecución de los fines de que trata el artículo anterior, las entidades estatales:
>
> "3°. Solicitarán la actualización o la revisión de los precios cuando se produzcan fenómenos que alteren en su contra el equilibrio económico o financiero del contrato.
>
> "[...]
>
> "8°. Adoptarán las medidas necesarias para mantener durante el desarrollo y ejecución del contrato las condiciones técnicas, económicas y financieras existentes al momento de proponer en los casos en que se hubiere realizado licitación, o de contratar en los casos de contratación directa. Para ello utilizarán los mecanismos de ajuste y revisión de precios, acudirán a los procedimientos de revisión y corrección de tales mecanismos si fracasan los supuestos o hipótesis para la ejecución y pactarán intereses moratorios.
>
> "Sin perjuicio de la actualización o revisión de precios, en caso de no haberse pactado intereses moratorios, se aplicará la tasa equivalente al doble del interés legal civil sobre el valor histórico actualizado".

De la anterior norma, pueden precisarse las siguientes notas características del sistema de revisión de precios actualmente vigente en Colombia:

• La figura de la revisión de precios ya no es solamente aplicable a los contratos de obra pública como ocurría en las regulaciones anteriores, sino que es aplicable a cualquier clase de contrato que suscriba la administración pública colombiana. Al respecto, debe hacerse notar que, dado que la revisión de precios es un mecanismo para hacer efectivo el principio del equilibrio económico, deberán cumplirse las condiciones básicas para que dicho principio opere, de tal manera que no basta simplemente con que se trate de un contrato público, sino que, en nuestro criterio, debe tratarse de un contrato de tracto sucesivo o de ejecución continuada, además de un contrato bilateral y sinalagmático.

• La revisión de precios pasa de ser un derecho exclusivo del cocontratante de la administración a ser un derecho de las dos partes del contrato público. Así, tanto la administración como su cocontratante tienen el legítimo derecho a solicitar la aplicación de la figura de la revisión de precios con el fin de ajustar el valor del contrato a las condiciones macroeconómicas en las cuales realmente se ejecuta[40]. Al respecto, la jurisprudencia administrativa ha resaltado la importancia de que el cocontratante afectado solicite la aplicación de la revisión de precios durante la ejecución del contrato, al señalar que "dicha cláusula, dada su naturaleza y connotación de prevenir un desequilibrio financiero del contrato y su ruptura, debe ser aplicada durante el desarrollo del mismo, pues la inaplicación de la misma o la aplicación tardía al final de la ejecución del contrato podría provocar una excesiva onerosidad para el cocontratante en el cumplimiento de sus obligaciones, colocándolo en una situación o posición de inequidad contractual que bien puede llevar a impedir su ejecución o causar trastornos o dificultades para su cumplimiento y graves repercusiones económicas en la ecuación de la relación"[41].

En el mismo sentido, la jurisprudencia del Consejo de Estado ha destacado que, en las normas vigentes, "la figura del reajuste de precios es una medida preventiva frente a una situación previsible, que puede afectar el resultado económico final del contrato en contra de cualquiera de las partes, y que se soluciona mediante la inclusión en el mismo de la respectiva cláusula de reajuste, normalmente mediante una fórmula matemática"[42].

• La aplicación de la revisión de precios constituye un auténtico deber de las partes dentro de un contrato de la administración pública colombiana, es decir, que a diferencia de lo que ocurría en los decretos 150 de 1976 y 222 de 1983, no es potestativo de las partes incluir la cláusula de revisión de precios en los contratos de larga duración, sino que dicha estipulación resulta obligatoria.

• El contenido de la cláusula de revisión de precios implica que las partes determinaron que, en principio, solo procedería el restablecimiento del equilibrio económico por los factores a los que se refiere la fórmula de

---

[40] Al respecto, véase a GASPAR ARIÑO ORTIZ, *Teoría del equivalente económico en los contratos administrativos*, *op. cit.*, pág. 356, y a PEDRO ANTONIO LAMPREA RODRÍGUEZ, *Contratos estatales*, Bogotá, Edit. Temis, 2007, págs. 515 y 516.

[41] C. de E., Sala de lo Contencioso Administrativo, Sección Tercera, auto de 18 julio 2007, exp. 31.838.

[42] C. de E., Sala de lo Contencioso Administrativo, Sección Tercera, sent. de 27 marzo 2014, exp. 20.912.

reajuste pactada, de tal manera que sobre los demás elementos excluidos de la fórmula, debe entenderse que las partes asumieron el riesgo de su variación, como bien lo ha reconocido la jurisprudencia del Consejo de Estado al señalar que se autorizó "a las partes para convenir la revisión periódica de los montos pactados, caso en el cual deben sujetarse a las variaciones que se presenten en los factores determinantes de los costos, atribuyendo al contratista los demás riesgos asociados a la adquisición de los materiales"[43].

• No obstante, es posible que la fórmula de revisión de precios pactada sea insuficiente para garantizar la conservación del equilibrio económico del contrato, sea porque los elementos previstos en la fórmula no fueron suficientes conforme a la realidad de la ejecución del contrato o porque la situación perturbadora ocurrida se deriva de un hecho extraordinario no previsible o de tal magnitud que rebasa los riesgos asumidos por las partes en los términos indicados, En estos casos, la parte perjudicada tendrá el derecho a que se adopten otras medidas de revisión del contrato que permita garantizar la aplicación del principio analizado. Así lo ha dicho la jurisprudencia administrativa colombiana: "Puede suceder que no se haya pactado una fórmula de reajuste de precios, o bien que la incluida en el contrato resulte insuficiente para absorber las variaciones que se hayan presentado en algunos de los elementos componentes de los precios unitarios, de tal manera que al aplicarla realmente no se produzca la actualización de los mismos. En tales condiciones, la parte afectada tendrá derecho a pedir la revisión del contrato, es decir, que se analicen los términos en que aparecen pactadas las prestaciones a cargo de los contratantes y más específicamente, la composición de los precios unitarios que se hubieren acordado, para determinar en esta forma si efectivamente obedecen a la realidad de las variaciones que se hubieren podido presentar en los mismos entre la fecha de presentación de la oferta o de celebración del contrato y la fecha de ejecución y pago de las prestaciones o si, en efecto, la fórmula de reajuste acordada, si fuere el caso, resultó insuficiente, para obtener por este medio el reajuste de los precios y en consecuencia, el restablecimiento de la ecuación contractual inicialmente pactada"[44].

[43] C. de E., Sala de lo Contencioso Administrativo, Sección Tercera, sent. de 15 noviembre 2011, exp. 21.581.

[44] C. de E., Sala de lo Contencioso Administrativo, Sección Tercera, sents. de 29 febrero 2012, exp. 16.371, y de 13 noviembre 2014, exp. 31.463.

• Concordante con lo anterior, si las partes omiten pactar la cláusula de revisión de precios, ello no significa que el cocontratante que resulte afectado como consecuencia del cambio de los precios de los insumos determinantes del valor ofertado, no tenga derecho al ajuste de los precios pactados, de tal manera que se mantenga una equivalencia entre las prestaciones a cargo de las partes. Es decir, que la figura de la revisión de precios opera tanto *ex contractus*, esto es, en virtud de lo estipulado, como *ex lege*, es decir, por ministerio de la ley. La diferencia se encuentra, entonces, en que al pactar la cláusula de revisión de precios, las partes podrán incluir la fórmula que consideren correcta y que refleje la alteración en el valor de los insumos realmente representativos en el precio ofertado, mientras que en la revisión de precios por ministerio de la ley no existen criterios o lineamientos claros para medir cómo deben ser reajustados los precios del contrato, salvo que ellos fueran incluidos en un decreto reglamentario, en un pliego de condiciones generales o en un pliego de condiciones particulares. En ese sentido, la jurisprudencia del Consejo de Estado ha sostenido que "la revisión de precios por las partes es consecuencia de su propia previsión en el contrato y de acuerdo con la fórmula acordada, cuando ocurra en la realidad la variación de los costos determinantes de los precios", pero, a la vez, que "esto no significa que si durante la ejecución del contrato varían los costos determinantes de los precios que no podían ser previsibles al momento de ofertar o celebrar el contrato —que eran imprevisibles— el afectado no pueda reclamar el restablecimiento económico"[45].

• De otra parte, la jurisprudencia administrativa, además de lo expresado en el sentido de que es aplicable la figura así no exista pacto contractual expreso sobre la fórmula matemática de reajuste o revisión de los precios del contrato, ha señalado que no resultan válidas las estipulaciones en virtud de las cuales existe una renuncia anticipada a la aplicación de la figura del reajuste o revisión de precios y que tales renuncias resultan ineficaces al momento de solicitar la revisión de precios. Considera el Consejo de Estado que "las partes no pueden renunciar, antes de que se presente el supuesto de ruptura, a que se restablezca el equilibrio económico- financiero del contrato. Nadie puede renunciar a lo que desconoce; por ende, como los contratantes no saben cuándo, cuántas veces y por qué período se producirá la variación de los precios, no es válido dimitir de los reajustes de precios a través de un acuerdo convencional", pues lo cierto es que "una cláusula contractual así concebida es, además, abusiva, porque propende por [*sic*] el favorecimiento de una de las partes en la relación contractual, sin que exista una justificación constitucional o legal válida"[46].

• A pesar de que ambas figuras se reconocen en la norma transcrita, la revisión de precios se distingue de la actualización de los precios como dos figuras diferentes. En efecto, la revisión de precios implica el ajuste del valor del contrato como consecuencia de la alteración del precio de los insumos más representativos o determinantes del precio ofertado (mano de obra, materiales, equipo, etc.), logrando con ello el restablecimiento del equilibrio económico del contrato. En cambio, la actualización de precios o indexación monetaria hace referencia al ajuste del precio del contrato para efectos de lograr que el dinero no pierda su valor en el tiempo, es decir, al ajuste como consecuencia de la inflación o variación del índice de precios al consumidor, lo cual simplemente hace que el dinero no se desvalorice, pero no logra restablecer la equivalencia de prestaciones en todo su conjunto, en la medida en que no toma en cuenta el cambio real en las diversas variables que determinan el precio del contrato, sino solo en una de ellas como lo es el índice de inflación[47]. Por ello, la doctrina ha dicho que "la revisión de precios constituye uno de los mecanismos previstos para restablecer el equilibrio económico-financiero del contrato, mientras que el ajuste de precios es un corrector que tiende a conservarlo, frente a las alteraciones que se presentan en el curso del contrato"[48].

Al respecto, la jurisprudencia del Consejo de Estado colombiano ha señalado que la actualización de precios es "un instrumento que se utiliza para restablecer de manera automática o para mantener de forma constante la ecuación o equivalencia económica originalmente pactada entre los precios y la prestación prevista por las partes, en los contratos conmutativos, onerosos, bilaterales o sinalagmáticos perfectos y de ejecución sucesiva. El fin de este instrumento es corregir y estabilizar los precios y

---

[46] C. de E., Sala de lo Contencioso Administrativo, Sección Tercera, sents. de 14 marzo 2013, exp. 20.524, y de 29 julio 2015, exp. 41.008.

[47] Sobre la diferencia entre actualización de precios y la indexación o actualización monetaria, véase a RODRIGO ESCOBAR GIL, *Teoría general de los contratos de la administración pública*, *op. cit.*, págs. 595 y 596.

[48] CARLOS ALBERTO ZAMBRANO BARRERA, "Ruptura del equilibrio económico e incumplimiento del contrato estatal", *op. cit.*, pág. 232.

mitigar el impacto que pueden ocasionar las variaciones de estos, por los fenómenos señalados párrafos atrás (fluctuación de la oferta y la demanda, inflación, devaluación o revaluación en niveles previsibles, claro está), en la economía del contrato", mientras que la revisión de precios "opera cuando el sistema de ajuste resulta inocuo o insuficiente para mantener constante el equilibrio del contrato frente a la variación de los precios que inciden en la relación negocial o cuando las partes no han acordado en el contrato un sistema de actualización de precios y estos sufren alteración por los fenómenos económicos anotados en precedencia"[49].

• Finalmente, si bien las dos figuras también se encuentran reconocidas por la norma transcrita, la revisión de precios es una figura enteramente diferente al deber de reconocimiento de intereses de mora. Como ya lo expresamos, la revisión de precios hace referencia al ajuste del valor del contrato por la alteración del costo en el mercado de los insumos determinantes del precio ofertado. Por su parte, cuando se habla de los intereses de mora, dicha figura implica la sanción por el no pago oportuno de una obligación pecuniaria, siendo irrelevante la manera como se calculó el monto de la obligación dineraria en mora.

b) *Justificación teórica de la figura.* La primera justificación teórica de la figura de la revisión de precios apunta a la comprobación de un hecho económico, que es expresión de la realidad del mercado dentro del cual se ejecutan los contratos públicos. En efecto, es evidente que es un hecho del mercado que los precios de los insumos con base en los cuales se ejecutan los contratos públicos van cambiando durante el término de ejecución del contrato, de acuerdo con las diversas variables macroeconómicas que pueden afectarlos, y que dichos cambios pueden alterar la equivalencia entre las prestaciones pactadas, como lo ha hecho notar la doctrina respecto del contrato de obra pública, pero que puede afirmarse que es aplicable en general a los contratos de larga duración, al señalar que "el precio es el elemento del contrato de obra pública que está más propenso a sufrir variaciones, sobre todo en nuestra época, por los frecuentes vaivenes económicos, lo que se hace mucho más factible si se tiene en cuenta la duración, casi siempre prolongada, que demanda la ejecución de obras públicas"[50].

---

[49] C. de E., Sala de lo Contencioso Administrativo, Sección Tercera, sent. de 14 marzo 2013, exp. 20.524.

[50] HÉCTOR JORGE ESCOLA, *Tratado integral de los contratos administrativos*, vol. II, Buenos Aires, Edic. Depalma, 1979, pág. 277.

Estos cambios en el costo de los insumos pueden incidir sobre la economía de alguna de las dos partes del contrato, sea porque los precios aumenten excesivamente, o porque disminuyan considerablemente. Así, en el caso en que se produce un incremento desmedido de precios, si no fuera posible hacer una revisión, la parte que resultaría afectada sería el cocontratante de la administración, mientras que, *a contrario sensu*, cuando se produce una considerable reducción de los precios, quien resultaría afectada sería la administración.

Es así como desde una perspectiva simplemente económica, la doctrina ha dicho que "en el contexto de una economía estable el valor real del precio inicial se mantiene hasta el momento en que se realizan los abonos al contratista, pero no ocurre lo mismo cuando se desenvuelve en el ámbito de una economía inflacionista"[51]. Sobre el particular, también ha expresado la doctrina: "Los precios pueden mantenerse inalterados en los contratos a corto plazo y en situaciones en las que la inflación no sufre incrementos notables o incide poco en las prestaciones económicas de las partes. Sin embargo, el mantenimiento de precios resulta contraproducente cuando la inflación se dispara"[52].

Dentro de ese contexto, resulta necesario establecer mecanismos contractuales o legales que prevean las afectaciones positivas o negativas en los precios como consecuencia de los diversos fenómenos que afectan el mercado —y no simplemente de la inflación—, de tal manera que se asegure que se mantendrá el equilibrio económico del contrato, mecanismos entre los cuales se encuentra la figura de la revisión de precios, como bien lo ha expresado la doctrina:

> "Generalmente, en contratos de larga duración o de ejecución continua (por lo común con cumplimiento de prestaciones parciales), aparecen dificultades para fijar un precio que cumpla con los requisitos de ser cierto y determinado. Precio que además debe reflejar el verdadero valor de la prestación a cumplir por el cocontratista y contener a su vez la lógica utilidad pretendida por este. Para ello se idearon las fórmulas polinómicas de ajuste de precios, tratando de incorporar al contrato fórmulas que puedan contener, en la medida de lo posible, expectativas y riesgos del mercado que puedan presentarse durante la ejecución del mismo"[53].

[51] José Luis Villar Palasí y José Luis Villar Ezcurra, *Principios de derecho administrativo*, t. III, *op. cit.*, págs. 256 y 257. José Luis Villar Ezcurra y Jaime Marfá Badaroux, "Revisión de precios", *op. cit.*, pág. 856).

[52] José Luis Villar Ezcurra y Jaime Marfá Badaroux, "Revisión de precios", *op. cit.*, pág. 856.

[53] Eduardo O. Emili, "El equilibrio contractual", *op. cit.*, pág. 624.

En concordancia con lo anterior, aunque con una perspectiva desde la cual la figura de la revisión de precios solo implicaría un beneficio para el contratista, la doctrina ha justificado su aplicación en los contratos públicos con el argumento de que el cocontratante de la administración asume unos mayores riesgos que la administración, lo cual hace que sea conveniente establecer un mecanismo que permita distribuir adecuadamente el riesgo derivado "de las oscilaciones monetarias y de las variaciones de precios de los principales elementos básicos del contrato", pues se asume que la administración "está en una mejor posición de asumir y soportar los riesgos que derivan de las fluctuaciones de precio de los factores que concurren en los contratos públicos"[54].

En sentido semejante, la jurisprudencia del Consejo de Estado colombiano, al analizar las normas que en su momento consagraban la revisión de precios como un derecho exclusivo del contratista, señaló que "la finalidad de la norma es no trasladar al contratista las consecuencias negativas que se presenten con ocasión del contrato, que no están ligadas a su propia conducta"[55], ratificando así que una de las justificaciones de la revisión de precios es precisamente preservar la situación del contratista y evitar que ella se vea perjudicada por hechos que no le son atribuibles.

De otra parte, la doctrina ha justificado jurídicamente la revisión de precios en el reconocimiento de que en los contratos públicos tiene plena aplicación la teoría de la imprevisión[56]. En efecto, como la teoría de la imprevisión busca salvaguardar el equilibrio económico del contrato ante circunstancias imprevistas, exógenas a las partes y posteriores a la celebración del contrato, que generan una alteración anormal en economía, haciendo que su ejecución sea considerablemente más onerosa, dicha teoría es perfectamente aplicable a la figura de la revisión de precios en

---

[54] ESTELA VÁZQUEZ LACUNZA, *El equilibrio económico en los contratos de servicios, op. cit.*, págs. 155 y 156.

[55] C. de E., Sala de lo Contencioso Administrativo, Sección Tercera, sent. de 30 octubre 2003, exp. 17.213.

[56] En este sentido, véase a EDUARDO GARCÍA DE ENTERRÍA y TOMÁS-RAMÓN FERNÁNDEZ, *Curso de derecho administrativo*, t. I, *op. cit.*, pág. 753 (edición colombiana: *op. cit.*, pág. 732); a MIGUEL S. MARIENHOFF, *Tratado de derecho administrativo*, t. III-B, Contratos administrativos. De los contratos en particular, 4ª ed., Buenos Aires, Abeledo Perrot, 1998, núm. 1137; a HÉCTOR JORGE ESCOLA, *Tratado integral de los contratos administrativos*, vol. II, *op. cit.*, pág. 278; a JAIME VIDAL PERDOMO, *El contrato de obras públicas*, *op. cit.*, pág. 97, y a RODRIGO ESCOBAR GIL, *Teoría general de los contratos de la administración pública*, *op. cit.*, pág. 592.

la medida en que, en virtud de la misma, se busca hacer que los efectos de hechos externos del mercado (como lo son los cambios en los precios de mercado de los insumos determinantes del valor ofertado, precisamente por los movimientos de oferta y demanda) no afecten la economía del contrato. En ese sentido, puede afirmarse que la cláusula de revisión de precios es un mecanismo legal y negocial para regular la aplicaciónde la teoría de la imprevisión.

En ese orden de ideas, la justificación jurídica de la figura de la revisión de precios es concordante con la de la teoría de la imprevisión, aspecto sobre el cual la doctrina ha dicho que el fundamento de la revisión de precios "aparece como similar a los demás sistemas y técnicas que tienden a preservar el equilibrio financiero del contrato, esto es, evitar el grave daño a los intereses públicos que puede provocar la paralización de las obras, decisión esta que resultaría casi siempre inútil, por la simple circunstancia de que si la administración rescindiera el contrato tendría que adjudicar la obra a los nuevos precios, con inclusión de los mayores costos producidos"[57]. Debe recordarse que la aplicación de la teoría de la imprevisión en los contratos públicos encuentra justificación, entre otras razones, en las necesidades de prestación continua y eficiente del servicio público; la obligación de mantener la igualdad ante las cargas públicas, la garantía del patrimonio de los particulares, y el deber de garantizar los bienes de las personas; en la justicia contractual y en la conmutatividad de los contratos administrativos[58].

Igualmente, debe señalarse que además de la teoría de la imprevisión, la figura del hecho del príncipe también podría, en algunos casos, constituir un fundamento jurídico de la institución de la revisión de precios. Lo anterior, en el evento de que algunos de los elementos necesarios para la ejecución correcta del contrato se encuentren sometidos a control de precios por parte de la entidad estatal contratante o cuando existen modificaciones tributarias que dependen de la voluntad de la entidad estatal contratante. En efecto, en caso de que la administración contratante modifique los mencionados precios o los tributos aplicables al contrato en ejercicio de sus competencias legales, procedería la aplicación de la

---

[57] JUAN CARLOS CASSAGNE, *El contrato administrativo, op. cit.*, pág. 151.

[58] Sobre la justificación de la aplicación de la teoría de la imprevisión en los contratos administrativos, véase *supra*, capítulo IV, num. 3.

figura de la revisión de precios, con fundamento en la teoría del hecho del príncipe.

c) *Aplicación práctica de la figura*. El primer problema que se presenta para determinar la forma como debe darse aplicación en la práctica a la figura de la revisión de precios depende directamente de la legislación vigente. En efecto, como ya lo expresamos, en algunas legislaciones no todos los contratos públicos pueden ser objeto de revisión de precios, sino únicamente los taxativamente señalados en la ley; en cambio, en otras legislaciones, como la colombiana o la española, la institución de la revisión de precios es aplicable a todos los contratos administrativos de tracto sucesivo, sin importar el tipo de contrato de que se trate.

Otro problema que depende directamente de la legislación sobre contratos públicos de cada país, se relaciona con el hecho de si la revisión de precios opera por ministerio de la ley, o si para su procedencia se requiere el pacto de una estipulación contractual, es decir, si la revisión de precios opera *ex lege* o *ex contractus*.

Dentro del marco de los anteriores problemas, en la práctica la revisión de precios se realiza mediante la aplicación de una fórmula matemática incluida en ocasiones en el ordenamiento jurídico (por ejemplo, en una norma reglamentaria o en los pliegos de condiciones generales), pero la mayoría de las veces en el contrato, que involucra diversos factores, como los siguientes:

• El plazo en que se deben ejecutar las prestaciones contractuales (por ejemplo, que el pago deba realizarse más de seis meses después de presentada la propuesta o de celebrado el contrato, según lo pactado).

• La periodicidad de los pagos a los cuales se aplicarán las fórmulas de reajuste (por ejemplo, mensual, bimensual o semestral).

• El cambio en el valor de mercado de los materiales o elementos más representativos que son necesarios para la ejecución de la obra o el suministro del bien o servicio (es el caso del precio de mercado del hierro, del acero, del cemento o de la mano de obra como insumos indispensables para la ejecución de la obra).

• Algunos índices macroeconómicos o estadísticos relacionados con el contexto económico en que se ejecuta el contrato (por ejemplo, la inflación, el índice de precios al constructor, la tasa representativa del mercado para el cambio del dólar o la tasa promedio de interés)[59].

---

[59] Diversos modelos de fórmulas de reajuste que incluyen muchos factores en su configuración, pueden verse en LAURENT RICHER, *Droit des contrats administratifs*,

De acuerdo con la respectiva fórmula matemática, al momento de cada pago o en el momento señalado en la ley o en el contrato, ella debe aplicarse para determinar el valor del precio a pagar. Así, por ejemplo, dicha figura debe aplicarse en cada una de las actas parciales de obra en que debe liquidarse el pago de los valores ejecutados en el correspondiente corte, respecto de los cuales habrá de aplicarse la fórmula matemática a fin de determinar el valor definitivo a pagar, valor que podrá ser mayor o menor al inicialmente estipulado, según haya sido la variación de los precios como consecuencia de la aplicación de los factores incluidos en la fórmula.

C) *Otras cláusulas relacionadas con el equilibrio económico del contrato*

Junto a la figura de reajuste o revisión de precios que legalmente se prevé como una estipulación que las partes pueden incluir en los contratos públicos, la práctica administrativa, e incluso la práctica comercial, con base en el reconocimiento de la autonomía de la voluntad como principio aplicable a los contratos públicos, han ideado otras cláusulas que buscan precisamente que las partes regulen negocialmente y de manera anticipada, los efectos que sobre la economía del contrato pueda tener el cambio en las condiciones fácticas y jurídicas de ejecución.

Así, encontramos las cláusulas de estabilización, las cláusulas de renegociación o adaptación y las cláusulas de garantía de ingresos.

Además de las anteriores cláusulas, es posible encontrar en la práctica administrativa y comercial otros instrumentos contractuales que igualmente buscan evitar una alteración en la equivalencia material de prestaciones, principalmente provenientes del sector financiero y asegurador. Así, existen instrumentos como los *swaps* o los *forwards* que buscan mitigar diversos riesgos que pueden afectar el equilibrio económico del contra-

---

op. cit., núm. 696; en GASPAR ARIÑO ORTIZ, *Teoría del equivalente económico en los contratos administrativos, op. cit.*, págs. 384 y ss.; en JOSÉ LUIS VILLAR EZCURRA y JAIME MARFÁ BADAROUX, "Sistema de revisión de precios" y "Coeficiente de revisión", en ARIÑO y *et al.*, *Comentarios a la ley de contratos de las administraciones pública*, t. III, La gestión del contrato, Granada, Editorial Comares, 2005, págs. 902 y ss., y 917 y ss.; en ESTELA VÁZQUEZ LACUNZA, *El equilibrio económico en los contratos de servicios, op. cit.*, págs. 166 y ss. y en PEDRO JOSÉ BAUTISTA MÖLLER, *El contrato de obra pública: arquetipo del contrato administrativo, op. cit.*, págs. 64 y 65.

to. Sin embargo, por su carácter altamente técnico y financiero, no los analizaremos en el presente estudio que es fundamentalmente jurídico[60].

a) *Cláusulas de estabilización.* Un primer grupo de cláusulas que aparece dentro de este contexto, son aquellas por medio de las cuales las partes se ponen de acuerdo sobre la manera como se ajustarán las obligaciones dinerarias o de valor que puedan verse afectadas con el cambio de la variable macroeconómica llamada inflación, o la manera como, a pesar de los efectos de dicha variable, se mantendrá inalterado el valor del contrato.

En efecto, un hecho cierto de la economía de mercado es que los precios generales de los bienes y servicios no son constantes, sino que con el tiempo tienden regularmente a aumentar o pueden llegar incluso a disminuir. Este fenómeno de aumento o disminución generalizado de los precios en el tiempo, como consecuencia de las circunstancias del mercado, se conoce como inflación en el caso del aumento, y como deflación en el caso de la disminución. De otra parte, debe tenerse en cuenta que jurídicamente el dinero es considerado como un medio de pago de las obligaciones cuyo objeto es el de dar una suma de dinero (obligación dineraria) o de las obligaciones cuya prestación pueda ser convertida a dinero (obligación de valor)[61].

Pues bien, dentro de ese contexto es posible que el valor pactado para la extinción de la obligación dineraria o de valor a cargo de alguna de las partes del contrato se vea afectado como consecuencia de la variación

[60] Sobre los instrumentos financieros para mitigación del riesgo contractual, véase a JUAN CARLOS VARÓN PALOMINO, "Contratos de derivados financieros: forward, opción y swap", en *Contratos atípicos en el derecho contemporáneo colombiano*, Bogotá, Cámara de Comercio de Bogotá, Universidad de los Andes y Uniempresarial, 2006, págs. 81 y ss. Desde una perspectiva más económica y financiera, puede verse a JOHN C. HULL, *Introduction to future and options markets*, 3ª ed., New Jersey, Prentice Hall, 1997, págs. 38 y ss. y 141 y ss., y a RICHARD W. EDWARDS JR., "Los arreglos recíproca (swaps) entre el sistema de la reserva federal estadounidense y otros bancos centrales", en *Jurídica-Anuario del Departamento de Derecho de la Universidad Iberoamericana*, núm. 16, México, Distribuidora Themis, 1984, págs. 105 y ss.

[61] Sobre el significado jurídico del dinero y las diversas clases de obligaciones pecuniarias, véase a FERNANDO HINESTROSA, *Tratado de las obligaciones*, t. I, *op. cit.*, núms. 82 y 83; a ATILIO A. ALTERINI, *Desindexación. El retorno al nominalismo*, Buenos Aires, Abeledo-Perrot, 1991, págs. 11 y ss., y a WILLIAM NAMÉN Vargas, "Obligaciones pecuniarias y corrección monetaria", en *Revista de Derecho Privado*, núm. 3, Bogotá, Universidad Externado de Colombia, enero-junio 1998, págs. 34 y ss.

del poder adquisitivo de la moneda, de tal manera que el acreedor de la obligación recibiría las mismas unidades monetarias, pero su poder adquisitivo ya no sería el mismo que al pactarse la obligación.

Al respecto, la doctrina ha dicho que

"[...] el valor de las unidades monetarias no es fijo o inamovible sino variable; tal fenómeno produce dificultades en los cambios. Si el valor comercial o poder adquisitivo de la moneda varía, también se alteran los precios de los bienes y servicios. Por consiguiente, si después de contraída una obligación de dinero, el valor de este se deprecia, el acreedor recibirá la misma cantidad o dinero estipulada, pero de un valor comercial o poder adquisitivo menor[62]".

Frente a este fenómeno de mercado que puede alterar la economía del contrato, la práctica comercial y administrativa ha ideado diversas clases de cláusulas para regular anticipadamente sus efectos y la manera como se logra mantener el equilibrio económico del contrato, que analizaremos adelante, las cuales se suelen agrupar bajo el nombre de *cláusulas de estabilización*[63].

Antes de analizar las diversas cláusulas de estabilización, debe hacerse notar que son distintas de la figura de la revisión de precios. En efecto, las cláusulas de estabilización se limitan a regular los efectos sobre las obligaciones contractuales de la alteración del poder adquisitivo del dinero; en cambio, la figura de la revisión de precios pretende que el valor de las obligaciones se ajuste a las variaciones que los diversos elementos del mercado (incluyendo, pero no limitándose a la inflación) puedan tener sobre el valor de las obligaciones a cargo de las partes del contrato[64].

---

[62] Arturo Alessandri R., Manuel Somarriva U. y Antonio Vodanovic H., *Tratado de las obligaciones*, vol. II, *op. cit.*, núm. 529.

[63] Sobre estas cláusulas, véase a Luis Díez-Picazo, *Fundamentos de derecho civil patrimonial*, t. II, *op. cit.*, págs. 293 y ss.; a Arturo Alessandri R., Manuel Somarriva U. y Antonio Vodanovic H., *Tratado de las obligaciones*, vol. II, *op. cit.*, núms. 530 y ss.; a José Bonet Correa, "Las medidas jurídicas protectoras frente a las alteraciones monetarias", en *Jurídica. Anuario del Departamento de Derecho de la Universidad Iberoamericana*, núm. 16, México, Distribuidora Themis, 1984, págs. 305 y ss., y a Felipe Navia Arroyo, "Obligaciones dinerarias y corrección monetaria", en *Revista Externado*, núm. 1, Bogotá, Universidad Externado de Colombia, abril 1984, págs. 59 y ss.

[64] Sobre la diferencia entre la revisión de precios y la indexación o actualización monetaria, véase a Rodrigo Escobar Gil, *Teoría general de los contratos de la administración pública, op. cit.*, págs. 595 y 596.

En este sentido, se advierte que las cláusulas de estabilización podrían coincidir con la revisión de precios, siempre que esta figura se pacte o se aplique únicamente en relación con la inflación; sin embargo, en caso de que en la fórmula de revisión se incluyan otros aspectos, dicha figura rebasaría claramente a la cláusula de estabilización.

Expresado lo anterior, procedemos a estudiar las diversas cláusulas de estabilización que pueden ser utilizadas en los contratos públicos:

a') *Cláusulas oro o plata*: en virtud de estas cláusulas, el valor de las obligaciones no se estipula en la moneda de curso legal en el respectivo Estado (dólar, euro, peso, etc.), sino que se establece en su equivalente en unidades de un metal precioso como el oro o la plata, con la idea de que estos metales no pierden su poder adquisitivo tan f.ácilmente como la moneda en curso.

En un contrato en el cual se incluye una de estas cláusulas, el pago de la prestación, según se haya pactado, podrá realizarse ya sea en la cantidad de unidades de metal precioso señaladas en el contrato, o en el valor de su equivalente al momento de pago. En el primer caso estaremos frente a una *cláusula moneda oro* o una *cláusula moneda plata*, mientras en el segundo se tratará de una *cláusula valor oro* o de una *cláusula valor plata*.

b') *Cláusulas moneda extranjera:* al igual que en el anterior caso, en virtud de estas cláusulas, el monto de las obligaciones contractuales no se establece en la moneda de curso legal en el respectivo Estado, sino en una moneda extranjera cuya situación económica se considera más estable que la del Estado en el cual se pacta el contrato. Por ejemplo, en un contrato a ejecutarse en Colombia, se pacta que el valor será pagado en dólares de los Estados Unidos de América o en euros.

De la misma manera que con las "*cláusulas oro o plata*", dependiendo de lo estipulado, en este caso puede pactarse el pago en unidades de la moneda extrajera establecida ("*cláusula moneda extranjera*"), o en su equivalente en moneda local ("*cláusula valor moneda extranjera*").

c') *Cláusulas de pago en especie o de valor en especie*: estas cláusulas son bastante similares a las dos anteriores, en el sentido de que el valor de la obligación contractual no se pacta en la moneda de curso legal en el respectivo Estado, sino que se pacta en su equivalente en una mercancía (por ejemplo, arroz, trigo o cualquier otra clase de mercadería).

Así como en las anteriores cláusulas, el pago de la obligación puede pactarse en especie, en la cantidad de mercancías acordadas (caso en el cual será una *"cláusula de pago en especie"*) o en el equivalente en dinero al momento del pago, de la cantidad de mercancías pactada (evento en que estaremos frente a una *"cláusula de valor en especie"*).

d') *Cláusulas de escala móvil o a índice variable:* finalmente, mediante estas cláusulas, se adopta un sistema en virtud del cual las partes del contrato se comprometen a que el valor pactado de la obligación debe ser ajustado según aumente o disminuya el poder adquisitivo de la moneda de curso legal en el respectivo Estado, lo cual debe ser calculado con base en los índices que se señalen en el respectivo contrato.

Con fundamento en estas cláusulas, las partes se obligan a pagar (el deudor) y recibir (el acreedor), la cantidad de unidades de moneda de curso legal que resulte de aplicar el índice pactado al valor adeudado. En el derecho colombiano, esta cláusula suele ser pactada con base en los índices de precios al consumidor, al constructor o al productor, certificados por el Departamento Administrativo Nacional de Estadística, de tal manera que el valor de la obligación debe ajustarse a la fecha de pago (o la fecha pactada en el contrato) con la aplicación del índice mencionado.

En relación con estas cláusulas, debe señalarse que en la práctica ellas comúnmente son pactadas para ser aplicadas a obligaciones dinerarias cuya fecha de pago es considerablemente posterior a la fecha de celebración del contrato o de presentación de la propuesta, según la modalidad de selección de contratista que se haya utilizado.

b) *Cláusulas de renegociación o de adaptación.* Dentro de las cláusulas relacionadas con la garantía del equilibrio económico en los contratos públicos, aparece un segundo grupo de estipulaciones en virtud de las cuales las partes, antes de que aparezcan los problemas de ejecución, se anticipan a señalar las conductas que adoptarán para adaptar el contrato a la situación real en la que deba ser ejecutado.aparece un segundo grupo de estipulaciones en virtud de las cuales las partes, antes de que aparezcan los problemas de ejecución, se anticipan a señalar las conductas que adoptarán para adaptar el contrato a la situación real en la que deba ser ejecutado."

Estas cláusulas de renegociación o de adaptación de los contratos son frecuentes en los contratos comerciales internacionales. Se conocen en la práctica comercial internacional como *"cláusulas hardship"* o "*cláusulas de excesiva onerosidad*" o "*cláusulas de revisión en caso de circunstancias excepcionales*" y constituyen un auténtico mecanismo de búsqueda de adaptación de los términos del contrato frente a los cambios en las circunstancias de hecho en que deba ser ejecutado[65].

La finalidad de este tipo de cláusulas consiste en prever la forma de manejar las circunstancias que puedan cambiar la ejecución del contrato para que las prestaciones pactadas se mantengan equivalentes a lo largo del tiempo, de tal manera que los cambios imprevistos y repentinos a las condiciones iniciales del contrato no lleguen a afectarlo. Así, entonces, la aplicación de este tipo de cláusulas busca, principalmente, la renegociación del contrato durante su etapa de ejecución.

En virtud de la *cláusula hardship*, en primer lugar, las partes reconocen que a pesar de la existencia de condiciones sobrevinientes no previstas al momento de llegar al acuerdo de voluntades, que hacen que la ejecución del contrato sea considerablemente más onerosa, el cocontratante deudor se encuentra en el deber general de cumplir con las prestaciones surgidas a su cargo.

Sin embargo, como consecuencia del pacto de una *cláusula hardship*, las partes igualmente se obligan a buscar mecanismos de renegociación del contrato, a fin de adaptarlo a las nuevas circunstancias en que debe ser ejecutado el mismo y, en caso de no ser posible lograr dicha adaptación, las partes convienen darlo por terminado de común acuerdo, sin perjuicio de la posibilidad de iniciar un procedimiento de solución de controversias ante el juez del contrato o con base en el mecanismo que se haya pactado (arbitraje, amigable composición, conciliación, mediación, etc.).

En suma, la idea principal de este tipo de cláusulas es lograr que el vínculo contractual perdure en el tiempo, sin importar los cambios imprevistos que puedan llegar a surgir durante su ejecución, dando la

---

[65] Sobre las cláusulas *hardship*, véase a JACQUES GHESTIN y MARC BILLAU, *El precio en los contratos de larga duración*, Buenos Aires, Zavalia, 1994, págs. 184 y ss., con abundante bibliografía sobre la aplicación de estas cláusulas. Igualmente, puede verse a SIXTO SÁNCHEZ LORENZO, "Cláusulas de fuerza mayor y hardship", en SIXTO SÁNCHEZ LORENZO (coord.), *Cláusulas en los contratos internacionales. Redacción y análisis*, Barcelona, Atelier, 2012, p. 413 y ss; a DIETRICH MARSKOW, "Hardship and force majeure", en *The American Journal of Comparative Law*, vol. 40, núm, 3, 1992, págs. 657 y ss., y a WERNER MELIS, "Force Majeure and Hardship Clauses in International Commercial Contracts in View of the Practice of the ICC Court of Arbitration", en *Journal of International Arbitration*, vol. 1, núm, 3, 1984, págs. 213 y ss.

posibilidad a las partes de renegociar voluntariamente las condiciones del acuerdo, de tal manera que puedan ajustar las condiciones contractuales a los cambios que puedan producirse como consecuencia.

Se trata, pues, de idear un mecanismo para flexibilizar el contrato y lograr adaptarlo a las cambiantes situaciones en que debe ser ejecutado, sin desconocer tampoco el principio del *pacta sunt servanda* que aún predomina, en la medida en que dichas adaptaciones son producto siempre del acuerdo de las partes y de la aplicación de una cláusula convenida por ellas mismas.

A este respecto, como ejemplo o modelo de este tipo de cláusula puede señalarse el siguiente, sugerido por la Cámara de Comercio Internacional:

"1. La parte de un contrato está obligada a cumplir sus deberes contractuales incluso si las circunstancias de hecho han producido como consecuencia que el cumplimiento sea más oneroso de lo que razonablemente se podría haber previsto al momento de la celebración del contrato.

"2. Sin perjuicio de lo dispuesto en el párrafo 1 de esta cláusula, cuando una parte de un contrato demuestra que:

"a. El cumplimiento continuo de sus deberes contractuales se ha convertido en excesivamente oneroso debido a un evento por fuera de su control razonable y que no habría podido ser esperado razonablemente al momento de la celebración del contrato, y que

"b. No podría razonablemente haber evitado o superado el evento o sus consecuencias.

"Las partes se encuentran obligadas, dentro de un tiempo razonable a partir de la invocación de esta cláusula, a negociar términos contractuales alternativos que razonablemente tengan en cuenta las consecuencias del evento.

"3. En caso de que el párrafo 2 de esta cláusula sea aplicable, pero los términos contractuales alternativos que razonablemente tengan en cuenta las consecuencias del evento no sean aceptados por la otra parte del contrato como se prevé en ese párrafo, la parte que invoca esta cláusula tiene derecho a la terminación del contrato"[66].

---

[66] INTERNATIONAL CHAMBERS OF COMMERCE, *ICC Force Majeure Clause 2003 and ICC Hardship Clause 2003*, Paris, ICC Publising, 2003, pág. 15 (Traducción libre del colaborador de esta obra). Para una explicación detallada de esta cláusula, puede verse a SIXTO SÁNCHEZ LORENZO, "Cláusulas de fuerza mayor y *hardship*", *op. cit.,* p. 413 y ss.

En todo caso, en relación con esta cláusula debemos hacer notar que la misma, a pesar de constituir un eventual remedio a la ruptura del equilibrio económico del contrato, no goza de una eficacia definitiva para la solución de la posible ruptura, pues en el evento de que las partes no logren ponerse de acuerdo sobre la modificación del contrato —lo que podrán hacer aún ante la inexistencia de la cláusula— o que exista una controversia derivada de la eventual configuración del derecho a la terminación del contrato, será el juez del contrato quien dirima la controversia, llegando a una solución judicial, y no convencional, respecto de la situación de ruptura del equilibrio económico del contrato.

c) *Cláusulas de garantía de ingresos.* Este tercer tipo de cláusulas que buscan garantizar el mantenimiento del equilibrio económico del contrato suelen ser aplicadas en contratos en los cuales existe inversión privada en infraestructura pública, bajo el sistema de *project finance* o *financiación por el proyecto*, para efectos de garantizar al inversionista el retorno de su inversión, como es el caso de los contratos de concesión para la construcción de carreteras o ferrocarriles, o los contratos BOOT (por las iniciales en inglés de "build, own, operate and transfer") que implican la construcción, propiedad, operación y transferencia de activos tales como gasoductos o termoeléctricas[67].

Cuando el Estado planea ejecutar grandes proyectos de infraestructura, la mayoría de las veces carece de los recursos necesarios para el efecto, por lo cual debe acudir al sector privado para su financiación, mediante un contrato en el que el particular se encargue no solo de la gestión de recursos sino de la ejecución de los trabajos necesarios para el éxito del proyecto, en lo que actualmente suele corresponder a los modelos denominados de *"colaboración o asociación público-privada"*[68]. Así las cosas,

---

[67] Sobre esta clase de estipulaciones, véase a OLUSEYE AROWOLO, "Abolition of Long-Term Contracts: What are the Implications and Options for Bankability in Energy Projects Financing?", en *Journal of Energy & Natural Resources Law*, vol. 24, núm. 1, 2006, págs. 16 y ss, y a JOSEPH RYAN y LORIN M. FIFE, "Take-Or-Pay Contracts: Alive and Well in California", en *The Urban Lawyer,* vol. 19, núm. 2, 1987, págs. 233 y ss.

[68] Aspectos generales de la figura de la colaboración y las asociaciones público-privadas pueden verse en GASPAR ARIÑO ORTIZ. "El contrato de colaboración público-privada", en *Lecciones de administración (y políticas públicas)*, Madrid, Iustel, 2011, pp. 604 y ss; en MARÍA HERNANDO RYDINGS, *La colaboración público-privada. Fórmulas contractuales*, Madrid, Thomson Civitas, 2012; y en JORGE ENRIQUE SANTOS RODRÍGUEZ, "Las asociaciones público-privadas de iniciativa privada y el cambio en la lógica contractual tradicional", en ALBERTO MONTAÑA PLATA y JORGE IVÁN RINCÓN CÓRDOBA

para la ejecución de un proyecto de estos es posible que exista financiación completamente privada o que el Estado concurra parcialmente a su financiación, esto último porque la financiación privada pura normalmente es más costosa, por lo cual, si el Estado no participa en la financiación, es posible que nadie se encuentre interesado en la ejecución del proyecto[69].

En los casos en que es difícil que el Estado aporte un porcentaje importante de los recursos necesarios para la ejecución del proyecto, se suele utilizar el sistema del *project finance* o *"financiación por el proyecto"* que, como ha dicho la jurisprudencia arbitral colombiana.

> "[...] es un sistema en virtud del cual el sector privado financia el proyecto sin garantía alguna del Estado, partiendo del principio de que la cobertura de los «costes» del proyecto —costos de funcionamiento y servicio de la deuda, es decir, devolución de capital y pago de intereses— ha de basarse en el margen bruto de autofinanciación o *cash-flow* generado por el propio proyecto, recayendo la garantía sobre los activos del mismo y no sobre los del concesionario [...] El flujo de caja del propio proyecto tiene que ser suficiente para generar los recursos necesarios para hacer frente a los gastos de inversión y explotación, costos financieros, impuestos, pago de la deuda, permitiendo así mismo que el concesionario obtenga un razonable margen de utilidad, medido en el tiempo por la tasa interna de retorno (TIR) del proyecto"[70].

Dentro de ese sistema de financiación, para obtener la totalidad de los recursos necesarios es indispensable que la estructura del proyecto mismo garantice su éxito comercial y, con dicho éxito, que el cocontratante de la administración reciba el retorno de su inversión y una utilidad razonable. De esta manera, el prestamista de los recursos tendrá la certeza de que su deudor, esto es, el ejecutor del proyecto, que es el cocontratante de la administración, en virtud del proyecto tendrá los recursos suficientes para el pago del préstamo de dinero.

(dir.), *Contratos públicos: problemas, perspectivas y prospectivas*, Bogotá, Universidad Externado de Colombia, 2017, págs. 665 y ss.

[69] Véase a Rafael Izquierdo, *Gestión y financiación de las infraestructuras del transporte terrestre*, Madrid, Asociación Española de Carretera, 1997, págs. 102 y ss., y a Oscar R. Aguilar Valdez, "Contratación administrativa y financiamiento", en Juan Carlos Cassagne y Enrique Rivero Ysern (dirs.), *La contratación pública*, t. 1, Buenos Aires, Hammurabi, 2007, págs. 561 y ss.

[70] Tribunal de Arbitramento *Concesionaria Vial de los Andes* contra *Instituto Nacional de Vías-INVIAS*, laudo de 25 de agosto de 2004.

A su vez, para lograr que los particulares se interesen en el proyecto de infraestructura, el Estado debe generar condiciones que les permitan tener una mediana certeza de que el proyecto será exitoso y que generará la rentabilidad suficiente para cubrir los diversos costos que el mismo supone, junto con una utilidad razonable.

Dentro de las condiciones que puede ofrecer el Estado para motivar la inversión privada se encuentran las cláusulas de garantía de ingresos o *cláusulas take or pay*, en virtud de las cuales la entidad pública interesada en el proyecto se compromete a que la infraestructura desarrollada será utilizada por un número mínimo de usuarios señalado en el contrato a una determinada tarifa y, por lo mismo, que generará unos ingresos mínimos al ejecutor del proyecto, de tal manera que si el número de usuarios resulta inferior al señalado en el contrato, la entidad deberá pagar de su presupuesto el valor necesario para lograr que el ejecutor obtenga los ingresos mínimos garantizados en el mismo contrato. La doctrina la define como "una cláusula a través de la cual se obliga al deudor contractual a pagar un mínimo de productos, independientemente de que la cantidad pagada sea efectivamente consumida"[71] o como una estipulación que "obliga al comprador a adquirir una cantidad mínima del producto o servicio en cada periodo, por lo general anual o, alternativamente, a pagar esa mínima cantidad aun cuando no la haya tomado o aceptado recibirla"[72].

Por ejemplo, en el caso de una carretera, la administración puede comprometerse a que por cada peaje pasará un cierto número mínimo de vehículos y que pagarán una tarifa determinada, lo cual generará los ingresos suficientes para que el ejecutor logre cubrir los costos del proyecto y obtener una ganancia razonable. No obstante, en el evento de que en la realidad no pase el número de vehículos señalado en el contrato o la tarifa recibida no sea la prevista, la entidad deberá pagar con sus propios recursos presupuestales el valor de la diferencia entre el ingreso garantizado y el ingreso efectivamente recaudado.

En suma, se trata de un acuerdo entre el acreedor y el deudor contractuales en virtud del cual el deudor pagará una suma determinada de

---

[71] YVONNE OSIKILO, "How are the problems of buyer in long-term take or pay contracts in the gas industry mitigated?", en *https://www.dundee.ac.uk/media/dundeewebsite/cepmlp-nh/car/CAR%2009_17072017.pdf* [Última consulta: 26 de julio de 2019]

[72] CRISTIÁN ARAYA MAGGI, "Cláusulas *take or pay*, origen estadounidense y efectos en el mercado chileno de la energía", en *Revista Chilena de Derecho Privado*, n° 28, Santiago de Chile, Universidad Diego Portales, 2017, pág. 192.

dinero, aun en el caso de que los productos, bienes o servicios contratados no sean efectivamente adquiridos por él o por los usuarios. Este pacto tiene como finalidad garantizar al acreedor que obtendrá el retorno de los costos de elaboración del proyecto y una remuneración razonable y, con ello, garantizar que durante la ejecución del contrato se mantendrá la equivalencia de las prestaciones.

2. Instrumentos de reclamación y arreglo directos

Este segundo grupo de instrumentos para hacer efectivo el derecho al restablecimiento del equilibrio económico en los contratos públicos se refiere, fundamentalmente, a la posibilidad u obligación que tiene el cocontratante afectado de pedir directamente a su cocontratante —administración pública o contratista, según el caso— que reconozca que una determinada alteración en las condiciones en que se pactaron las obligaciones contractuales le genera mayores costos que no está en el deber jurídico de soportar y que, por lo tanto, le deben ser compensados. Es decir, que a diferencia de los instrumentos analizados del punto anterior, se trata de instrumentos que se utilizan una vez se presenta la eventual ruptura del equilibrio económico del contrato y antes de acudir a la solución judicial de la controversia. Se trata, entonces, de la búsqueda de un arreglo directo entre las partes, pudiendo en esta labor tener el auxilio o colaboración de terceros o, incluso, ser representadas por esos terceros, a fin de solucionar la controversia.

A) *El arreglo directo a través de modificaciones contractuales y reconocimientos directos*

Respecto de esta clase de instrumentos, podemos decir que, de forma general, los diversos ordenamientos reconocen a las partes la posibilidad que tienen de introducir a los contratos las modificaciones que sean necesarias con el fin de que los mismos logren la finalidad prevista por ellas. Dentro de las diversas modificaciones que las partes pueden hacer a las prestaciones contractuales, se incluyen aquellas que buscan ajustar las condiciones económicas o materiales de ejecución del contrato, a fin de que la equivalencia de prestaciones, alterada por los cambios en las condiciones de ejecución, regrese al punto en que se encontraba al momento de presentar la propuesta o de contratar, según el caso.

En particular, el derecho francés prevé la posibilidad excepcional de introducir modificaciones o enmiendas a los contratos públicos mediante la figura de las llamadas "*avenants*", la cual tiene una regulación histórica muy detallada que tiene como finalidad reforzar los principios de transparencia y de concurrencia[73]. Así, el principio general en el derecho francés siempre ha consistido en la prohibición de las modificaciones contractuales, a menos de que existan circunstancias extraordinarias ocurridas durante la ejecución del contrato que justifiquen hacer el correspondiente ajuste contractual, circunstancias dentro de las cuales se encuentran, entre otros, los hechos que dan lugar al rompimiento del equilibrio económico del contrato[74].

Esa regulación francesa de las modificaciones contractuales resulta perfectamente coherente con las exigencias del derecho de la Unión Europea. En efecto, el artículo 72 de la Directiva 2014/24/UE prevé unos casos excepcionales en los cuales se acepta la modificación de los contratos públicos durante su ejecución, dentro de los cuales se encuentra que "la modificación se derive de circunstancias que un poder adjudicador diligente no hubiera podido prever"[75].

Además, el derecho francés consagra diversas formas en que las partes pueden solucionar de manera directa los conflictos relacionados con la ejecución del contrato público[76]. Así, igualmente se consagra la existencia de unos recursos especiales denominados *recours préalables*, con los cuales se reconoce la posibilidad al cocontratante de la administración de presentar diversas clases de solicitudes relacionadas con la ejecución del contrato, incluida la de presentar reclamaciones directas por la ruptura del equilibrio económico del mismo, las cuales deben ser resueltas por la administración mediante un acto administrativo.

Por su parte, el derecho español, igualmente en concordancia con esa regulación europea, en los artículos 203 y 205 de la Ley 9 de 2017, sobre contratos del sector público, reconoce expresamente a las partes la posibilidad de introducir modificaciones al contrato a fin de atender, entre

---

[73] En relación con los orígenes de las llamadas *"avenants"*, véase a Laurent Richer y Françoise Lichère, *Droit des contrats administratifs, op. cit.*, núms. 1058 y ss.

[74] Al respecto, véase a Stéphane Braconnier, *Précis du droit de la commande publique, op. cit.*, págs. 540 y ss.

[75] Sobre los límites a las modificaciones contractuales en las normas europeas, véase a Isabel Gallego Córcoles, "La modificación de los contratos en la cuarta generación de directivas europeas", en *Las nuevas directivas de contratación pública*, Cizur Menor (Navarra), Thomson-Reuters Aranzadi, 2015, págs. 107 y ss.

[76] En relación con los diversos mecanismos de solución directa consagrados en el derecho francés, véase a Laurent Richer y Françoise Lichère, *Droit des contrats administratifs, op. cit.*, núms. 421 y ss.

otros casos, "circunstancias sobrevenidas y que fueran imprevisibles en el momento en que tuvo lugar la licitación del contrato", lo cual constituye un instrumento idóneo para preservar la equivalencia de las prestaciones, con la mera voluntad de las partes. Es decir, que la legislación española permite la utilización del mecanismo de la modificación del contrato para efectos de que las partes arreglen directamente una controversia sobre la ruptura del equilibrio económico del mismo[77].

En Colombia, estos mecanismos de arreglo directo se encuentran expresamente consagrados en el artículo 68 de la ley 80 de 1993, conforme al cual las entidades estatales contratantes y los contratistas tienen el deber de procurar solucionar en forma ágil, rápida y directa todas las diferencias y discrepancias surgidas de la actividad contractual, pudiendo emplear mecanismos como la transacción, la conciliación y la amigable composición. Además, debe entenderse que la posibilidad de modificar los contratos, como medio de solución de las diversas controversias contractuales, incluyendo las derivadas de la ruptura del equilibrio económico del contrato, constituye también un mecanismo de arreglo directo de las controversias, naturalmente sometido a los límites propios y especiales de las modificaciones contractuales.

Según lo tiene entendido la jurisprudencia constitucional colombiana, en virtud de los principios de economía y de garantía del patrimonio de los particulares, "el principio del arreglo directo constituye uno de los pilares fundamentales bajo los cuales se edifica el Estatuto de la Contratación Estatal o Administrativa. Su propósito consiste en someter las controversias o divergencias que se presentan en la ejecución y desarrollo de la actividad contractual a la solución de manera rápida, inmediata y directa de las partes"[78].

Para comprender adecuadamente este segundo grupo de instrumentos jurídicos, la primera situación que se debe tener en cuenta es aquella en la cual el cocontratante de la administración considera que en la ejecución de un contrato público ha incurrido en mayores costos respecto de los pactados, de acuerdo con las condiciones en que se celebró el contrato o

---

[77] Sobre la modificación de los contratos públicos en el derecho español, véase a FRANCISCO JAVIER VÁSQUEZ MATILLA, *La modificación de los contratos públicos*, Cizur Menor (Navarra), Thomson-Reuters Aranzadi, 2015.

[78] Corte Const., sent. T-017 de 2005.

se presentó la propuesta, según el caso. En este evento, este tiene no solo el derecho sino el deber de acudir directamente a la administración para reclamarle esos mayores costos, cuyos hechos generadores, en todo caso, deben cumplir con las condiciones anotadas en el punto 4 del capítulo i de esta obra, junto con las particularidades de cada una de las causales específicas de ruptura del equilibrio o, en el caso de incumplimiento, con los presupuestos para la responsabilidad contractual por incumplimiento señalados en el punto 3 del capítulo v de este trabajo.

Ante una reclamación de esta naturaleza, en caso de que la administración encuentre que se cumplen los requisitos legales para la configuración de la ruptura del equilibrio económico del contrato público, debe optar por su reconocimiento y ordenar el pago directo de esos mayores valores. Inclusive, la ley 80 de 1993, en su artículo 25 numeral 14, prevé que las entidades públicas tienen el deber de incluir en sus presupuestos anuales una apropiación global destinada a cubrir los costos imprevistos ocasionados por los retardos en los pagos, así como los que se originen en la revisión de los precios pactados por razón de los cambios o alteraciones en las condiciones iniciales de los contratos por ellas celebrados.

La respuesta de la administración pública a la reclamación presentada por su cocontratante será, obviamente, un acto administrativo, aunque contractual, en la medida en que contiene su manifestación de voluntad en el sentido de negar la reclamación, aceptarla parcialmente o aceptarla completamente, generando, en los últimos dos casos, una orden directa de pago. Como acto administrativo que es, en caso de que el cocontratante considere que la respuesta de la administración a su reclamación no fue satisfactoria, tendrá derecho a ejercer los recursos administrativos, anteriormente denominados como vía gubernativa, que, por mandato del artículo 77 de la ley 80 de 1993, se limitan al recurso de reposición. No obstante, el eventual cuestionamiento judicial de estos actos administrativos no se realiza a través de las acciones judiciales propias de los actos administrativos, sino a través del llamado en Colombia "medio de control de controversias contractuales", cuyo término de caducidad es, por regla general, de dos años contados a partir de la ocurrencia de los motivos de hecho o de derecho que les sirvan de fundamento[79].

[79] No obstante, debe precisarse que según el art. 164 num. 2 del CPACA, el término de dos años es apenas una regla general y la forma de contarlo depende de las condiciones particulares de cada contrato. La citada norma dispone:

Finalmente, en cuanto a la reclamación presentada por el cocontratante de la administración, vale la pena aclarar que no obstante que el ordenamiento jurídico colombiano prevé la existencia de un silencio administrativo positivo respecto de las peticiones presentadas por el cocontratante de la administración, la jurisprudencia contencioso administrativa ha aclarado que tal silencio no es aplicable cuando se trata de reclamaciones económicas que "requieren de la prueba de la existencia de los fundamentos de hecho que demuestren que le asiste razón en sus requerimientos"[80], por lo cual no puede más que afirmarse que el reconocimiento en vía administrativa de la ruptura del equilibrio económico del contrato requiere de manifestación expresa de la entidad estatal contratante.

"j) En las relativas a contratos el término para demandar será de dos (2) años que se contarán a partir del día siguiente a la ocurrencia de los motivos de hecho o de derecho que les sirvan de fundamento.

"Cuando se pretenda la nulidad absoluta o relativa del contrato, el término para demandar será de dos (2) años que se empezarán a contar desde el día siguiente al de su perfeccionamiento. En todo caso, podrá demandarse la nulidad absoluta del contrato mientras este se encuentre vigente.

"En los siguientes contratos, el término de dos (2) años se contará así:

"i) En los de ejecución instantánea desde el día siguiente a cuando se cumplió o debió cumplirse el objeto del contrato;

"ii) En los que no requieran de liquidación, desde el día siguiente al de la terminación del contrato por cualquier causa;

"iii) En los que requieran de liquidación y esta sea efectuada de común acuerdo por las partes, desde el día siguiente al de la firma del acta;

"iv) En los que requieran de liquidación y esta sea efectuada unilateralmente por la administración, desde el día siguiente al de la ejecutoria del acto administrativo que la apruebe;

"v) En los que requieran de liquidación y esta no se logre por mutuo acuerdo o no se practique por la administración unilateralmente, una vez cumplido el término de dos (2) meses contados a partir del vencimiento del plazo convenido para hacerlo bilateralmente o, en su defecto, del término de los cuatro (4) meses siguientes a la terminación del contrato o la expedición del acto que lo ordene o del acuerdo que la disponga".

[80] C. de E., Sala de lo Contencioso Administrativo, Sección Tercera, sent. de 29 marzo 2017, exp. 36.714A. En general sobre el silencio administrativo positivo en materia de contratación estatal, véase, entre muchas providencias que adoptan esta posición, C. de E., Sala de lo Contencioso Administrativo, Sección Tercera, auto de 6 noviembre 1996, exp. 11.696; sent. de 20 agosto 1998, exp. 4.370; auto de 7 de octubre 1999, exp. 16.165; auto de 31 julio 2003, exp. 2002-0166 (22.767); auto de 2 octubre 2003, exp. 2002-00776 (24.024), y sent. de 27 marzo 2014, exp. 20.912.

En el caso contrario, es decir, cuando la administración es quien considera que la diferencia de costos es en perjuicio suyo, y hace la petición a su cocontratante, este tiene la posibilidad de reconocer la ruptura del equilibrio y proceder a aceptar la reducción del valor de la contraprestación por la ejecución de las obligaciones pactadas o, en cambio, puede negarse a ello. En el segundo caso, la administración tendrá la posibilidad de iniciar el denominado medio de control de controversias contractuales con la pretensión de lograr el restablecimiento del equilibrio económico del contrato.

No obstante la posibilidad que tienen las partes en Colombia de realizar un reconocimiento directo y unilateral de la ruptura del equilibrio económico del contrato en perjuicio de su cocontratante, la manera de instrumentalizar un acuerdo de las características descritas también puede adquirir otras facetas: puede suscribirse una adición de contrato, modificando el valor de las prestaciones[81], o puede suscribirse un negocio jurídico de transacción[82] o pactarse una conciliación, con la misma finalidad[83], figuras estas últimas que estudiaremos en el punto siguiente.

B) *La utilización de mecanismos alternativos de solución de controversias*

Además de esos mecanismos de arreglo directo, para los casos en que ya existe propiamente una controversia, los diversos ordenamientos jurídicos también suelen autorizar la utilización de mecanismos alternativos

[81] Sobre las adiciones de contrato, véase C. de E., Sala de Consulta y Servicio Civil, concepto de 9 septiembre 2008, rad. 1.920, y concepto de 18 julio 2002, rad. 1.439, y Corte Const., sent. C-300 de 2012.

[82] Sobre la transacción, véase a ROBERTO VALDÉS SÁNCHEZ, *La transacción. Solución alternativa de conflictos*, 2ª ed., Bogotá, Legis Editores, 1998, págs. 83 y ss. Desde el punto de vista jurisprudencial, véase C. de E., Sala de lo Contencioso Administrativo, Sección Tercera, sent. de 5 febrero 1993, exp. 7.633; auto de 16 diciembre 1994, exp. 9.041; sent. de 3 agosto 2000, exp. 16.947; sent. de 7 junio 2001, exp. 14.291; auto de 30 agosto 2001, exp. 19.732; auto de 5 junio 2003, exp. 22.768; auto de 4 noviembre 2004, exp. 24.225; sent. 12 agosto 2009, exp. 34.570; sent. 28 febrero 2011, exp. 28.281; sent. de 18 enero 2012, exp. 21.080, y sent. de 27 junio 2012, exp. 43.010.

[83] Sobre la conciliación, véase a HÉCTOR ROMERO DÍAZ, *La conciliación judicial y extrajudicial*, Bogotá, Legis Editores, 2006, págs. 164 y ss.,y a JUAN ÁNGEL PALACIO HINCAPIÉ, *Derecho procesal administrativo*, 8ª ed., Bogotá, Librería Jurídica Sánchez R., 2016, págs. 841 y ss.

de solución de conflictos, esto es, formas de solucionar las diferencias sin acudir al juez, como la mediación, la transacción y la conciliación.

Así, el derecho francés admite la aplicación de mecanismos alternativos de solución de conflictos originados en los contratos públicos, tales como la conciliación y la amigable composición e, incluso, la transacción. Al respecto, se parte de la idea expresada por la jurisprudencia del Consejo de Estado, en el sentido de que "ninguna ley o reglamento será obstáculo para la inclusión en los contratos que celebra la administración de una cláusula que prevea que las dificultades a que den lugar estos contratos deban ser sometidas, antes de acudir al juez competente, a consulta de una persona o un organismo designado para el efecto"[84]. Con base en esta posición jurisprudencial se ha desarrollado ampliamente la posibilidad de que se utilicen las figuras de la conciliación, la amigable composición y la transacción, con la finalidad de resolver los conflictos derivados de la ejecución de un contrato administrativo, incluidos los relacionados con la ruptura del equilibrio económico[85].

En el derecho español, en cuanto a los métodos o mecanismos alternativos de solución de conflictos, la doctrina ha señalado que la transacción es aplicable a las controversias derivadas de los contratos públicos, siempre que ellas versen sobre asuntos económicos susceptibles de ser transigidos[86], lo cual implica que los conflictos derivados de la ruptura del equilibrio económico del contrato, en tanto versan sobre aspectos económicos, podrían ser solucionados directamente por las partes con base en el mecanismo de la conciliación.

Con base en la misma idea, la doctrina española ha señalado que si es posible la aplicación del mecanismo de la transacción, también debería ser posible la utilización de la conciliación dentro del derecho administrativo, no obstante lo cual dicha posibilidad no se encuentra prevista expresamente por el ordenamiento jurídico[87].

---

[84] Consejo de Estado francés, *arrêt Soc. Otit* de 27 de julio de 1984, citado por LAURENT RICHER y FRANÇOISE LICHÈRE, *Droit des contrats administratifs, op. cit.*, núm. 429.

[85] Al respecto, puede verse a CHARLES-ANDRÉ DUBREUIL, *Droit des contrats administratifs, op. cit.*, págs. 395 y ss.

[86] Véase a ALEJANDRO HUERGO LORA, *La resolución extrajudicial de conflictos en el derecho administrativo*, Bolonia, Publicaciones del Real Colegio de España, 2000, págs. 29 y ss.

[87] Véase a SANTIAGO GONZÁLEZ-VARAS IBÁÑEZ, "Las negociaciones y el derecho administrativo: transacciones, convenios y arbitraje", en *El derecho público a comienzos*

En Colombia, como se anunció, los acuerdos entre las partes para solucionar controversias relacionadas con la ruptura del equilibrio económico del contrato pueden instrumentarse a través de diversos mecanismos, incluyendo la transacción y la conciliación, los cuales constituyen auténticos mecanismos alternativos de solución de controversias.

En particular, cuando se trata de la conciliación como mecanismo para solucionar directamente la controversia relativa a la ruptura del equilibrio económico del contrato, el derecho positivo colombiano exige el cumplimiento de unos requisitos particulares, por estar presente la administración pública como parte del contrato y del acuerdo conciliatorio.

Es así como desde el punto de vista jurídico, la conciliación es un mecanismo de solución de conflictos que en Colombia se encuentra autorizado constitucionalmente en el artículo 116 de la Constitución Política, a través del cual las partes ponen fin, de común acuerdo y conforme con su propia voluntad, a un litigio de contenido patrimonial, como bien lo señala el artículo 64 de la ley 446 de 1998.

Pero no obstante que se trata de un mecanismo en el cual la solución proviene exclusivamente de la voluntad de las partes, cuando una de ellas es una entidad estatal la alternativa de la conciliación se encuentra sometida a unos límites muy estrictos fijados por el legislador, tanto desde el punto de vista del fondo como desde la perspectiva del procedimiento.

En efecto, el artículo 59 de la ley 23 de 1991, modificado por el artículo 70 de la ley 446 de 1998, señala que las personas de derecho público pueden conciliar, total o parcialmente, conflictos de carácter particular y contenido económico de que conozca o pueda conocer la jurisdicción de lo contencioso administrativo. De otra parte, el artículo 65A de la misma ley 23 de 1991, adicionado a dicha ley por el artículo 73 de la ley 446 de 1998, señala que como requisito especial para la procedencia de la conciliación, el acuerdo al que lleguen las partes debe ser aprobado por la jurisdicción de lo contencioso administrativo, para lo cual la autoridad judicial deberá verificar que se hayan presentado las pruebas necesarias que sustenten el acuerdo, es decir, las pruebas que acrediten la ruptura del equilibrio económico del contrato y los mayores costos en que debieron incurrir las partes, que el acuerdo no sea violatorio de la ley y que el mismo no resulte lesivo para el patrimonio público.

_____

del siglo XXI, Estudios en homenaje al profesor Allan R. Brewer Carías, Madrid, Edit. Civitas, 2003, págs. 1814 y ss.

Igualmente, el parágrafo 2° del artículo 61 de la ley 23 de 1991, modificado por el artículo 81 de la ley 446 de 1998, que aunque se refiere a la conciliación prejudicial se ha considerado aplicable a la conciliación judicial[88], establece que para que haya lugar a conciliación, el correspondiente medio de control no puede haber caducado.

Con fundamento en las anteriores normas, el Consejo de Estado ha construido una especie de *test* para verificar si un acuerdo conciliatorio celebrado por una persona de derecho público puede ser aprobado o no por el juez competente, consistente en comprobar las siguientes exigencias:

- La capacidad o facultad que tengan los representantes o conciliadores para conciliar.

- La debida representación de las personas que concilian.

- La disponibilidad de los derechos económicos enunciados por las partes.

- Que no haya operado la caducidad de la acción.

- Que lo reconocido patrimonialmente esté debidamente respaldado en la actuación.

- Que el acuerdo no resulte abiertamente lesivo para el patrimonio público[89].

En oportunidad más reciente, el mismo Consejo de Estado ha reiterado estos puntos en los siguientes términos:

> "Al hacer referencia a materias administrativas contenciosas respecto de las cuales la ley autoriza el uso de la conciliación, dado el compromiso del patrimonio público que le es inherente, el ordenamiento jurídico establece exigencias especiales que debe tomar en cuenta el juez a la hora de decidir sobre su aprobación. De manera reiterada el Consejo de Estado ha señalado que el acuerdo conciliatorio prejudicial se somete a los siguientes supuestos de aprobación: a. La debida representación de las personas que concilian. b. Capacidad o facultad que tengan los

---

[88] Véase C. de E., Sala de lo Contencioso Administrativo, Sección Tercera, auto de 27 febrero 2002, exp. 18.331.

[89] C. de E., Sala de lo Contencioso Administrativo, Sección Tercera, auto de 22 mayo 2008, exp. 33.797. En igual sentido, entre otras, C. de E., Sala de lo Contencioso Administrativo, Sección Tercera, auto de 31 enero 2008, exp. 33.371, en el cual se recoge la evolución de la jurisprudencia del Consejo de Estado en materia de requisitos para la aprobación de un acuerdo de conciliación celebrado por una entidad pública.

representantes o conciliadores para conciliar. c. La legitimación de las partes que concilian. d. La disponibilidad de los derechos económicos enunciados por las partes. e. Que no haya operado la caducidad de la acción. f. Que lo reconocido patrimonialmente esté debidamente respaldado en la actuación. g. Que el acuerdo no resulte abiertamente lesivo para el patrimonio público"[90].

A los anteriores requisitos, debe adicionarse el que se desprende del artículo 75 de la ley 446 de 1998, que prevé la existencia de un comité de conciliación al interior de las entidades estatales, el cual, de acuerdo con el artículo 19 numeral 5 del decreto 1716 de 2009, deberá emitir concepto previo favorable a la conciliación.

C) *El arreglo directo a través de la amigable composición*

Finalmente, en relación con los instrumentos de arreglo directo, aparece también la amigable composición, que es un mecanismo de solución de conflictos a través del cual un tercero imparcial (amigable componedor), que ostenta la representación de ambas partes, decide sobre un conflicto en virtud de un mandato que le ha sido otorgado por las personas que hacen parte del mismo, en este caso, por las partes del contrato público.

En relación con este mecanismo, debe hacerse notar, de una parte, que aunque en la solución de la controversia interviene un tercero, jurídicamente son las partes quienes directamente están solucionando sus controversias, en la medida en que ese tercero es, en estricto sentido, un mandatario mutuo, esto es, un sujeto —o varios— que ostenta la representación tanto de la administración como de su cocontratante. Al respecto, la doctrina ha señalado que *"el contrato de amigable composición nos propone el siguiente contenido: un tercero imparcial —el amigable componedor— toma una decisión sobre una controversia en virtud de un mandato que le ha sido otorgado por las personas en conflicto —los mandantes—"*[91]. Es decir, que en tanto que la relación de las partes y el amigable componedor es la propia de un contrato de mandato con representación, la actuación de dicho amigable componedor se hace en representación de las partes, de tal manera que la solución de las controversias realmente la realizan directamente ellas.

---

[90] C. de E., Sala de lo Contencioso Administrativo, Sección Tercera, auto de 23 enero 2013, exp. 43.883.

[91] Francisco Ternera Barrios, "Amigable composición: contrato para solucionar controversias", en *Revista de Derecho Privado*, n° 38, Bogotá, Universidad de los Andes, junio de 2007, págs. 4-5.

Además, a pesar de que es un tercero quien finalmente adopta la decisión vinculante, lo cierto es que ese tercero no está investido de jurisdicción y, por lo mismo, no actúa como juez[92], sino que, como ya se explicó, es un mandatario de la partes, de tal manera que la figura realmente corresponde a los instrumentos de solución directa para la garantía del equilibrio económico del contrato.

La existencia de esta figura se reconoce en general en el derecho comparado en el marco del arbitraje y, concretamente, como una especie de arbitraje en conciencia o en equidad, aunque con un carácter puramente contractual, como ocurre en el derecho francés o español[93]. Sin embargo, en las legislaciones administrativas o sobre contratos públicos de esos mismos ordenamientos jurídicos no se habilita a la administración para la utilización de este mecanismo, más allá de las habilitaciones restringidas al arbitraje, sobre las cuales hablaremos en el punto 3 de este capítulo.

En cambio, en el derecho colombiano, como situación especial y según lo ha hecho notar la doctrina, se consagra la amigable composición como un mecanismo alternativo de solución de conflictos autónomo al arbitraje y a la mediación[94]. Así, el artículo 59 de la ley 1563 de 2012 define la amigable composición como un "mecanismo alternativo de solución de conflictos, por medio del cual, dos o más particulares, un particular y una o más entidades públicas, o varias entidades públicas, o quien desempeñe funciones administrativas, delegan en un tercero, denominado amigable componedor, la facultad de definir, con fuerza vinculante para las partes, una controversia contractual de libre disposición", con las precisiones señaladas en el artículo 60 de la misma ley 1563 de 2012, en el sentido de que el amigable componedor "obrará como mandatario de las partes"; que tiene competencia para "precisar el alcance o forma de cumplimiento de las obligaciones derivadas de un negocio jurídico,

[92] En ese sentido, véase Corte Constitucional, sent. SU-091 de 2000.

[93] Al respecto, puede verse José Fernando Merino Merchán y José María Chillón Medina, *Tratado de derecho arbitral*, 4ª ed., Madrid, Thomson Reuters Civitas, 2014, págs. 34 y ss. Igualmente, puede verse a Pablo Rey Vallejo, "El arbitraje doméstico colombiano a la sombra de la amigable composición como mecanismo que privilegia la autonomía de la voluntad", *Revista Vniversitas*, n° 133, Bogotá, Pontificia Universidad Javeriana, julio-diciembre 2016, págs. 227 y ss, quien trae mención a las normas correspondientes del derecho francés y español.

[94] En relación con esta especialidad, véase a Jorge Hernán Gil Echeverry, *La amigable composición y resolución de conflictos*, Bogotá, Legis, 2019, págs. 3 y ss.

determinar la existencia o no de un incumplimiento contractual y decidir sobre conflictos de responsabilidad suscitados entre las partes, entre otras determinaciones" y que su decisión "producirá los efectos legales propios de la transacción", esto es, de cosa juzgada en última instancia, como lo prevé el artículo 2483 del Código Civil.

De acuerdo con estas normas, no cabe duda de que en Colombia la amigable composición es aplicable a los contratos públicos, lo cual se desprende de lo previsto en el artículo 59 de la ley 1563 de 2012 en el sentido de que puede ser utilizada por "un particular y una o más entidades públicas, o varias entidades públicas, o quien desempeñe funciones administrativas". Además, del artículo 60 de la ley 1563 de 2012 se desprende que la amigable composición constituye uno de los instrumentos con los cuales cuentan las partes para la solución de las controversias derivadas de la ocurrencia de hechos relacionados con la ruptura del equilibrio económico del contrato, al señalar que los amigables componedores pueden "determinar la existencia o no de un incumplimiento contractual y decidir sobre conflictos de responsabilidad suscitados entre las partes, entre otras determinaciones"[95].

3. INSTRUMENTOS JUDICIALES

El tercer grupo de mecanismos para hacer efectivo el derecho al mantenimiento de la reciprocidad en las prestaciones pactadas, es decir, el derecho al mantenimiento del equilibrio económico del contrato, encuentra sustento en el derecho constitucional fundamental de acceso a la administración de justicia o de tutela judicial efectiva y se instrumentaliza en una decisión de la autoridad judicial competente.

Así, en caso de que una de las partes considere que existe una ruptura en el equilibrio económico del contrato y no haya sido posible lograr un arreglo directo entre ellas, dicha parte puede acudir al juez del contrato para que declare la ocurrencia de tal ruptura y revise el contrato con el

---

[95] Sobre el mecanismo de la amigable composición en los contratos públicos en Colombia, véase a TATIANA OÑATE ACOSTA y FRANCISCO TERNERA BARRIOS, "El contrato *sui generis* de amigable composición: una alternativa para la solución de controversias en proyectos de infraestructura", en *Revista de Derecho Privado*, n° 35, Bogotá, Universidad de los Andes, julio-diciembre 2015, págs. 3 y ss. Desde el punto de vista jurisprudencial, véase C. de E., Sala de lo Contencioso Administrativo, Sección Tercera, sent. de 26 febrero 1998, exp. 11.471, y auto de 21 octubre 2009, exp. 36.951, y Corte Const., sents. SU-091 de 2000, y T-017 de 2005 y T-153 de 2010.

fin de ajustar las prestaciones de acuerdo con el equilibrio contractual o, si es el caso, condene al cocontratante, ya sea a pagar una compensación o una indemnización de los perjuicios sufridos como consecuencia de la ruptura.

Al igual que ocurre con los otros mecanismos de garantía del derecho al restablecimiento del equilibrio económico ya estudiados, la aplicación de la solución judicial de controversias depende de la configuración de cada sistema jurídico y, en especial, de la existencia o no de una jurisdicción administrativa especializada[96]. Esta configuración de cada ordenamiento resulta muy importante, pues de ella surge tanto el juez competente como el procedimiento aplicable para la solución de la controversia contractual.

Además, del contenido específico de los diferentes ordenamientos jurídicos puede determinarse la procedencia de la utilización en los litigios sobre contratos públicos, de otros mecanismos judiciales de solución de controversias, mecanismos que se conocen como alternativos y que fundamentalmente se refieren a la figura del arbitraje.

En Francia, la solución de las controversias relacionadas con la ejecución del contrato público, incluidas las que tienen que ver con una eventual ruptura del equilibrio económico del mismo, se encuentra atribuida a la jurisdicción administrativa, al menos como regla general[97].

Respecto de la aplicación de la figura del arbitraje a los contratos públicos, el derecho francés ha sido reacio a su aceptación y, como regla general, se encuentra prohibida la utilización de este mecanismo para los

[96] Sobre las diversas posibilidades de organización para el control judicial de la actividad administrativa, véase a GUY BRAIBANT, "La jurisdicción administrativa en derecho comparado", en *Deuxième centenaire du Conseil d'État*, vol. II, número especial de *La Revue Administrative*, Presses Universitaires de France, 2001, págs. 381 y ss. Una versión en español de este estudio puede verse en *Historia y perspectivas de la jurisdicción administrativa en Francia y en América Latina*, Memorias del Coloquio Conmemorativo del bicentenario del Consejo de Estado francés, Bogotá, Edit. Temis, 1999, págs. 335 y ss. Igualmente, puede verse a LIBARDO RODRÍGUEZ RODRÍGUEZ, *Derecho administrativo. General y colombiano, op. cit.*, t. II, págs. 485 y s, y "La justicia administrativa en el derecho comparado y en Colombia", en JORGE FERNÁNDEZ RUIZ (coord.), *Justicia administrativa. Segundo Congreso Iberoamericano de derecho administrativo*, México, Universidad Nacional Autónoma de México, 2007, págs. 469 y ss.

[97] Sobre las reglas particulares aplicables a los conflictos relacionados con la ejecución de un contrato administrativo en Francia, véase a LAURENT RICHER y FRANÇOISE LICHÈRE, *Droit des contrats administratifs, op. cit.*, págs. 311 y ss.

conflictos sometidos al derecho administrativo. Como excepciones a este principio se suelen citar los casos de ciertos *marchés publics*, los contratos internacionales suscritos por la administración pública, los contratos de algunos establecimientos públicos industriales y comerciales, ciertos contratos celebrados bajo el esquema de la colaboración público-privada y ciertos contratos para los cuales, por su especialidad o su complejidad, se ha creado un régimen jurídico específico, como fue el caso, a título de ejemplo, de los contratos para la renovación de los estadios de fútbol para la Eurocopa de 2016[98].

Por su parte, en el derecho español, según el artículo 2.b de la Ley 29 de 1998, reguladora de la jurisdicción contencioso administrativa, esta es competente para conocer de "las cuestiones que se susciten en relación con [...] Los contratos administrativos y los actos de preparación y adjudicación de los demás contratos sujetos a la legislación de contratación de las Administraciones públicas"[99].

De esta manera, cuando una de las partes del contrato administrativo pretenda que se declare la ruptura del equilibrio económico del mismo, tendrá la posibilidad de acudir al orden jurisdiccional contencioso administrativo y ejercer un recurso igualmente contencioso administrativo, con la pretensión de que se le reconozca la ruptura del equilibrio económico y se adopten las medidas pertinentes para su restablecimiento.

En relación con la solución arbitral de las controversias relacionadas con la ejecución de los contratos públicos, en el derecho español también ha imperado históricamente la regla de la prohibición[100]. No obstante, en particular respecto de los "efectos, cumplimiento y extinción de los contratos" públicos, el artículo 39 de la derogada Ley 30 de 2007, sobre

---

[98] Véase a CHARLES-ANDRÉ DUBREUIL, *Droit des contrats administratifs, op. cit.*, págs. 398 y 399; a LAURENT RICHER y FRANÇOISE LICHÈRE, *Droit des contrats administratifs, op. cit.* págs. 322 y ss., y a APOSTOLOS PATRIKIOS, *L'arbitrage en matière administrative*, Paris, LGDJ, 1997, págs. 27 y ss.

[99] En relación con las competencias del orden jurisdiccional contencioso administrativo en España sobre los contratos administrativos, véase a JESÚS GONZÁLEZ PÉREZ, *Manual de derecho procesal administrativo*, 3ª ed., Madrid, Editorial Civitas, 2001, págs. 106 y 107, y a FERNANDO GARRIDO FALLA, *Tratado de derecho administrativo*, vol. III, La justicia administrativa, 2ª ed., Madrid, Tecnos, 2006, págs. 139 y ss.

[100] Al respecto, véase a ALEJANDRO HUERGO LORA, *La resolución extrajudicial de conflictos en el derecho administrativo, op. cit.*, págs. 149 y ss., y a SANTIAGO GONZÁLEZ-VARAS IBÁÑEZ, "Las negociaciones y el derecho administrativo: transacciones, convenios y arbitraje", *op. cit.*, págs. 1818 y ss.

contratos del sector público, admitía, aunque con un carácter excepcional, la procedencia del arbitraje para algunas controversias específicas derivadas de ciertos contratos públicos. Sin embargo, esta disposición no fue reproducida por la vigente Ley 9 de 2017, la cual se limitó a señalar, en la disposición adicional primera, la posibilidad de incorporar cláusulas de arbitraje en los contratos públicos celebrados con empresas extranjeras, quedando proscrito el arbitraje como regla general[101].

Los mecanismos judiciales que hemos venido analizando también encuentran consagración expresa en el ordenamiento jurídico colombiano, tanto en el estatuto general de contratación de la administración pública como en el Código de Procedimiento Administrativo y de lo Contencioso Administrativo -CPACA y en la ley 1563 de 2012 (estatuto arbitral).

En efecto, el artículo 75 de la ley 80 de 1993 prevé que la solución judicial de las controversias surgidas con ocasión de la actividad contractual, como regla general, se encuentran a cargo de la jurisdicción de lo contencioso administrativo, quien es el juez natural de los contratos públicos en Colombia.

Al respecto, debe hacerse notar que, de acuerdo con el artículo 104 del CPACA, la jurisdicción de lo contencioso administrativo es competente para conocer de las controversias y litigios derivados de los contratos celebrados por entidades públicas que se sometan a un régimen de derecho administrativo. Pero también, respecto de los demás contratos públicos, el numeral 2 del mismo artículo 104 del CPACA señala que la jurisdicción administrativa es competente para conocer de las controversias relativas a "los contratos, cualquiera que sea su régimen, en los que sea parte una entidad pública o un particular en ejercicio de funciones propias del Estado", con lo cual confirma que la jurisdicción administrativa es el juez natural de toda clase de contratos públicos, sin importar su régimen jurídico. Sin embargo, debe hacerse notar que el numeral 1 del artículo 105 del CPACA excluye expresamente de la competencia de la jurisdicción administrativa las controversias relativas a "los contratos celebrados por entidades públicas que tengan el carácter de instituciones financieras, aseguradoras, intermediarios de seguros o intermediarios de valores vigilados por la Superintendencia Financiera, cuando correspon-

---

[101] Sobre el régimen vigente del arbitraje en los contratos públicos en el derecho español, puede verse a CARLA ESPLUGUES BARONA, *Arbitraje y derecho administrativo. Teoría y realidad*, Valencia, Tirant Lo Blanch, 2018, págs. 189 y ss.

dan al giro ordinario de los negocios de dichas entidades, incluyendo los procesos ejecutivos" [102].

Ahora bien, la ley 1563 de 2012 (estatuto arbitral) prevé la posibilidad de que la mayoría de las controversias derivadas de la celebración y ejecución de los contratos públicos pueda someterse al arbitraje, con excepción de aquellas relativas a la validez de los actos administrativos precontractuales y de los actos administrativos mediante los cuales se haya hecho uso de las cláusulas o potestades excepcionales (caducidad del contrato, interpretación, modificación y terminación unilaterales), con algunas reglas particulares aplicables a los procesos arbitrales en los cuales sean parte las entidades estatales [103].–

Lo anterior significa que, sin lugar a dudas, respecto de las controversias relacionadas con la ruptura del equilibrio económico del contrato, el derecho positivo colombiano admite que ellas sean dirimidas ya sea por la jurisdicción formal (específicamente la jurisdicción de lo contencioso administrativo) o por particulares investidos temporalmente de jurisdicción, en el evento en que las partes del contrato hubieran suscrito un pacto arbitral, lo cual implica que en materia de contratos no impera en Colombia la interdicción del arbitraje administrativo, aunque con algunas limitaciones derivadas especialmente de la circunstancia de que los árbitros no tienen competencia para pronunciarse sobre los actos administrativos precontractuales y los dictados por la administración durante la ejecución del contrato, en desarrollo de sus poderes excepcionales.

En concordancia con las normas del estatuto de contratación de la administración, el Código de Procedimiento Administrativo y de lo Contencioso Administrativo, en su artículo 141, prevé la existencia del

[102] Sobre la solución judicial de las controversias derivadas de contratos públicos, véase a CARLOS BETANCUR JARAMILLO, *Derecho procesal administrativo*, 8ª ed., Medellín, Señal Editora, 2012, págs. 625 y ss., y a JUAN ÁNGEL PALACIO HINCAPIÉ, *Derecho procesal administrativo,* 9ª ed., Medellín, Librería Jurídica Sánchez R., 2016, págs. 671 y ss. También, aunque referidos a las reglas del Código Contencioso Administrativo de 1984, véase a MIGUEL GONZÁLEZ RODRÍGUEZ, *El contencioso contractual*, 3ª ed., Bogotá, Ediciones Jurídicas Gustavo Ibáñez, 2005, y a JUAN CARLOS GALINDO VACHA, *Lecciones de derecho procesal administrativo*, vol. I, 2ª ed., Bogotá, Pontificia Universidad Javeriana, 2003, págs. 567 y ss.

[103] Sobre el arbitraje en los contratos estatales, véase a JORGE HERNÁN GIL ECHEVERRI, *Régimen arbitral colombiano*, t. II, 2ª ed., Bogotá, Grupo Editorial Ibáñez, 2016, págs. 763 y ss.

302 EL EQUILIBRIO ECONÓMICO DE LOS CONTRATOS PÚBLICOS

denominado medio de control de controversias contractuales. En virtud de-este medio de control, "cualquiera de las partes de un contrato estatal podrá pedir [...] que se ordene su revisión, que se declare su incumplimiento y que se condene al responsable a indemnizar los perjuicios y que se hagan otras declaraciones y condenas", con base en lo cual las partes de un contrato público tienen la posibilidad de solicitar al juez del contrato que se hagan toda clase de declaraciones, incluidas la de incumplimiento y la de ruptura del equilibrio económico del contrato, con las consecuentes condenas a que haya lugar.

Adicionalmente, el mismo Código, en su artículo 164-2-j, prevé el término dentro del cual debe ejercerse la acción judicial, que es, por regla general, de dos años contados a partir de la fecha de ocurrencia de los motivos de hecho o de derecho que les sirvan de fundamento, así como los demás aspectos formales indispensables para el debido ejercicio del derecho de acción de las partes del contrato[104].

Finalmente, debe señalarse que el de los instrumentos judiciales para hacer efectivo el derecho al mantenimiento del equilibrio económico del contrato es un asunto propio del derecho procesal administrativo, cuyos elementos formales y de procedimiento desbordan el objetivo de este trabajo. En ese orden de ideas, para comprender y conocer más detalladamente los aspectos referentes a la solución judicial de controversias derivadas de la ejecución de los contratos públicos, pueden consultarse las obras especializadas en esta materia en cada país.

4. CONCLUSIONES DEL CAPÍTULO

De los análisis y reflexiones anteriores, podemos extraer las siguientes conclusiones:

1. En virtud del principio de la autonomía de la voluntad, las partes de un contrato público pueden incluir todas las estipulaciones que consideren indispensables para satisfacer adecuadamente las finalidades de la contratación administrativa y garantizar a las partes sus derechos contractuales, con las limitaciones provenientes del orden público y las buenas costumbres.

---

[104] No obstante, debe precisarse que según el mismo artículo 164-2-j del Código Contencioso Administrativo, el término de dos años es apenas una regla general y la forma de contarlo depende de las condiciones particulares de cada contrato.

2. Entre las estipulaciones que pueden incluir las partes de un contrato público en virtud de la autonomía de la voluntad, se encuentran aquellas cuyo objetivo es mantener la equivalencia de las prestaciones, a través de las cuales se mitigan los efectos de los hechos o circunstancias que puedan afectar la economía del contrato durante su fase de ejecución.

3. La revisión o reajuste de precios es el mecanismo principal que la ley o las partes pueden consagrar para garantizar el equilibrio económico del contrato, y consiste en que, frente a la ocurrencia de cambios en la condiciones de ejecución del contrato, señalados en el ordenamiento jurídico o en la respectiva cláusula contractual, se produce un ajuste positivo o negativo en el precio que se debe pagar al cocontratante de la administración.

4. La revisión de precios nació como una figura excepcional aplicable a los contratos de obra pública en los casos autorizados por la ley, siempre que existiera pacto entre las partes. Sin embargo, la evolución posterior de la figura revela que su aplicación se ha ido extendiendo a la generalidad de contratos públicos de tracto o ejecución sucesivos, aun independientemente de que exista estipulación entre las partes al respecto.

5. La figura de la revisión de precios se justifica económicamente en la necesidad de establecer mecanismos contractuales que prevean las afectaciones en los precios como consecuencia de los diversos fenómenos que afectan el mercado. Jurídicamente, la revisión de precios se justifica en las mismas razones que fundamentan las teorías de la imprevisión y, excepcionalmente, del hecho del príncipe.

6. Las prácticas administrativa y comercial han ideado otras cláusulas que buscan que las partes regulen negocialmente y, de manera anticipada, los efectos que el cambio sobre las condiciones de ejecución del contrato pueden tener sobre la economía del mismo.

7. Entre dichas cláusulas aparecen, en primer lugar, las cláusulas de estabilización, que buscan regular los efectos de la alteración del poder adquisitivo de la moneda, de tal manera que el valor de la obligación se mantenga en el tiempo. Estas cláusulas utilizan, fundamentalmente, instrumentos basados en la alteración del valor de metales preciosos, monedas extranjeras, mercancías e índices económicos.

8. Además, existen las cláusulas de renegociación o de adaptación, que constituyen un mecanismo de flexibilización del contrato a fin de

adaptarlo a las cambiantes condiciones en que debe ser ejecutado, sin desconocer el principio del *pacta sunt servanda*.

9. Finalmente, existen las cláusulas de garantía de ingresos que buscan garantizar al cocontratante de la administración que obtendrá el retorno de los costos de ejecución del proyecto y una remuneración razonable.

10. Los ordenamientos jurídicos también permiten la utilización de mecanismos de solución directa de los conflictos derivados de una eventual ruptura del equilibrio económico del contrato, en los cuales el cocontratante afectado debe pedir directamente a su cocontratante —administración pública o contratista, según el caso— que se reconozca que una alteración en las condiciones en que se pactaron las obligaciones contractuales le generó mayores costos que no está en el deber jurídico de soportar y que, por lo tanto, le deben ser compensados.

11. Existen diversas maneras de instrumentalizar un acuerdo sobre el restablecimiento del equilibrio económico. Así, puede suscribirse una adición de contrato, modificando el valor de las prestaciones, o puede suscribirse un negocio jurídico de transacción o incluso una conciliación, con la misma finalidad. Igualmente, en Colombia, las partes pueden someterse a la decisión de un amigable componedor, que actuará como mandatario mutuo de las partes.

12. Finalmente, en virtud del derecho constitucional fundamental de acceso a la administración de justicia o de tutela judicial efectiva, el cocontratante perjudicado por la ruptura del equilibrio económico del contrato tiene la posibilidad de acudir al juez del contrato, sea la jurisdicción estatal o sea el juez arbitral, según lo pactado y lo previsto en el respectivo ordenamiento jurídico, para que éste declare la ocurrencia de tal ruptura y condene al cocontratante obligado a pagar una compensación o una indemnización de los perjuicios sufridos como consecuencia de la misma, o revise el contrato para ajustar las prestaciones a la realidad fáctica.

ANEXO

ANÁLISIS COMPARATIVO ENTRE EL PRINCIPIO GENERAL DEL EQUILIBRIO ECONÓMICO EN LOS CONTRATOS PÚBLICOS Y LAS CAUSALES ESPECÍFICAS QUE DAN LUGAR A LA APLICACIÓN DEL PRINCIPIO*

1. CONCEPTO

PRINCIPIO GENERAL	POTESTAS VARIANDI	HECHO DEL PRÍNCIPE	IMPREVISIÓN	INCUMPLIMIENTO
Consiste en que las prestaciones que las partes pactan de acuerdo con las condiciones tomadas en consideración al momento de presentar la propuesta o celebrar el contrato, deben permanecer equivalentes hasta la terminación del mismo, de tal manera que si se rompe esa equivalencia nace para el afectado el derecho a una compensación pecuniaria que la restablezca	*Consiste en que la administración pública contratante, al hacer uso legal de poderes conferidos por una cláusula exorbitante, genera una alteración anormal en la economía del contrato, haciendo más gravosa su ejecución para una de las partes.*	*Se presenta por la expedición de actos jurídicos o por actuaciones materiales, generales o particulares, de la entidad administrativa contratante, en ejercicio de atribuciones como autoridad pública y no como parte del contrato, que lo afectan haciendo considerablemente más oneroso para una de las partes su fiel cumplimiento.*	*Se presenta por situaciones imprevistas, exógenas a las partes y posteriores a la presentación de la propuesta o a la celebración del contrato, que generan una alteración anormal en la economía del mismo, haciéndolo más gravoso.*	*Consiste en que la prestación efectivamente recibida por el acreedor no corresponde exactamente a la que se deriva de la obligación contraída, lo cual implica una insatisfacción del acreedor en su interés.*

* Los textos en cursiva corresponden a aspectos que varían en la respectiva causal en relación con el principio general.

2. ORIGEN

PRINCIPIO GENERAL	POTESTAS VARIANDI	HECHO DEL PRÍNCIPE	IMPREVISIÓN	INCUMPLIMIENTO
Encuentra su origen en Francia a comienzos del siglo xx, época a partir de la cual ha venido siendo adoptado por los diversos países que aplican la teoría del contrato administrativo. En Colombia, la aplicación de este principio se inicia en la década de los sesenta del siglo xx, con base en la teoría de la imprevisión, y se consolida en la década de los setenta.	Tuvo origen en el derecho administrativo francés, a comienzos del siglo xx, época a partir de la cual ha sido aplicada y desarrollada en diversos países que reconocen la existencia de poderes exorbitantes de la administración en la contratación pública. En Colombia, se aplica a partir de la década de los setenta del siglo xx.	Se han rescatado algunos antecedentes históricos remotos referidos a hechos específicos en los cuales se aplicaban soluciones similares a las de esta teoría (v. gr. medidas de buen gobierno). Pero la construcción y desarrollo de la teoría son obra de la jurisprudencia administrativa y la doctrina francesas de comienzos del siglo xx, y ha sido aplicada en los di- versos regímenes que aceptan la teoría del contrato administrativo, incluyendo a Colombia.	Es un aporte de la jurisprudencia francesa de comienzos del siglo xx que se aplica tanto en contratos administrativos como en los de derecho privado. En Colombia, la jurisprudencia en la década de los treinta del siglo xx se refiere a la teoría, pero su consagración positiva (Código de Comercio y estatutos de contratación administrativa), así como su aplicación real, datan de los años setentas del mismo siglo.	*Su origen se remonta al momento mismo de sur- gimiento de la figura del contrato.*

3. JUSTIFICACIÓN

PRINCIPIO GENERAL	POTESTAS VARIANDI	HECHO DEL PRÍNCIPE	IMPREVISIÓN	INCUMPLIMIENTO
1. Necesidad de prestación continua y eficiente del servicio público.	1. Necesidad de prestación eficiente y continua del servicio público.	1. Necesidad de prestación eficiente y continua del servicio público.	1. Necesidad de prestación eficiente y continua del servicio público.	1. *Deber de respetar y cumplir las obligaciones adquiridas.*
2. Contrapartida a las prerrogativas de la administración.	2. Equilibrio entre prerrogativas y garantías.	2. Contrapartida a las prerrogativas de la administración.	2. *No se aplica*	2. *No se aplica*
3. Principios constitucionales de reparación de los daños antijurídicos, de igualdad ante las cargas públicas y de garantía del patrimonio de los particulares.	3. Deber del Estado de respetar el patrimonio de las personas y de reparar los daños antijurídicos, así sea por actuaciones legítimas.	3. Principios constitucionales de reparación de los daños antijurídicos, de igualdad ante las cargas públicas y de garantía del patrimonio de las personas.	3. Principios constitucionales de igualdad ante las cargas públicas, de garantía del patrimonio de las personas y de reparar los daños antijurídicos.	3. Principios constitucionales de reparación de los daños antijurídicos y de garantía del patrimonio de las personas.
4. Justicia contractual.	4. Justicia contractual.	4. Justicia contractual.	4. Justicia contractual.	4. Justicia contractual.
5. Conmutatividad del contrato.	5. Conmutatividad del contrato.	5. Conmutatividad del contrato.	5. Conmutatividad del contrato.	5. Conmutatividad del contrato.

4. CONDICIONES PARA LA APLICACIÓN

PRINCIPIO GENERAL	POTESTAS VARIANDI	HECHO DEL PRÍNCIPE	IMPREVISIÓN	INCUMPLIMIENTO
1. Alteración de condiciones no imputable a la parte que reclama el restablecimiento.	1. *Ejercicio legal de una potestad contractual por parte de la administración contratante.*	1. *Acto jurídico o actuación material, general o particular, de la entidad pública contratante en su calidad de autoridad pública y no como contratante.*	1. Acontecimiento extraño a las partes.	1. *Existencia de un contrato.*
2. Alteración por acto posterior a la propuesta o a la celebración del contrato.	2. *Acto posterior a la propuesta o celebración del contrato.*	2. *Acto o actuación posterior a propuesta o celebración del contrato.*	2. Acontecimiento posterior a propuesta o celebración del contrato.	2. *Existencia de un daño sufrido por una de las partes del contrato.*
3. Alteración causada por un aleas anormal o extraordinario.	3. *Contenido del acto debe constituir un aleas extraordinario.*	3. *Contenido del acto o actuación debe constituir un aleas extraordinario.*	3. Acontecimiento debe constituir un aleas extraordinario.	3. *Incumplimiento de una obligación derivada del contrato.*
4. Alteración debe afectar la economía del contrato de forma grave y anormal.	4. *Alteración de la economía del contrato, haciéndolo más gravoso.*	4. *Alteración de la economía del contrato, haciéndolo considerablemente más gravoso.*	4. Afectación de la economía del contrato de forma grave y anormal.	4. *Relación de causalidad entre el incumplimiento y el daño.*

5. PRINCIPIOS JURÍDICOS DE LA APLICACIÓN

PRINCIPIO GENERAL	POTESTAS VARIANDI	HECHO DEL PRÍNCIPE	IMPREVISIÓN	INCUMPLIMIENTO
1. Teoría de orden público que no admite pacto en contrario, con excepciones por situaciones específicas.	1. Teoría de orden público y no admite pacto en contrario.	1. Teoría de orden público, pero admite pacto de exclusión de responsabilidad por actuaciones específicas.	1. Teoría de orden público y no admite pacto en contrario, con excepciones por situaciones específicas.	1. Ejecución forzada: con particularidades para obligaciones de hacer o de dar no dinerarias de la administración y para casos de autotutela ejecutiva.
2. Afectado debe cumplir con sus obligaciones contractuales, salvo fuerza mayor.	2. Afectado debe cumplir con sus obligaciones contractuales, con excepciones en caso de terminación unilateral y modificación unilateral excesiva.	2. Afectado debe cumplir con sus obligaciones contractuales, salvo fuerza mayor.	2. Afectado debe cumplir con sus obligaciones contractuales, salvo fuerza mayor.	2. Indemnización integral de perjuicios para la parte afectada.
3. Reparación de los daños sufridos por el afectado cuya naturaleza y cuantificación varía según la parte afectada y la causal específica.	3. Indemnización integral al cocontratante de la administración y compensación a la administración (excepción a la condición general de que la alteración no sea imputable al afectado).	3. Indemnización integral al cocontratante de la administración y compensación a la administración (excepción a la condición general de que la alteración no sea imputable al afectado).	3. Compensación para el afectado. En el caso del particular, la compensación se traduce en que la administración lo debe llevar al punto de no pérdida.	3. Resolución por incumplimiento: con particularidades para el caso del incumplimiento del contratista.

BIBLIOGRAFÍA

AGUILAR VALDEZ, OSCAR R.: "Contratación administrativa y financiamiento", en CASSAGNE, JUAN CARLOS y RIVERO YSERN ENRIQUE (dir.), *La contratación pública*, t. I, Buenos Aires, Hammurabi, 2007.

ALBENDEA SOLÍS, IGNACIO y LEÓN GONZÁLEZ, AGUSTÍN: "El reequilibrio de los contratos públicos", en *Tratado de los contratos del sector público*, t. III, Valencia, Tirant lo Blanch, 2018.

ALESSANDRI RODRÍGUEZ, ARTURO: *De los contratos*, Santiago, Editorial Jurídica de Chile, 1997.

ALESSANDRI ARTURO, SOMARRIVA MANUEL y VODANOVIC, ANTONIO: *Tratado de las obligaciones*, vol. III, 2ª ed., Santiago de Chile, Editorial Jurídica de Chile, 2001.

— *Tratado de las obligaciones*, vol. II, 2ª ed., Santiago de Chile, Editorial Jurídica de Chile, 2004, núm. 826.

ALESSI, RENATO: *Instituciones de derecho administrativo*, t. I, trad. de la 3ª ed. italiana, Barcelona, Bosch Casa Editorial, 1970.

ALTERINI, ATILIO A.: *Desindexación. El retorno al nominalismo*, Buenos Aires, Abeledo-Perrot, 1991.

ARAYA MAGGI, CRISTIÁN: "Cláusulas *take or pay*, origen estadounidense y efectos en el mercado chileno de la energía", en *Revista Chilena de Derecho Privado*, n° 28, Santiago de Chile, Universidad Diego Portales, 2017.

ARIÑO ORTIZ, GASPAR: *La reforma a la ley de contratos del Estado*, Madrid, Unión Editorial, 1984.

— "El equilibrio financiero del contrato administrativo", en CASSAGNE, JUAN CARLOS y RIVERO YSERN, ENRIQUE (dirs.): *Contratación pública*, vol. II, Buenos Aires, Hammurabi, 2006.

— *Teoría del equivalente económico en los contratos administrativos*.

— "El contrato de colaboración público-privada", en *Lecciones de administración (y políticas públicas)*, Madrid, Iustel, 2011.

ARIÑO SÁNCHEZ, RAFAEL: "Demora en la ejecución", en ARIÑO *et al.*, *Comentarios a la ley de contratos de las administraciones públicas*, t. III, La gestión del contrato, Granada, Editorial Comares, 2005.

AROWOLO, OLUSEYE: "Abolition of Long-Term Contracts: What are the Implications and Options for Bankability in Energy Projects Financing?", en *Journal of Energy & Natural Resources Law*, vol. 24, núm. 1, 2006.

BADAOUI, SAROIT: *Le fait du prince dans les contrats administratifs en droit français et en droit égyptien*, Paris, LGDJ, 1954.

BANDEIRA DE MELLO, CELSO ANTONIO: *Curso de derecho administrativo*, trad. de la 17ª ed. brasileña, México, Editorial Porrúa y Universidad Nacional Autónoma de México, 2006.

BARRERA TAPIAS, CARLOS DARÍO y SANTOS BALLESTEROS, JORGE: *El daño justificado*, 2ª ed., Bogotá, Pontificia Universidad Javeriana, 1997.

BARRERO RODRÍGUEZ, CONCEPCIÓN: *Lecciones de derecho administrativo*, vol. II, 2ª ed., Madrid, Tecnos, 2015.

BARROS BOURIE, ENRIQUE: *Tratado de responsabilidad extracontractual*, Santiago de Chile, Editorial Jurídica de Chile, 2009.

BAUTISTA MÖLLER, PEDRO JOSÉ: *El contrato de obra pública: arquetipo del contrato administrativo*, Bogotá, Imprenta Nacional de Colombia, 1988.

BENAVIDES, JOSÉ LUIS: *El contrato estatal*, 2ª ed., Bogotá, Universidad Externado de Colombia, 2004.

BENÍTEZ CAORSI, JUAN J.: *La revisión del contrato*, 2ª ed., Bogotá, Temis, 2010.

BENOÎT, FRANCIS-PAUL: *El derecho administrativo francés*, Madrid, Instituto de Estudios Administrativos, 1977.

BERÇAITZ, MIGUEL ÁNGEL: *Teoría general de los contratos administrativos*, 2ª ed., Buenos Aires, Depalma, 1980.

BETANCOURT REY, MIGUEL: *Derecho privado: categorías básicas*, Bogotá, Universidad Nacional de Colombia, 1996.

BETANCUR JARAMILLO, CARLOS: *Derecho procesal administrativo*, 8ª ed., Medellín, Señal Editora, 2013.

BETANCUR CUARTAS, JAIME: *Nuevo estatuto general de la contratación administrativa*, Medellín, Biblioteca Jurídica Diké, 1993.

BLANQUER CRIADO, DAVID: *La concesión de servicio público*, Valencia, Tirant lo Blanch, 2012.

— *Los contratos del sector público*, Valencia, Tirant lo Blanch, 2013.

BONET CORREA, JOSÉ: "Las medidas jurídicas protectoras frente a las alteraciones monetarias", en *Jurídica. Anuario del Departamento de Derecho de la Universidad Iberoamericana*, México, Distribuidora Themis, núm. 16, 1984.

Bonivento Fernández, José Alejandro: *Los principales contratos civiles y su paralelo con los comerciales*, 20ª ed., Bogotá, Ediciones Librería del Profesional, 2017.

Braconnier, Stéphane: *Précis du droit de la commande publique*, 5ème éd., Paris, Le Moniteur, 2017.

Braibant, Guy: "La jurisdicción administrativa en derecho comparado", en *Deuxième centenaire du Conseil d'État*, vol. II, número especial de *La Revue Administrative*, Presses Universitaires de France, 2001.

Brewer-Carìas, Allan Randolph: "La evolución del concepto de contrato administrativo", en *Estudios de derecho administrativo*, Bogotá, Ediciones Rosaristas, 1986.

Bustelo, Ernesto: "Derechos y obligaciones del contratante particular", en Ismael Farrando (h.) (coord.), *Contratos administrativos*, Buenos Aires, Abeledo-Perrot, 2002.

Bustillo Bolado, Roberto O.: *Convenios y contratos administrativos: transacción, arbitraje y terminación convencional del procedimiento*, 3ª ed., Cizur Menor (Navarra), Aranzadi, 2010.

Caprile Biermann, Bruno: "El objeto de los actos jurídicos", en *Los contratos en el derecho privado*, Bogotá, Legis Editores y Universidad del Rosario, 2007.

Cárdenas Mejía, Juan Pablo: "La justicia contractual", en *Ensayos jurídicos. Liber amicorum en homenaje al profesor Carlos Holguín Holguín*, Bogotá, Ediciones Rosaristas, 1996.

Carrasco Perrera, Ángel: "Failure, breach and non conformity in contracts. A Spanish and European approach", en Espiau Espiau, Santiago y Vaquer Aboi, Antoni (editores), *Bases de un derecho contractual europeo*, Valencia, Tirant lo Blanch, 2003.

Cassagne, Juan Carlos (dir.): "El equilibrio económico-financiero del contrato administrativo", en *Estudios de derecho público*, Buenos Aires, Ediciones Depalma, 1995.

— *El contrato administrativo*, 3ª ed., Buenos Aires, Abeledo-Perrot, 2009.

— *Tratado general de los contratos públicos*, 3 ts., Buenos Aires, La Ley, 2013.

Cintra do Amaral, Antônio Carlos: *Concessão de serviços públicos*, Sâo Paulo, Quartier Latin, 2012.

Claro Solar, Luis: *Explicaciones de derecho civil chileno y comparado*, t. XI, De las obligaciones 2, Santiago, Imprenta Nascimento, 1937, núm. 1226.

Colás Tenas, Jesús et. al.: "Los contratos del sector público (2): formación y vicisitudes", en Izquierdo Tolzada, Maryano (dir.), *Contratos*, t. XIV, Los contratos públicos, Pamplona, Thomson-Reuters y Aranzadi, 2014.

COMADIRA, JULIO RODOLFO, ESCOLA, HÉCTOR JORGE y COMADIRA, JULIO PABLO: *Curso de derecho administrativo*, t. I, Buenos Aires, Abeledo-Perrot, 2012.

COMISIÓN EUROPEA, *Libro verde sobre la modernización de la política de contratación pública de la UE*. Hacia un mercado europeo de la contratación pública más eficiente, Bruselas, Comisión Europea, 2011.

CORSI, LUIS: "Alteraciones económicas y obligaciones contractuales: la cláusula *rebus sic stantibus* en la contratación administrativa", en *El derecho público a comienzos del siglo XXI. Estudios en homenaje al profesor Allan R. Brewer Carías*, Madrid, Civitas, 2003

COSCULLUELA MONTANER, LUIS: *Manual de derecho administrativo*, 26ª ed., Pamplona, Civitas -Aranzadi, 2015.

CHAMIE GANDUR, JOSÉ FÉLIX: *La adaptación del contrato por eventos sobrevenidos*, Bogotá, Universidad Externado de Colombia, 2013.

CHAPUS, RENÉ: *Responsabilité publique et responsabilité privée*, Paris, LGDJ, 1957.

— *Droit administratif générale*, t. I, 15ème éd., Paris, Montchrestien, 2001.

— *Droit du contentieux administratif*, 13ª ed., Paris, Editions Montchrestien, 2008.

CHRISTIAN, LARROUMET: *Teoría general del contrato*, vol. II, trad. de la 2ª ed. francesa, Bogotá, Edit. Temis, 1993.

— "A propósito de la denegación de la responsabilidad contractual en la doctrina francesa reciente", en *Estudios de derecho civil: obligaciones y contratos. Libro homenaje a Fernando Hinestrosa*, t. II, Bogotá, Universidad Externado de Colombia, 2003.

DANÓS ORDÓÑEZ, JORGE: "El régimen de los contratos estatales en el Perú", en *Revista de Derecho Administrativo*, núm. 16, Lima, Pontificia Universidad Católica del Perú, 2016.

DÁVILA VINUEZA, LUIS GUILLERMO: *Régimen jurídico de la contratación estatal*, 3ª ed., Bogotá, Legis Editores, 2016.

DE AMUNATEGUI RODRÍGUEZ, CRISTINA: *La cláusula rebus sic stantibus*, Valencia, Tirant lo Blanch.

DE CUPIS, ADRIANO: *El daño. Teoría general de la responsabilidad civil*, trad. de la 2ª ed. italiana, Barcelona, Bosch Casa Editorial, 1975.

DE FIGUEIREDO MOREIRA NETO, DIOGO: *Curso de direito administrativo*, 15ª ed., Rio de Janeiro, Forense, 2009.

DE LAUBADÈRE, ANDRÉ e GAUDEMET, YVES: *Traité de droit administratif*, t. I, 16ème éd., Paris, LGDJ, 2001.

DE LAUBADÈRE, ANDRÉ, MODERNE, FRANCK y DELVOLVÉ, PIERRE: *Traité des contrats administratifs*, vol. I, 2ème éd., Paris, LGDJ, 1983.

DE LAUBADÈRE, ANDRÉ: "Du pouvoir de l'administration d'imposer unilatéralement des changements aux dispositions des contrats administratifs", en *Pages de doctrine*, t. II, Paris, LGDJ, 1980.

DE VEGA, GABRIEL: "La distribución de riesgos en el contrato estatal", en *La ley 1150 de 2007 ¿una respuesta a la eficacia y transparencia en la contratación estatal?*, Bogotá, Universidad del Rosario, 2011.

DEBBASCH, CHARLES y COLIN, FRÉDÉRIC: *Droit administratif*, 11ème éd., Paris, Économica, 2014.

DEBBASCH, CHARLES y RICCI, JEAN-CLAUDE: *Contentieux administratif*, 8ème éd., Paris, Editions Dalloz, 2001.

DELPIAZZO, CARLOS E.: *Derecho administrativo general*, vol. 1, 2ª ed., Montevideo, Amalio M. Fernández, 2015.

DEMOGUE, RENÉ: *Traité des obligations en général*, t. I, Paris, Editions Arthur Rousseau, 1923.

DÍEZ-PICAZO, LUIS: *Derecho de daños*, Madrid, Edit. Civitas, 1999.

— *Fundamentos del derecho civil patrimonial*, t. II, Las relaciones obligatorias, 6ª ed., Madrid, Editorial Civitas, 2008.

— *Fundamentos del derecho civil patrimonial*, t. I, Introducción a la teoría del contrato, 6ª ed., Madrid, Civitas, 2008.

DROMI, JOSÉ ROBERTO: *Derecho administrativo*, t. I, 13ª ed., Buenos Aires, Ediciones Ciudad Argentina, 2015.

DUBREUIL, CHARLES-ANDRÉ: *Droit des contrats administratifs*, Paris, Presses Universitaires de France, 2018.

DURÁN MARTÍNEZ, AUGUSTO: "Efecto y cumplimiento de los contratos administrativos", en *La contratación administrativa en España e Iberoamérica*, Valladolid, Junta de Castilla y León, 2008.

EDWARDS JR., RICHARD W.: "Los arreglos recíproca (swaps) entre el sistema de la reserva federal estadounidense y otros bancos centrales", en *Jurídica. Anuario del Departamento de Derecho de la Universidad Iberoamericana*, núm. 16, México, Distribuidora Themis, 1984.

LABROT, ÉMILE: *L'imprevision. Étude comparée droit public-droit privé des contrats*, Paris, L'Harmattan, 2016.

EMILI, EDUARDO O.: "El equilibrio contractual", en FARRANDO, ISMAEL (H.) (coord.), *Contratos administrativos*, Buenos Aires, Abeledo-Perrot, 2002.

EMILIANI ROMÁN, RAIMUNDO: *Curso razonado de las obligaciones*, t. I, Bogotá, Universidad Sergio Arboleda, 2001.

ESCOBAR GIL, RODRIGO: *Responsabilidad contractual de la administración pública*, Bogotá, Edit. Temis, 1989.

— *Teoría general de los contratos de la administración pública*, Bogotá, Legis, 1999.

ESCOLA, HÉCTOR JORGE: *Tratado integral de los contratos administrativos*, vol. I, Buenos Aires, Ediciones Depalma, 1977.

— *Tratado integral de los contratos administrativos*, vol. II, Buenos Aires, Edic. Depalma, 1979.

ESPLUGUES BARONA, CARLA: *Arbitraje y derecho administrativo. Teoría y realidad*, Valencia, Tirant lo Blanch, 2018.

EXPÓSITO VÉLEZ, JUAN CARLOS: *La configuración del contrato de la administración pública en el derecho colombiano y español*, Bogotá, Universidad Externado de Colombia, 2003.

— "La mora en las obligaciones de hacer en la contratación estatal", en *Libro en memoria del profesor Luis Villar Borda*, Bogotá, Universidad Externado de Colombia, 2008.

FERNÁNDEZ ASTUDILLO, JOSÉ MARÍA: *Contratación administrativa*, Barcelona, Bosch Casa Editorial, 2000.

FERNÁNDEZ FARRERES, GERMÁN: *Sistema de derecho administrativo*, t. II, 4ª ed., Madrid, Thomson-Reuters Civitas, 2018.

FERNÁNDEZ RUIZ, JORGE (coord.): *Justicia administrativa. Segundo Congreso Iberoamericano de derecho administrativo*, México, Universidad Nacional Autónoma de México, 2007.

FLOUR, JACQUES y AUBERT, JEAN-LUC: *Droit civil. Les obligations*, vol. I, L'acte juridique, Paris, Librairie Armand Colin, 1975.

FLUME, WERNER: *El negocio jurídico*, trad. de la 4ª ed. alemana, Madrid, Fundación Cultural del Notariado, 1998.

FUEYO LANERI, FERNANDO: *Cumplimiento e incumplimiento de las obligaciones*, Santiago de Chile, Editorial Jurídica de Chile, 1991.

GABAYET, NICOLAS: *L'álea dans les contrats publics en droit anglais et droit français*, Paris, LGDJ, 2015.

GALINDO VACHA, JUAN CARLOS: *Lecciones de derecho procesal administrativo*, vol. I, 2ª ed., Bogotá, Pontificia Universidad Javeriana, 2003.

GALLEGO CÓRCOLES, ISABEL: "La modificación de los contratos en la cuarta generación de directivas europeas", en *Las nuevas directivas de contratación pública*, Cizur Menor (Navarra), Thomson-Reuters Aranzadi, 2015.

GAMERO CASADO, EDUARDO e GALLEGO CÓRCOLES, ISABEL (dir.): *Tratado de los contratos del sector público*, 3 ts., Valencia, Tirant lo Blanch, 2018.

GARCÍA DE ENTERRÍA, EDUARDO y TOMÁS-RAMÓN FERNÁNDEZ: *Curso de derecho administrativo*, t. I, 18ª ed., Madrid, Thomson-Reuters Civitas, 2017.

GARCÍA DE ENTERRÍA, EDUARDO: "Riesgo y ventura y fuerza mayor en el contrato administrativo", en *Revista de Administración Pública*, núm. 2, Madrid, Instituto de Estudios Políticos, mayo-agosto de 1950.

GARCÍA GONZÁLEZ, JORGE: *Nuevo régimen de contratación administrativa*, Bogotá, Ministerio de Gobierno, 1993.

GARRIDO FALLA, FERNANDO: "La constitucionalización de la responsabilidad patrimonial del Estado", en *Revista de Administración Pública*, núm. 119, Madrid, Centro de Estudios Constitucionales, mayo-agosto 1989.

— *Tratado de derecho administrativo*, vol. II, Parte general: conclusión, 12ª ed., Madrid, Edit. Tecnos, 2005.

— *Tratado de derecho administrativo*, vol. III, La justicia administrativa, 2ª ed., Madrid, Tecnos, 2006.

— *Tratado de derecho administrativo*, vol. I, 14ª ed., Madrid, Edit. Tecnos, 2007.

GARRIDO FALLA, FERNANDO y FERNÁNDEZ PASTRANA, JOSÉ MARÍA: *Régimen jurídico y procedimiento de las administraciones públicas*, 3ª ed., Madrid, Civitas, 2000.

GHESTIN, JACQUES y BILLAU, MARC: *El precio en los contratos de larga duración*, Buenos Aires, Zavalia, 1994.

GIL ECHEVERRI, JORGE HERNÁN: *Régimen arbitral colombiano*, t. II, 2ª ed., Bogotá, Grupo Editorial Ibáñez, 2016.

— *La amigable composición y resolución de conflictos*, Bogotá, Legis, 2019.

GONZÁLEZ PÉREZ, JESÚS: *Manual de derecho procesal administrativo*, 3ª ed., Madrid, Editorial Civitas, 2001.

— *Responsabilidad patrimonial de las administraciones públicas*, 4ª ed., Madrid, Editorial Civitas, 2006.

— *Responsabilidad patrimonial de las administraciones públicas*, 8ª ed., Madrid, Civitas, 2016.

GONZÁLEZ RODRÍGUEZ, MIGUEL: *La contratación administrativa en Colombia*, Bogotá, Librería Jurídica Wilches, 1990.

— *El contencioso contractual*, 3ª ed., Bogotá, Ediciones Jurídicas Gustavo Ibáñez, 2005.

GONZÁLEZ PÉREZ, JESÚS: *Manual de derecho procesal administrativo*, 3ª ed., Madrid, Editorial Civitas, 2001.

— *Responsabilidad patrimonial de las administraciones públicas*, 8ª ed., Madrid, Civitas, 2016.

GONZÁLEZ-VARAS IBÁÑEZ, SANTIAGO: "Las negociaciones y el derecho administrativo: transacciones, convenios y arbitraje", en *El derecho público a comienzos del siglo XXI, Estudios en homenaje al profesor Allan R. Brewer Carías*, Madrid, Edit. Civitas, 2003.

— *El contrato administrativo*, Madrid, Civitas, 2003.

GRANILLO OCAMPO, RAÚL ENRIQUE: *Distribución de riesgos en la contratación administrativa*, Buenos Aires, Editorial Astrea, 1990.

GÜECHÁ TORRES, JESSICA TATIANA: *Equilibrio económico y potestades excepcionales en los contratos del Estado*, Bogotá, Grupo Editorial Ibáñez, 2019.

GUERRERO DE ESCOBAR, MYRIAM: "Compensaciones de la ruptura del equilibrio financiero del contrato", en *Estudios de profundización en contratación estatal*, Bogotá, Pontificia Universidad Javeriana y Cámara de Comercio de Bogotá, 1997.

HAURIOU, MAURICE: *Précis élémentaire de droit administratif*, 4ème éd., Paris, Sirey, 1938.

HENAO, JUAN CARLOS: *El daño*, Bogotá, Universidad Externado de Colombia, 1998.

HERNÁNDEZ CORCHETE, JUAN ANTONIO "Ideas para una teoría del cumplimiento de los contratos administrativos", en HERNÁNDEZ-MENDIBLE VÍCTOR (coord.): *Derecho administrativo iberoamericano. 100 autores en homenaje al postgrado de derecho administrativo de la Universidad Católica Andrés Bello*, t. III, Caracas, Ediciones Paredes, 2007.

— "Prerrogativas, derechos y obligaciones en la ejecución de los contratos administrativos", en GAMERO CASADO, EDUARDO e GALLEGO CÓRCOLES, ISABEL (coord.): *Tratado de los contratos del sector público*, Valencia, Tirant lo Blanch, 2018.

HERNÁNDEZ GONZÁLEZ, FRANCISCO L.: *La nueva concesión de servicios. Estudio del riesgo operacional*, Cizur Menor (Navarra), Thomson-Reuters Aranzadi, 2018.

HERNANDO RYDINGS, MARÍA: *La colaboración público-privada. Fórmulas contractuales*, Madrid, Thomson Civitas, 2012.

HERRERA, BENJAMÍN: *Contratos públicos*, Bogotá, Ediciones Jurídicas Gustavo Ibáñez, 2004.

HINESTROSA, FERNANDO: *Curso de obligaciones*, Bogotá, Universidad Externado de Colombia, 1969.

— *Tratado de las obligaciones*, t. I, Bogotá, 3ª ed., Universidad Externado de Colombia, 2012.

— *Tratado de las obligaciones*, t. II, vol. II, El negocio jurídico, Bogotá, Universidad Externado de Colombia, 2015.

Historia y perspectivas de la jurisdicción administrativa en Francia y en América Latina, Memorias del Coloquio, Conmemorativo del bicentenario del Consejo de Estado francés, Bogotá, Edit. Temis, 1999.

HOLGUÍN HOLGUÍN, CARLOS: "El equilibrio contractual", en *Comentarios al nuevo régimen de contratación administrativa*, 2ª ed., Bogotá, Ediciones Rosaristas y Biblioteca Jurídica Diké, 1995.

HORGUÉ BAENA, CONCEPCIÓN: "Modificación de los contratos", en GAMERO CASADO, EDUARDO e GALLEGO CÓRCOLES, ISABEL (coord.): *Tratado de los contratos del sector público*, Valencia, Tirant lo Blanch, 2018.

HUERGO LORA, ALEJANDRO: *La resolución extrajudicial de conflictos en el derecho administrativo*, Bolonia, Publicaciones del Real Colegio de España, 2000.

HULL, JOHN C.: *Introduction to future and options markets*, 3ª ed., New Jersey, Prentice Hall, 1997.

INTERNATIONAL CHAMBERS OF COMMERCE, *ICC Force Majeure Clause 2003 and ICC Hardship Clause 2003*, Paris, ICC Publising, 2003.

IZQUIERDO, RAFAEL: *Gestión y financiación de las infraestructuras del transporte terrestre*, Madrid, Asociación Española de Carretera, 1997.

JÈZE, GASTÓN: *Principios generales del derecho administrativo*, ts. IV, V y VI, trad. de la 3ª ed. francesa, Buenos Aires, Ediciones Depalma, 1950.

JIMÉNEZ LÓPEZ, JESÚS "El contrato de concesión de obras", en GAMERO CASADO, EDUARDO e GALLEGO CÓRCOLES, ISABEL (dirs.): *Tratado de contratos del sector público*, t. III, Valencia, Tirant lo Blanch, 2018.

JOSSERAND, LOUIS: *Derecho civil. Teoría general de las obligaciones*, trad. de la 3ª ed. francesa, Buenos Aires, Ediciones Jurídicas Europa América, 1984.

LAMPREA RODRÍGUEZ, PEDRO ANTONIO: *Contratos administrativos: tratado teórico y práctico*, Bogotá, Fondo de Cultura Jurídica, 1979.

— *Contratos estatales*, Bogotá, Edit. Temis, 2007.

LARROUMET, CHRISTIAN: *Teoría general del contrato*, vol. II, trad. de la 2ª ed. francesa, Bogotá, Edit. Temis, 1993.

— "A propósito de la denegación de la responsabilidad contractual en la doctrina francesa reciente", en *Estudios de derecho civil: obligaciones y contratos. Libro homenaje a Fernando Hinestrosa*, t. II, Bogotá, Universidad Externado de Colombia, 2003.

LAVILLA RUBIRA, JUAN JOSÉ: "Régimen jurídico de la concesión de obras", en GIMENO FELIÚ, JOSÉ MARÍA (dir.): *Estudio sistemático de la ley de contratos del sector público*, Cizur Menor (Navarra), Thomson-Reuters Aranzadi, 2018.

LAZO VICTORIA, XIMENA: "Contratos públicos, concesiones y contratos mixtos. Novedades de las nuevas directivas de contratación pública", en *Las nuevas directivas de contratación pública*, Cizur Menor (Navarra), Thomson-Reuters Aranzadi, 2018.

LE TOURNEAU, PHILLIPE: *La responsabilidad civil*, trad. de la 3ª ed. francesa, Bogotá, Legis Editores, 2004.

LE TOURNEAU, PHILLIPE et CADIET, LOUIS: *Droit de la responsabilité et des contrats*, Paris, Editions Dalloz, 2000.

LONG, MARCEAU *et al.*: *Les grands arrêts de la jurisprudence administrative*, 21ème éd., Paris, Dalloz, 2017

MALO VALENZUELA, MIGUEL ÁNGEL: *Remedios frente al incumplimiento contractual*, Cizur Menor (Navarra), Thomson Reuters Aranzadi, 2016.

MANTILLA ESPINOSA, FABRICIO y TERNERA BARRIOS, FRANCISCO (coords.): *Los contratos en el derecho privado*, Bogotá, Legis Editores y Universidad del Rosario, 2007.

— "La resolución", en *Los contratos en el derecho privado*, Bogotá, Universidad del Rosario y Legis Editores, 2007.

MARIENHOFF, MIGUEL S.: *Tratado de derecho administrativo*, t. III-A, Contratos administrativos. Teoría general, 4ª ed., Buenos Aires, Abeledo Perrot, 1998.

— *Tratado de derecho administrativo*, t. III-B, Contratos administrativos. De los contratos en particular, 4ª ed., Buenos Aires, Abeledo Perrot, 1998.

MARSKOW, DIETRICH: "Hardship and force majeure", en *The American Journal of Comparative Law*, vol. 40, núm, 3, 1992.

MAZEAUD, HENRI. MAZEAUD, LÉON y TUNC, ANDRÉ: *Tratado teórico y práctico de la responsabilidad civil delictual y contractual*, t. I, vol. I, trad. de la 5ª ed. francesa, Buenos Aires, Ediciones Jurídicas Europa-América, 1977.

MELIS, WERNER: "Force Majeure and Hardship Clauses in International Commercial Contracts in View of the Practice of the ICC Court of Arbitration", en *Journal of International Arbitration*, vol. 1, núm, 3.

MERINO MERCHÁN, JOSÉ FERNANDO y CHILLÓN MEDINA, JOSÉ MARÍA: *Tratado de derecho arbitral*, 4ª ed., Madrid, Thomson Reuters Civitas, 2014.

MESSINEO, FRANCESCO: *Doctrina general del contrato*, traducción de la 3ª ed. italiana, Lima, Ara Editores, 2007.

MODERNE, FRANCK: "La contratación pública en el derecho administrativo francés contemporáneo", en CASSAGNE, JUAN CARLOS y RIVERO YSERN, ENRIQUE (dirs.): *Contratación pública*, vol. I, Buenos Aires, Hammurabi, 2006.

MONEDERO GIL, JOSÉ IGNACIO: *Doctrina del contrato del Estado*, Madrid, Instituto de Estudios Fiscales, 1977.

MORAGA KLENNER, CLAUDIO: *Tratado de derecho administrativo*, t. VII, La actividad formal de la administración del Estado, Santiago, Abeledo-Perrot, 2010.

MORALES MORENO, ANTONIO MANUEL: "El 'propósito práctico' y la idea de negocio jurídico en Federico de Castro (Notas en torno a la significación de la utilidad de la cosa en los negocios del tráfico)", en *Anuario de Derecho Civil*, vol. XXXVI (4), Madrid, 1983.

MORAND-DEVILLER, JACQUELINE: *Droit administratif*, 15ème éd., Paris, LGDJ, 2017. (edición colombiana: *Derecho administrativo*, trad. de la 15ª ed., Bogotá, Universidad Externado de Colombia, 2015).

MOREAU, JACQUES: *Droit administratif*, Paris, PUF, 1989.

MOSSET ITURRASPE, JORGE: "La relación de causalidad en la responsabilidad extracontractual", en *Revista Latinoamericana de Derecho*, año 1, núm. 1, México, Universidad Nacional Autónoma de México, enero-junio de 2004.

MUÑOZ MACHADO, SANTIAGO: *Tratado de derecho administrativo y público general*, t. XIII, Contratos del sector público, 2ª ed., Madrid, Boletín Oficial del Estado, 2018.

MUTIS VANEGAS, ANDRÉS y QUINTERO, MÚNERA, ANDRÉS: *La contratación estatal: análisis y perspectivas*, Bogotá, Pontificia Universidad Javeriana y Fundación Social, 2001.

NAMÉN VARGAS, WILLIAM: "Obligaciones pecuniarias y corrección monetaria", en *Revista de Derecho Privado*, núm. 3, Bogotá, Universidad Externado de Colombia, enero-junio 1998.

NAVIA ARROYO, FELIPE: "Obligaciones dinerarias y corrección monetaria", en *Revista Externado*, núm. 1, Bogotá, Universidad Externado de Colombia, abril 1984.

NEGRI, NICOLÁS JORGE: *Responsabilidad civil contractual*, t. I, Parte general, Buenos Aires, Astrea, 2017.

OÑATE ACOSTA, TATIANA y TERNERA BARRIOS, FRANCISCO: "El contrato *sui generis* de amigable composición: una alternativa para la solución de controversias en proyectos de infraestructura", en *Revista de Derecho Privado*, n° 35, Bogotá, Universidad de los Andes, julio-diciembre 2015.

ORDÓÑEZ SOLÍS, DAVID: *La contratación pública en la Unión Europea*, Cizur Menor (Navarra), Aranzadi, 2002.

OSIKILO, YVONNE: "How are the problems of buyer in long-term take or pay contracts in the gas industry mitigated?", en *https://www.dundee.ac.uk/media/dundeewebsite/cepmlp-nh/car/CAR%2009_17072017.pdf.*

OSPINA FERNÁNDEZ, GUILLERMO: *Régimen general de las obligaciones*, 9ª ed., Bogotá, Edit. Temis, 2008.

OUM OUM, JOSEPH FRANK: *La responsabilité contractuelle en droit administratif*, Paris, LGDJ, 2014.

PAILLET, MICHEL: *La responsabilidad administrativa*, Bogotá, Universidad Externado de Colombia, 2001.

PALACIO HINCAPIÉ, JUAN ÁNGEL: *La contratación de las entidades estatales*, 8ª ed., Medellín, Librería Jurídica Sánchez R., 2015.

— *Derecho procesal administrativo*, 9ª ed., Medelín, Librería Jurídica Sánchez R., 2016.

PALACIOS MEJÍA, HUGO: "La cláusula de equilibrio contractual y sus efectos en los contratos de concesión", en *Concesiones en infraestructura*, Bogotá, Ministerio de Hacienda y Coinvertir, 1996.

PANTALEÓN PRIETO, FERNANDO: "Voz: Incumplimiento (Dº Civil)", en *Enciclopedia Jurídica Básica*, Madrid, Editorial Civitas, 1995.

PARADA, RAMÓN: *Derecho administrativo*, t. II, Régimen jurídico de la actividad administrativa, 21ª ed., Madrid, Open Ediciones Universitarias, 2014.

PAREJO ALFONSO, LUCIANO: *Lecciones de derecho administrativo*, 9ª ed., Valencia, Tirant lo Blanch, 2018,

PATRIKIOS, APOSTOLOS: *L'arbitrage en matière administrative*, Paris, LGDJ, 1997.

PÉQUIGNOT, GEORGES: *Théorie générale du contrat administratif*, Paris, Pédone, 1945.

PEZ, THOMAS: *Le risque dans les contrats administratifs*, Universidad de París 2, 2006.

PINO RICCI, JORGE: *El régimen jurídico de los contratos estatales*, Bogotá, Universidad Externado de Colombia, 2005.

PLANIOL, MARCEL y RIPERT, GEORGES: *Tratado práctico de derecho civil francés*, t. VI-I, trad. de la 3ª ed. francesa, La Habana, Editorial Cultural, 1946, núms. 7.

PRAT, JULIO A.: *Derecho administrativo*, t. III, vol. II, Actos y contratos administrativos, Montevideo, Acali Editorial, 1978.

PUERTA SEGUIDO, FRANCISCO: "La formalización del contrato", en GAMERO CASADO, EDUARDO e GALLEGO CÓRCOLES, ISABEL *Tratado de contratos del sector público*, t. II, Valencia, Tirant lo Blanch, 2018.

PUNZÓN MORALEDA, JESÚS y SÁNCHEZ RODRÍGUEZ, FRANCISCO: "El equilibrio económico de los contratos públicos", en JOSÉ MARÍA GIMENO FELIÚ (dir.), *Observatorio de contratos públicos 2011*, Madrid, Civitas Thomson Reuters, 2012.

RAMELLA, ANTONIO: *La resolución por incumplimiento*, Buenos Aires, Edit. Astrea, 1984.

REGLERO CAMPOS, L. FERNANDO: "El nexo causal. Las causas de exoneración de la responsabilidad: culpa de la víctima y fuerza mayor. La concurrencia de culpas", en *Tratado de la responsabilidad civil*, t. I, Parte general, Navarra, Editorial Aranzadi, 2002.

REY VALLEJO, PABLO: "El arbitraje doméstico colombiano a la sombra de la amigable composición como mecanismo que privilegia la autonomía de la voluntad", *Revista Vniversitas*, n° 133, Bogotá, Pontificia Universidad Javeriana, julio-diciembre 2016.

RICHER, LAURENT y LICHÈRE, FRANÇOIS: *Droit des contrats administratifs*, 10ème éd., Paris, LGDJ, 2016.

RIPERT, GEORGES y BOULANGER, JEAN *Traité de droit civil*, t. II, Paris, LGDJ, 1957.

RIVERO, JEAN y WALINE, JEAN: *Droit administratif*, 26ème éd., Paris, Dalloz, 2016.

RODRÍGUEZ, GUSTAVO HUMBERTO: *Contratos administrativos*, 3ª ed., Bogotá, Librería Jurídica Wilches, 1988.

RODRÍGUEZ RODRÍGUEZ, LIBARDO:"El acto administrativo contractual", en *Revista de la Cámara de Comercio de Bogotá*, núm. 50, septiembre de 1983.

— "El acto administrativo contractual", en *Contratos administrativos, nuevo régimen legal*, Biblioteca de la Cámara de Comercio de Bogotá, núm. 6, 1983,

— "Los actos separables en la contratación administrativa", en *El nuevo procedimiento administrativo*, Universidad de los Andes y Cámara de Comercio de Bogotá, 1989.

— *Derecho administrativo*. General y colombiano, t. II, 21 ed., Bogotá, Edit. Temis, 2021.

RODRÍGUEZ GREZ, PABLO: *Responsabilidad contractual*, Santiago de Chile, Editorial Jurídica de Chile, 2003.

RODRÍGUEZ-ROSADO, BRUNO: *Resolución y sinalagma contractual*, Madrid, Marcial Pons, 2013.

ROMERO DÍAZ, HÉCTOR: *La conciliación judicial y extrajudicial*, Bogotá, Legis Editores, 2006.

Rougevin-Baville. Michel: *La responsabilité administrative*, Paris, Hachette, 1992.

Ryan, Joseph y Fife, Lorin M.: "Take-Or-Pay Contracts: Alive and Well in California", en *The Urban Lawyer*, vol. 19, núm. 2 1987.

Saavedra Becerra, Ramiro: *La responsabilidad patrimonial del Estado*, t. i, Bogotá, Ediciones Jurídicas Gustavo Ibáñez, 2018.

Salinas Ugarte, Gastón: *Responsabilidad civil contractual*, t. i, Santiago de Chile, Abeledo-Perrot Thomson Reuters, 2011.

Sánchez Lorenzo, Sixto: "Cláusulas de fuerza mayor y hardship", en Sixto Sánchez Lorenzo (coord.), *Cláusulas en los contratos internacionales. Redacción y análisis*, Barcelona, Atelier, 2012.

Santofimio Gamboa, Jaime Orlando: *Compendio de derecho administrativo*, Bogotá, Universidad Externado de Colombia, 2017.

Santos Ballesteros, Jorge: *Instituciones de responsabilidad civil*, t. ii, Bogotá, Pontificia Universidad Javeriana, 2004.

Santos Rodríguez, Jorge Enrique: "Las asociaciones público-privadas de iniciativa privada y el cambio en la lógica contractual tradicional", en Alberto Montaña Plata y Jorge Iván Rincón Córdoba (dir.), *Contratos públicos: problemas, perspectivas y prospectivas*, Bogotá, Universidad Externado de Colombia, 2017.

Sarmiento García, Jorge: *Concesión de servicios públicos*, Buenos Aires, Ediciones Ciudad Argentina, 1996.

Sarria Olcos, Consuelo: "Forma, perfeccionamiento y ejecución de los contratos estatales en Colombia", en *La contratación administrativa en España e Iberoamérica*, Valladolid, Junta de Castilla y León, 2008.

Sayagués Laso, Enrique: *Tratado de derecho administrativo*, t. i, 8ª ed., Montevideo, Fundación de Cultura Universitaria, 2002.

Sconamiglio, Renato: *Teoría general del contrato*, trad. de la 1ª ed. italiana, Bogotá, Universidad Externado de Colombia, 1989.

Suescún Melo, Jorge: *Derecho privado: estudios de derecho civil y comercial contemporáneo*, 2ª ed., t. i, Bogotá, Legis Editores y Universidad de los Andes, 2003.

— *Derecho privado: estudios de derecho civil y comercial contemporáneo*, t. ii, 2ª ed., Bogotá, Legis Editores, 2003.

Tagen, Ragab: *L'équilibre financier des contrats administratifs: étude comparative des droits français et égyptien*, Universidad de París 1, 2004.

Tamayo Jaramillo, Javier: *De la responsabilidad civil*, t. i, Teoría general de la responsabilidad, 2ª ed., Bogotá, Legis Editores, 2007.

— *De la responsabilidad civil*, t. II, Medios de defensa. El daño civil y su reparación, Bogotá, Legis Editores, 2007.

TERNERA BARRIOS, FRANCISCO: "Amigable composición: contrato para solucionar controversias", en *Revista de Derecho Privado*, n° 38, Bogotá, Universidad de los Andes, junio de 2007.

TERRÉ, FRANÇOISE, SIMLER, PHILIPPE e LEQUETTE, YVES: *Droit civil: les obligations*, 11ème éd., Paris, Dalloz, 2013.

URIBE HOLGUÍN, RICARDO: *De las obligaciones y de los contratos en general*, Bogotá, Edit. Temis, 1982.

VALDÉS SÁNCHEZ, ROBERTO: *La transacción. Solución alternativa de conflictos*, 2ª ed., Bogotá, Legis Editores, 1998.

VALENCIA ZEA, ARTURO y ORTIZ MONSALVE, ÁLVARO: *Derecho civil*, t. III, De las obligaciones, 10ª ed., Bogotá, Edit. Temis, 2015.

— *Derecho civil*, t. I, Parte general y personas, 18ª ed., Bogotá, Edit. Temis, 2016.

VARGAS JÁCOME, CAMILO: "Aspectos controvertidos de la responsabilidad civil contractual", en *Revista Vniversitas*, núm. 101, Bogotá, Pontificia Universidad Javeriana, junio de 2001.

VARÓN PALOMINO, JUAN CARLOS: "Contratos de derivados financieros: forward, opción y swap", en *Contratos atípicos en el derecho contemporáneo colombiano*, Bogotá, Cámara de Comercio de Bogotá, Universidad de los Andes y Uniempresarial, 2006.

VÁSQUEZ MATILLA, FRANCISCO JAVIER: "El contrato de concesión de obras", en ALBERTO PALOMAR OJEDA y MARIO GARCÉS SANAGUSTÍN (coord.), *Comentarios a la Ley de Contratos del Sector Público*, Madrid, Wolters Kluwer, 2018.

VÁSQUEZ MATILLA, FRANCISCO JAVIER: *La modificación de los contratos públicos*, Cizur Menor (Navarra), Thomson-Reuters Aranzadi, 2015.

VÁZQUEZ LACUNZA, ESTELA: *El equilibrio económico en los contratos de servicios*, Cizur Menor (Navarra), Aranzadi, 2016.

VEDEL, GEORGES: *Derecho administrativo*, Madrid, Biblioteca Jurídica Aguilar, 1980.

VICENTE DOMINGO, ELENA: "El daño", en BUSTO LAGO, JOSÉ MANUEL y REGLERO CAMPOS, L. FERNANDO (coords.), *Lecciones de responsabilidad civil*, 2ª ed., Cizur Menor (Navarra), Thomson Reuters Aranzadi, 2013.

VIDAL, LAURENT: *L'équilibre financier du contrat dans la jurisprudence administrative*, Bruselas, Bruylant, 2005.

VIDAL OLIVARES, ÁLVARO R.: "Cumplimiento e incumplimiento contractual en el Código Civil: Una perspectiva más realista", en *Revista Chilena de Derecho*, vol. 34, núm. 1, Santiago, Editorial Jurídica de Chile, 2007.

VIDAL PERDOMO, JAIME: *El contrato de obras públicas*, Bogotá, Universidad Externado de Colombia, 1979.

— "La noción de contrato estatal en derecho colombiano", en *Homenaje a Dalmacio Vélez Sarsfield*, t. V, Córdoba, Academia Nacional de Derecho y Ciencias Sociales de Córdoba, 2000.

— "Los contratos de la administración pública colombiana: experiencias de derecho público y derecho privado", en CARLOS CASSAGNE, JUAN y RIVERO YSERN, ENRIQUE (dirs.), *La contratación pública*, t. I, Buenos Aires, Editorial Hammurabi, 2006.

VILLAR EZCURRA, JOSÉ LUIS y MARFÁ BADAROUX, JAIME: "Revisión de precios", en ARIÑO *et al.*, *Comentarios a la ley de contratos de las administraciones públicas*, t. III, La gestión del contrato, Granada, Editorial Comares, 2005.

— "Sistema de revisión de precios" y "Coeficiente de revisión", en ARIÑO *et al.*, *Comentarios a la ley de contratos de las administraciones pública*, t. III, La gestión del contrato, Granada, Editorial Comares, 2005.

VILLAR PALASÍ, JOSÉ LUIS: *Lecciones sobre contratación administrativa*, Madrid, Sección de Publicaciones de la Universidad de Madrid, 1969.

VILLAR PALASÍ, JOSÉ LUIS y VILLAR EZCURRA, JOSÉ LUIS: *Principios de derecho administrativo*, t. III, Contratación administrativa, Madrid, Universidad de Madrid, 1983.

VINEY, GENEVIÈVE: *Tratado de derecho civil. Introducción a la responsabilidad*, trad. de la 2ª ed. francesa, Bogotá, Universidad Externado de Colombia, 2007.

WALINE, MARCEL: "L'evolution récente des rapports de l'État avec ses cocontractants", en *Revue de Droit Public et de la Science Politique en France et à l'etranger*, n° 1, Paris, LGDJ, 1951.

ZAMBRANO BARRERA, CARLOS ALBERTO: "Ruptura del equilibrio económico e incumplimiento del contrato estatal", en ARENAS MENDOZA, HUGO ANDRÉS (ed.), *Instituciones de derecho administrativo*, t. II, Bogotá, Grupo Editorial Ibáñez y Universidad del Rosario, 2016.

ÍNDICE DE AUTORES

— A —

Aguilar Valdez, Oscar R.: 284.
Albendea Solís, Ignacio: 9, 21.
Alessandri Rodríguez, Arturo: 133, 135, 141, 142, 147, 186, 195, 198, 214, 220, 242, 278.
Alterini, Atilio A.: 277.
Araya Maggi, Cristián: 285.
Arenas Mendoza, Hugo Andrés: 261.
Ariño Ortiz, Gaspar: 1, 16, 17, 20, 30, 45, 47, 55, 62, 65, 67, 74, 81, 94, 116, 117, 135, 137, 142, 155, 165, 259, 260, 267, 276, 283.
Ariño Sánchez, Rafael: 215.
Aubert, Jean-Luc: 164, 213.

— B —

Badaoui, Saroit: 88.
Ballesteros, Jorge Santos: 89, 201, 221, 222.
Bandeira de Mello, Celso Antonio: 21, 68.
Barrera Tapias, Carlos Darío: 89, 221, 222.
Barrero Rodríguez, Concepción: 10, 48.
Barros Bourie, Enrique: 209.
Bautista Möller, Pedro José: 265, 276.
Benavides, José Luis: 4, 15, 29, 65, 88, 9,0 94, 115, 116, 126, 144, 151, 159, 178, 238, 251, 253.
Benítez Caorsi, Juan J.: 141, 142, 152.
Benoît, Francis-Paul: 91, 106, 111.
Berçaitz, Miguel Ángel: 60, 75, 79, 124, 237, 250.
Betancourt Rey, Miguel: 77, 173.
Betancur Cuartas, Jaime: 26, 188, 253.
Betancur Jaramillo, Carlos: 215, 228, 301.
Biermann, Caprile: 253.
Billau, Marc: 281.
Blanquer Criado, David: 165, 254.
Blum, Léon: 19.
Bonivento Fernández, José Alejandro: 262.
Braconnier, Stéphane: 3, 261, 287.
Braibant, Guy: 298.
Brewer-Carías, Allan Randolph: 55, 58.
Bustelo, Ernesto: 34.
Bustillo Bolado, Roberto O.: 250.
Busto Lago, José Manuel: 208.

— C —

Cadiet, Louis: 200.
Cárdenas Mejía, Juan Pablo: 33, 99, 146.

Cassagne, Juan Carlos: 5, 20, 21, 31, 54, 65, 70, 74, 91, 97, 116, 118, 131, 206, 252, 259, 274, 284.
Chamie Gandur, José Félix: 17, 135.
Chapus, René: 35, 71, 98, 153, 200, 208, 228, 229, 260.
Chillón Medina, José María: 296.
Cintra do Amaral, Antônio Carlos: 22.
Claro Solar, Luis: 214, 225.
Colás Tenas, Jesús: 257.
Colin, Frédéric: 133.
Comadira, Julio Pablo: 21.
Corsi, Luis: 17.
Cosculluela Montaner, Luis: 104.

— D —

Dávila Vinueza, Luis Guillermo: 4, 11, 40, 45, 55, 58, 64, 87, 116, 131, 148, 155, 164, 166, 188, 192, 237, 238.
De Amunategui Rodríguez, Cristina: 16, 18, 135.
De Cupis, Adriano: 194, 222, 239, 240.
De Figueiredo Moreira Neto, Diogo: 22, 32.
De Laubadère, André: 7, 9, 31, 37, 46, 54, 57, 61, 78, 87, 88, 90, 91, 95, 96, 100, 106, 111, 113, 115, 123, 126, 131, 133, 134, 137, 151, 157, 161, 162, 176, 179, 184, 185, 202, 228, 229, 237, 255, 257, 260.
De Ruggiero: 143.
Debbasch, Charles: 133, 228.
Delpiazzo, Carlos E.: 21, 98, 207.
Delvolvé, Pierre: 7, 46, 54, 78, 87, 88, 90, 91, 95, 100, 106, 111, 113, 115, 123, 126, 131, 134, 137, 184, 185, 202, 237, 260.
Demogue, René: 193.
Díez-Picazo, Luis: 198, 201, 209, 222, 253, 278.
Dromi, Roberto: 99, 119, 126, 145, 163, 206.
Dubreuil, Charles-André: 3, 9, 21, 292, 299.
Durán Martínez, Augusto: 185.

— E —

Edwards Jr., Richard W.: 277.
Emili, Eduardo O.: 33, 99, 104, 115, 146, 153, 272.
Enneccerus: 142.

Escobar Gil, Rodrigo: 10, 18, 22, 31, 55, 57, 64, 68, 79, 98, 101, 104, 110, 120, 124, 135, 141, 144, 151, 157, 173, 175, 177, 194, 215, 216, 230, 258, 270, 273, 278.

Escola, Héctor Jorge: 10, 21, 31, 39, 41, 42, 45, 60, 95, 97, 101, 107, 113, 115, 137, 145, 147, 153, 161, 173, 234, 254, 271, 273.

Espiau Espiau, Santiago: 199.

Esplugues Barona, Carla: 300.

Expósito Vélez, Juan Carlos: 29, 123, 216, 250.

— F —

Farrando, Ismael: 33, 35.

Fernández Astudillo, José María: 206.

Fernández Farreres, Germán: 4.

Fernández Pastrana, José María: 226.

Fernández Ruiz, Jorge: 298.

Fernández, Tomás-Ramón: 19, 40, 49, 54, 58, 60, 66, 68, 89, 98, 110, 118, 137, 165, 225, 260, 273.

Fife, Lorin M.: 283.

Flour, Jacques: 164, 213.

Flume, Werner: 253.

Fueyo Laneri, Fernando: 195, 234.

— G —

Gabayet, Nicolas: 1, 38, 123, 173.

Galindo Vacha, Juan Carlos: 301.

Gallego Córcoles, Isabel: 3, 62, 83, 160, 206, 287.

Gamero Casado, Eduardo: 3, 62, 83, 160, 206.

Garcés Sanagustín, Mario: 35.

García de Enterría, Eduardo: 15, 19, 40, 49, 54, 58, 60, 66, 68, 89, 98, 110, 118, 137, 165, 176, 225, 260, 273.

García González, Jorge: 188.

Garrido Falla, Fernando: 66, 68, 96, 161, 226, 256, 260, 299.

Gaudemet, Yves: 9, 31, 37, 57, 96, 151, 157, 161, 162, 176, 179, 228, 229, 255, 257.

Ghestin, Jacques: 281.

Gil Echeverri, Jorge Hernán: 296, 301.

Gimeno Feliú, José María: 35, 160.

González Pérez, Jesús: 126, 222, 240, 299.

González Rodríguez, Miguel: 26, 301.

González-Varas Ibáñez, Santiago: 34, 42, 70, 115, 292, 299.

Granillo Ocampo, Renato Alessi: 226.

Güechá Torres, Jessica Tatiana: 70, 79.

— H —

Hauriou, Maurice: 88, 98.

Henao, Juan Carlos: 40, 74, 117, 208, 209, 240, 243.

Hernández Corchete, Juan Antonio: 62, 185.

Hernández González, Francisco L.: 162, 164.

Hernández-Mendible, Víctor: 185.

Hernando Rydings, María: 283.

Herrera, Benjamín: 119.

Hinestrosa, Fernando: 15, 124, 141, 193, 215, 217, 220, 277.

Holguín Holguín, Carlos: 104.

Horgué Baena, Concepción: 83.

Huergo Lora, Alejandro: 292, 299.

Hull, John C.: 277.

— I —

Izquierdo Tolzada, Maryano: 257.

Izquierdo, Rafael: 284.

— J —

Jèze, Gaston: 7, 30, 65, 79, 81, 97, 125, 126, 146, 154, 176, 179, 255.

Jiménez López, Jesús: 160.

Josserand, Louis: 224.

— L —

Lamprea Rodríguez, Pedro Antonio: 267.

Lamprea, Pedro A.: 25, 264.

Larroumet, Christian: 201, 202, 213, 223, 232, 241, 242.

Laurent Vidal: 1, 89, 97, 131, 154, 156, 160, 172, 173, 176.

Lavilla Rubira, Juan José: 160.

Lazo Victoria, Ximena: 162.

Le Tourneau, Phillipe: 200, 223, 225, 239.

León Gonzálezm, Agustín: 9, 21.

Lequette, Yves: 89.

Lichère, François: 3, 31, 39, 46, 47, 61, 66, 71, 81, 90, 96, 106, 126, 152, 159, 160, 161, 186, 206, 237, 239, 242, 261, 287, 292, 298, 299.

Long, Marceau: 60, 99, 138, 144.

López, Hernán Fabio: 109, 126.

— M —

Malo Valenzuela, Miguel Ángel: 223.

Mantilla Espinosa, Fabricio: 199, 233.

Marfá Badaroux, Jaime: 258, 259, 261, 272, 276.

Marienhoff, Miguel S.: 10, 31, 38, 45, 73, 78, 87, 98, 105, 111, 114, 115, 120, 126, 131, 142, 144, 152, 157, 170, 176, 179, 187, 220, 237, 255, 273.

Marskow, Dietrich: 281.

Mazeaud, Henri: 200, 201, 220.

Mazeaud, Léon: 200, 201, 220.

Melis, Werner: 281.
Merino Merchán, José Fernando: 296.
Messineo, Francesco: 184, 253.
Moderne, Franck: 7, 46, 54, 78, 87, 88, 90, 91, 95, 100, 106, 111, 113, 115, 123, 126, 131, 134, 137, 184, 185, 202, 237, 251, 260.
Monedero Gil, José Ignacio: 71, 74.
Montaña Plata, Alberto: 283.
Moraga Klenner, Claudio: 5.
Morales Moreno, Antonio Manuel: 195.
Moreau, Jacques: 98.
Mosset Iturraspe, Jorge: 218, 220.
Muñoz Machado, Santiago: 4.
Mutis Vanegas, Andrés: 188.
Myriam Guerrero de Escobar: 64.

— N —

Namén Vargas, William: 277.
Navia Arroyo, Felipe: 278.
Negri, Nicolás Jorge: 209, 211.

— O —

Oluseye Arowolo: 283.
Oñate Acosta, Tatiana: 297.
Ordóñez Solís, David: 4.
Ordóñez, Jorge Danós: 5.
Ortiz Monsalve, Álvaro: 77, 173, 200.
Osikilo, Yvonne: 285.
Ospina Fernández, Guillermo: 193, 208, 214.
Oum Oum, Joseph Frank: 1, 21, 33, 46, 61, 89, 91, 93, 106, 109, 113, 144, 127, 172, 191.

— P —

Paillet, Michel: 118.
Palacio Hincapié, Juan Ángel: 77, 154, 237, 291, 301.
Palacios Mejía, Hugo: 169.
Palomar Ojeda, Alberto: 35.
Pantaleón Prieto, Fernando: 195.
Parada, Ramón: 39, 260.
Parejo Alfonso, Luciano: 4.
Patrikios, Apostolos: 299.
Péquignot, Georges: 132.
Pez, Thomas: 1.
Pino Ricci, Jorge: 65.
Pisko: 142.
Planiol, Marcel: 192, 222, 239.
Prat, Julio A.: 87, 98, 107, 119.
Puerta Seguido, Francisco: 206.
Punzón Moraleda, Jesús: 35, 42.

— Q —

Quintero Múnera, Andrés: 188.

— R —

Ragab Tagen: 1.
Ramella, Antonio: 234.
Raúl Enrique: 2, 79, 95, 105, 115, 259.
Reglero Campos, L. Fernando: 208, 217.
Rey Vallejo, Pablo: 296.
Ricci, Jean-Claude: 228.
Richer, Laurent: 3, 31, 39, 46, 47, 61, 66, 71, 81, 90, 96, 106, 126, 152, 159, 160, 161, 186, 206, 237, 239, 242, 261, 275, 287, 292, 298, 299.
Rincón Córdoba, Jorge Iván: 283.
Ripert, Georges: 89, 192, 143, 222, 239.
Rivero Ysern, Enrique: 54, 74, 252, 284.
Rivero, Jean: 7, 57, 106, 124, 175.
Roberto Dromi, José: 33.
Rodríguez Grez, Pablo: 210.
Rodríguez Rodríguez, Libardo: 4, 7, 23, 29, 53, 106, 227, 250, 261, 298.
Rodríguez, Gustavo Humberto: 26.
Rodríguez-Arana Muñoz, Jaime: 53, 62, 72.
Rodríguez-Rosado, Bruno: 233.
Romero Díaz, Héctor: 291.
Rougevin-Baville, Michel: 209.
Ryan, Joseph: 283.

— S —

Saavedra Becerra, Ramiro: 118.
Salinas Ugarte, Gastón: 211, 213.
Sánchez Lorenzo, Sixto: 281, 282.
Sánchez Rodríguez, Francisco: 35, 42.
Santofimio Gamboa, Jaime Orlando: 4.
Santos Rodríguez, Jorge Enrique: 283.
Sarmiento García, Jorge: 162.
Sarria Olcos, Consuelo: 207.
Sayagués Laso, Enrique: 37, 114, 152, 161.
Sconamiglio, Renato: 234.
Simler, Philippe: 89.
Somarriva U., Manuel: 133, 135, 141, 142, 147, 195, 198, 214, 220, 242, 278.
Spota: 143.
Suescún Melo, Jorge: 135, 141, 203, 213, 217, 251, 253.

— T —

Tamayo Jaramillo, Javier: 218, 220, 221, 243.
Ternera Barrios, Francisco: 199, 233, 295, 297.

Terré. Françoise: 89.
Tunc, André: 200, 201, 220.

— U —

Uribe Holguín, Ricardo: 198.

— V —

Valdés Sánchez, Roberto: 291.
Valencia Zea, Arturo: 77, 173, 200.
Vaquer Aboi, Antoni: 199.
Varas Ibáñez: 300.
Vargas Jácome, Camilo: 199.
Varón Palomino, Juan Carlos: 277.
Vásquez Matilla, Francisco Javier: 35, 38, 288.
Vázquez Lacunza, Estela: 54, 62, 90, 105, 145, 151, 176, 256, 273, 276.
Vedel, Georges: 54, 58, 134, 228, 238.
Vicente Domingo, Elena: 208.

Vidal Olivares, Álvaro R.: 196.
Vidal Perdomo, Jaime: 22, 29, 134, 252, 261, 264, 273.
Villar Ezcurra, José Luis: 76, 215, 258, 259, 261, 272, 276.
Villar Palasí, José Luis: 18, 56, 67, 76, 79, 110, 114, 131, 215, 251, 272.
Viney, Geneviève: 201.
Vodanovic H., Antonio: 133, 135, 141, 142, 147, 195, 198, 214, 220, 242, 278.
von Thur: 143.

— W —

Waline, Jean: 7, 57, 106, 124, 175.
Waline, Marcel: 123.

— Z —

Zambrano Barrera, Carlos Alberto: 261, 270.

www.ingramcontent.com/pod-product-compliance
Lightning Source LLC
Chambersburg PA
CBHW030638270326
41929CB00007B/115